국가와 영화

1950~60년대 '대한민국'의 문화재건과 영화

이 저서는 2008년 정부(교육과학기술부)의 재원으로 한국연구재단의
지원을 받아 수행된 연구임(NRF-2008-361-A00003)

국가와 영화

1950~60년대 '대한민국'의 문화재건과 영화

이 하 나 지음

혜안

감사의 말

이 책은 필자의 박사학위논문 『1950~60년대 '대한민국'의 문화재건과 영화 서사』의 1~3장을 보강, 재정리한 글이다. 이 안에는 그간 작은 논문 형태로 학술지에 발표해 온 네 편의 논문이 포함되어 있으며 5장의 대부분은 이번에 새로 지어 넣었다. 학위논문 가운데 이 책에 포함되어 있지 않은 나머지 부분은 별도의 책으로 재정리되어 출간될 예정이다. 대중문화, 그 중에서도 영화를 박사학위논문의 소재로 취한다는 것은 전통적이고 보수적인 분과학문 가운데에서도 가장 장벽이 높았던 사학과에서 학부와 석사를 마친 필자로서는 그리 쉬운 결정은 아니었다. 그럼에도 불구하고 용기를 낼 수 있었던 것은 많은 선생님들과 선후배 동학들의 지지와 격려가 큰 힘이 되었음을 언급하지 않을 수 없다.

우선 모두가 거리로 나가 부언가를 외치던 시절, 나를 조용히 역사학의 세계로 이끄시고 학문하는 즐거움과 엄격함을 알게 해주신 김용섭 선생님의 은혜는 두 말할 필요조차 없다. 동기들이 질투할 정도로 내게는 늘 인자하고 너그러우셨던 선생님은 지금도 매일 좁은 연구실에서 자료와 씨름하시면서도 세상 돌아가는 일에 一以貫之하는 혜안을 보여주시니 놀랍고 감사할 따름이다. 몇 해 전 갑작스레 유명을 달리하신 故 방기중 선생님은 생소한 주제로 학위논문을 쓰려는 무모한 시도를 의미있는 도전으로 여기시며 격려를 아끼지 않으셨다. 석사학위논문을 쓸 때도 박사학위논문 작성 시에도 실질적인 지도교수셨지만 안타깝게도 한

6

번도 학위논문 심사란에 선생님 존함을 실을 수 없었다. 얼마 전 선생님의 사진을 정리하다 보니 생전에 선생님과 한 번도 사진을 같이 찍은 적이 없다는 것이 무척 섭섭하고 후회스럽게 느껴졌다. 내가 선생님의 제자라는 것을 명시적인 사료로는 증명할 수 없으니 말이다. 이렇게라도 서운한 마음을 달래고자 한다. 또한 김성보 선생님은 존경하는 선배를 잃은 충격을 추스를 새도 없이 나의 박사학위 심사를 떠맡으셔서 맘고생이 많으셨던 데다, 심사 후에도 스승을 잃고 어찌할 바를 모르던 나의 큰 의지처가 되어 주셨다. 김도형 선생님, 최윤오 선생님, 이준식 선생님은 부족한 글을 역사학 학위논문으로 안착시키는 데에 두루 도움을 주셨다. 특히 논문을 누구보다 꼼꼼하게 읽어주시고 작은 시도까지도 높이 평가해 주신 홍성찬 선생님의 배려는 잊을 수 없다.

학위논문을 쓰는 과정에서 음양으로 힘을 보태주신 연세대학교 미디어아트연구소의 임정택 선생님, 학위논문을 책으로 정리하는 과정에서 더욱 넓고 깊은 문제의식으로 이끌어주신 국학연구원의 백영서 선생님께 깊은 감사를 드린다. 또한 논문의 초고를 촘촘히 읽고 조언을 아끼지 않으신 이승렬 선생님, 정진아 동학을 비롯하여 늘 마음의 고향 같은 연세대학교 사학과의 여러 선후배 동학 여러분, 그리고 한국역사연구회, 연세대학교 국학연구원 HK사업단, 미디어아트연구소 등을 매개로 삶과 학문의 소중한 관계를 알게 해주신 여러 선생님들의 고마움을 빼놓을 수 없다. 그분들의 따뜻한 애정과 관심이 없었더라면 이 추운 시절을 버텨내지 못했을 것이다. 일일이 거명하지 못함을 용서해 주시기 바란다. 태생적으로 산만하고 삐딱한 초보 연구자가 외도 끝에 만학으로 간신히 일궈낸 결실이라 너무도 부족할 터이지만 앞으로 더 좋은 글로 보답할 날을 꿈꾼다. 사랑하고 존경하는 부모님과 늘 이해와 배려로 일관해 온 가족들, 그리고 출판을 맡아주신 도서출판 혜안 식구들에게도 지면을 빌려 감사를 전한다.

목 차

12

제1장 서론

1. 연구의 목적

세계사적인 자본주의화, 근대로의 전환이라는 역사의 격변 속에서 스스로의 선택과 진화에 의해 근대화를 달성하지 못한 한국은, 과거 세계의 중심이었으나 제국주의 열강 앞에 무기력해진 중국과 과거 변방의 작은 섬나라에서 제국으로 전환한 일본 사이에서 자신의 정체성을 새롭게 발견하고 정립해 나가야할 과제에 당면하였다.[1] 한국인들은 식민지의 길을 걸으면서 국가 없는 민족으로서의 자기 정체성을 강화시키면서 일제강점이라는 현실을 극복하기 위한 방안으로서 민족이 단위가 되는 근대 민족국가/국민국가 건설에 대한 꿈을 꾸기 시작하였다. 그러나 이러한 신국가건설의 꿈은 민족해방운동의 노선과 방략의 차이에 의해 일치되지 못하였고, 이러한 불일치가 결국 해방후 냉전적 세계질서 속에서 자주적인 통일민주국가 수립에 실패하고 분단으로 귀결되는 기원과 요인이 되었다.[2] 서로에 대한 부정을 통해서만 자기 체제의

---

1) 앙드레 슈미드, 정여울 역, 『제국, 그 사이의 한국』, 휴머니스트, 2007(Andre Schmid, *Korea between empires, 1895-1919* : Columbia University Press, New York, 2002).

2) 김용섭, 『한국근현대농업사연구 - 한말·일제하의 지주제와 농업문제』, 지식산업

정당성이 보장되는 대결구도 속에서 남북한은 각기 다른 방식으로 국민
국가를 건설하고 경쟁적으로 근대화를 달성하는 한편, 자본주의건설과
사회주의건설에서 모두 국가주도적 성격을 바탕으로 국민/인민을 동원
하면서 서로의 체제를 견제, 경쟁, 배제하는 전략을 통해 국가의 정체성을
구축해 나갔다.3) 북한에서의 '건설'이 투쟁의 의미였던 것과 마찬가지로
남한 사회에서의 '재건' 역시 건설에 배제와 투쟁의 논리를 결합한 일종의
기획이었고, 영화는 그 기획을 대중에게 가장 잘 유포/설득할 수 있는
문화적 매개체였다.

1948년 남한 정부가 수립되고 대한민국이 출범하였을 때만 해도 분단
이 향후 60년 이상 지속되리라고 예측한 사람은 별로 없었다. 그러나
전쟁 이후 1960년대까지 일련의 재건 과정에서 분단은 고착화되었을
뿐만 아니라 한반도의 남쪽만을 실질적인 국토로 하는 근대자본주의국
가 '대한민국'의 像이 서서히 만들어졌다. 국가는 이미 건설되었지만
이것을 재건이라는 이름으로 다시 축조하는 과정을 통해 대한민국은
정체성과 정통성을 확립함으로써 자신의 지향과 목표를 분명히 하고자
했다. 일제강점 전까지 오랜 세월 동안 단일한 국가를 이루고 살았던
한민족에게 20세기 중반에 성립된 두 개의 국가는 낯선 것이었다. 더욱이
헌법에 명시된 것처럼 한반도와 그 부속 도서를 영토로 하는 대한민국의
이상이 실제로는 38선 이남에서만 규정력을 가진 현실과 맞지 않았다는
것 또한 당혹스러운 것이었다. 이처럼 남한 지역만을 국토로 하고 남한의
민중만을 국민으로 하는 현실의 '대한민국'과, 한반도에서 유일한 합법정

사, 2000 ; 방기중, 『한국근현대사상사연구』, 역사비평사, 1992.

3) 신기욱, 이진준 역, 『한국 민족주의의 계보와 정치』, 창비 2009(Gi-Wook Shin,
Ethnic Nationalism in Korea : genealogy, politics, and legacy, Stanford University Press,
2006) ; 김성보, 「남북국가 수립기 인민과 국민 개념의 분화」, 『한국사연구』
144, 2009.

부로서 한반도 전체를 국토로 하고 한반도 내의 민족 전체를 국민으로 하는 이상으로서의 '대한민국'의 괴리가 대한민국이라는 국가의 정체성과 정당성 획득에 결정적 난제가 되었다.

더구나 단독선거와 정부수립을 전후해 일어난 일련의 저항운동은 대한민국의 정통성에 대한 문제제기로서 정부가 서둘러 국가의 정체성을 확립하고 국민을 통합하지 않으면 안되는 과제에 직면했음을 보여주는 것이었다. 이러한 맥락에서 한국전쟁은 대한민국이 스스로의 정체성을 확립하는 데 결정적 계기를 제공했다. 주지하듯이 한국전쟁은 한반도 안에서 국제적 냉전이 극대화된 결과로도 일어난 것이지만 일제하부터 존재했던 신국가건설론의 두 흐름이 첨예하게 부딪힌 내전의 성격도 가지고 있었고,4) 이는 왜 상대를 부정해야 하는가에 정당성을 부여해 주었다. 그러나 전쟁은 한반도의 물적 기반을 완전히 무너뜨림은 물론 전통적 공동체 질서의 붕괴와 더불어 한국인의 심성에 지울 수 없는 집단적 상처를 남겼다. 전후 정부와 지식인들의 재건론은 바로 이러한 물적 경제적 재건뿐만 아니라, 심성적 문화적 재건까지도 아우르는 것이었다. 이는 전후 복구의 소극적인 의미가 아니라 어떻게 국가를 만들어나갈 섯이냐의 문제, 곧 '대한민국'을 새롭게 정의내리는 문제였다.

'재건(Reconstruction)'은 이러한 현실과 이상 사이에서 어떻게 북한을 배제하고 남한 지역에서 남한 민중들만을 구성원으로 하여 역사상 처음으로 출현한 새로운 형태의 근대국가-'대한민국'의 정체성을 만들어 나가는가 하는 과정을 보여주는 용어이다. 때문에 재건은 과정과 지향으

---

4) 한국전쟁의 내전으로서의 성격에 대해서는 김용섭, 앞의 책 ; 브루스 커밍스, 김자동 역, 『한국전쟁의 기원』, 일월서각, 1989(Bruce Cumings, *The origins of the Korean War, liberation and the emergence of sepatate regimes, 1945-1947*, Princeton University Press, N.J., 1981) 참조.

로서의 '국가의 재건'을 뜻한다. 특히 國土, 國旗, 國歌, 國史 등으로 상징되는 국가의 정체성과 '민족'과 '반공' 담론의 결합과 갈등으로 빚어낸 국민의 재구성(예컨대 이북 출신 기독교인, 부르주아들이 남한에서 정착하는 과정, 국민에 대한 교육의 과정, 시각적 상징물·영상물 등을 통한 상징화 과정 등)을 이미지로서 표상하는 방식은 때로는 '실재의 대한민국'보다 '보여지는 대한민국'이 더 중요하게 작용해 왔다는 것을 보여준다.

'문화재건(Cultural Reconstruction)'은 이처럼 대한민국을 재건하는 것과 동시에 이를 국민에게 어떻게 납득시키고 보여지게 할 것인가와 관련된 문제였다. 국민은 정부를 세운다고 해서 저절로 만들어지는 것은 아니었기 때문이다. 거기에는 물리력과 강제력을 포함하여 상당한 이미지 전략이 요구되었다. 따라서 문화재건이란 국가의 재건을 위해 문화부문이 어떻게 기여할 것인가와 함께 "어떻게 보여지고 싶은가", "어떻게 보여져야 하는가" 하는 표상의 문제와 연관되어 있다. 문화재건은 국가재건을 문화면에서 支持하는 것을 의미하기도 하고, 문화를 생산하는 구조 및 내용을 재건축한다는 의미도 있다.

문화, 특히 근대 이후 출현한 대중매체를 기반으로 한 대중문화가 국가와 국민의 정체성 형성에 큰 기여를 하였다는 것은 주지의 사실인데, 그 중에서도 영화는 1950~60년대에 가장 대중적이며 대표적인 이데올로기적 국가기구[5]로서 국민통합을 위해 필요한 여러 가지 이야기(서사/narratives)를 창출하고 유포·선전하는 첨병으로서 기능했다. 국가는 영화에 대한 각종 법률을 입안하여 영화를 생산하는 산업 환경을 조성하고, 또한 영화를 직접 생산하거나 또는 장려하는 방법을 통해 영화를 통제하

---

5) 루이 알뛰세, 이진수 역, 「이데올로기와 이데올로기적 국가기구」, 『레닌과 철학』, 백의, 1991, 135~192쪽(Louis Althusser, *Lenin and philosophy and other essays*, Monthly Review Press, New York, 1971).

고자 하였다. 당시 영화인들에게 국가는 영화 제작의 가장 주요한 변수 중 하나였다고 해도 과언이 아니다. 그러나 영화인들에게는 대중이라는 또하나의 주요 변수가 있었다. 이 대중들은 이제 막 수립된 대한민국 국민으로서의 정체성을 형성해 나가고 있었지만 여전히 대중과 국민 사이에는 괴리가 있었다. 영화는 때로는 국가의 요구에 적극 부응하기도 했지만 또 때로는 이러한 국가의 요구와는 다른 결을 가지고 대중의 심성을 반영하기도 했다. 국가의 욕망과 대중의 열망이 때로는 일치하기 도 하고, 때로는 어긋나기도 하는 현실 자체가 영화에 반영되어 있는 것이다. 이 때문에 영화를 통해 국가의 재건과 문화재건을 살펴보는 것은 이러한 영화의 속성과 함께 영화가 한국에서 어떤 맥락에서 생산/수 용되어 왔는가에 대한 이해를 전제로 한다.

기술과 내용면에서 말그대로 근대성의 상징으로 도래했던 영화는 식민지의 대중들이 타자의 위치에서 거꾸로 자신들을 바라볼 수 있게 하는 계기로 작동하였다. 스크린 위에 전시되는 일본과 서구 제국의 발달된 풍물은 극장 밖 현실로 돌아왔을 때 조선의 후진성을 확인시켜 주는 가장 확실한 기제가 되었고, 같은 이유로 영화는 일본 제국주의가 가장 선호하는 선전매체의 하나였다. 선진 일본 제국과 후진 조선이라는 초창기 계몽/기록영화들의 한결같은 논조는 1920년대 중반에서 1930년 대 초반 민족적/계급적 자각을 바탕으로 한 저항의식의 표출로, 그리고 1930년대 중반 이후에는 일본과는 다른 '조선적'인 것을 경쟁력의 발판으 로 삼으려는 생존전략으로 변환되었다.[6] 식민지하에서 '민족영화'를 제작하려는 영화인들의 꿈과 노력은 파시즘 체제에 협력함으로써 좌절 되었지만, 일본인과의 괴리감에서 비롯되는 조선인으로서의 정체성과

---

6) 이영일, 『증보판 한국영화전사』, 소도, 2004.

자괴감까지 사라진 것은 아니었다.

해방후 영화인들은 영세한 자본과 기술과 인력이라는 열악한 조건하에서도 일제시기의 유산을 극복하면서 구조적으로는 안정적인 영화제작의 체계를 갖추고 내용적으로는 '민족영화'를 추구하는 영화의 재건을 꾀하였다. 그러나 영화의 재건은 독자적으로 추진되고 성사되는 것이 아니라 국가의 재건과 그에 발맞춘 문화재건이라는 큰 틀 속에서 이루어져야 하는 것이었다. 권력과 자본에 종속되기 쉬운 영화제작의 속성과, 어떤 상황에서도 영화를 제작하는 것 자체가 삶의 유일한 수단이요 목적이었던 영화인들의 본질은 영화가 왜 항상 국가의 이데올로기를 가장 먼저 받아들이고 대중의 취향에 재빨리 반응하지 않으면 안되는가에 대한 해답이 된다. 영화인들은 국가의 문화재건 구상이라는 현실적 조건하에서 과거 그 어느 때보다 직접적으로 대중의 교양과 흥미를 고려하면서 영화제작에 임해야 했던 것이다.

이 책은 1950~60년대 남한사회를 관통한 구호이자 담론이지만 그간의 연구에서 별반 주목을 받지 못했던 '재건'이라는 키워드를 중심으로, 재건의 시각적 은유로서의 영화가 대한민국이라는 국가의 재건 과정에 어떻게 간여하고 이용되었으며 때로는 간극을 생성해가는지를 '문화재건'이라는 시각에서 살펴보고자 한다. 이를 위해서는 다음의 몇 가지 연구과제들이 설정되어야 한다. 우선 재건이라는 용어를 둘러싼 논의들이 실제로 의미하고 있는 바가 무엇인지가 고찰되어야 할 것이다. 이를 위해 재건론의 네 가지 키워드('민족', '반공', '자본주의 근대화', '국민')를 추출하고 이들이 시기별로 어떻게 변화되어가며 그 지향은 무엇인지를 살펴볼 것이다. 재건의 지향과 목표를 '문화 분야에서', 혹은 '문화적으로' 달성한다는 의미의 문화재건과 관련하여 당시 근대 대중예술의 총아로 인정받아 문화재건의 '유효적절한 수단'으로서 자리매김되었던 영화를 국가가 어떻게 재건에 발맞추어 구조적, 내용적으로 재편하려고 했는지의 과정을 살필 것이다.

또한 영화가 남한의 국가재건 과정에서 어떠한 역할과 기능으로 작용하여 대중들에게 영향을 미쳤는지를 살펴보기 위하여 국가가 직접 생산한 문화영화와 국가가 선택과 포상을 통해 장려했던 상업적 목적의 대중영화 텍스트를 분석해 보고자 한다. 이를 통해 때로는 은유적으로, 때로는 은폐된 채로 나타난 국가의 재건이라는 의미와 지향을 추출해 보고자 한다. 이를 통해 1950~60년대 가장 영향력 있는 대중문화였던 한국영화가 근대자본주의국가로서의 대한민국을 어떻게 표상하고 있는지, 그럼에도 불구하고 생겨나는 간극은 어떻게 비롯되었는지 살펴봄으로써 재건의 성격을 도출하고, 결국 재건론이 왜 국가주의와 독재로 귀결될 수밖에 없었는가를 밝히고자 한다. 영화라는 대중문화를 통해 1950~60년대 담론과 표상의 관계를 바라보고 이를 통해 시대상을 더 풍성하고 역동적으로 규명하고자 하는 것이 이 책의 목적이다.

2. 연구사 검토

1950~60년대를 하나의 틀 안에서 분석하고자 할 때 중요한 것은 두 시기의 연속성과 차별성을 어떻게 설명할 것인가 하는 점이다. 기존의 연구들은 대개 50년대와 60년대를 별개로 다룸으로써 이 두 시기의 연속성이 간과되거나 무시되었으며, 강력한 리더십에 의해 근대화를 추진했던 1960년대에 비해 1950년대는 무기력, 무정책, 무방향적이라는 역사상이 팽배해 있었다. 최근에야 현대사 연구의 진전과 함께 이러한 인식에도 변화가 생기기 시작했으며, 특히 경제 정책을 중심으로 1950년

대와 1960년대를 연속선상에서 보려는 시각이 제기되었다.[7] 이러한 가운데 4·19혁명과 5·16군사정변이 동일한 문제에서 출발한 다른 귀결책이었음이 주장되기도 했지만,[8] 대체로 이 시기를 단절적으로 보는 시각이 우세하다. 곧 4·19혁명과 5·16군사정변으로 양분되는 이 시기는 예컨대 같은 박정희 시대인 1960년대와 1970년대, 그리고 같은 권위주의 정권인 1970년대와 1980년대의 동질성에 비해 훨씬 이질적이라는 것이다.[9] 그러나 이 책에서는 이 두 시기를 연결해 주는 키워드로서 '재건'에 주목함으로써 이 두 시기가 기본적으로 '대한민국'이라는 국가가 오늘날의 모습으로 형성되게 한 기본 방향을 모색했던 시기라는 점에서 공통된다고 본다.

1950~60년대에 대한 연구는 현실 정치와의 밀접한 관련 속에서 몇 단계로 나누어 발전해 왔다. 우선 1970년대 중후반 무렵부터 선구적인 연구자들에 의해 현대사에 대한 관심의 환기와 시각을 제공해주는 일련의 연구들이 생산되었다.[10] 이를 발판으로 1980~90년대 초 진보적 소장

---

7) 1950~60년대 경제개발계획에 관한 연구들은 이 시기의 계기성과 지향을 보여준다. 유광호, 「1950년대 '경제개발3개년계획'의 주요 내용과 특징」, 『한국 제1·2공화국의 경제정책』, 한국정신문화연구원, 1999 ; 박태균, 『1956~1964년 한국 경제개발계획의 성립과정』, 서울대학교 국사학과 박사학위논문, 2000 ; 공제욱, 조석곤 외, 『1950~60년대 한국형 발전모델의 원형과 그 변용과정 : 내부동원형 성장모델의 후퇴와 외부의존형 성장모델의 형성』, 한울, 2005 : 최상오, 「한국의 경제개발과 미국, 1948~65 : 경제계획과 공업화정책을 중심으로」, 『미국학논집』 37-3, 2005 ; 정진아, 『제1공화국기(1948~1960) 이승만 정권의 경제정책론 연구』, 연세대학교 사학과 박사학위논문, 2007 등.
8) 권보드레, 「4·19와 5·16과 문학, 혹은 빵과 자유의 토포스」, 『상허학보』 30, 2010.
9) 특히 이들 연구는 1960년대가 오늘날의 한국 사회의 직접적 기원이 된다는 점에서도 양 시기의 단절성을 강조하고 있다. 문화사적 측면에서 이를 강조한 대표적 연구로는 권보드레·천정환, 『1960년을 묻다-박정희 시대의 문화정치와 지성』, 천년의 상상, 2012이 있다.

학자들은 동시대사 연구에 따른 시대적 제약과 자료의 한계를 극복하려는 노력 속에서 남한의 국가체제 형성과 미국과의 관계, 분단체제의 공고화, 한국자본주의의 성격 등에 주목하였고, 냉전이데올로기를 극복하려는 시도 속에 사회구성체적 시각을 바탕으로 한국전쟁, 미군정, 4·19혁명, 1950년대 혁신정당 등에 관한 다양한 연구가 이어졌다.11) 1990년대 초반 사회주의권의 몰락 이후에 학계와 지성계를 풍미한 근대성/탈근대성에 관한 논의가 활발히 일어나는 가운데 역사학계에서도 한국사회의 근대성 형성 및 현재 한국사회의 직접적 기원을 규명하려는 작업이 시도되었다.12) 또한 광복 50주년, 휴전 50주년, 정부수립 60주년 등의 이슈에 부응하여 현재와의 연속성 속에서 연구자의 현실 인식과

---

10) 대표적인 연구로는 이영희,『전환시대의 논리』, 창작과비평사, 1974 ; 강만길, 『분단시대의 역사인식』, 창작과비평사, 1978 ; 박현채,『민족경제론』, 한길사, 1978 ; 송건호 외,『해방전후사의 인식』, 한길사, 1979 등이 있다.

11) 이 시기에 대한 연구사 정리로는 서중석,「1980년대 이후 진보적 연구자들의 남한현대사 연구의 동향과 전망」, 역사문제연구소 편,『한국의 '근대'와 '근대성' 비판』, 역사비평사, 1996 참조.

12) 한국 근현대사를 근대성을 키워드로 독해하려는 시도로는 역사문제연구소 편, 위의 책이 있으며, 이로부터 10년 후에 번역 혹은 발간된 세 종류의 공동연구서는 근대성, 그 중에서도 민족주의에 대한 비판 및 역사방법론의 다변화를 제기하며 한국 근현대사 역사인식에 논쟁점을 던져주었다.(신기욱·마이클 로빈슨 편, 도면회 역,『한국의 식민지 근대성 – 내재적 발전론과 식민지 근대화론을 넘어서』, 삼인, 2006(Gi-Wook Shin & Michael Robinson ed., *Colonial modernity in Korea*, Harvard University Press, Cambridge, Mass. 1999) ; 윤해동 외,『근대를 다시 읽는다』 1·2, 역사비평사, 2006 ; 박지향 외,『해방전후사의 재인식』 1·2, 책세상, 2006). 특히『해방전후사의 재인식』은 종래의『해방전후사의 인식』시리즈가 가지고 있는 문제의식을 정면으로 비판하며 논쟁을 야기시켰다. 곧 해방전후의 시기를 혁명과 반혁명의 대립 구도로 파악한 후 대한민국의 성립과정을 반혁명의 과정으로 파악하는 종래의 관점과 달리 대한민국의 정통성을 인정하고 애국주의를 강조하는 관점을 전면화한 것이다. 그러나 이 연구는 역사학자들에 이루어진 것이라기보다는 주로 사회과학자들의 평론적 관점에서 이루어진 것이어서 보다 면밀한 검토가 요구된다.

관련한 논쟁적인 연구들이 제출되었다.[13]

최근에는 대한민국의 수립과 관련하여 국가의 정체성 및 국민형성의 문제에 천착하는 연구[14]와 이를 문자자료 만이 아니라 사진 등의 시각자료에 나타난 재현과 표상을 통하여 고찰하는 연구들이 나오고 있다.[15] 이는 역사가 고정된 실체가 아니라 경합하는 여러 이야기의 하나에 불과하다는 신문화사(New Cultural History)[16]적 관점의 기억연구와 맥락

---

13) 대표적인 것으로는 1950년대 이승만과 이승만 정권의 성격과 관련하여 그를 독립운동의 대부이자 '건국의 아버지'로 호명하며 평전 형식으로 정리한 연구와 이승만 리더십의 형성과정을 대한민국의 건국과정과 관련하여 고찰하는 연구로 대별된다. 전자의 연구로는『이승만과 나라세우기 : 광복 50주년 조선일보 창간 75주년 특별기획전』, 조선일보사, 1995 ; 이정식,『초대 대통령 이승만의 청년시절』, 동아일보사, 2002 ; 고정휴,『이승만과 한국독립운동』, 연세대학교 출판부, 2004가 있고, 후자의 연구로는 정병준,『우남 이승만 연구』, 역사비평사, 2005 ; 서중석,『이승만의 정치이데올로기』, 역사비평사, 2005가 있다. 1960년대 박정희 정권과 관련해서는 독재체제에서 대중은 일방적 피해자가 아니라 체제의 공범자였다는 '대중독재론'을 박정희 체제에 대입한 임지현의 연구와 이를 반박한 조희연의 연구 등이 있으나, 이는 실증적인 분석이라기보다는 개념을 둘러싼 논쟁의 성격을 더 많이 갖고 있다. 임지현 외,『대중독재』I, 책세상, 2004 ; 조희연, 「박정희 시대의 강압과 동의-지배, 전통, 강압과 동의의 관계를 다시 생각한다」, 『역사비평』, 2004 여름호.

14) 이에 대해서는 Chong-myong Im, *The Making of the Republic of Korea as a Modern Nation-State, August 1948~May 1950*, Ph.D. diss. of the University of Chicago, 2004 ; 대한민국수립 60주년기념 대토론회 자료집,『대한민국의 건국이념과 국민형성』, 2008 참조.

15) 대표적으로 이은희·김현옥, 「'대한 늬우스'에 나타난 이승만 정권기의 국가동원 양식에 관한 연구」,『한국문화연구』4, 2003 여름 ; 임종명, 「여순 '반란' 재현을 통한 대한민국의 형상화」,『역사비평』2003 가을 ; 정용욱, 「홍보, 선전, 독재자의 이미지 관리-1950년대의 이승만 전기」,『세계정치 8』, 2007 가을·겨울 ; 임종명, 「설립초기 대한민국의 전사형 국민의 담론적 구성」, 대한민국수립 60주년기념 대토론회 자료집, 2008 ; 후지이 다케시, 「'이승만'이라는 표상」,『역사문제연구』 19, 2008 등이 있다. 또한 근대 초기 한국 민족주의를 다양한 표상, 서사, 수사학의 측면에서 고찰한 앙드레 슈미드, 앞의 책이 있다.

16) 신문화사의 자원과 접근법에 대해서는 린 헌트 편, 조한욱 역,『문화로 본

을 같이 한다. 신문화사는 전통적인 문화사와 달리 문화적 영역을 연구의
주제로 삼는 것에서 더 나아가 문화적 관점으로 역사를 볼 것을 제안하는
데,[17] 이것은 과거에 주목받지 못했던 다양한 연구들을 촉발시킨다.
기념과 의례, 매체 연구, 대중문화, 예술 등의 각 영역에서 국가와 대중의
결탁과 균열, 포섭과 배제, 그리고 이를 통한 정체성 형성 등에 대한
연구가 그것이다.[18]

정체성 형성에 주목하는 연구들은 대개 정부수립을 전후한 시기를
중심으로 국민형성 및 정체성 문제를 논하고 있어 정체성을 구성하는
다양한 각도의 문제 설정에는 다소 미흡한 면을 가지고 있다. 곧 정체성이
란 "나는 누구인가" 뿐만 아니라 오히려 "나는 무엇이 되고 싶은가"에
더 가까운 질문이라는 점을 고려하면 단지 정부수립을 전후한 시기의
연구만으로는 이 문제에 제대로 대답할 수 없다는 것을 알 수 있다.[19]
1950~60년대야말로 무엇이 되고 싶은지에 대한 요구와 욕망이 과거
그 어느 때보다도 구체적으로 표현되었던 시기였기 때문이다. 그런데
1950~60년대에 대한 연구들은 주로 정치사 및 정치사상사와 경제사에
집중되어 있어 정체성과 관련한 재현과 표상의 문제를 보다 다각도로

새로운 역사-그 이론과 실제』, 소나무, 1996 참조.

17) 전진성, 「기억의 정치학을 넘어 기억의 문화사로-'기억' 연구의 방법론적 진전을
   위한 제언」, 『역사비평』 76, 2006.

18) 예컨대 기념에 관한 다음과 같은 연구가 대표적이다. 김미정, 「1950, 60년대
   한국전쟁 기념물-전쟁의 기억과 전후 대한민국 냉전이념의 형성」, 동국대학교
   한국문학연구소 편, 『전쟁의 기억, 역사와 문학』 상, 2005 ; 정근식, 「기념관·기념
   일에 나타나는 한국인의 8·15 기억」, 아시아평화와 역사교육연대 편, 『한·중·일
   3국의 8·15 기억』, 역사비평사, 2005.

19) 정체성, 특히 혈연을 중심으로 한 민족적 정체성의 형성과 전개 과정을 한말부터
   1960년대 이후까지 설명하고 있는 신기욱의 연구는 정체성을 계속되는 경쟁과
   논쟁 속에서 형성되고 변화하는 것으로 파악하고 있다. Gi-Wook Shin, 앞의
   책, 2006.

분석하기 위해서는 사회사나 문화사 방면의 연구,[20] 특히 영화나 방송물 등의 시청각자료를 통한 분석이 절실히 요청된다고 하겠다. 이러한 점에서 문학사와 예술사, 대중음악사 분야의 연구들은 이 시기의 역동적이고 다양한 모습을 포착하는데 도움을 주며,[21] 특히 2000년대 들어 폭발적으로 증가한 영화사 분야의 연구들은 대중문화가 정체성 형성에 미친 영향에 대한 유효한 시사점을 제공한다.

한국영화사에 대한 연구 역시 몇 개의 국면으로 전화하면서 발전해왔다. 먼저 전문적인 한국영화사 연구자가 등장하기 전인 1969년 이전에는 아직 대중문화계의 전문화가 진행되지 못하여 영화인들이 배우, 감독, 평론가 등을 둘 이상 겸하는 경우가 많았고, 한국영화사에 대한 서술 역시 이들 기자, 감독, 평론가 등이 직접 신문이나 잡지에 기고한 글이 대부분이었다.[22] 1969년 발표된 이영일의 『한국영화전사』는 두 번째 국면의 서막을 알린 연구로서,[23] 이전 시기의 연구자들이 주로 영화계

---

20) 다음의 연구들은 근대성, 공간성, 일상성의 측면에서 대중문화를 다룬 선구적인 연구이다. 김진송, 『서울에 딴스홀을 許하라』, 현실문화연구, 1999 ; 고석규, 『근대도시 목포의 역사 공간 문화』, 서울대학교출판부, 2004.

21) 그 중에서도 우리나라 대중가요를 사적으로 정리한 다음 연구들은 대중문화 연구의 견인차 역할을 하였다. 한국대중예술문화연구원, 『한국대중가요사』1·2, 2003 ; 이영미, 『한국대중가요사』, 민속원, 2006 ; 장유정, 『오빠는 풍각쟁이야 : 대중가요로 본 근대의 풍경』, 황금가지, 2006 등.

22) 한국영화사에 대한 최초의 개괄적인 정리는 1925년 『동아일보』에 총 6회에 걸쳐 실린 「조선영화계의 과거와 현재」(『동아일보』, 1925년 11월 18~24일자)라는 글이다. 한편, 한국인이 쓴 한국영화사에 대한 최초의 단행본은 안종화의 『韓國映畵側面秘史』(현대미학사, 1962)이다.

23) 영화기자로 시작해 평론가로 활동하였으며 1960년대 후반에는 시나리오작가로 제작에도 참여한 이영일의 『한국영화전사』는 한국영화인협회가 한국영화 50주년 기념으로 1969년 말에 간행한 것이다. 이를 저본으로 2000년 이영일이 한국영상자료원에서 행한 강의 내용을 첨가하여 그의 사후 제자들이 『개정증보판 한국영화전사』(2004)를 발간하였고, 이때의 강의 내용은 『이영일의 한국영화사 강의록』(소도, 2002)으로 정리되었다. 이영일은 첫 번째 단계와 두 번째 단계를

종사자의 개인적인 경험과 에피소드에 근거하여 한국영화사를 엮어나갔다면, 『한국영화전사』를 필두로 한 1997년까지의 연구들은 전문 연구자의 입장에서 자료에 입각해 한국영화사의 통사적 정리를 꾀하고 있다는 점에서 의의가 있다. 이 시기에는 국가의 영화정책 및 영화기구의 설립[24]과 관련하여 공적인 자료집 및 연구서가 다수 간행되어 이후 연구에 기초적인 자료와 정보를 제공해 주었다.[25]

1990년대부터는 영화 제작의 현장을 거치지 않았거나 현장과의 긴밀성이 상대적으로 적은 전업 연구자의 등장이 이어졌고, 문화운동의 일환으로 영화 및 영화사를 접근하는 연구도 등장하였다.[26] 1998년에서 현재까지 한국영화사 연구는 이전까지의 연구 축적 및 한국영화의 국내외 시장에서의 성장이라는 환경 속에서 양적 질적으로 크게 성장하고, 대학의 관련 학과 중심으로 한국 대중문화에 대한 연구와 한국영화에 대한 사적 고찰이 심화되었다.[27] 이전의 관제기구였던 영화진흥공사는

잇는 가교 역할을 하고 있으며, 세 번째 단계의 연구자들에게 지대한 영향을 미쳤다는 점에서 한국영화 연구사에서 가장 중요한 연구자라고 할 수 있다.

24) 영화진흥조합이 1970년 영화법 개정에 의해 1971년 2월 설립되었고, 이어 1973년 4월에는 영화진흥공사가 창립되었으며, 1999년 영화진흥위원회가 출범하였다.

25) 국제영화사, 『영화·연예연감』, 1970 ; 영화진흥조합, 『한국영화총서』, 1972 ; 영화진흥공사, 『한국영화자료편람』, 1977 ; 영화진흥공사, 『사진으로 본 한국영화 60년』, 1980.

26) 대표적 저작으로는 이효인, 『한국영화역사강의』 I, 이론과 실천, 1992이 있다.

27) 이 시기에 간행된 개설서로는 기획창작협회 편, 『한국영화기획 70년사(1919~1964)』 1, 1998과 해방이후 영화사를 정리한 『한국현대예술사대계』 II·III, 시공사, 2000의 '영화편'이 있다. 시기별로 나눈 개설적 연구서로는 한국영상자료원, 『한국영화의 풍경 1945~1959』, 문학사상, 2003 ; 이효인 외, 『한국영화사 공부 1960~1979』, 이채, 2004 ; 유지나 외, 『한국영화사공부 1980~1997』, 이채, 2005가 있으며, 이밖에 통사적 정리로서 차순하 외, 『소품으로 본 한국영화사―근대의 풍경』, 소도, 2001 ; 김미현 편, 『한국영화사―開化期에서 開花期까지』, 커뮤니케이션북스, 2006 ; 정종화, 『한국영화사―한 권으로 읽는 영화 100년』, 2007이

반관반민의 성격을 갖는 영화진흥위원회로 탈바꿈하고 민간기구로서의 성격이 강조되었으며, 이에 발맞추어 한국영상자료원이 1990년대 말부터 필름 아카이브 및 인터넷 서비스를 시작하고 각종 자료집과 연구서, 영화인들의 구술 자료집, 고전영화 DVD를 발간함으로써 이후 한국영화사 연구에 획기적 전기가 마련되었다. 이 시기에는 영화의 현장과는 관련 없이 한국예술종합학교나 대학에서 영화학을 전공한 젊은 연구자들을 비롯하여, 영화를 직접 전공하지 않은 국문학, 사회학, 정치학 등 인접학문 전공자들이 자신의 관심 시기와 문제의식을 영화에 투영한 연구들을 진행시키기 시작했다. 곧 영화사 연구가 학제간 연구로 정착되고 영화사 연구자는 이제 제작 현장과의 연관성이나 순수 미학적 관심에서 비롯되는 '영화 자체의 역사'에 관심을 갖기보다는 '영화와 사회와의 관계의 역사'에 더욱 주목하게 된다. 이러한 문제의식 속에서 영화정책 및 영화기술, 배급 등과 관련한 통사적 고찰[28] 및 북한영화사 연구[29] 등이 왕성히 일어나고 한국영화사의 논쟁적인 문제들이 세밀하게 분석되고 연구되기 시작했다.[30] 또한 한국영화의 국제적 위상 제고와 함께

있다.

28) 영화진흥위원회, 『한국영화기술사연구』, 2002 ; 영화진흥위원회, 『한국영화배급사연구』, 2003 ; 김동호 외, 『한국영화정책사』, 나남, 2005 등.

29) 최척호, 『북한영화사』, 집문당, 2000 ; 이명자 외, 『70년대 체제 이행기의 남북한 비교영화사』, 영화진흥위원회, 2004 ; 이명자, 『북한영화사』, 커뮤니케이션북스, 2007 ; 정태수 외, 『남북한 영화사 비교연구』, 국학자료원, 2007 등.

30) 한국영화사 관련 논문들은 한국영화학회의 『영화연구』, 대중서사학회의 『대중서사연구』, 한양대학교 현대영화연구소의 『현대영화연구』등 전문 학술지를 통해 발표되고 있다. 특히 『영화연구』에서는 역사학과 한국영화에 대한 방법론적 연구와 1960년대 영화들에 대한 특집을 마련하는 등 역사학적 영화연구에 기여하고 있다. 이 밖에도 많은 문학관련 학술지, 사회과학 관련 학술지에도 한국영화에 관한 논문들이 종종 발표된다. 이처럼 전공 분야를 막론하고 영화를 연구의 대상으로 삼는 것은 영화가 현대사회의 다양한 측면들을 잘 드러내는 복합적이고 주요한 텍스트로서 부상했음을 보여준다. 이에 반해 역사학 분야에

해외의 한국학 학자들이 Korean Studies의 일환으로 한국영화를 다루기 시작하면서 더욱 관심이 증폭되었다.[31]

1950~60년대 한국영화사에 대한 연구동향은 크게 두 가지 흐름으로 대별된다. 하나는 영화 텍스트를 둘러싼 환경, 곧 영화정책과 영화산업에 관한 연구이며, 다른 하나는 영화 텍스트의 구조와 의미를 사회적 구조라는 컨텍스트와의 관련 속에서 분석하는 연구이다. 특히 후자에 속하는 연구들은 이 시기에 대한 역사학 및 사회과학의 연구성과에 기반하면서 영화학이나 국문학 분야의 연구자들이 장르 분석이나 미학적 접근 등을 통해 당시의 사회상을 추출하기도 하고, 인문 사회과학 분야의 전공자들이 당시의 시대상을 설명하는 도구로서 영화를 차용하기도 하는 등 다양한 전공분야의 연구자들이 한국영화를 매개로 영향을 주고받고 있다. 이러한 흐름 속에서 이 시기 영화사를 시대상의 재현과 근대성의 발현이라는 관점에서 정리한 연구서들이 활발히 간행되어 이후 연구들에 자극과 활력을 주었다.[32]

이처럼 1950~60년대 한국영화사에 대한 연구는 한국영화산업의 활황으로 한국영화에 대한 국내외의 관심과 이목이 집중되고 연구자의 수가 폭등하며 이 시기에 대한 역사학계와 사회과학계의 연구성과가 축적되는 2000년대 이후에 활발히 진행되고 있으나, 1950~60년대를 연속적으로 파악하기보다는 별개의 시대로 간주하며 근대성과 국가주의 등 제한

서 연구대상으로서 영화에 관심을 갖는 것은 아직은 매우 드문 일이다.

31) 대표적인 연구로는 정체성 문제를 중심으로 남북한 영화를 다룬 Hyangjin Lee, *Contemporary Korean cinema : Identity, Culture, Politics*, Manchester University Press, UK, 2000이 있다.

32) 김소연 외, 『매혹과 혼돈의 시대 – 50년대의 한국영화』, 소도, 2003 ; 주유신 외, 『한국영화와 근대성』, 소도, 2005 ; 오영숙, 『1950년대, 한국영화와 문화 담론』, 소명출판, 2008.

된 문제의식으로만 바라보기 때문에 당시의 시대상을 다소 도식적으로 파악하는 한계를 갖고 있다. 최근에는 문화사적 시야에서 이 두 시기를 함께 조망하려는 시도도 이루어지고 있다.33) 또한 한국사학계에서 사회사, 문화사의 일환으로 영화사를 다루는 연구는 이제 막 첫걸음을 뗐다고 볼 수 있다.34)

이 책에서는 1950~60년대에 대한 역사학계의 연구성과와 영화사 분야의 연구성과에 기반하여 영화라는 대중문화에 국가의 표상과 대중의 열망이 어떻게 드러나는지 살펴보고 이를 통해 '재건'을 키워드로 한 당대의 역사상 읽기를 시도해 보고자 한다. 이 책의 관심은 영화를 하나의 영상 사료로 간주하여 역사적 접근을 시도하는 데에 있으며, 이는 또한 국가/국민 형성의 과정에서 담론과 표상이 어떠한 관계를 맺고 있는지에 대한 분석이라는 점에서 담론연구, 문화연구의 일환이 될 수 있을 것으로 기대된다.

3. 연구의 범위와 방법

이 책은 1950~60년대 국가와 대중문화의 관계에 관한 연구이다. 영화는 그 가운데에서도 당시의 가장 대중적인, 곧 가장 접근하기 쉽고 인기있는 매체였다. 국가가 영화에 개입하는 방식과 영화가 국가를 다루는 방식을 '재건'이라는 키워드를 통해 규명함으로써, 당시 영화로

---

33) 이순진·이승희 외, 『한국영화와 민주주의』, 선인, 2011.

34) 이러한 관점에서 일제시기 영화정책과 영화단체를 다룬 연구로는 이준식의 연구가 있다. 이준식, 「일제 파시즘기 영화 정책과 영화계의 동향」, 『한국민족운동사연구』 37, 2003 ; 이준식, 「일제 파시즘기 선전영화와 전쟁동원 이데올로기」, 『동방학지』 124, 2004 ; 이준식, 「일본제국주의와 동아시아 영화네트워크 : 만주영화협회를 중심으로」, 『동북아역사논총』 18, 2007.

대표되는 대중문화의 특징을 드러내고 이를 통해 시대상을 조망해 보려 한다. 이 책이 대상으로 하고 있는 시기는 1950~60년대이지만 문화재건에 관한 논의의 사적 흐름을 살펴보기 위해 해방후~대한민국 정부수립 전후에 이르는 시기도 시야에 넣고 있다. 이 책의 시기상 하한선은 주민등록법이 개정되고 국민교육헌장이 선포되는 1968년으로, 이 시기 국가는 국내외적인 위기감 속에서 '재건'의 완성을 서둘러 선포했다고 여겨지기 때문인데, 몇 달에 이르는 제작기간이 소요되는 영화의 특성을 고려하여 경우에 따라 1969년작 영화까지 다루고 있다. 이 시기를 좀더 상세히 구분하면 1) 1945년~1948년 정부수립 전까지, 2) 1948년 정부수립 이후~1953년 한국전쟁기까지, 3) 1954년~1961년 5·16군사정변까지, 4) 1961년 5·16군사정변~1965년까지, 5) 1966년~1968년까지로 나눌 수 있다.

그런데 이러한 시기구분은 재건론의 추이에 따른 것으로 기존의 한국영화사 시기구분과는 다소 차이가 있다. 기존의 한국영화사 연구들은 대체로 이영일의 『한국영화전사』(1969)와 영화진흥조합의 『한국영화총서』(1972)의 시기구분을 따라왔으며, 2006년에 간행된 젊은 한국영화사 연구자들의 공동저작인 『한국영화사 : 開化期에서 開化期까지』는 기존의 시기구분에 약간의 수정을 가하였지만 일관된 명명법이라고 하기에는 무리가 있다.[35] 이 책에서는 각 시기에 따로 명칭은 붙이지 않았으며

35) 이 세 책의 시기구분을 비교해 보면 다음과 같다.

시기명	한국영화전사	한국영화총서	한국영화사	시기명
해방기	1945~1949	1945~1949	1945~1953	해방과 한국전쟁
동란기	1950~1954	1950~1953		
성장기		1954~1957	1954~1962	중흥
중흥기	1955~1960	1958~1964		
전성기	1961~1969	1965~1970	1963~1971	르네상스

『한국영화전사』에서는 '전성기'라는 용어는 쓰지 않고 '기업화'라는 키워드로

경우에 따라서는 더 세분하기도 했지만 많은 경우 1950년대, 1960년대, 혹은 1960년대 후반 등으로 지칭하여 서술을 단순화하고자 했다. 본 연구가 대상으로 하고 있는 영화는 국가가 직접 생산한 문화영화와 민간 영화계에서 제작한 대중영화(상업영화/극영화) 중에서 국가가 제도적으로 상을 수여한 영화들이다. 전자는 국가가 국민에게 보여주고 싶은 것을 보여준다는 의미에서 국가의 재건과 관련한 의도가 더 명확히 드러난다. 그러나 대중영화는 때로는 국가의 기대와 요구에 부응하기도 하지만 때로는 이에 대한 대중의 정서를 표출하기도 하기 때문에 아무리 국가가 장려한 영화라고 해도 영화에서 보이는 모든 것이 국가의 의도인 것처럼 해석될 수는 없다. 때문에 영화를 다루는 방식에는 각별한 주의와 이해가 필요하다.

그렇다면 역사학에서 영화를 다룬다는 것은 과연 어떻게 가능한 것이며 어떤 의미를 가지고 있을까. 역사학자들이 영화를 연구의 대상으로 삼기 시작한 것은 서구 역사학계에서 문화에 관한 관심이 증대되고 문화사 연구가 새로운 역사연구의 방법론으로 제시되면서부터이다.[36] 글과 이미지의 관계가 역전되는 현상이 벌어지고 있는 현대 사회에서 이미지에 대한 관심을 역사학의 영역으로 포용하려는 시도는 자연스럽고 필연적인 것으로서 여겨지고 있는데, 이들 문화사가들은 역사를 다룬 영화에 대한 관심을 출발점으로 해서 영화를 역사서술의 대상으로,

---

1960년대를 정리하고 있다. 한 시기를 어떻게 부르느냐 하는 것은 그 시기의 성격을 규정하는 것으로, 이러한 구분과 시기의 명칭은 1960년대 말까지를 서술의 대상으로 하고 있는 앞의 두 책의 성격으로 인한 것이다.

36) 서구 역사학계에서 문화사가 차지하는 의미와 그 계보에 대해서는 린헌트 편, 조한욱 역, 『문화로 본 새로운 역사』, 소나무, 1996(Lynn Hunt ed., *The new cultural history : essays*, University of California Press, Berkeley, 1989) ; 피터 버크, 조한욱 역, 『문화사란 무엇인가』, 길, 2005(Peter Burke, *What is Cultural History?*, Polity Press, Cambridge, U.K., 2004) 참조.

나아가 역사서술의 주체로 삼는 데에까지 나아간다.[37] 이들에게 영화는 글로 된 문서와 비교해 결코 중요성이 떨어지지 않는 이미지로 된 역사적 증거이다.[38] 영화를 역사학의 중요한 테마로 다룬다는 것은 단지 역사연구의 소재 확대를 뜻하는 것이 아니라 역사방법론의 다변화와 역사를 보는 시각의 변화를 의미한다. 곧 인간의 믿음, 의도, 상상력과 같이 실제로는 일어나지 않았던 것도 실제로 일어난 일만큼이나 역사라는 것을 인정해야 한다는 것이다.[39] 그런데 이들 문화사가들이 연구대상으로 선택하는 영화들은 대개 역사영화(History Film)[40]이거나 독일이나 소련의 선전영화인 경우가 많아 대중영화에까지 충분히 시야를 확대하지는 못하고 있다.

대중영화를 통해 시대상을 드러내는 것은 영화사 분야에서 활발히 진행되고 있다. 영화의 역사에 대한 연구는 크게 텍스트적인 연구와 컨텍스트적인 연구로 대별되는데, 텍스트 분석은 영화 텍스트 자체의 미학과 스타일, 서사구조 등의 변화를 역사적으로 고찰하는 것(film history)이고, 컨텍스트 분석은 영화를 사회문화적 컨텍스트의 산물로

---

37) 로버트 A. 로젠스톤 편, 김지혜 역, 『영화, 역사―영화와 새로운 과거의 만남』, 소나무, 2002(Robert A. Rosenstone ed., *Revisioning history : film and the construction of a new past*, Prinston University Press, Princeton, 1995).

38) 영화를 사료로 위치지우면서 역사연구의 대상으로 삼은 가장 대표적인 학자는 아날학파의 일원인 마르크 페로이다. 지성사가이며 문화사가인 피터 버크 역시 미술이나 영화와 같은 이미지를 사료로 사용하는 역사연구의 유용성을 보여준다. 마르크 페로, 주경철 역, 『역사와 영화』, 까치, 1999(Marc Ferro, *Cinema et Historia*, Gallimard, Paris, 1993) ; 피터 버크, 『이미지의 문화사 : 역사는 미술과 어떻게 만나는가?』, 심산, 2005(Peter Burke, *Eyewitnessing : the uses of images as historical evidence*, Cornell University Press, Ithaca, N.Y., 2001).

39) 마르크 페로, 위의 책, 38쪽.

40) 역사영화(History Film)란 이윤창출보다 과거에 대한 이해를 우선시하는 영화들을 지칭하며, 할리우드 시대극과는 구분되는 개념이다. 로버트 A. 로젠스톤 편, 김지혜 역, 앞의 책, 14~16쪽.

보아 영화와 사회와의 관계의 역사를 서술(history of cinema)하는 것이다.[41] 한국영화사 연구자들 상당수가 후자의 관점에서 영화사를 서술하고 있으며, 이들은 영화의 의미를 역사적 맥락 속에서 찾고자 영화를 둘러싼 역사적 배경에 대한 탐구를 게을리하지 않는다. 곧 자신들의 연구를 문화사 연구의 한 형태로서 위치지우면서 영화분석이 중심이 된 역사쓰기를 지향하고 있는 것이다.[42]

이 책은 이러한 서구 문화사가들이나 한국영화사 연구자들의 성과와 한계에 유념하면서 영화를 당대의 사회와 문화가 생산해낸 생산품이자 텍스트,[43] 일종의 史料로서 다루고자 한다. 영화를 사료로서 다룬다는 것은 사료비판을 하듯 영화에 대한 비판적 독해가 필요함을 의미한다. 영화는 그 영화가 생산된 당대의 사회적 맥락의 응집체로서 그 사회를 반영하지만, 이는 영화가 반드시 현실만을 반영한다는 의미는 아니다. 영화는 눈에 보이는 현실을 반영하기도 하지만, 현실에 없거나 은폐되어 있는 것, 곧 대중의 심성, 욕망, 지향, 그리고 이데올로기를 반영하며, 심지어는 대중이 원하는 것과 원하지 않는 것 사이의 긴장관계를 반영하기도 한다. 특히 리얼리즘이 주조를 이루는 한국영화의 특성상 영화는

---

41) 영화는 movie, film, cinema의 번역어이다. movie는 주로 엔터테인먼트의 도구, 곧 오락거리로서의 영화를 이르며, film이라고 할 때 영화는 주로 예술작품으로서 논의된다. cinema는 주로 사회문화적인 맥락에서의 영화를 지칭한다. 영화사 연구의 텍스트적 연구와 컨텍스트적 연구에 대해서는 팀 비워터, 토마스 소벅, 이용관 역, 『영화비평의 의해』, 예건사, 1994(Tim Bywater, Thomas Sobchack, *An introduction to film criticism : major critical approaches to narrative film*, Longman, New York, 1989) ; 제프리 노엘 스미스 편저, 이순호 외 역, 『옥스퍼드 세계영화사』, 열린책들, 2006(Geoffrey Nowell-Smith ed., *The Oxford history of world cinema*, Oxford University Press, Oxford, New York, 1996) 참조.

42) 안진수, 「서문」, 김소연 외, 앞의 책, 9쪽.

43) 테리 이글튼, 이경덕 역, 『문학비평 : 반영이론과 생산이론』, 까치, 1989(Terry Eagleton, *Marxism and literary criticism*, Methuen, London, 1976).

제작의 주체조차 미처 감지하지 못한 것들—이를테면 감성과 잠재의식 등—까지 드러내기도 한다. 영화는 반영물이기도 하지만 일종의 문화생산물이기 때문에 그것이 생산된 구조와 환경의 산물이다. 따라서 영화를 사료로 한 역사연구는 기획부터 제작, 배급에 이르는 영화제작의 전 과정과 이를 둘러싼 산업, 영화에 대한 국가의 태도를 보여주는 영화정책 등을 함께 고려해야 하며, 더불어 역사적 배경에 영화를 끼워 맞추기보다는 영화가 가진 논리와 정서가 시대와 어떤 관계를 맺고 있는가가 보다 적극적으로 고민되어야 한다.

이러한 관점에서 이 책의 2장에서는 국가의 재건과 문화재건 담론을 구성하는 네 가지 중요한 키워드를 추출하고 이것이 1950년대와 1960년대에 어떤 연속성과 차별성을 갖고 작동했는지를 살펴볼 것이다. 3장에서는 문화재건이라는 틀 속에서 국가가 영화를 바라보는 관점의 변화와 함께 그에 따라 영화산업의 구조 및 영화의 내용을 새롭게 축조해 나가기 위한 영화담론 및 정책을 서술할 것이다. 4장에서는 국가가 직접 생산한 문화영화에 나타난 국가의 표상과 그 이미지 전략에 대해 살핌으로써 2장에서 살펴본 재건의 지향이 무엇인지를 구체적으로 살펴볼 것이다. 5장에서는 국가가 장려한 영화들, 곧 '우수영화'라는 이름으로 선택되고 포상이 실시된 대중영화의 서사 전략을 다루고 있다. 우수영화상이나 대종상을 수상한 영화들의 서사전략이 재건의 키워드와 어떠한 관련을 맺고 있는지 살펴봄으로써 이 연구는 담론과 정책과 서사의 유기적 파악을 시도하며, 이를 통해 역사를 이해하는 하나의 방식으로서 대중문화사의 유효성을 드러낼 것이다. 특히 5장에서 분석의 대상이 된 영화들은 1950년대 영화 두 편과 1960년대 영화 두 편으로, 이들 영화에서 '민족'과 '국민', 그리고 '반공'과 '근대화'에 대한 담론이 어떻게 반영되고 있는지 뿐만 아니라 이들 영화가 제작되고 배급되는 과정에서 문화재건의 다양한 면면들이 어떻게 표출되는지가 동시에 드러난다.

이 책에서 인용한 자료들은 글자료와 영화자료로 대별되는데, 글자료는 대통령의 담화문, 연설문을 비롯하여 정부와 국회에서 발간한 문서들(『週報』,『국가재건최고회의보』,『국무회의록』,『국회회의록』 등), 관련 영화법령, 국가기록원에 소장되어 있는 영화관련 자료들, 그리고 각종 신문과 잡지, 그리고 한국영상자료원에서 발간한 구술사 및 각종 자료집 등이다.

이 책의 4장과 5장에서 인용하고 있는 영화자료 중에서 문화영화는 한국정책방송(KTV)이 제공하는 영상역사관(http://film.ktv.go.kr)에서 일부 볼 수 있으며, 극영화는 모두 한국영상자료원에 소장되어 있는데, 한국영화데이터베이스(http://www.kmdb.or.kr)를 통해서도 그 일부가 제공되고 있다. 그러나 문화영화와 극영화 모두 많은 필름이 소실된 것은 연구에 치명적인 걸림돌이라 할 수 있다. 이 책에서 인용하고 있는 극영화는 필름이 남아 있는 한 영화를 직접 분석하였으며, 필름이 소실된 경우에는 한국영상자료원에 소장되어 있는 시나리오를 참고하였다.

그 자체가 지향과 열망을 내포하고 있는 용어인 '재건'의 관점에서 1950~60년대 영화들을 분석하는 작업은 영화에서 표상하고 있는 것들이 모두 실재(reality)인 것은 아니며 이는 오히려 '원하는 것'에 가까운 경우가 많다는 것을 고려했을 때, 눈에 보이고 실제로 일어난 일만이 역사학의 영역이 아니라 눈에 보이지 않는 심성, 욕망, 꿈, 감수성까지도 역사학의 영역이 될 수 있다는 것을 역설적으로 보여줄 수 있을 것이다.

제2장 재건 담론의 지향과 문화재건의 방향

1. 재건 담론의 지향과 국가의 정체성

1) 1950년대 재건 담론의 방향과 정체성 문제

① '재건'의 용례와 의미

근대에 주체적이고 능동적으로 대응하지 못한 가혹한 대가로 식민지화의 길을 걸어야했던 한국인에게 근대적 자주독립국가의 건설은 한말 이래의 오랜 꿈이었다. 舊本新參의 이념 아래 봉건국가에서 점진적으로 근대국가로 변모하려던 대한제국의 노력[1]이 실패로 돌아가고 식민지화의 위기에서도 국권을 회복하고 민족의 정체성을 찾고자 했던 민족주의자들의 노력이나, 일제하 민족해방운동의 일환으로 제기되었던 민족주의자 및 사회주의자들의 신국가건설 노선은 이러한 근대적 자주독립국가 건설을 위한 방략으로서 제기된 것이었다. 1945년 일제로부터의 해방은 비록 한민족 스스로의 힘으로 쟁취한 것은 아니었지만 국가 없는 설움과 압제에 시달린 한국인들을 새로운 희망에 부풀게 했다. 그것은 하루빨리 자주적 근대국가를 건설하여 억눌렸던 민족의 자존감

---

1) 김도형, 『대한제국의 정치사상연구』, 지식산업사, 1994 참조.

을 회복하고 자립과 번영으로 나아가고자 하는 열망이었다. 그러나 해방이 곧 독립국가 건설로 이어지지 못하고 미·소의 분할 점령과 분단으로 귀결되는 과정에서 이러한 희망은 또다시 도전받고 좌절되었고, '재건'이라는 용어가 등장한 것은 이러한 현실을 타개하려는 열망과 노력의 반영이었다.

'재건'은 1950~60년대 남한 사회를 관통한 구호이자 담론이지만 그간의 연구에서는 별반 주목을 받지 못하고 의례적으로 쓰여왔는데, 이는 이 용어를 고유명사가 아닌 보통명사로만 여겨왔기 때문이다. 또한 '재건'은 오랫동안 박정희 정권이 전유한 언설에 불과한 것으로 여겨져 그 역사적 의미와 풍부한 함의가 축소되어 이해되었다.[2] 그러나 '재건'은 다시 건설한다는 일반적 의미 외에 특정한 역사적 시기에 특정한 역할을 하는 담론으로서 기능하였으며, 이는 대한민국이라는 국가의 정체성을 어떻게 만들어 갈 것인가의 문제와 밀접히 관련되어 있다. 再建이란 글자 그대로 '이미 건설된 것을 다시 건설한다'는 의미로서, 여기에는 이미 건설된 것에 대한 진단과 부정, 그리고 앞으로 어떠한 방향으로 어떻게 건설할 것인지에 관한 미래지향적 상상력이 내포되어 있다. 따라서 재건 담론은 정체성을 구성하는 네 가지 질문들, 곧 '우리는 누구인가?', '우리가 아닌 것은 누구인가?', '우리는 무엇을 하고 싶은가?', '우리는 무엇이 되고 싶은가?'에 해답을 구하는 과정이었다고 말할 수 있다.[3] 이는 각각 '민족', '반공', '자본주의 근대화', '국민'이라는 키워드와

---

2) 이 때문에 재건에 관한 연구는 '재건국민운동' 연구로 국한되었다. '재건국민운동'을 본격적으로 다룬 다음의 연구는 이것이 1950년대가 배태한 국가주도와 민간주도라는 두 흐름의 접점이었음을 지적했다는 점에서 의의가 있다. 허은, 「5·16군정기 재건국민운동의 성격―분단국가국민운동 노선의 결합과 분화」, 『역사문제연구』 11, 2003.

3) 정체성이 기원의 문제가 아니라 미래의 문제임을 지적한 글로는 Stuart Hall,

조응하며, 각 시기마다 그 내용과 의미에 연속성과 차별성이 존재하였다고 볼 수 있다.

해방 직후부터 1960년대까지 정부와 지식인들이 가장 많이 사용한 용어 중 하나인 '재건'은 해방이 곧 자주 독립국가의 수립으로 이어지는 것이 아니라는 사실을 깨달은 한국인들이 어떻게 스스로의 국가를 건설할 것인가 하는 과제와 방법적 고민 속에서 등장한 용어였다. 1946년 2월 13일자『조선일보』의 「자유의 재건」이라는 사설은 '재건'이라는 말의 용례를 잘 보여주고 있다. 이 글은 트루먼과 스탈린의 말을 인용하면서 "현단계에 있어서 파쇼의 청산은 곧 자유의 재건"이며, "자유의 재건 없이는 독립국가를 수립할 수도 없고 세계문화의 선상에서 낙오자로서의 비운을 면치 못할 것"이라고 경고하였다. 여기서 재건이란 독립국가 수립의 가장 기본적 권리를 쟁취하는 투쟁적 행위로 표현되고 있다.[4]

또한 1946년 9월 24일자『동아일보』에 실린 「조국재건의 전면적 검토」라는 사설에서는 해방후에서 단정 수립 이전까지 '재건'이라는 용어가 갖고 있는 함의가 잘 나타난다. 곧 "민족통일과 자주독립이 최대의 긴급과제인데도 해방후 1년이 넘도록 해결을 보지 못하는 것은 하나는 미소관계의 원활하지 못함으로 야기되는 미묘한 국제관계이고, 다른 하나는

"Introduction : Who Needs Identity?", Stuart Hall and Paul Du Gay ed, *Questions of Cultural Identity*, London ; SAGE, 1996이 있다.

4) 일제하에서 '재건'의 용례는 '조선공산당 재건'과 같이 다시 세운다는 제한적인 의미로만 쓰였다. 재건의 대상이 탄압의 대상이었던 조선공산당이었기 때문에 그 자체가 투쟁적인 의미를 내포하기는 했지만, 재건이라는 말이 본격적으로 건설과 투쟁의 결합으로 사용된 용례는 해방후부터 보이기 시작하여 1950년대까지 내재해 있다고 할 수 있다. "정치적 재건이란 일면 건설이면서 일면 투쟁을 의미한다. 잘 투쟁함으로써 능히 잘 건설할 수가 있는 것이요, 잘 건설함으로써 비로소 잘 투쟁할 수가 있는 것이다." 신도성, 「재건의 정치적 토대」, 『사상계』 1953년 9월호, 45~56쪽.

민주주의 실시에 대한 견해의 불일치로 야기되는 국내의 혼란"이라고 하면서 "국제관계를 냉엄하고 이성적으로 판단하고 우리 힘으로 할 수 있는 일을 과감히 추진"해야 하며 "민주주의에 대한 견해의 일치가 성립되면 남는 문제는 경제건설을 여하히 하느냐의 문제"라고 주장하고 있다. 여기서 보이듯이 이 시기 통일된 자주국가의 건설이라는 목표 속에서 민주주의와 경제건설이라는 구체적 방안에 대한 의견 일치, 곧 신국가건설론의 연장선에서 자본주의 계열과 사회주의 계열의 의견의 불일치를 극복하는 것을 재건의 범주에 넣고 있다는 점이다.5)

같은 맥락에서 1947년 2월 창간한 잡지『再建』에는 이 시기 '재건'이라는 용어를 통해 어떠한 모습의 국가를 만들 것인가에 대한 고민과 입장을 드러냈음을 알 수 있는 논설들이 실려 있다. 곧 좌우익의 대립을 넘어 독립된 자주민주국가를 건설해야 한다는 목표와 지향이 뚜렷이 드러나고 있는 것이다.

① 해방 조선을 재건함에 있어 당면과제는 좌우익이 공통된 정치이념을 갖는 것이니 바로 민주주의의 노선이다.6)
② 조국 재건이라고 했을 때는 단순한 조선 국가의 재건을 논함이 아니고 단일체의 조선을 전제로 하는 것이다. (중략) 재건되어야 할 조국은 자주조선, 민주조선, 청년조선이어야 한다.7)

이처럼 再建의 사전적 의미는 원래 '예전에 있다가 없어진 것을 다시 만들어 세운다'라는 뜻이지만, 해방을 자주적으로 '쟁취'하지 못하고

---

5) 이는 당시 가장 민감한 현안이었던 모스크바 협정과 신탁통치에 관한 좌우익의 대립 속에서 상호 협력을 강조하기 위한 것이기도 했다. 배성룡, 「정세와 목표 : 건설의 성격에 관련하여」, 『再建』 1-1, 1947년 2월호.
6) 「창간사」, 『再建』 1-1, 1947년 2월호.
7) 설의식, 「조국재건의 지도이념」, 『再建』 1-1, 1947년 2월호.

해방을 '맞은' 조선의 지식인들에게 재건이란 단순히 예전의 것을 복구한다는 의미는 아니었다. 그것은 어떠한 지향을 가지고 새로운 국가를 건설해 나가는 것을 뜻했다.[8] 그렇다면 왜 '건설'이라 하지 않고 굳이 '재건'이라는 용어를 썼을까? 여기에는 두 가지 의미가 있다고 추측된다. 그 한 가지는 소설가 김동리의 다음과 같은 말로부터 유추해 볼 수 있다.

　　재건이란 말은 한번 건설되었던 것이 허물어진 뒤 또다시 건설하는 것을 의미한다. 우리는 조선문학이라고 세계에 내세울만한 것을 한번 건설해 본 적이 있는가. 지금까지의 빈약하고 저조한 조선문학을 세계문학의 수준에 도달할 수 있는 우수한 문학으로 향상시키는 것이 조선문학의 재건이다.[9]

　곧 예전에 건설해 본 적도 없는 빈약했던 것을 '세계적'으로 불릴 만큼 풍성하고 수준 높게 끌어올리는 것이 '재건'의 의미라는 것이다. 그렇다고 하더라도 '예전보다 더 나은 상태로 다시 건설한다'는 의미를 가진 '재건'은 과거에 그 무엇이 있다는 것을 전제로 한다. 비록 해방후에 건설해야 할 국가가 유사 이래 처음으로 수립되는 근대적 민주 독립국가라고 하더라도, 그것은 우리나라의 전통과 역사의 맥락 속에서 이루어져야 한다는 사고방식이 재건이라는 용어에서 엿보인다.[10] 또한 과거

---

8) 이러한 용법을 조선후기의 國家再造論이나 일제시기의 신국가건설론에서도 찾을 수 있다. 김준석, 『조선후기 정치사상사 연구 : 국가재조론의 대두와 전개』, 지식산업사, 2003 ; 김용섭, 『한국근현대농업사연구-한말·일제하의 지주제와 농업문제』, 지식산업사, 2000 ; 방기중, 「농지개혁의 사상전통과 농정이념」, 『농지개혁연구』, 연세대학교출판부, 2001 등 참조.

9) 김동리, 「조선문학 재건에 대한 제의-정치적 감시를 소탕하라」, 『白民』, 1948년 4, 5월호.

10) 심지어 제헌 헌법에서도 "이제 民主獨立國家를 再建함에 있어서……"라고 표현되

40

식민지를 통해 형성된 근대적 체제를 부정하고 우리 스스로의 주체적 선택에 의해 근대적 체제를 만들어 나가야 한다는 의미도 포함되어 있었다. 따라서 해방후 가장 시급한 과제로서 제기된 식민지 잔재와 봉건 잔재의 청산이 '재건'이라는 용어에 이미 반영되어 있다고 볼 수 있다.[11]

'재건'이라는 용어의 두 번째 함의는 사회주의와의 관계에서 찾아볼 수 있다. 곧 북한에서 자주 쓰이는 사회주의 '건설'과 같은 용어와 차별화를 둔 것이다. 이는 제2차 세계대전 후 세계 각국에서도 전후 질서의 재편과 복구가 중요한 문제로 떠오른 사실과 관련이 있다. 특히 승전국 중에서도 본토에서 전쟁을 겪지 않은 미국의 경우를 제외하면 패전국은 물론, 대부분의 유럽 국가들에서도 전쟁 후의 복구 문제는 가장 중요한 현안이었다. 그런데 이 전쟁 후 재건이 미국중심의 세계질서 재편에 중점이 두어졌다는 것을 상기할 필요가 있다.[12] 곧 미국의 유럽재건계획 (European Recovery Program), 일명 마셜 플랜(Marshall Plan)에 의해 1947∼51년까지 서유럽 16개국에 경제원조가 진행되고, 일본에서도 미국의 요청에 의해 경제부흥계획이 수립되면서 재건론이 대두된 것이었다. 이 과정에서 소련과 동유럽 국가들은 의도적으로 배제되었으며 서유럽 국가들은 전쟁 전 수준으로 경제가 회복되고 일본 역시 빠른 재건과 부흥이 이루어졌다.[13] 여기서 미국의 원조 프로그램이 유럽과 일본에서

어 있다.

11) 이원조, 「민족문화 발전의 개관」, 『民鼓』, 1946년 5월호.

12) 미국사에서 '재건'은 원래 남북전쟁 후의 남부재건을 위해 1867년 재건법(再建法 : Reconstruction Act)이 제정되면서 역사적 용어로 등장했다.

13) 전후 서유럽과 일본의 경제발전에 대해서는 서정익, 『세계경제사』, 혜안, 2005, 331∼360쪽 참조 ; 마샬 플랜에 대한 미국의 의도와 서유럽의 반응에 대해서는 Marie-Laure Djelic, *Exporting the American model : the post-war trans-formation of European business*, Oxford University Press, 1998 pp.111∼118 참조.

공산주의의 확산을 막고자 하는 것에 있었다는 것을 환기하면, 제2차
세계대전 후 세계사에서 '재건'이라는 용어가 어느 정도 반사회주의적인
의미를 내포하고 있었다는 것을 알 수 있다. 남한에서도 해방후~정부수
립 전까지는 '건설'이라는 용어와 '재건'이라는 용어가 혼용되어 쓰이다가
'재건'이 '건설'보다 빈도와 함의상 우위에 서게 된 것은 정부수립 이후부
터이며, 이 용어가 완전히 자리를 잡게 된 것은 한국전쟁 이후부터이다.
이는 재건의 방향이 재건하려는 대상뿐만 아니라 부정하는 대상에 의해
서도 규정되고 있음을 보여준다. 곧 재건이란 항상 반대파와의 투쟁과
배제를 통해서 정립되는 개념인 것이다.

　이처럼 '재건'이란 용어가 한국전쟁 이후에 더욱 빈번하게 쓰여진
것에는 유엔한국재건단(UNKRA)의 파견에 따라 '전후 재건'이 사안으로
떠올랐기 때문이었다.14) 그러나 이 시기에도 '재건'이 단지 경제적 의미에
서만 쓰였던 것은 아니었다. 염상섭은 "'국가의 재건'이라는 것은 '국가의
수립'이라는 것이니…… 국가의 재건이라고 하면 곧 경제의 재건을 지칭
하는 것으로 인식하는 경향이 있으나 한국이라는 국가를 재건함에 있어
서…… 정치적 재건이 가장 염려된다"고 하였다.15) 곧 이미 정부를 수립한
이후에 다시 국가를 '수립'한다는 의미로 국가의 재건을 논한 것이었다.

---

14) '유럽 재건계획'의 재건은 Recovery고, '유엔 한국재건단'의 재건은 Reconstruction
　　이다. 전쟁 전으로의 회복과 복구를 뜻하는 Recovery에 비해 구조 자체를 다시
　　세우는 Reconstruction은 보다 적극적이고 근본적인 변화를 함축하고 있다. 많은
　　학자들이 마샬 플랜을 서유럽을 단순히 회복시키려는 것이 아니라 재구축하려는
　　계획으로 파악하고 있는데 비해(Michael J. Hogan, *The Marshall Plan : America,
　　Britain and the Reconstruction of Western Europe 1947~1952*, Cambridge University
　　Press, 1987), 정작 남한에서는 최근까지도 1950년대의 '재건'이 단순히 전후의
　　복구라는 차원으로 축소되어 해석되었다. 한국에서의 '재건'에는 이 두 가지
　　뜻이 모두 내포되어 있지만, 후자의 의미에 더 가깝다고 보아야 한다.
15) 염상섭, 「한국재건과 정치」, 『사상계』, 1953년 12월호, 80~87쪽.

일제 총독부 권력과 미군정이라는 유사국가권력의 경험 속에서 남한의 지식인들이 꿈꾼 새로운 국가를 위한 실천 전략이 바로 재건론, 곧 국가재건론이라고 했을 때, 재건은 단지 정부를 수립한다고 해서 완성되는 것은 아니었다. 특히 전쟁을 거치면서 이전 시기 다소 모호했던 국가의 지향을 더욱 精緻하게 가다듬을 것이 요구되었다. 정부 수립 초기에 확립된 헌법의 체계와 국가의 틀을 근본적으로 다시 고민하면서 대한민국의 정체성을 새롭게 재규정해 나가는 일련의 과정이 곧 '재건'이었던 것이다. 이전 시기의 부정을 통해 새로운 시기의 정체성을 재확립하려는 재건론의 특성은 이것이 항상 당대의 가장 첨예한 과제와 맞물려 있음을 보여준다.

② 재건 담론과 국가의 정체성

통일된 자주민주국가의 건설이라는 열망을 뒤로 하고 단정이 수립되자 이제 재건은 과거와 같은 좌우합작의 대의를 바탕으로 한 것이 아니라, 어떻게 남한이 북한과는 다른 정체성을 가진 국가 체제를 구축하고 남한의 국민들을 단일한 국가공동체의 국민으로 자리매김하는가의 문제로 전환되었다. 1948년 남북한 정부의 수립은 해방후 미국과 소련의 분할 점령에서부터 잉태된 분단이 실재화, 현실화되었음을 명확하게 보여주는 것이었다. 이제 한반도에는 두 개의 근대국가가 탄생되었지만 서로를 독립된 국가로 인정하지 않고 각각 미소의 사주를 받는 '괴뢰'로 규정함으로써16) 강한 민족의식과 국가의 정체성 사이에 혼돈과 괴리를 발생시켰다. 더욱이 대한민국 헌법 제4조에 명시된 "대한민국의 영토는 한반도와 그 부속도서로 한다"는 조항과 달리 실제로 대한민국은 38선

---

16) 남북한이 국가를 표상하는 방식에 대해서는 Gi-Wook Shin, *Ethnic Nationalism in Korea : genealogy, politics, and legacy*, Stanford University Press, 2006 참조.

이남 지역에서만 승인된 합법정부에 불과했다는 현실은 이상과 실제
사이의 간극을 어떻게 국민에게 설득해 내느냐 하는 중요한 문제를
발생시켰다. 정부 수립후 국가는 國土, 國籍, 國旗, 國民, 國史 등 국가를
표상하는 요소들을 정의하고 이를 설득하는 작업을 통해 대한민국이라
는 국가의 정체성을 국민에게 정의내리고 주지시켰다. 해방후~전쟁기
에 이르는 기간 동안 남한에 유입된 많은 인구들을 생각할 때,[17] 이들을
대한민국 국민으로서 통합하고 결속시키는 국가정체성, 국민정체성의
확립이 시급했던 것이다. 국적법에 대한 해설이라든가, 병역법에 대한
해설, 국기에 대한 해설 등 대한민국을 규정하고 정의 내리는 갖가지
해설과 더불어 '국민의 각오'라는 제목의 '국민됨'에 대한 정의가 자주
제시되었다.[18] 특히 이러한 일련의 정의내림이 대한민국의 정체성에
도전한 제주 4·3항쟁·여순사건의 진압과 1949년부터 대대적으로 진행된
남한 내의 좌익세력에 대한 숙청 등과 병행된 것이라는 사실은 주목할

---

17) 해방후에 남한으로 유입된 인구는 해외동포 귀환인구가 1,220,627명, 38선
   이북 거주민들의 월남인구가 969,015명으로서 합하여 대략 220만명의 인구가
   유입되었다. 이로써 남한 인구는 1945년의 1,614만명에서 1949년의 2,017만명으
   로 4년간 무려 400만명 이상의 인구증가를 기록하였고, 이는 역사상 가장 높은
   인구증가율(6.1%)이었다. 박길성, 「1960년대 인구사회학적 변화와 도시화」,
   『1960년대 사회변화연구 : 1963~1970』, 백산서당, 1999, 22~23쪽.

18) 대한민국 공보처에서 발행하는 『週報』에 국가의 정체성과 '국민됨'의 정의를
   내려주는 다음과 같은 기사들이 실려 있다. 「받들자 대한의 나라(노래)」, 『週報』
   4, 1949년 4월 27일호 ; 「조국은 애국자를 요청한다」, 同 4, 1949년 4월 27일호 ;
   「국적이란 무엇인가? 국적법 해설」, 同 9, 1949년 6월 1일호 ; 「건국 이념의
   재인식」, 同 20, 1949년 8월 17일호 ; 「건국 1주년과 국민의 각오」, 同 20, 1949년
   8월 17일호 ; 「운명공동체」, 同 24, 1949년 9월 8일호 ; 「국기의 규격을 시정
   통일」, 同 30, 1949년 10월 26일호 ; 「한국은 아주의 민주보루」, 同 35, 1949년
   11월 30일호 ; 「징병실시와 국민의 각오」, 同 36, 1949년 12월 7일호 ; 「국채소화
   와 국민의 각오」, 同 45, 1950년 2월 15일호 ; 「사이비 애국자의 반성을 촉구」,
   同 45, 1950년 2월 15일호 ; 「병역법의 중점적 해설」, 同 47, 1950년 3월 1일호 ; 「현
   정세에 대비한 국민의 각오」, 同 57, 1950년 5월 10일호 등.

만하다.[19)]

이러한 과정에서 1949년 7월에 문교부가 만든 '우리의 맹세'는 국가의 정체성과 국민됨의 각오를 다음과 같이 명시하고 있다.

1. 우리는 대한민국의 아들 딸. 죽음으로써 나라를 지키자.
1. 우리는 강철같이 단결하여 공산침략자를 쳐부수자.
1. 우리는 백두산 영봉에 태극기 날리고 남북통일을 완수하자.

이러한 滅私奉公的 멸공통일의 각오는 1950년대 내내 교과서는 물론 모든 서적의 뒷면에 빠짐없이 인쇄되었고 각급 학교 학생들은 모두 이를 암기해야만 했다. 여기서 대한민국이라는 국가와 국민의 가장 중요한 존립의 근거는 바로 반공이었다는 것을 알 수 있다.[20)] 곧 자기의 정체성을 타자의 존재에 대한 부정을 통해서만 확인받는 기형적인 국가 정체성이 제시된 것이다. 주지하듯이 '국민'이라는 개념은 '인민'이라는 용어를 배제하면서 상대적으로 구축된 개념이며,[21)] 이는 북한의 '인민' 개념이 평등주의, 민주주의에 기반하면서도 포섭, 차별, 배제의 논리로 구성되고 있는 것과 유사하다.[22)]

이러한 배제의 논리는 민족 정체성을 설명할 때도 어김없이 등장하였다. 북한은 소련이라는 외세를 등에 업은 反민족 세력이었기 때문에,

---

19) 여순사건이 대한민국의 정체성에 미친 영향에 대해서는 임종명, 「여순 '반란' 재현을 통한 대한민국의 형상화」, 『역사비평』 64, 역사문제연구소, 2003 ; 김득중, 『빨갱이의 탄생 : 여순사건과 반공 국가의 형성』, 선인, 2009 참조.

20) 대한민국 국민의 형성이 억압, 배제, 차별을 전제로 하는 반공국민 형성의 과정이라는 논의는 김동춘, 「20세기 한국의 '국민'」, 『근대의 그늘』, 당대, 2000 참조.

21) 유진오, 『헌법기초회고록』, 일조각, 1980, 65쪽.

22) 김성보, 「남북국가 수립기 인민과 국민 개념의 착종과 분화」, 『대한민국의 건국이념과 국민형성』, 대한민국수립 60주년 기념 대토론회 자료집, 2008, 80쪽.

'민족'이라는 범주에 북한은 포함되지 않는다는 논리였다. 따라서 한민족
의 역사를 대한민국을 최종 도달점으로 하는 前史로 해석한다든지 단군
과 3·1운동을 민족의 시원으로서 강조하고 한글이나 민족문화를 선양하
는 모든 행위는 민족의 정통성을 조선민주주의인민공화국이 아닌 대한
민국이 '유일하게' 이어받았음을 강조하기 위한 것이었다.23) 이는 대한민
국 국민으로서의 정체성을 한민족으로서의 정체성보다 우선시하도록
요구하는 것이었으며, 동시에 한민족의 정체성을 대한민국이라는 분단
국가의 정체성으로 전유하는 것이었다.24)

　　이 같은 대한민국 국민으로서의 정체성 강조는 남북이 직접 무력으로
대결하는 전쟁기에 더욱 필요한 것이었다. 이는 '국민됨'의 요건을 설명하
는 다음과 같은 글에서 잘 나타나고 있다.

　　　국민이란 개인 그대로가 아니요, 민족 그대로가 아니다. 국가를 이루는
　　인간이 참 인간이요, 자각을 통하여 이념에 도달할 때 이것이 인간이요,
　　국민이다. (중략) 새로운 이념운동으로 새로운 국민을 만드는 것이 우리
　　에게 가장 시급하다. (중략) 자각에 있어서 公共性을 가진 公民이 곧
　　국민이며, 국민은 자기를 넘어 국가를 위하고 국가는 우월한 윤리국가로
　　서 진리와 사랑으로 국민을 위해야 한다.25)

　　이처럼 국민 형성의 필요성이 정부 수립 직후보다 오히려 전시하에서

---

23) 『週報』에 실린 다음과 같은 기사들은 민족의 정체성을 설명해주고 있다. 「우리나
　　라 역사강좌 1」, 同 9, 1949년 6월 1일호 ; 「개천절을 경축함」, 同 27, 1949년
　　10월 5일호 ; 「한글날을 기념하자」, 同 28, 1949년 10월 12일호 ; 「민족의 노래」,
　　同 28, 1949년 10월 12일호 ; 「3·1운동과 우리 민족」, 同 47, 1950년 3월 1일호
　　등.
24) 「우리 민족의 당면과제」, 『週報』 46, 1950년 2월 22일호, 12~15쪽.
25) 이태영, 「사상적으로 본 역사적 현실」, 『사상』 4, 1952년 12월호.

더 활발히 논의되고 있는 것은 자기 정체성의 확립이 자신의 역사성, 정통성을 확인하는 것 이외에도 적과의 대비와 부정을 통해서도 일어난 다는 것을 다시 한번 확인하게 한다. 주목할 것은 민족과 구별되는 국가의 구성원으로서의 국민을 새롭게 만드는 데에는 새로운 이념운동 이 필요하다고 강조한 것이다. 이것이 무엇을 의미하는지는 '재건'과 관련된 논의를 조금더 살펴봄으로써 알 수 있다. 농림부차관과 기획처장 을 지냈던 원용석은 '재건'의 실천적 의미를 다음과 같이 피력했다.

> 戰災에 허물어진 조국의 재건에는 경제정책도 좋다. 재정방침도 있어 야 한다. 그러나 그러한 모든 정책이나 방침에 선행하여서 먼저 있어야할 선행조건은 2천만의 머리에서 봉건사상과 사대주의를 송두리째 뽑아버 리자는 것이다. 허장성세와 공리공론을 버리고 진실하고 솔직하며 또 의욕적이며 과학적인 머리로 전환해야 한다는 것이다. 그러함으로 해서 선진의 諸민족들이 5세기를 두고 심혈의 결정에서 얻은 문명, 문화를 가장 짧은 기간에 받아들여서 흡수 소화시킬 수 있을 그때에 비로소 우리 한민족은 뚜렷하게 지구상에서 문화민족으로서의 새로운 등장이 기대될 것이다. 그것은 우리의 염원이요 꼭 실천되어야할 과제인 것이 다.26)

곧 국가의 재건에는 정신문화의 재건이 가장 시급한 선행조건이라는 것이다. 정신문화의 재건은 일제의 잔재를 소탕하고 국가와 도덕을 중심으로 한 국민교육의 체계를 바로 잡는 일이며, 그 핵심은 道義에 있다고 보았다.27) 잃어버렸던 道義를 되찾자는 의미의 '道義 재건'은

---

26) 원용석, 『한국재건론』, 1956, 3~4쪽.
27) 1950년대의 道義 개념에 대해서는 국민교육과 관련하여 최근 몇 가지 연구가 진척되고 있다. 이동헌, 「1950년대 '道義'교육과 국민의 형성」, 한양대학교 석사학 위논문, 2004 ; 이유리, 「1950년대 '도의교육'의 형성과정과 성격」, 고려대학교

언뜻 전근대적 용어처럼 보이지만 그 내용은 새로 정립되어야할 국가재
건의 논의와 맞닿아 있었다. 게다가 전근대성과 부도덕성을 타파해야
한다는 '道義' 개념은 부도덕하고 의롭지 못한 것으로서의 공산주의
및 북한을 상정함으로써 '반공'과 자연스럽게 연결될 수 있었다.

우리나라 國民道義는 그 유구한 역사적 연원 위에 현대적 民主道義의
확고한 지반을 가지고 있다. 그리하여 그 실천적 요강을 다음과 같이
규정하고자 한다. 1. 찬란한 역사적 문화와 광휘있는 전통을 존중하고
순수한 민족의식에 기하여 반공 민주의 정신을 발휘해야 한다. 2. 인권을
존중하고 자유를 숭상하며 公私를 분간하여 奉公의 정신을 선양하고,
人和를 얻어 대동단결을 기해야 한다. 3. 국민의 의식을 자각하여 正心
성의로써 책무를 완수하고, 주관과 私意를 초극하여 조국의 흥륭을 기해
야 한다. 우리는 이 3대 강령을 실천 躬行함으로써 道義 한국의 재건을
기할 수 있을 것이다.[28]

이 글에 의하면 道義란 國民道義를 말하며, 국민도의란 민족의식과
반공정신을 기반으로 공적인 것을 우선하여 협동 단결하는 것이고,
사사로운 주관을 극복하고 국민의식을 자각하여 국민의 책무를 완수함
으로써 조국의 흥륭에 기여하는 것이다. 곧 개인보다는 국가를 우선시하
고 사적인 주관보다 국민으로서의 자각이 우선이라는 것이다. 더구나
'화랑정신을 근원으로 하고 3·1정신을 계승한 대한민국'에 충성하는
것이 국민으로서의 도리라는 주장에 이르러선 국가주의에 매혹을 느낀
당대 지식인의 한 단면이 목격된다.[29]

석사학위논문, 2007 ; 홍정완, 「전후재건과 지식인층의 '道義' 담론」, 『역사문제
연구』 19, 2008.
28) 김두헌, 「道義韓國再建論」, 『학술계』 1, 1958년 7월호, 240쪽.
29) 대한민국을 화랑정신과 3·1운동의 계승자라고 보는 것은 당시 지식인들에게

그런데 당시 道義의 재건을 주장했던 것은 이러한 국가중심의 담론만
이 아니었다. 지배층에 대한 도덕적 비판으로서 道義를 부르짖기도 하
고30) 민주주의의 전제로서의 道義를 주장하기도 하는 등31) '道義'라는
용어는 '재건'이라는 용어만큼이나 다양하고 복합적인 양상으로 지식인
들의 담론 세계를 구성했다. 곧 같은 '道義再建'이란 말을 쓰고 있다고
해도 전통문화를 옹호하는 것부터 후진성을 극복하고 근대 시민윤리의
확보를 주장하는 것에 이르기까지 내용상으로는 다양한 스펙트럼이
존재했다.32) 여기서 중요한 것은 道義再建이 국민을 계몽하고 교화시키
는 주체인 지식인은 물론이고 국민 모두가 갖추어야할 윤리와 도덕으로
서 근대적인 '국민'의 형성과도 관련되어 있지만, 이것이 한편으로 계몽주
의와 합리주의로 무장한 '시민'의 형성과도 밀접한 관계에 있다는 사실이
다. 곧 국가를 재건하기 위해서는 근대적인 국민이 만들어져야 한다는
논리와 달리, "새 정신이 탄생하기 전에 이미 새 사람 '시민'이 탄생"한
것처럼 자유롭고 각성된 시민이 새로운 사회를 만들 수 있다는 논리였
다.33) 이는 근대적 개인의 실존적 자각이 국가가 요구하는 '국민'으로서의
정체성만으로는 모두 채워질 수 없는 간극과 균열을 점차 초래하고
있는 현실을 반영하고 있다.

이처럼 재건론이 문화의 재건을 매우 중시하고 있다는 점은 그것이
국가, 혹은 국민 정체성의 문제와 맞닿아 있음을 보여주는 것이었다.

널리 퍼져 있는 생각으로서, 대한민국이라는 신생국가가 자신의 기원과 전통을
재정립하려는 시도에서 이루어졌다. 김두헌, 위의 글, 238~239쪽.
30) 「사설 : 국민도의심에 訴한다」, 『동아일보』, 1954년 4월 14일자 ; 「좌담회 : 국민
도의심의 환기와 진작의 방안」, 『동아일보』, 1957년 1월 1일자.
31) 「좌담회 : 우리 사회와 문화의 기본 문제를 해부한다」, 『사상계』, 1958년 4월호,
260~288쪽.
32) 홍정완, 앞의 글, 60~80쪽.
33) 김성근, 「시민사회의 세계관」, 『사상계』, 1956년 7월호, 123~133쪽.

그런데 이러한 정체성 형성의 측면에서도 간과할 수 없는 것이 바로 1950년대 핵심적 사안이었던 경제재건이다. 경제재건은 협의에서는 한국전쟁으로 피폐해진 국토와 경제를 다시 일으킨다는 의미였으나, 광의로 보면 그것은 자립경제라는 목표를 향해 어떠한 체제와 방법을 취할 것이냐의 문제와 밀접히 연관되어 있는 것이기 때문이다.

제헌헌법 제6장에 명시된 대한민국의 경제체제는 기간사업체와 공공적 기업을 국영과 공영으로 하는 가운데 사회정의의 실현과 국민경제의 발전이라는 대의에 저촉되지 않는 한에서 개인의 경제적 자유를 보장하는 것으로, 일반적 의미의 서구자본주의를 지향한 것은 아니었다. 오히려 정부수립 초기에는 계획경제의 장점을 도입한 사회민주주의적인 성격이 강했고 이는 농지개혁의 논의 과정이나[34] 중간파에 의해 기획된 산업부흥5개년계획에도 반영되어 있다.[35] 심지어는 전쟁 중에도 공산주의와 자본주의를 모두 지양한 이상적 경제체제를 지향한 것이 헌법 정신이라는 점이 강조되었다.[36] 미국의 강력한 영향 아래 행해진 전후의 경제재건 과정은 이러한 상황에 변화를 초래하였다. 전쟁으로 피폐해진 국토를 재건하고 자립경제를 달성하기 위해 국민생산이나 국제수지 등의 경제지표를 전쟁전의 수준으로 회복하며[37] 이를 위한 경제정책의 근간을

---

34) 방기중, 「농지개혁의 사상 전통과 농정이념」, 『농지개혁연구』, 연세대학교 출판부, 2001, 128쪽.
35) 정진아, 「이승만정권의 경제부흥계획」, 『동방학지』 142, 2008, 119~122쪽.
36) 배성룡, 「좌담회 : 사상운동의 회고와 전망」, 『사상』 2, 1952년 10월호.
37) 국민소득의 추이를 살펴보면 1937년도 20억원, 1949년도 8천800억원, 1951년도에 5조5천400여억원이고, 이를 1937년 기준의 물가 지수로 환산하면 1937년도 20억원, 1949년도 10억4천만원, 1951년도 7억3천여만원이다. 소득수준면에서 1951년도는 1949년도의 70.1%에 불과하였으므로 30%의 소득증가를 목표로 하였다. 자립이 달성되는 목표연도로 설정된 1960년도에 97억2천만달러의 국민소득과 400달러의 개인당 소득 조성을 목표로 하였다. 임송본, 「경제자립의 지표」, 『신천지』, 1954년 2월호, 52~55쪽.

잡아나가는 것이 경제재건의 주요 내용이 되었다. 정부수립 초기에 자유경제론과 계획경제론이 양립되었던 것과 대조적으로 전후에는 이러한 비자본주의적 경향을 점차 배제해 나가면서 자유경제정책이 전면화되었던 것이다.[38] 전후재건 사업을 통하여 생산력은 전쟁전 수준으로 점차 회복되고 있었지만 경제구조는 여전히 원조에 의존한 파행적인 것이었기 때문에 이러한 구조를 지양하면서 원조 종결 이후의 자립경제 달성을 위한 경제정책 혁신의 필요성이 제기되었다.[39]

여기서 경제자립이란 "적당한 생활수준을 유지해 나가는 동시에 생산 과정에서 마멸·감가되는 자본재를 보충해 가면서 외국의 원조 없이 우리가 수출하여 얻은 외화로써 수입을 할 수 있는 경제적 균형 상태",[40] 달리 말하면 "국제수지의 균형을 자력으로 유지할 수 있는 독립자존의 상태"이며, "국민소득으로 최저생활 수준을 유지하고 잉여소득 부분을 자본축적과 형성에 충당하여 국민경제의 확대재생산을 위한 투자를 계속할 수 있는 상태"를 이르는 것이었다.[41] 그러나 현실은 원조 중에서 순투자에 충당되는 것은 총액의 20%에 불과하고 나머지는 소비재 도입에 쓰여져 한편에서는 소득수준에 비해 사치스런 소비 생활이 영위되고 있고 다른 한편에서는 절대 빈곤에 허덕이고 있다는 것이었다. 이는 원조경제로부터 벗어나 빠른 성장을 추구하고자 하는 경제 정책을 촉발시켰다.[42] 1958년 산업개발위원회의 발족은 이러한 경제자립을 목표로

---

38) 이동욱, 「경제재건의 기본문제 - 자유경제냐? 계획경제냐?」, 『동국경제』 1-1, 1955. 이승만 정권의 경제정책론에 대해서는 정진아, 「6·25전쟁 후 이승만 정권의 경제재건론」, 『한국근현대사연구』 42, 한국근현대사학회, 2007.

39) 이건혁, 「재건에의 반성」, 『현대공론』, 1954년 6월호.

40) 송인상, 『협동』, 1955년 10월호, 4쪽.

41) 안림, 「신부흥5개년계획과 자립경제」, 『신청년』, 1956년 5월호, 9~11쪽.

42) 최호진, 「外援은 자립경제에 도움이 되었나? - 생산·소비·유통면에서 본 外援의 영향」, 『신태양』, 1958년 9월호, 192~195쪽.

하는 경제개발계획의 본격화를 의미하는 것이었고, 그 결과 1960년 4월 경제개발3개년계획이 제출되어 중화학공업 중심의 국가주도 산업화 정책의 방향이 제시되었다.[43]

이렇게 보았을 때 비록 미국의 지지 속에 수립된 남한 정부였지만 남한이 처음부터 자본주의를 선택했는지는 의문의 여지가 있다. 건국 초는 물론이고 1950년대 중반까지만 해도 지식인들은 자본주의를 절대적으로 여기지 않았을 뿐만 아니라 그리 우호적이지도 않았다. 자본주의는 유물론에 기반한 공산주의에 반대되는 유심론으로서 공산주의와 똑같이 배격되어야할 것이었다.[44] 심지어 이승만은 '자본주의와 대결하는' 이미지로 대중에게 선전되었고,[45] 이들은 공산주의의 반대말은 민주주의이지 자본주의는 아니라고 생각했다.[46] 세계사적으로 자본주의의 모순을 극복하자는 운동으로 제기된 것은 사회주의만이 아니었다. 파시즘의 슬로건 역시 자본주의의 모순 타파였다. 1950년대 남한에서도 한편으로는 사회민주주의적인 방식을 통해 자본주의의 모순과 불평등을 극복하고자 하는 경향이 있었는가 하면, 다른 한편으로는 자본주의의 모순을 국가적, 민족적 입장에서 극복해야 한다는 파시즘적인 사고방식도 있었다. 외형적으로 자본주의적 근대화의 길을 가고 있는 것이 명백했지만 의식적으로는 서구식 자본주의가 아닌 그 무엇이 있다고 하는 생각은 상대적으로 다양한 사상적 가능성을 열어두고 있었다. 결과적으로 좌절되기는 했지만 중도 노선이 제기되고 많은 지지를 받았던 것도 그 때문이다. 자본주의는 때로 배금주의, 물질 만능주의와 동일시되었고,

---

43) 정진아, 앞의 글, 186~208쪽.
44) 오기영, 「새자유주의의 이념 - 독재와 착취 없는 건국을 위하여」, 『신천지』, 1948년 3월호 ; 이태영, 「사상적으로 본 역사적 현실」, 『사상』 4, 1952년 12월호.
45) 후지이 다케시, 「'이승만'이라는 표상」, 『역사문제연구』 19, 2008, 17~18쪽.
46) 신기석, 「아시아민족 반공연맹의 진로」, 『신천지』, 1954년 8월호.

미국화와 등치되었으며, 때로는 서구문화 자체를 의미하기도 했다. 결국 대한민국은 정부 수립과 동시에 자본주의를 채택했다기보다는 재건의 과정에서 점차 자본주의를 선택해 나간 것이라고 볼 수 있으며, 중간파의 사회민주주의적 색채를 배제하는 가운데 국가주의적 사고방식이 강하게 자리잡아 가면서 성장을 우선으로 하는 경제재건의 방략으로서 개발계획론이 우세를 점한 것이다.

요컨대 1950년대의 재건론은 경제재건과 문화재건을 양대 축으로 하여 이미 법적, 구조적으로 성립된 대한민국을 어떤 내용을 가지고 만들어나갈 것인가 하는 고민의 과정을 보여준다. 그 중에서도 가장 중요했던 것은 북한을 배제하면서 어떻게 국민을 통합하고 결속시켜 민족정체성을 국민정체성으로 만들어 나갈 것인가 하는 문제였다. '민족'과 '반공'이 결합된 국가 우선의 논리에, '자본주의 근대화'에 대한 경계와 비판도 국가주의적 경향 속에 점차 사라져갔다. '국민'이라는 주체 역시 각성된 근대적 개인을 전제로 하기보다는 하루빨리 재건되어야할 국가를 위해 존재하는 것으로 이해되고 있었다. 이는 시민사회의 성숙이 결국 새로운 국가 창출의 열쇠라고 보았던 일부 지식인들의 견해와는 상반되는 것이었다. 이처럼 재건론은 기본적으로 국가를 중심에 놓은 논리였지만, 1950년대의 중간파 정당이나 지식인의 존재는 이 시기의 재건론이 정부나 권력의 전유물만은 아님을 보여주고 있다.

2) 1960년대 재건 담론의 변모와 귀결

① 재건 담론의 변모와 國家像의 변화

4·19혁명이 일어난 지 한 달 남짓 지난 1960년 5월 24일, 『조선일보』의 한 기사는 1950년대의 재건론을 발전적으로 계승하면서도 민주주의에

대한 희망으로 가득 차있는 시대의 공기를 읽을 수 있다. 이 기사는 "4·19의 감격이 오히려 8·15를 능가"한다고 하면서 "이 감격은 단순히 억압에서 해방되었다는 심정에서가 아니라 앞으로 우리나라를 올바르게 재건해 볼 수 있다는 기대감에서 오는 것"이라고 하고 있다. 곧 4·19는 "해방운동이 아니고 재건혁명"이라는 것이다. 이 기사에서는 4·19혁명의 주역인 학생과 교수들이 전국 교수단과 전국학생연맹을 상설조직으로서 운영하여 강력한 상호단결 아래 재건을 이룩할 것을 호소하고 있다.[47] 1950년대식 재건과 그것을 실현하는 방식에 있어서의 부도덕성에 대한 전면적 비판으로 제기된 4·19혁명은 '민주주의'라는 중요한 키워드를 중심으로 재건담론을 재편성해 볼 수 있는 절호의 기회를 제공했으나[48] 이러한 기회는 너무 빨리 좌절되고 말았다. 1년 뒤의 5·16군사정변에서는 자신들의 '거사'야말로 '재건혁명'임을 부르짖고 나섰다. 그들의 '재건'이 단지 쿠데타 정당화의 언술일 뿐이었을까? 만일 언술 이상의 무엇이 있다면 5·16군사정변 이후의 '재건'이 제1공화국이나 제2공화국 시기의 '재건'과 다른 점은 무엇일까?

1960년대 재건의 의미는 이전 시기를 모두 부정하는 논리로 활용된 측면이 컸다. 특히 박정희 정권에게 '재건'이란 제1공화국과 제2공화국의 '구태'를 벗어버리는 새로운 축조를 의미했으며 구세대와 완전히 결별하

---

47) 한태수, 「뿌린자는 거두어야 한다—4·19는 해방운동이 아니고 재건혁명이다」, 『조선일보』, 1960년 5월 24일자.

48) 제2공화국 시기의 재건론은 기본적으로 근대화와 민주주의의 병행에 그 특징이 있다고 하겠다. 이 시기 활발하게 논의되던 경제개발이나 국토건설사업 등도 재건의 구체적 방략으로서 제시된 것이라고 볼 수 있다. 제2공화국 시기의 민주주의에 대해서는 백영철 편, 『제2공화국과 한국 민주주의』, 나남, 1996, 경제개발론에 대해서는 박태균, 『1956~1964년 한국 경제개발계획의 성립과정』, 서울대학교 국사학과 박사학위논문, 2000 참조. 또한 국토건설사업에 관해서는 부흥부 기획국 편, 「국토건설사업의 개요, 4294년도」, 『경제월보』 6-2, 2~10쪽 참조.

54

는 새로운 세대의 출발을 의미하는 것이기도 했다.[49] 군사정변 초기에 지식인들은 대체로 구세대와의 결별, 세대교체로서의 재건에 대해 동조하거나 관망하는 분위기였지만,[50] 이러한 기대가 오래 간 것은 아니었다. 군사정변이 일어난 지 2년이 채 되기도 전에 지식인들은 군사정권이 내세운 재건의 새로움에 문제를 제기했기 때문이다.[51] 이 시기 『사상계』를 중심으로 한 지식인들은 민정 이양과 관련하여 민주주의의 재건이 가장 시급하고 중요하다고 지적하였지만,[52] 이전 시기 정부 관료 뿐만 아니라 지식인들이 함께 고민하고 동참했던 재건의 문제는 민주주의의 유보와 함께 점차 정부의 전유물이 되어갔다.[53]

---

49) 1950년대에도 독립과 건국 등을 세대와 세대가 전환되는 현실로 보는 시각이 존재했으나, 1960년대의 그것은 보다 철저한 단절을 의미했다. 이태영, 「사상적으로 본 역사적 현실」, 『사상』 4, 1952년 12월호.

50) 함석헌 정도가 군사정변에 비판적이었을 뿐(함석헌, 「5·16을 어떻게 볼까」, 『사상계』 96, 1961년 7월호) 대표적 저항언론지인 『사상계』조차 5·16을 그 발생 직후에는 "부패, 무능, 무질서, 공산주의 책동을 타파하고 국가의 진로를 바로잡으려는 민족주의적 군사혁명"으로 규정하였다. 당시 지식인들이 5·16을 바라보는 태도에 대해서는 이상록, 『『사상계』에 나타난 자유민주주의론 연구』, 한양대학교 대학원 박사학위논문, 2010 참조. 그러나 『사상계』의 지식인들이 군사정변을 적극적으로 옹호하거나 지지했다고만 보기는 어렵다. 『사상계』의 논설들은 군사정변이 "우리들이 육성하고 개화시켜야할 민주주의의 이념에 비추어 볼 때는 불행한 일이요 안타까운 일"임을 분명히 하고 있기 때문이다. 또한 이것이 "위급한 민족적 현실에서 볼 때는 불가피한 일"로서, "4·19혁명의 과업을 새로운 혁명세력이 수행한다는 점에서 우리는 5·16혁명의 적극적 의의를 구하지 않으면 안된다. 따라서 5·16혁명은 4·19혁명의 부정이 아니라 그의 계승, 연장이 되어야 한다"고 주장함으로써 기대와 우려, 그리고 희망사항을 동시에 표출하고 있다. 「권두언-5·16혁명과 민족의 진로」, 『사상계』 95, 1961년 6월호.

51) 최석채, 「군사혁명이 남긴 족적-혁명군인 역시 특별한 사람들은 아니었다」, 『사상계』 120, 1963년 4월호.

52) 김성식, 「한국의 민주주의는 어떻게 재건될 것인가」, 『사상계』 103, 1962년 1월호 ; 「특집-한국민주주의의 재건」, 『사상계』 103, 1962년 1월호.

53) 1963년 초까지만 해도 쿠데타 주도 세력이 결성한 당명칭은 '재건당'이었고, 이에 대해 민정당과 민주당의 일부 의원이 모여서 결성한 당명도 '민주재건당'이

제1, 2공화국의 재건이 주로 정부 인사를 비롯한 지식인들에 의해 쓰여졌다면, 1960년대의 재건은 쿠데타세력의 정치 지향을 나타내는 구호로서 의도적으로 일반 국민들에게 유포되었다. 1962년 5월 개통된 서울 부산간 초특급열차 이름이 '재건호'인 것을 비롯, 찻값이 없어 걸으면서 데이트하는 것을 '재건데이트'라고 했으며, '재건복'을 입고, '재건체조'를 하고, '재건합시다'라고 인사하는 것이 유행했다.[54] 이처럼 '재건'이라는 말이 일반 대중들 사이에 유행하게 된 것은 박정희의 성명이 신문지상을 통해서 발표된 후 언론에서 이를 따라 쓰면서 유행하게 된 것도 있지만, 재건국민운동이 시작되면서 체계적으로 지방의 말단까지 이 용어를 보급시킨 것에 힘입은 결과이다.

'새로운 국가의 재건', 이것은 군사정권이 재건하려는 국가의 像이 과거의 그것과는 다르다는 것을 의미했다. 과거, 곧 제1, 2공화국 시절에는 대한민국의 정체성이 제대로 확립되지 못했다고 보는 것이다. 군사정권이 보기에 정부수립 후는 물론, 한국전쟁 후에도 남한의 정체성은 모호했다. '반공'의 구호만 해도 그랬다. 1950년대에는 정권 차원에서는 반공과 멸공통일을 외쳤지만 자본주의와 공산주의를 모두 지양하고 중립의 길을 지향하는 정치노선과 통일노선도 등장하였다. 표면적으로는 반공에 동의했지만 그 안에는 공산주의를 바라보는 시각, 북한에 대한 태도, 통일에 대한 지향 등에 따라 여러 가지 수위의 '반공'이 있었고 그 내용은 동일하지 않았다. 해방후 조선공산당과 결별하며 사회민주주

었다. 「재건당(가칭) 오는 15일경 발기」, 『조선일보』, 1963년 1월 5일자 ; 「민주재건당 오는 11일경 발기」, 『조선일보』, 1963년 6월 9일자.

54) 「인사는 '재건합시다'」, 『재건통신』 1963년 2월호, 22쪽. 당시에는 '재건' 이외에도 '고무적', '과잉충성', '세대교체', '체질개선', '舊惡 新惡', '無事主義 有事主義' 등의 말이 신문에 자주 등장하면서 일반인들 사이에서도 유행했다. 「혁명의 앙데빵당」, 『세대』, 1964년 5월호, 258~274쪽.

의를 표방했던 조봉암의 진보당[55])이 그러했고 4·19혁명 이후 민주사회주의와 영세중립 통일방안을 주장했던 통일사회당이 그러했다.[56] 박정희 정권이 5·16군사정변 직후 라디오로 처음 발표한 <혁명공약>과 재건운동 발족시 공포된 <재건국민운동 실천요강>에는 제1, 2공화국과 결별하고자 한 군사정변 세력의 지향이 잘 나타나있다.

<혁명공약>[57)]
① 반공을 국시의 제일의로 삼고 지금까지 형식적이고 구호에만 그친 반공태세를 재정비 강화한다. ② 유엔헌장을 준수하고 국제협약을 충실히 이행하며 미국을 위시한 자유우방과의 유대를 더욱 공고히 한다. ③ 이 나라 사회의 모든 부패와 구악을 일소하고 퇴폐한 국민도의와 민족정기를 다시 바로잡기 위하여 청신한 기풍을 진작한다. ④ 절망과 기아선상에서 허덕이는 민생고를 시급히 해결하고 국가자주경제 재건에 총력을 경주한다. ⑤ 민족적 숙원인 국토통일을 위하여 공산주의와 대결할 수 있는 실력배양에 전력을 집중 ⑥ 이와 같은 우리의 과업이 성취되면 참신하고도 양심적인 정치인들에게 언제든지 정권을 이양하고 우리들 본연의 임무에 복귀할 준비를 한다.

<재건국민운동 실천요강>[58)]
① 용공중립사상의 배격 (승공민주이념의 확립)
② 내핍생활의 려행
③ 근면정신의 고취

---

55) 정태영, 『조봉암과 진보당』, 1991 참조.
56) 통일사회당은 5·16군사정변 이후 해체되었다가 1967년에 재창당되었다. 장상환, 「'지나간 미래'의 성찰과 새로운 대한사회의 모색」, 『역사비평』, 2007년 가을호, 216~217쪽 ; 정태영, 『한국 사회민주주의정당의 역사적 기원』, 후마니타스, 2007.
57) 「혁명공약」, 『국가재건최고회의보』 1, 1961년 8월호, 1쪽.
58) 「재건국민운동실천요강」, 『국가재건최고회의보』 1, 1961년 8월호, 35쪽.

④ 생산 및 건설의식의 증진
⑤ 국민도의의 앙양
⑥ 정서관념의 순화
⑦ 국민체위의 향상

여기서 눈에 띄는 점은 '혁명공약'의 가장 처음에 내건 "반공을 국시의 제1의로 삼는다"는 항목과 '실천요강'의 제1요목인 '용공중립사상의 배격'이다. 여기서 '국시의 第一義'로 내세워진 '반공'의 구체적인 내용이 바로 <재건국민운동 실천요강>의 제1항에 명시된 "용공중립사상의 배격"이다. 여기에는 "공산주의 및 중립사상의 모순과 기만성 반민족성 및 공산당지배하의 참상 등을 폭로하며 민간 방첩체제의 조직화를 통하여 공산당의 간접침략을 분쇄하는 반공사상의 보급운동과 중립사상의 배격운동을 전개한다"라는 설명이 붙어있다. 이 강령에 따라 군사정권은 쿠데타 직후 정당사회단체를 해산하고 정치단체의 활동을 규제하면서[59] 철저히 중립적 사상을 배격했다.

중립노선은 곧 '容共'을 뜻했다. 공산주의를 '수용'내지 '용인'한다는 뜻의 '용공'은 결국 공산주의와 다를 게 없는 것으로 받아들여졌다. 1950년대의 '반공'은 자유진영과 공산진영 사이의 전선을 구축한다는 의미로서 그 대상이 되는 것은 북한과 북한 추종(한다고 정권이 판단한)세력에 한정되었지만, 5·16군사정변 이후 반공은 모든 형태의 독재를 반대하는 중도노선의 사상까지도 말살하려는 데 핵심이 있었던 것이다.[60] 중립주

---

59) 「사설 : 정당사회단체 해체는 발전적 해소이기를 바란다」, 『조선일보』, 1961년 5월 23일자 ; 「모든 정당사회단체 해체, 비정치성 단체는 월내 재등록」, 『조선일보』, 1961년 5월 23일자.

60) '중도사상 배격'의 대표적 사례가 『민족일보』 조용수 사장을 반국가행위 혐의로 체포하고 사형을 집행한 것이라 할 수 있다. 그가 1959년 조봉암 처형 반대운동에 앞장서고 1961년 2월 『민족일보』를 창간하여 민족문제와 평화통일에 관심을

의는 국내의 중도노선을 포함하는 말이기도 했지만 국제적으로 일어나고 있었던 중립주의 외교노선을 지칭하는 말이기도 했다. "중립주의가 부르짖는 반식민주의, 평화공존, 전면적인 군비축소 등의 슬로건은 현단계에서는 국제공산당의 정치음모와 일치되는 것"이라고 보고, 이러한 중립주의 노선을 강경히 배격한다는 것으로 "자유진영은 정치, 경제, 군사적으로 상호 협조하여 대공투쟁 역량을 강화할 것을 다짐"하기 위해 아세아민족반공대회를 유치하고 중립국 외교를 강화하였다.[61] 또한 대내적으로는 "공산주의의 간접침략을 분쇄"할 것이 천명되었는데, 이는 북한에 의한 무력도발이 아닌 내부에서 공산주의를 용인하는 '용공' 세력에 의한 사상적인 침투를 의미하며, 간접침략을 분쇄한다는 의미의 방첩은 반공의 생활상의 실천방략이었다.[62]

그런데 "용공중립사상의 배격"이라는 요목은 2년 후에는 '승공민주이념의 확립'이라고 바뀌게 된다.[63] 이렇게 표현이 바뀐 이유는 "'용공중립사상의 배격'이라는 실천요강이 소극적"이기 때문에 "적극적인 '승공민주이념의 확립'으로 개정하면서 반공단체의 역량을 총집결하고 간접침략을 분쇄하기 위한 실천적 운동을 전개"하기 위해서라고 한다.[64] 이는 곧 "공산주의와 대결하여 승리함으로써 민족의 화근을 영원히 근절하는 능동적인 승공태세가 되어야 한다"[65]는 적극적 의미에서의 '반공'이며,

---

기울인 것은 군사정권이 배격하는 이른바 '중립적 사상'이 무엇을 말하는지 짐작케 한다.

61) 박관수, 「제8차 아세아민족 반공대회에 참가하고 나서」, 『국가재건최고회의보』 14, 1962년 11월호.
62) 김재춘, 「반공이념을 강화하자」, 『국가재건최고회의보』 12, 1962년 9월호.
63) 『재건국민운동 2주년의 발자취』, 1963, 16쪽.
64) 재건국민운동본부 기획실, 「새해 국민운동의 기본방향」, 『재건통신』, 1962년 1호, 30쪽.
65) 장병갑, 「방첩은 승공의 전제조건」, 『재건생활』 1961년 8호, 38쪽.

이것은 1950년대의 소극적이며 모호한 '반공'과는 완전히 차별화되는 것이다. 말하자면 '승공'은 기존의 반공 논리에 근대화 논리가 결합된 것이었다. 이는 1950년대까지 북한의 생산력이 남한보다 훨씬 우위에 있었으며, 1960년대 후반까지도 이러한 북한 우위가 역전되지 못한 현실에서 비롯되었다.[66] 게다가 북한은 1958년부터 전국적으로 '천리마 운동'을 전개하여 사회주의 건설과 생산성 증진에 박차를 가하고 있었다. 1960년대의 '승공'은 이러한 생산력의 후진성에 대한 자각과 위기의식, 그리고 이를 역전시키기 위해서는 전국민이 '근면정신'으로 '내핍생활'을 하며 '생산 및 건설의 현장'에서 생산성 제고에 힘써야 한다는 경쟁의식의 발로이기도 했다. 박정권에게 '승공'의 논리는 사회주의적 근대화를 선택한 북한보다 먼저 우월한 지위의 자본주의적 근대화를 성취하는 것을 의미했다. 이처럼 상대방에 대한 부정과 체제 경쟁을 통해서만 스스로의 정체성이 확립되는 기형적인 논리, 이것이 1960년대 재건 담론의 바탕을 이루는 기반이었다.

그런데 박정희 정권이 부르짖었던 '반공'·'승공'이나 '민족'의 담론은 결국 서로 상충, 모순되는 것이었다. '민족' 담론이 남한 국민의 결속을 전제로 하면서도 북한을 한 민족으로 포용하는 통합의 논리인 반면에 '반공'은 배제하는 논리이기 때문이었다. '민족'은 기본적으로 반외세를 뜻하는 것으로 소련과 결탁한 북한을 전면적으로 부정하는 '반공'과 결합할 수 있는 논리였지만, 한편으로는 김일성을 위시한 상층부 공산주의자를 제외한 '선량한 동포'들은 한민족으로 포용해야 한다는 논리이기도 했다. '反북한'을 전제로 한 '반공'과 '反김일성' 내지 '反공산정권'을

---

66) 박정희는 1967년 연두교서에서 통일문제를 언급하면서 남한의 경제력이 북한을 능가할 시점이 1970년대 후반기라고 보고 이 시점에 통일에 대해 고려해야 한다고 언급한 바 있다. 『국회회의록』 제59회 본회 2차, 1967.1.21. 22쪽.

전제로 하면서도 동포애를 강조하는 '민족'이 때로 갈등과 혼란을 일으키
는 경우도 있었다. 곧 '반공'이라고 할 경우에도 북한 전체에 반대한다는
의미와 북한의 지도층을 반대한다는 의미가 중첩되어 있었다. 통합의
논리로서의 '민족'과 배제의 논리로서의 '반공' 사이의 논리적, 현실적
모순은 이른바 1963년 선거에서 이슈가 되었던 '민족적 민주주의'를
둘러싼 논쟁에서도 불거졌다. 박정희와 공화당이 내세운 '민족적 민주주
의'에 대하여 야당은 '자유민주주의'로 맞섰으며[67) 1964년 학생 시위는
'민족적 민주주의' 장례식을 거행하였다.[68) 그런데 이 '민족적 민주주의'
가 한반도에 두 개의 한국을 인정하고 민족주의의 이름으로 통일정부를
수립하는 것이라는 황용주의 글이 『세대』에 실리자[69) 국회에서는 황용
주가 박정희의 측근이라는 점을 들어 박정희를 공격하는 사태가 벌어졌
다.[70)

이때 강조점은 통일정부 수립에 있는 것이 아니라 한반도에 두 개의
한국을 인정한다는 것에 있었다. 반공의 관점에서 보면 이는 용공적
발언이었다. 박정권이 대한민국을 한반도 전체로 상정하지 않고 휴전선
이남만을 상정하고 있다는 비판이 쏟아진 것도 같은 맥락이다.[71) 이는

---

67) 「정치인들의 대결로만 그칠 것인가, 민족적 민주주의냐 자유민주주의냐」, 『조선
   일보』, 1963년 9월 29일자.
68) 「민족적 민주주의 장례식 및 성토대회」, 『조선일보』, 1964년 5월 20일자.
69) 황용주, 「강력한 통일정부에의 의지-민족적 민주주의의 내용과 방향」, 『세대』,
   1964년 11월호.
70) 황용주는 부산일보 사장과 MBC 문화방송 사장을 역임했는데, 박정희와 대구사
   범학교 동창생으로 알려져 있었다. 이에 대해 김형욱 중앙정보부장은 황용주가
   박정희와 같은 학교 출신이긴 하지만 학교를 같이 다닌 것은 아니라며 박정희와
   황용주의 글이 아무런 관련이 없다고 해명하였다. 『국회회의록』, 제45회 내무위
   원회 17차 회의, 1964년 11월 12일.
71) 1967년 민중당 박순천 의원은 정부의 통일정책을 비판하면서 "대한민국은
   휴전선까지가 아니라 압록강과 두만강까지라는 인식"으로 "승공통일을 전취"해

어떤 면에서는 타당한 비판이었다. 박정권은 '민족주의'를 내세웠지만 그것은 결코 '반공'보다 우위에 서는 것은 아니었으며, 철저한 '반공'을 내세워 한반도 북쪽에 위치한 북한을 배제함으로써 역설적으로 한반도 남쪽만을 국토로 하고 남쪽 주민들만을 국민으로 하는 대한민국이라는 국가의 정체성을 확고히 하고자 했던 것이다. 언술로는 북한을 국가로 인정하지 않았지만 실질적으로는 북한의 존재야말로 정권 유지의 가장 좋은 구실이었고, 이러한 딜레마가 분단의 고착화와 폭압적 정치를 가속화시킨 원인이 되었다.72)

　1950년대 재건 담론이 두 가지 맥락, 곧 자립경제 달성이라는 경제재건의 맥락과 국민도의의 재건이라는 정신문화적 차원의 재건으로 구성된 것처럼, 1960년대에도 재건 담론은 기본적으로는 이 두 가지 방향에서 진행되었다. 군사정변의 2대 목표로서 '산업재건'과 '도의재건'이 내세워진 것은 바로 5·16군사정변이 이전 시기의 문제제기를 일정하게 계승하고 있음을 의미했다. 그러나 1960년대의 그것은 이 양자를 보다 유기적으로 결합시킬 더 강력한 논리, 곧 '근대화'라는 논리를 필요로 했다. 이를 통해 어떻게 산업화를 이룩할 것인가 하는 '기술의 근대화'와 어떻게 분단국가인 남한의 국민을 근대적 국민으로서 만들어갈 것인가 하는 '인간성의 근대화' 두 가지 과제가 제기되었다. 전자를 위해서는 경제개발 5개년계획이, 후자를 위해서는 이른바 '인간개조'와 사회재건을 목표로 하는 재건국민운동이 천명되었는데 이 두 가지는 밀접하게 연관되어 있었다. 곧 산업화를 위해서는 이를 수행해 나갈 새로운 國民像이 필요했

야 한다고 주장하였다. 『국회회의록』, 제59회 본회 2차 회의, 1967년 1월 21일.
72) '민족적 민주주의' 장례식을 거행한 6·3항쟁을 계기로 민족주의가 지배이데올로기와 저항이데올로기로 분화되었다는 점에 대해서는 많은 연구자들이 지적하고 있다. 오제연, 「1960년대 전반 지식인들의 민족주의 모색－'민족혁명론'과 '민족적 민주주의' 사이에서」, 『역사문제연구』 25, 2011, 71~73쪽.

고, 새로운 인간성의 국민을 만들기 위해서는 산업화가 필요했다. 국가의 정체성을 새롭게 확립한다는 기본 취지는 같았으나 1960년대의 그것은 보다 확실히 1950년대의 모호한 정체성을 부정하고자 했던 것이다.

경제체제의 면에서도 그러하였다. 제헌헌법에서 시작하여 1960년 11월 일부 개정된 헌법 제5호까지는 경제조항의 제일 처음에 "대한민국의 경제질서는 모든 국민에게 생활의 기본적 수요를 충족할 수 있게 하는 사회정의의 실현과 균형있는 국민경제의 발전을 기함을 기본으로 삼는다. 각인의 경제상 자유는 이 한계내에서 보장된다"고 명시되어 있다. 그런데 1962년 12월 전부 개정된 헌법 제6호의 경제조항에는 "① 대한민국의 경제질서는 개인의 경제상의 자유와 창의를 존중함을 기본으로 한다. ② 국가는 모든 국민에게 생활의 기본적 수요를 충족시키는 사회정의의 실현과 균형있는 국민경제의 발전을 위하여 필요한 범위 안에서 경제에 관한 규제와 조정을 한다"고 되어 있다. 곧 자본주의 경제질서의 전제라고 할 수 있는 개인의 경제상의 자유가 다른 무엇보다 제일 먼저 명사되고 있는 것이다. 이는 "사회정의의 실현과 균형있는 국민경제의 발전"이라는 목표를 달성하기 위한 방법으로서 "개인의 경제상의 자유"를 논의하던 전시기와 달리, 개인의 경제상의 자유가 목표로 되고 이전 시기의 목표가 수단화, 가변화되며 부차적인 것으로 되는 논리화 과정을 보여준다.

이는 1960년대의 재건에서 민주주의와 사회정의 실현이 유보되는 논리적 기반의 하나가 되었다. 이전 시기 경제재건의 기치였던 '자립경제의 달성'은 이제 원조 대신 차관을 수단으로 하는 가운데 근면, 자조, 협동 등의 국민윤리적 구호로 대체되면서 국가의 근대화, 산업화 정책의 목표로 설정되었다. 박정권의 경제개발계획은 1950년대와 민주당 정권의 경제정책론의 흐름 중 국가주도형 경제정책론의 흐름과 아이디어를

계승한 것이었다.[73] 박정권의 근대화정책이 일정부분 성과를 거둔 것은
바로 이러한 경제성장의 문제를 국민의 생활과 밀착된 '일상의 문제'로
치환한 전략에 힘입은 바 컸다. 곧 빈곤으로부터 벗어나 안정적인 경제생
활을 영위하는 것은 대중 일반의 열망이었고 국가는 이 에너지를 어떻게
근대화 및 정권의 유지에 동원하고 활용할 것인가가 관심사였다.

1960년대 재건 담론의 변모는 재건의 키워드들이 의미하는 바가 변한
것이었고, 이것은 전체적인 국가의 像이 변화했음을 의미하는 것이었다.
國家像의 변화는 國民像의 변화를 전제로 하는 것이었기 때문에 필연적으
로 국민이 스스로 주체가 되는 모양새를 띤 관제운동이 필요하게 되었다.

② 재건국민운동과 재건 담론의 귀결

인간성의 근대화에 기반한 새로운 국민의 형성, 이것은 1960년대
재건 담론의 핵심이자 문화재건의 기치이기도 했다. 곧 1950년대의
정신 문화재건은 구습을 완전히 버리지 못한 정신 수양적 측면이 컸던
것에 비해 1960년대에 이를 대체한 것은 구태와 완전히 결별한 인간성
자체의 근대화를 뜻했던 것이다. 재건국민운동(이하 재건운동)은 바로
이러한 인간성의 근대화를 통한 새로운 국민상의 창출을 국민운동으로
서 효과적으로 달성하려했던 것이었다.

재건운동은 재건국민운동본부가 1961년 6월 12일 발족됨으로써 시작
되었다. 재건운동이 쿠데타 직후부터 시작되었다는 것은 이 '운동'에
대한 구상이 이미 쿠데타 모의 단계에서 상당히 진행되었던 계획이라는
것을 알려준다. 그것이 가능했던 것은 일제의 농촌정책 모델과 이승만
정권, 민주당 정권기의 국토개발사업, 그리고 남한 정부수립 이전부터

---

73) 1950년대의 경제개발론, 경제정책론에 대해서는 박태균, 앞의 책 ; 정진아, 앞의
글 참조.

진행되었던 국민신생활운동 등에서 상당한 아이디어를 빌려 왔기 때문이다.[74] 재건운동은 예산을 전적으로 국가에 의존한 관제운동으로서 국민의 잘 살고자 하는 열망을 적극 활용하면서 정부의 재건 담론을 민간에 전파하는 對국민 선전운동이었다. 이것이 초기에는 민간에서도 호응할만한 설득력과 호소력을 어느 정도 가지고 있었음은 분명하다. 아마도 민간에서는 정부의 정책에 부응하는 모양새를 취하면서 본래의 관심인 농촌문제 등을 해결하려는 의도도 있었을 것으로 보인다.[75]

정권이 형식적이나마 민간으로 이양된 후에는 내부적으로 관주도의 운동에 대한 비판이 일었다. 1963년에는 '재건국민운동본부'를 '재건'을 뺀 '국민운동본부'로 개칭하고 국가재건최고회의로부터 대통령 직속으로 옮기게 된지만, 야당과 언론의 비판이 거세어지자 정부에서도 본부를 해체시켰다. 그러나 지방 곳곳에서 활동하던 재건운동 요원들은 이에 반발해서 순수 민간법인으로 재발족할 것을 계획, 1964년 8월 5일 민간주도의 재건국민운동중앙회가 발족되고 국민운동본부는 폐지되었다. 재건운동의 말단 조직인 재건청년회와 재건부녀회 등은 일반 지방행정기구에 흡수되어 향토건설과 지역사회개발, 특히 증산과 생활개선운동을 중심으로 활동을 계속 해나간다.[76] 이후에도 재건운동은 상당기간 존속하여 1970년부터 시작되고 1972년 본격화된 새마을운동으로 계승된다.[77] '재건'이라는 용어 역시 1960년대 중반기를 고비로 사용 빈도가

---

74) 「국민생활재건-민관합작의 운동전개」, 『조선일보』, 1947년 11월 18일자.
75) 유진오, 유달영, 이관구, 배민수, 김기석, 박종홍, 장준하 등 재건국민운동 중앙회 본부장 및 위원의 면모를 보면 이들의 지향이 정부와 일치했다고 볼 수 없다(허은, 앞의 글 참조). 그러나 이들이 관주도 운동을 비판함과 동시에 정부가 본부를 해체시킨 것을 보면, 재건국민운동이 초기에 민간운동 형식을 빌었다고 해도 그것은 어디까지나 '재건'이라는 국가 중심의 사고방식에 기초한 것이라 볼 수 있다.
76) 「국민운동의 말단조직 지방행정기구에 흡수」, 『조선일보』, 1964년 7월 21일자.

줄어들어 후반기에는 간헐적으로만 사용되다가 이후 점차 사라져가고
대신 '새마을'이라는 단어로 대체된다.

재건운동의 핵심인 인간성의 근대화가 필요하다는 인식은 정권뿐만
아니라 당대의 지식인들이 어느 정도 공감하고 있었다고 보인다.[78]
재건운동이 국민운동의 외피를 갖는 것이 가능한 이유도 여기에 있었다.
재건운동을 직접 기안한 박정희는 5·16군사정변을 '국가의 재건을 위한
희생적이고 영웅적인 행동'으로 선전하였고,[79] 재건운동을 그 이념을
구현하는 방안으로 생각하였다. 재건운동의 목표로서 인간성의 근대화,
곧 '인간개조'가 명시된 것은 이러한 맥락에서였다.

> 재건국민운동은 5·16혁명의 이념을 국민혁명으로 결실 구현시키는
> 동시에 인간개조와 국민정신 진작을 하기 위한 순수한 기관이다.[80]

> 국민운동은 혁명정부가 국민이 한몸 한뜻으로 조국을 재건하자는
> 것이며 이것은 어디까지나 애국민을 원천으로 삼고 조국을 재건하고
> 말겠다는 강력한 의지력을 원동력으로 삼는 국민 한사람 한사람의 정신
> 혁명, 생활혁명으로써만이 소기의 목표를 달성할 수 있는 것입니다.[81]

---

77) 재건운동의 기관지인 주간 『국민신문』의 편집장을 지냈던 이승우(1935~)와
　　재건국민운동 중앙교육원장을 지낸 김경태(1930~)의 증언에 의하면 재건국민
　　운동은 새마을운동 초창기(73년경)까지 공존하다가 점차 새마을운동으로 흡수
　　되었으며, 조직과 인력이 사실상 계승되었다고 한다.
78) 1960년대 말 『사상계』에 투고한 어느 독자의 기대를 보면 그간 『사상계』가
　　인간성의 근대화에 주력해 왔으며 앞으로도 이를 위해 노력해 줄 것을 당부하고
　　있다. 이정, 「사상계에 기대하는 것 — 인간성의 재건을 위해 분투해 주시기를」,
　　『사상계』 200, 1969년 12월호.
79) 박정희, 『지도자 道 : 혁명과정에 처하여』, 동아출판사, 1961, 11~15쪽.
80) 박정희, 『국가와 혁명과 나』, 1963, 상문사, 134쪽.
81) 「유달영 본부장 취임식상에서의 朴최고회의 의장의 치사」, 『재건생활』 7, 1961,
　　5~6쪽.

66

국민운동의 궁극적인 목표가 국가재건에 이바지할 수 있는 새로운 인간형의 창조, 즉 인간개조에 있는 것이라면 서로가 서로를 돕는 아름다운 정신의 발로야말로 그 정화가 아닐 수 없을 것이다.[82]

이때 '근대화된' 개인이란 민족적으로 각성되어있고 "비협조와 파쟁을 일삼지 않으며…… 상호 타협과 관용이 전제가 되는"[83] 개인들이고, 이러한 개인들의 협력과 단결을 통해 전사회가 개조되어야 비로소 '바람직한 국가'가 건설된다는 것이다. 곧 '인간개조'나 '사회개조'의 목적은 '국가의 재건'에 있었다.[84] 1950년대에 道義교육을 통한 道義再建을 외쳤던 김기석은 국가재건최고회의의장 고문을 지냈던 1963~64년 이전에 이미 재건운동에 대해 논하면서 '인간성이 역사의 흥망을 좌우하는 열쇠'이기 때문에 "우리나라의 남녀노소는 한가지로 이 국가재건을 위한 인간혁명 전선에 소집되어야 한다"고 주장하였다.[85] '도덕재무장(MRA)운동' 한국팀 간부인 홍형린은 혁명공약 6개조 중에서도 "도의재건, 즉 인간개조"가 가장 중요함을 역설하였다.[86] 1950년대 道義의 재건 차원에서 운위되었던 근대적 국민의 형성이 1960년대에는 아예 근본부터 인간을 개조하자는 선동적 구호가 되고 있음을 알 수 있다.

'인간개조'는 두 가지 차원에서 논의되었다. 그 중 하나는 민족의 역사를 반목과 사대주의의 역사로 보고 이러한 민족성의 개조를 통해

---

82) 재건국민운동본부 기획실, 「새해 국민운동의 기본방향」, 『재건통신』, 1962년 1호, 31쪽.
83) 박정희연설문, 「조국근대화를 위한 민족의 단합」, 1963. 12, 위의 책, 58~60쪽.
84) 박정희, 『우리민족의 나아갈 길』, 동아출판사, 1962, 제1장 참조.
85) 김기석, 「국가재건과 인간혁명」, 『국가재건최고회의보』 1, 1961년 8월호, 41~44쪽.
86) 홍형린, 「국민도의의 재건은 어떻게 할 것인가?」, 『국가재건최고회의보』 8, 1962년 5월호.

'인간개조'를 달성하자는 것이었다.[87] 박정희는 『우리민족의 나아갈 길』
에서 '인간개조'가 민족적 과제임을 강조하며 민족적 위기에 대한 인식을
새롭게 할 것을 주문했다. 우리민족의 '인간개조'의 방향은 특권·특수의
식과 파당의식을 지양하고 결핍된 민족애를 회복하여 민족적 자아를
확립해야 한다는 것이다. 박정희는 조선시대를 민족성의 부정적인 측면
이 양산된 시기로 규정하고 봉건적 유산을 타파해야 한다고 주장[88]한
반면, 화랑도[89]나 3·1운동[90]은 민족정신의 근간으로서 계승 발전시켜야
할 것으로 높이 평가하였다. 이것은 특정한 역사적 사실을 민족 정체성의
근원으로 규정함으로써 이를 국가의 정체성으로 치환하려는 것이었다.

'인간개조'의 다른 한 가지 차원은 바로 서구개인의 자각을 바탕으로
한 근대적 인간성의 발현을 중시하는 것이다. '근대적 개인'에 대한 중요성
은 서구사회를 여행하거나 관찰해온 각종 기행문과 논설에서 빼놓지
않고 등장하는 주제였다. 요컨대 인간개조→사회개조→국가재건을 이룩

---

87) 차갑준, 「민족과 인간개조운동의 방향」, 『국가재건최고회의보』 13, 1962년 10월
호.

88) 원조경제에 기반한 1950년대의 경제재건론을 조선시대와 같은 연장선상에서
비판했다. 박정희, 『우리민족의 나아갈 길 : 사회재건의 이념』, 동아출판사, 1962,
107~126쪽.

89) 1950년대 강조된 화랑도가 실존주의 등 서구사상에 경도된 젊은이들에 대한
민족정신의 일깨움이었다면, 1960년대에 논의된 화랑은 오늘날의 군인으로
해석되었다. 문중섭, 「화랑도정신과 국군의 위치」, 『국가재건최고회의보』 10,
1962년 7월호 ; 김범부, 「邦人의 국가관과 화랑정신」, 『국가재건최고회의보』
2, 1961년 10월호.

90) 박정희, 「새 국사창조를 위해 국민에게 호소한다」, 『국가재건최고회의보』 8,
1962년 5월호. 3·1정신을 계승해야 한다는 이러한 생각은 대한민국 정부의
제헌헌법에 "기미 삼일운동으로 대한민국을 건립하여 세계에 선포한 위대한
독립정신을 계승하여 이제 민주독립국가를 재건함에 있어서……"라고 명시하고
있는 것처럼 남한 정부의 법통을 계승하는 박정권의 정당성을 강조한 것이라고
볼 수 있다. 황종갑, 「3·1정신과 우리의 각오」, 『국가재건최고회의보』 6, 1962년
3월호.

하기 위해 서구의 근대윤리와 함께 근면성과 개척정신을 본받자는 논리는 근대화를 과제로 한 국민들에게 설득력있는 주제였다.[91] 서구의 근대적 윤리인 투철한 직업의식·근면정신과 전통농촌의 협동정신의 결합은 곧 민족주체의식과 자유민주주의의 강조를 통해 경제적 근대화와 표리관계에 있는 '인간성의 근대화'를 목적으로 하는 것이었다. 이러한 '인간개조'는 '대중을 국민화'[92]하는 과정으로서, 이때의 '인간'은 '자본주의적 근대에 알맞은 인간형'이며, '인간개조'는 곧 '자본주의적 국민국가의 국민'으로의 탈바꿈을 뜻했다.

그런데 1950년대부터 이어지는 국가주의적 흐름은 인간개조에 또다른 차원을 부여한다. 바로 국가를 유기체적으로 구성하고 있는 단위로서의 국민으로의 탈바꿈이다. 이는 1960년대에 제작된 많은 '문화영화'들에서 묘사되고 있는 새롭게 개조된 인간형이 모두 국가의 정책에 솔선수범하는 모범적인 국민들이라는 사실에서도 알 수 있다. 이러한 국민상의 제시는 국민에 대한 국가의 절대적 우위를 전제로 하고 있다는 점에서 일제의 군국주의적 인간형을 떠올리게 한다. 이에 따라 과거에 사회의 주류에서 밀려나 있던 젊은 청년층, 부녀층, 그리고 아동층이 새로운 국가의 국민상으로 변모되어 부각되었다.[93]

민정이양 이후에는 그 전보다 재건이라는 말의 빈도나 유행이 줄어들

---

91) 고재필, 「미국의 국민성」, 『국가재건최고회의보』 3, 1961년 12월호 ; 김형욱(최고위원), 「구라파를 돌아보고」, 『국가재건최고회의보』 13, 1962년 10월호.
92) 이 개념은 조지 L. 모스, 임지현, 김지혜 역, 『대중의 국민화』, 소나무, 2008에서 빌려온 것이다.
93) 1960년대의 일부 자료에는 어린이를 '小國民'이라고 부르고 있는데, 이는 1960년대 '인간개조'를 통해 새롭게 탄생한 국민상이 식민지의 유산에서 자유롭지 못함을 의미한다. 일제시기에 어린이를 小國民이라고 부른 용례는 西村綠也編, 『朝鮮敎育大觀』, 朝鮮敎育大觀社, 1932, 69쪽 ; 武藤勝彦, 『地圖の話 : 小國民のために』, 岩波書店, 1942 참조.

고 '근대화'라는 말이 병행되어 쓰이거나 대치되었다. 그것은 재건 논의가
소멸되었다기보다는 재건의 방향이 보다 확실해졌다고 보는 것이 타당
하다. 그런데 집권 초기 특별한 저항 없이 국가 재건에 대한 구상을
마음껏 전유했던 박정희 정권의 재건론은 1964~65년 사이를 기점으로
국민들의 반대와 저항에 부딪히기 시작한다. 대표적으로 『사상계』와
『청맥』을 중심으로 한 지식인들은 기본적으로 '자본주의 근대화'라는
재건의 큰 흐름에는 동의하지만 그 노선과 방법에 있어서는 정부의
그것과는 이견을 드러내었다.[94] 많은 지식인과 학생, 시민들에게 외국에
의존한 대규모 차관의 도입은 자주성에 대한 훼손이자 자립경제의 열망
에 대한 배반이었으며,[95] 이를 담보로 한 한일협정 역시 '민족'의 자존심을
일거에 무너뜨린 굴욕적 외교에 다름 아니었다.[96] 정부가 내세운 '반공'은
이제 정권의 정책에 반대하며 정권의 재건론에 의문을 표하는 세력을
'이적'으로 규정하기 위한 공포정치의 도구로 사용되었다.[97] 근대국가의

---

94) 군사정부 초기 內資 동원 중심의 경제개발이 실패로 판정되면서, 外資에 의존하는
   방향으로 선회한 것이 결정적 계기였던 것으로 보인다. 이러한 경제개발정책의
   변화에 대해서는 박태균, 앞의 책 참조. 이들은 정부의 독선적 정책 입안에
   대해 비판하는 것을 넘어서서 이를 군사정부 자체의 한계로 인식하였다.(서동구,
   「군사정권과 근대화문제-신생독립국가의 뒤바뀐 정치체제」, 『사상계』 147,
   1965년 6월호) 또한 1966년 대통령연두교서에서 제기된 '중산층 육성론'에
   대해서도 다양한 비판과 의견이 있었다. 김영모, 「중산층 육성론은 부당-「근대
   화와 중산층」의 사회학적 평가」, 『청맥』 3-1, 1966 ; 배성동, 「중산층의 정치적
   의의-모든 논의들의 종합에서」, 『청맥』 3-3, 1966.
95) 대일 외교의 굴욕적 자세와 서민 생활의 궁핍함이 대비되면서 정권 자체에
   대한 문제제기로 이어졌다. 문형선, 「인색한 양보, 아쉬운 갈증-2천만불 차관,
   日商課稅에 얽힌 저자세」, 『사상계』 140, 1964년 11월호 ; 김영록, 「서민의 월동-
   특혜와 부패 의혹을 간직한 채 궁핍에 떠는 서민경제」, 『사상계』. 140, 1964년
   11월호.
96) 부완혁, 「한일협정은 비준·동의될 수 없다-어째서 우리는 그것을 매국조약이라
   고 부르는가」, 『사상계』 150호, 1965년 8월호.
97) 문화영화 <난동은 이적이다>(1964, 최봉암)는 학생, 시민들의 시위를 '불순

바람직한 구성원으로서의 '국민' 개념은 이성적으로 각성된 개인들이 주체가 되는 '시민' 개념의 대두로 도전받기 시작하였다.[98] 그러나 재건론의 균열이 곧 재건론의 폐기로 이어지는 것은 아니었다. 오히려 재건의 네 가지 키워드는 각각 정부에 대한 비판과 저항 속에서 그 함의가 커질 수 있었다. 예컨대 한일협정 조인과 베트남 파병을 반대하는 시위대의 구호는 '민족주체성의 확립'이었고, 이는 같은 '민족'을 키워드로 하더라도 그 주체에 따라 다른 함의를 가질 수 있음을 보여주었다. 정권은 야당이나 비판적 지식인, 학생, 시민 대중이 다른 방식의 재건론을 제기하는 것을 결코 허용하지 않은 채 국가가 재건의 유일한 주체가 되는 방식으로 재건 담론을 전유하고자 하였다.

이러한 가운데 1962년 제정되고 1968년 개정된 주민등록법은 국가의 국민에 대한 체계적이고 일관적인 완전 장악을 상징하는 것이었다.[99] 정권에게 이러한 장악은 곧 재건의 완성을 의미하는 것이었고 이를

용공세력'에 의한 도발로 몰아붙이는 반공이데올로기의 논리를 잘 보여준다.

98) 『사상계』의 지식인들은 각성된 개인들이 주체가 되는 '시민'이라는 개념에 주목하고 국가 권력으로부터 자유로운 '시민'들의 존재가 근대국가의 기본임을 강조하였다. 이처럼 시민사회론이 1960년대에 왕성히 일어난 배경에는 4·19혁명의 영향과 함께 급격한 도시화로 '시민'이라 불리는 사람은 늘어났지만 이들이 아직은 진정한 자질을 갖춘 '시민'은 아니라는 인식에도 기인한다. 이는 『사상계』의 논설들이 주로 서구의 시민사회를 소개하는데 치중하고 있는 것에서도 엿볼 수 있다(최동희, 「진보에의 의지」, 『사상계』, 1968년 2월호, 50~54쪽). 『사상계』에서 주장하는 시민의 자유 확보는 '시민저항권', '시민불복종권'의 기본 전제였다. 여기서 국가권력에 불복종하거나 저항하는 행위가 시민의 권리라는 인식은 국가의 하위 개념으로서 국민을 상정하는 논리와는 달리 국가에 대항할 수 있는 깨어있는 시민의 중요성을 인식함으로써 정부 및 친정부적 지식인에 의한 일방적인 국가재건의 담론과는 다른 저항적 시각을 제공하고 있다. 민석홍, 「시민저항권의 근거」, 『사상계』, 1962년 11월호, 28~36쪽.

99) 분단국가에서 시민권이 가지는 의미에 대해서는 김동춘, 「한국의 분단국가 형성과 시민권-한국전쟁, 초기 안보국가 하에서 '국민됨'과 시민권」, 『경제와 사회』, 2006 여름 참조.

국민들에게 선포한 것이 '국민교육헌장'이었다.[100] 1968년 12월 5일 발표
된 국민교육헌장은 민족주체성의 확립, 반공주의의 재천명, 민족문화의
수호와 발전, 근대화와 국민의 사명 등을 내용으로 하며 국가의 국민통제
를 위한 국가주의 선언과 다름 없었다. 이는 '국기에 대한 맹세'와 함께
국민의 필수 암송 문장이었다. 그 상징성을 생각할 때 이에 대한 재야나
야당의 반대가 별로 없었던 것은[101] 1960년대를 통하여 이미 '재건'이
'국가의 재건'과 동일시되고 국가가 재건의 유일한 주체가 되고 있는
현상을 반증하는 것이었다. 이에 발맞춰 국기와 국가원수에 대한 존엄이
강조되고 강제화되었다. 이는 1966년 문교부가 4월을 예절의 달로 정하고
국기에 대한 존엄성 표시와 국가원수에 대한 예절지도의 일환으로 극장
뉴스시간에 국기나 국가원수에 관한 것이 나오면 관중은 기립 또는
박수로 경의를 표하도록 한 것이 일례이다.[102] 이후 군부독재정권 시기
말미까지 극장에서는 애국가와 함께 모두 기립하여 가슴에 손을 얹는
국민의례를 행하고 나서야 비로소 뉴스영화, 문화영화, 극영화의 순서대
로 영화를 관람하는 것이 상례가 되었다.

또한 1967년 대한어머니회에서는 국민학교, 중학교, 고등학교 교과서
에 국기에 관한 항목을 삽입하고 전국 영화관에서 본영화 상영에 앞서
국기에 대한 짤막한 기록영화를 상영하며, 중학교 입시에 국기에 대한
문제를 출제할 것을 건의한다.[103] 이는 항상 국가는 '국민의 요구와

---

100) 국민교육헌장에 대해서는 『역사문제연구』 15, 2005년 12월호에 특집으로 실린
     일련의 논문들이 있다. 윤해동, 「'국체'와 '국민'의 거리」; 김석수, 「국민교육헌
     장'의 사상적 배경과 철학자들의 역할」; 황병주, 「국민교육헌장과 박정희 체제
     의 지배담론」; 김한종, 「학교 교육을 통한 국민교육헌장 이념의 보급」.
101) 황병주, 위의 글, 169~171쪽.
102) 「극장에서 뉴스 상영 때 국기·원수 나오면 기립 박수하도록」, 『중앙일보』, 1966년
     3월 28일자; 「과불여불급—뉴스영화에 기립박수가 다 뭐냐」, 『조선일보』, 1966
     년 3월 29일자.

열망에 의해 움직인다'는 제스추어에 불과한 것으로 대한민국의 표상으로서의 국기에 대한 경외감 표시를 제도화한 것이라고 볼 수 있다. 국가의 표상으로서의 국기에 대한 찬양의 절정은 1968년 만들어지고 유신정권의 탄생과 함께 전국적으로 보급된 '국기에 대한 맹세'로서, 이는 일제 말기 '황국신민의 서사'를 외우도록 강요받으며 자랐고 박정희 정권 아래서 사회의 중심 세력이 된 장년층에게 남다른 감회를 불러일으켰다. '국기에 대한 맹세'는 '황국신민서사'에서 보이는 국민이 皇國의 臣民이라는 것이 달라졌을 뿐 기본적으로 국가가 국민 위에 군림하며 국민은 국가에게 충성을 다해야 한다는 내용인 것이다. 곧 재건의 완성 선포가 국가주의의 선언으로 등치된 것이다.

1968년은 세계사적으로는 혁명적 시기였지만 대한민국에서는 퇴행이 시작된 해이기도 했다. 완성은 곧 퇴행을 의미했다. 그것은 維新이라고 하는 국가지상주의, 전례 없는 독재의 시작이었다. 1967년 7월에는 동베를린 간첩단 조작사건이, 1968년 1월 북한 무장공비의 청와대 습격 미수 사건과 미함 푸에블로호 나포사건이 발생했다. 청와대 습격을 기도하다 현장에서 생포된 김신조는 TV에 나와 북한의 "대남공작 전모를 실토하고 북괴의 야망을 폭로, 그들이 68년을 전쟁 준비의 해로 정했다"고 증언했다. 국민교육헌장이 반포된 지 4일 후에는 대한국민으로서의 어린이상을 여지없이 보여주는 것으로 보도된 '이승복어린이사건'이 발생했다. 또한 이 해에 정부는 민족의 문화와 전통을 정권 차원에서 전유하기 위해 문화공보부를 발족시키고 문화를 공보의 하위 개념으로 전락시키면서 국민의 일상과 문화까지 장악하였다. 이러한 일련의 사건과 조치로 인해 북한과의 경쟁과 부정을 통한 대한민국의 정체성은

---

103) 「국기에 대한 기록영화 상영토록」, 『조선일보』, 1967년 10월 29일자.

분명해지고 정당성은 확고해지는 듯 보였지만 실은 정통성과 정당성의 不在가 주는 불안에 휩싸인 정권의 위기감이 극에 달하는 징후였고, 재건의 완성 선포는 이러한 위기감의 역설적 표현에 다름 아니었다.

이처럼 재건 담론에는 정부수립 이후 국가의 향방에 대한 여러 갈래의 고민과 열망이 고스란히 녹아있다. 신생 독립국가가 미래를 자주적이고 민주적으로 디자인하기에는 그 자체가 체제대결의 성격이었던 갑작스러운 단정 수립과 전쟁이 분단의 고착화라는 왜곡된 상황을 만들어내면서 '재건'의 내용을 규정하였다. 결국 남한에서 '재건'이라는 것은 북한과 대응한 '다른' 국가로서의 '대한민국'을 어떻게 만들어갈 것인가, 어떠한 정체성을 가진 국가로 만들 것인가의 고민을 함축하고 있다. 1950년대와 1960년대를 통틀어 '재건'이란 국가의 정체성을 만들어나감에 있어 주요 키워드를 무엇으로 상정하고 어떻게 배합하며 그 방법론은 무엇인가의 문제로 요약된다. '민족', '반공', '자본주의 근대화', 그리고 '국민'이라는 재건 담론의 내용을 이루는 주요 키워드는 각 시기마다 강조점이 달라지거나 그 의미에 변용이 가해졌다.

'우리는 누구인가?'라는 정체성의 기본적인 질문은 '민족'의 역사와 전통에 대한 이해로 답해졌으며, 정부수립 초기부터 국민교육의 차원에서 꾸준히 제기되었다. 이는 민족을 배반한 반민족 세력으로서의 북한을 배제하고 대한민국이 민족사의 정당한 귀결임을 강조하는 방식으로 진행되었다. 따라서 '민족'은 자연스럽게 '우리가 아닌 것은 누구인가?'라는 '반공'의 논리와 맞닿을 수 있었다. 1950년대의 '반공'은 '북진멸공 통일'의 구호에도 불구하고 그 내용은 군사적 의미가 강해 정치적으로는 다소 모호했으며, 따라서 이승만 정권의 극우반공체제는 그리 강고하지 못했다. 게다가 해방정국에서 농지개혁에 이르는 시기에 두드러졌던 중간파의 사상과 활동은 '대한민국'에 이승만의 그것과 다른 노선이 존재했음을 암시한다.[104] '반공'이 무엇의 부정으로서만이 아니라 무엇을 지지하고 긍정하는지가 보다 명확해진 것은 1960년대라고 할 수 있으나, 그 논리는 여전히 정권에 대한 비판을 원천 봉쇄하는 의미가 더 큰 완성되지 못한 논리였다. 오히려 이전 시기 '반공'과 결합되어 논해졌던 '민족'은 정권 차원의 '반공' 논리와 결별하기 시작하며 저항적 차원에서 논해졌다. 정부는 '재건'에 중추적인 역할을 담당하는 '민족' 담론을 반정부적인 구호에 빼앗길 수만은 없었고 이는 1960년대 말 이후 대대적인 전통문화에 대한 조사와 연구사업으로 이어졌다.

한편 '우리는 무엇을 하고 싶은가?'의 질문에 대한 대답이 정부수립 당시부터 '자본주의'였다고 할 수는 없었다. 그러나 1950년대 후반에서 1960년대 중반에 이르는 시기에 '자본주의 근대화'는 자립경제 달성이라는 경제재건의 목표를 실현할 수 있는 큰 틀로서 정부만이 아니라 대부분의 지식인들이 공감대를 형성하고 있었다. 이러한 공감대는 국가가 경제에 개입하는 경제개발계획으로 현실화되었으나, 그 구체적 방법과 정도에 있어서는 이견이 있었다. 이것은 한국 자본주의의 성격을 규정할 첫 단추를 어떻게 끼울 것인가의 문제였다. '우리는 무엇이 되고 싶은가?' 의 질문에 대한 국가의 대답은 단연 '국민'이었다. 그러나 국민에 대한 국가의 절대적 우위 속에 진행된 국민 통합은 정작 국민 개개인의 인권과는 무관하게 국가가 원하는 국민상을 강요하게 되는 결과를 초래하였다. 이때 지식인들은 서구의 '시민'과 '시민사회'에 대한 관심 속에서 국가에 대항할 수 있는 각성된 존재로서의 근대 시민의 형성이 시급함을 주장하였다.

이렇게 보았을 때, 정부수립기에는 상대적으로 '민족'과 '국민'이 강조

---

104) 방기중, 『분단 한국의 사상사론』, 연세대학교 출판부, 2010.

되었고, 전쟁기에는 '국민'과 '반공'이, 전후에는 '자본주의 근대화' 논의가 두드러졌다. 또한 1960년대 전반기에는 '반공'과 '자본주의 근대화'가, 후반기에는 '국민'이 다시 강조되었다. 1950년대와 1960년대를 나누는 분수령이 되는 4·19와 5·16은 1950년대식 재건을 비판·부정하면서 각기 다른 방식의 재건 방법을 제시한 것과 다름없었다. 재건 담론에 '민주주의'라는 키워드를 추가하고자 했던 4·19혁명의 정신은 곧 부정되었다. 지식인들은 이 부분을 여전히 강조하였지만 군사정변 이후 정권 차원에서 민주주의라는 말의 용례는 민주주의의 본질을 호도하기 위해 쓰인 측면이 컸다. 1950년대까지는 국가의 정체성을 새롭게 만들어나가고자 하는 고민이 정부에서 뿐만 아니라 지식인들 사이에서도 폭넓게 논의되었던 반면에, 1960년대에는 이를 국가가 전유하고 독점함으로써 국가와 연결되지 않은 민간 지식인들의 재건 담론까지 모두 관제화되는 결과를 초래하였다. 특히 1960년대 중반부터 제기된 반정부적 '민족' 담론에 맞서 '민족'을 다시 국가 중심 논리로 전유하기 위한 조치들이 1960년대 말 이후 민족문화와 전통에 대한 선양의 형태로 취해졌고, 이는 자연스레 파쇼 정치의 이데올로기적 기반과 연결되었다. 이로써 같은 '민족'이라는 키워드를 두고 한쪽은 통일과 반독재로, 다른 한쪽은 분단과 독재 옹호로 이어질 수 있는 논리적 경계가 정립되었다.

　요컨대 1960년대 '국가재건'의 요체는 남한의 국민들이 1950년대까지만 해도 '대한민국' 국민이라는 뚜렷한 소속감이 결여되었다는 인식 하에 이들을 민족이라는 추상적 공동체가 아닌 한반도 남쪽의 실질적 국가인 대한민국의 국가 체제 자체에 충성을 다하는 존재로 변모시키는 것이었다. 국가만이 재건 담론의 유일한 발화체가 될 수 있다는 국가주의의 오만은 이제 정부에 대한 비판과 저항을 재건론의 차원이 아니라 반독재 투쟁으로 전화시켰다. 결국 재건 담론은 국가가 재건의 대상에서 재건의 유일한 주체가 됨으로써 주체와 객체의 전이를 통해 왜곡의 길을 걷게 된 것이다. 그러나 이러한 재건론의 결말 때문에 재건 담론 자체를 독재를 위한 논리 전개로만 치부할 수는 없다. 비록 국가 중심이라는 한계를 내포하고 있기는 했으나 신생 국가를 새롭게 디자인할 수 있는 담론 체계로서의 재건론의 의의만큼은 부정할 수 없을 것이다.

2. 문화재건의 방향과 영화의 도구성

1) 해방후~1950년대 문화재건의 방향과 민족문화론

① 해방후~전쟁기 민족문화/국민문화론

문화재건은 국가의 재건을 보다 용이하게 국민에게 설득하기 위해 재건을 문화면에서 혹은 문화적으로 구현하는 방식으로서 논의되었다. 곧 문화재건이 국가의 재건을 문화면에서 지지하는 것이라고 할 때, 이것이 1950년대 국가의 테두리에서 진행된 모든 문화 활동을 포괄할 수 있는 개념이 될 수 있느냐는 논란의 여지가 있다. 문화재건에 있어서 '문화'란 광의의 의미로서의 문화와 협의의 의미로서의 문화예술을 모두 의미한다. 광의의 의미에서 문화는 물질문명이 아닌 인류의 정신적 소산105)을 말하여 철학, 종교, 사상, 예술, 체육 등을 모두 포함하는 것이다. 협의의 의미에서 문화는 문학, 미술, 음악, 연극, 영화, 방송

---

105) 문화를 문명과 구별지어 설명하는 것은 독일의 철학 전통 속에서 나온 말로서, 독일의 철학과 사학을 받아들인 일본 제국주의하에서 교육을 받은 조선의 지식인들 역시 문화와 문명을 구별하는 경우가 많았다. 이러한 용법은 다음과 같은 주장에서도 드러난다. "미군정 3년 동안 너무나 문화와 관계가 멀어졌으며, 이로 보아 미국은 물질문명의 국가는 될 수 있으나 문화적인 국가는 될 수 없음을 이 기간을 통해 알 수 있었다." 홍효민, 「문화정책에 대한 건의–적극적 시책을 기망함」, 『백민』, 1947년 10월호.

등 고급문화와 대중문화를 포함하는 문화예술을 지칭한다. 해방후부터
제기된 문화재건론의 '문화'는 협의와 광의의 의미가 모두 혼용되어
쓰이고 있다. 따라서 문화재건론 역시 이 광의의 문화재건과 협의의
문화재건을 아우르는 것이었다. 곧 협의의 의미에서 문화재건은 문화예
술을 국가 재건의 지향에 맞게 재구축하는 것이었으며, 광의의 의미에서
문화재건은 이러한 국가상에 걸맞은 '국민 정신의 재건'을 의미하였다.

흔히 해방후의 민족문화론은 1960~70년대의 전유물로 여겨지며 1950
년대와는 어울리지 않는 것으로 치부되곤 했다.[106] 민족문화론을 박정희
정권의 산물로 그리는 것은 민족문화론=민족주의=국가주의라는 도식
을 상식화하는 것으로서 이는 한말 이래 일제시기와 해방후, 그리고
1950년대를 거치는 동안 민족문화 담론이 갖고 있던 다양하고 역동적인
면을 사상시키는 것이라 할 수 있다. 이러한 문제의식 속에서 일제시기와
해방후에 일어난 다양한 정치사상적 지형 속에서 민족문화론을 규명한
연구들은 소중한 관점을 제시한다.[107] 또한 최근에는 서구문화 특히
미국문화의 세례에 대한 대응 속에서 민족/민족문화가 어떻게 재정의되
고 있는지에 대한 연구들이 나오고 있어 이 시기에 대한 문화사적 접근의
중요성이 부각되고 있다.[108]

문화라는 개념이 그 태생부터 민족, 혹은 국가와 불가분의 관계에
있다는 것은 주지하는 바와 같다. 곧 제1차 세계대전 후 서유럽 중심의

---

106) 오명석, 「1960~70년대의 문화정책과 민족문화담론」, 『비교문화연구』 4, 서울대
    학교 비교문화연구소, 1998, 122쪽.
107) 이지원, 『한국 근대 문화사상사 연구』, 혜안, 2007 ; 한상도, 「해방정국기 민족문
    화 재건 논의의 내용과 성격」, 『사학연구』 89, 한국사학회, 2008.
108) 허은, 『미국의 헤게모니와 한국 민족주의 : 냉전시대(1945~1965) 문화적 경계의
    구축과 균열의 동반』, 고대 민족문화연구소, 2008 ; 장세진, 『상상된 아메리카와
    1950년대 한국 문학의 자기 표상』, 연세대학교 박사학위논문, 2008.

단선적인 문명적 가치에 대한 비판이 일면서 물질 '문명'과 대비되는
의미에서 다원적이며 정신적인 '문화' 개념이 제기되었고,[109) 이러한
'문명'에서 '문화'로의 이행은 민족주의의 강화와 궤를 같이하며 문화의
생산 주체이자 단위로서의 민족, 민족의 구체적 顯現으로서의 문화 개념
을 정착시키게 된다. 여기서 민족이란 근대 국민국가를 의미하며 따라서
문화라는 용어 자체에 이미 국가 이데올로기가 내포되어 있음은, 독일이
나 일본과 같은 후발 자본주의국이 서유럽 선진국의 문명관에 대항할
수 있는 민족 통합 이데올로기를 정립하는 데 문화 개념이 중요한 요소로
작용했던 역사적 사실에서도 증명된다.[110)

독일로부터 일본에 수입된 문화 개념은 大正 데모크라시 시기에 크게
유행하게 되었고, 이는 3·1운동 이후 조선에 '문화주의'라는 이름으로
수용되어 1920년대의 이른바 '문화정치' 시기에 만개하게 된다. 제국주의
적 '문명'에 대한 비판으로서 '문화' 가치가 대두하는 시대사조의 흐름은
'문화'를 양면적 성격의 것으로 규정하기도 했다. 곧 문화의 단위를 '국민
국가'로 할 때 조선을 비롯한 식민지를 포함한 일본제국의 이데올로기가
되는 것이며, 그 단위를 '민족'으로 할 때는 조선 민족의 문화라는 대항적
이데올로기에 기여하기도 했다. 그러나 일제 말기 서양과 동양이라는
대립항 속에서 민족문화란 일본을 중심으로 한 동양 문화의 일부분으로
서 의미가 있다는 논리로 이어지면서 '문화'는 조선의 식민지배 정책이라

---

109) 문명과 문화라는 개념은 18세기 후반 민족주의의 발흥과 함께 탄생하였으며,
문화 개념의 발원지인 독일에서도 처음에는 문명과 문화가 거의 같은 개념으로
쓰였다. 문명에 대한 대항개념으로 문화 개념이 정착된 것은 프랑스 혁명에
대한 반대운동으로서 일어난 독일 낭만주의에서 시작되었으며, 이는 제1차
세계대전 후 슈펭글러(Oswald Spengler)가 『서구의 몰락』(1918)에서 정식화시킨
바 있다. 니시카와 나가오, 윤해동 외 역, 『국민을 그만두는 방법 ; 국가 이데올로
기로서의 민족과 문화』, 역사비평사, 2009, 73~75쪽.

110) 니시카와 나가오, 위의 책, 88~117쪽.

는 테두리를 벗어나지 못한 일본 제국주의 지배 논리로 쓰이게 되었다. 이 때문에 '문화'라는 문제의식이 식민성을 극복하기 위해서는 여기에 '민중'이나 '세계'라는 개념이 결합되지 않으면 안되었다.[111]

민족과 국가 사이에 모순과 대립이 있었던 식민지 시기를 벗어나자 이제 문화 논의는 본격적으로 민족국가 건설의 맥락에서 이루어지게 된다. 한말~일제시기의 '민족문화'란 주로 민족의 國粹를 지키는 것으로 이해되거나 민족주의 계열에 의해 제기되어 '민족'에 방점이 찍힌 '민족주의문화'로서의 '민족문화'를 주창한 것이었지만, 해방후 제기된 민족문화 건설론은 민족문화와 민족주의문화를 구분하고 민족주의에 기반한 문화 재건 논리를 비판하는 것이었다. 이는 일제시기 민족운동의 계급성을 비판했던 사회주의운동의 맥락과 닿아있다. 사회주의자들은 과거 부르주아민족주의 학자들의 민족문화 연구가 "민족문화의 영원불변성을 주장하는 파쇼적인 것"이라고 강도 높게 비판하였다. 한효는 과거 부르주아 학자들의 민족문화 연구가 "민족적 내지 조선적인 것을 전면에 내세우고 그 방법 위에서 민족정신을 확립"하려고 하는 것인데, "문화연구에 있어서 조선이라든가 민족이라든가 하는 규정을 설정하여 거기에 독자적인 방법을 부여하는 것이 문제"라고 지적한다. 이어 "과학에서 민족주의의 강요는 그 자체가 파쇼적 색체를 띤다. 부르주아 학자들의 민족문화의 건설 내지 확립론의 진의는 민족문화의 영원성 고정적 불변성의 주장이 파쇼적으로 변형된 것"으로서 "문화의 민족주의적 통제 정비"에 불과하다고 비판한다.

일반적으로 조선문화라 함은 조선에 있어서의 일반 문화를 말하는 것, 특히 조선적인 민족적인 문화를 말하는 것 두 가지가 있다. 후자는

---

111) 이지원, 앞의 책, 252~274쪽.

배외성이 동반되며 정신주의, 인격주의, 국가주의, 민족주의적인 방향으로 전개되고 있다. 조선의 문화는 정치, 경제, 학술, 지식 등 각 부문에 걸쳐 외국문화 없이는 전혀 존재할 수가 없으며 순수히 조선적 민족적이라고 단정할 수 있는 것은 없는 것이다. (부르주아 학자들은) 민족정신을 외래 문화에 대한 하나의 태도로 선양하고 이것을 국민적 성격이라고 단정하는데 (중략) 이 국민적 성격은 그 국민을 구성하는 계급의 계급적 성격과 역사적 조건을 떠나서는 생각할 수 없다. 각 민족, 각 시대의 문화는 각 시대, 각 민족, 세계를 반영하는데, 민족의 고유성과 특수성을 강조하여 조선문화를 규정지으려고 하는 태도는 그 자체가 반동성을 내포하여 조선민족의 계급의식을 말살하는 결과를 초래한다. (중략) 문화는 이미 계급적 이데올로기이기 때문에 초계급성을 주장하는 것 자체가 이미 계급적인 이익을 옹호하는 것이다.[112]

문학평론가 임화도 "문화 건설의 출발은 일제의 잔재 청산으로부터 시작되어야 한다"면서, "민족적 국수주의를 경계하고 문화의 과학성, 세계성을 자각"해야 하며, "문화에 있어서 봉건주의는 일제의 협력층이었던 귀족, 지주층의 이데올로기를 반영하는 것"이므로 이를 일소하기 위해 투쟁해야 한다고 주장한다.[113] 이러한 국수주의에 대한 비판은 국수주의에 바탕을 둔 파시즘에 대한 경계와 파시즘적 사고에 경도되기 쉬운 일부 민족주의 지식인들에 대한 경계를 동시에 내포하고 있었다. 조선문화단체총연맹[114] 대표였던 김영건은 민족문화가 전통에 기반한 것이기는 하지만 전통에 붙잡혀서는 안되는 것이라고 하면서, 외래문화를 배척하는 문화적 배외주의, 문화적 쇄국주의는 민족문화를 퇴보시킨

---

112) 한효, 「민족문화의 본질」, 『인민』 1, 1945년 11월호.
113) 임화, 「문화에 있어서 봉건적 잔재와의 투쟁임무」, 『신문예』 1-1, 1945년 12월호.
114) 1946년 결성된 문화예술인의 단체로 조선문화건설중앙협의회와 프롤레타리아 예술연맹이 결합한 것이다.

다고 보았다.[115] 조선영화동맹 서기장 추민 역시 "민족문화수립의 사명과 임무를 완수하기 위하여 일제, 봉건, 국수주의 등 반동잔재를 소탕해야한다"고 주장하였다.[116] 조선영화동맹의 강령과 조선문화단체총연맹의 강령에도 '반제, 반봉건, 반국수주의, 민주주의 민족문화 수립'이라고 명시되어 있다.[117]

　이러한 민족문화 건설의 반국수주의적 지향은 비단 사회주의진영에 국한된 논의는 아니었다. 많은 지식인들이 민족문화 건설이 절대로 외국 문화에 대해 배타적인 것이 아님을 주장하였다. 1930년대 '조선학' 운동을 펼치고 해방후 신민족주의론을 주장한 民世 안재홍은 그의 호가 대변하듯이 "민족으로 세계에, 세계로 민족에 交互되고 調劑되는 民世主義"라는 말로 민족문화의 확립을 주장하였다.[118] 또한 당시 국민윤리교육 및 도의교육을 강조했던 김기석 역시 조선문화가 폐쇄적인 것이어서는 안됨을 다음과 같이 주장하였다.

　　조선문화를 부흥함에 있어 '조선적인 것'에 대한 구체적인 이해가 필요하다. 조선문화의 부흥이 단순한 복고주의를 의미해서는 안된다. '조선적'인 것이 고정된 '조선적'인 것이 아니라, 많은 모습, 많은 빛깔을 보이면서 흘러가는 창조적인, 체계적인 '조선적'인 것임을 알아야 한다. 부단히 새로운 남과의 매개를 통하여 구성되는 조선문화의 전통 속에는 밖으로부터의 많은 새로운 물줄기가 있다.[119]

---

115) 김영건, 「외국문화의 섭취와 민족문화」, 『신천지』, 1946년 8월호.
116) 추민, 「정치와 영화」, 『영화시대』 2-2, 1947년 3월호.
117) 김남천, 「해방후 문화운동의 방향-민족문화 건설의 태세 정비」, 『신천지』, 1946년 8월호.
118) 이지원, 앞의 책, 330쪽.
119) 김기석, 「조선문화의 부흥과 창조」, 『개벽』 84, 1948년 5월. 그런데 김기석은 1950년대가 되면 한국을 역사의 중심으로 위치지우면서 서구의 자유주의와

그러나 이처럼 민족문화의 수립과 전통의 계승에 대한 융통성을 갖고 있던 많은 논설들은 정부수립 후에는 그 수가 현저하게 줄어든다. 아직 남북의 정부가 수립되기 전인 미군정기에는 그나마 사회주의 계열의 지식인들이나 신민족주의 지식인, 보수적인 부르주아 학자들 사이에서도 민족문화에 대해 열린 사고방식을 가지고 있었던 반면에, 정부수립 후에는 더욱 통합적이고 강력한 국가 이념이 필요했던 것이다. 여기에는 이승만이 "신흥국가의 국시"[120]라고 했던 일민주의[121]의 영향도 있었다. 문화재건의 입장에서 보자면 민족의 혈연성을 내세워 국민적 통합을 이룩하고자 한 일민주의는 해방후의 탈국수주의적 민족문화건설론에 비해 혈연 중심의 종족적 민족주의로 회귀한 것이었다. 일민주의는 단군의 홍익인간의 가치를 현대의 교육이념이자 일민주의의 기원으로 설명하였으며, 우리 역사 중에서 고구려나 백제, 고려와 조선에 대해서 무시하거나 부정적 태도를 지니고 있었다. 반면 신라에 대해서는 많은 비중을 할애하며[122] 특히 화랑도 정신을 계승해야 할 민족의 가치로

공산주의를 모두 지양하는 새로운 철학을 주장했다(김기석, 「한민족의 문화적 책임」, 『사상』 1-3, 1952년 11월호, 9~22쪽 ; 김기석, 『현대정신사』, 교우사, 1956). 이러한 김기석의 변화는 1960년대가 되면 문화에 있어서 국가의 역할을 강조하는 쪽으로 편향되기 시작한다.

120) 이승만, 『一民主義 槪述』, 일민주의 보급회, 1949, 7~8쪽.

121) 일민주의는 이후 초대 문교부장관 안호상이 "일민주의는 대한민국의 국시요, 우리 민족의 지도원리"라고 공언한데 이어 초대 국무총리 이범석을 비롯하여 이승만을 추종하는 정치세력들에 의해 속속 천명되었다(서중석, 『이승만의 정치이데올로기』, 역사비평사, 2005, 15~16쪽). 일제 때 프로예술동맹의 일원이었고 해방후 대한독립촉성국민회의 선전부장이었다가 후에 자유당의 거두가 된 양우정 역시 일민주의의 이론화에 기여하였다. 양우정, 『이대통령 건국정치이념 : 일민주의의 이론적 전개』, 연합신문사, 1949 참조.

122) 양우정이 신라를 높이 평가하고 고구려와 백제를 거의 언급하지 않은 것에 대해 서중석은 양우정이 영남출신으로 지역차별주의자이기 때문이라고 설명한다(서중석, 위의 책, 42쪽). 그러나 양우정이나 안호상 등 일민주의의 이데올로그

높이 평가하였다.[123] 화랑도는 이후 1950년대 내내 "서구사상에 경도되어 좌표를 잃고 방황하는 젊은이들"에게 "민족적 이상이 되는 건설적인 사상"이자 "국민전체가 동일한 이상과 목표 아래 모일 수 있도록 하는 가장 효과적인 사상"으로서 반공주의의 연원으로서 제시되었다.[124]

이처럼 남북의 체제대결이 본격적으로 시작된 정부수립 후 문화재건의 의미는 이전에 비해 폐쇄적이고 반공적 색채가 농후해질 수밖에 없었다. 반공자유세계 문화인대회의 개최를 주장하는 글에서 이헌구는 "이 땅의 문화인은 오늘에 처한 민족의의, 곧 대한국민으로서의 독자적이고 전통적인 민족의식 문화의식이 형성되는 과정을 이론적 체계적으로 활발하고 치밀하게 논구 천명해야"하며, 이를 위해 국가적인 방대한 기구가 설치되어야 한다고 주장하였다.[125] 여기서 보이듯이 정부수립 후 문화의 가장 큰 과제는 국민으로 하여금 '대한국민'으로서의 정체성과 문화의식을 가지는 것이라고 보았다. 이제 '민족문화(national culture)' 건설의 과제는 '국민문화(national culture)' 건설의 과제로 서서히 치환되어 갔다.

'국민문화'의 관점에서 정부수립 후 최대의 현안은 국립극장 설립이었다. 국립극장 문제는 미군정기 적산극장 불하문제가 불거지면서 크게

들이 신라를 높이 평가하는 것은 일반적인 것으로서, 안호상은 "일민주의는 곧 신라식 민주주의"라고 천명한 바 있다. 안호상, 「일민주의와 민주주의」, 『화랑의 혈맥』 1, 1956년 10월호, 45쪽.

123) 대한민국을 화랑정신과 3·1운동의 계승자라고 하는 생각은 당시 지식인들 대부분이 공유하고 있는 관념이었다(김두헌, 「道義韓國再建論」, 『학술계』, 1958년 7월호). 이는 일제하 민족주의 민족문화론이 단군 선양에 보다 심혈을 기울인 것과 대조적이다. 일제하의 단군선양에 대해서는 이지원, 앞의 책, 221~230쪽 참조.

124) 이익흥, 「화랑도 국민정신의 앙양에 기대하면서」, 『화랑의 혈맥』 1, 1956년 10월호, 23~24쪽 ; 공진항, 「반공정신」, 위의 책, 35~37쪽.

125) 이헌구, 「반공자유세계 문화인대회를 제창한다」, 『신천지』, 1950년 1월호.

논쟁이 되었던 극장 정책의 맥락에서도 중요했지만, 정부수립 후 국립극장의 설립은 민족문화예술의 발전을 위해 반드시 필요하다는 공감대가 형성되었던 것이다. 당시 좌우익을 막론하고 조선의 전문화예술인들은 적산극장 불하를 조선 문화예술의 발전이라는 측면에서 바라볼 것을 주장하였다. 극장은 경제논리가 아닌 문화논리로 바라보아야 한다는 것이다. 정부수립 후 국립극장 창설은 "정상한 예술운동을 통한 사회교화 내지 민족교육의 기능"을 하는 것이 목표였다.126) 초대 문교부장관 안호상은 공공극장으로서의 국립극장은 오락극장이나 교화극장보다는 예술극장이 되어야 하며, 이는 문교부만의 일이 아니라 정부 전체의 일이고, 예술인만의 요청이 아니라 국민 전체의 요청이라고 국립극장의 필요성과 당위성을 피력하였다.127) 전 부민회관을 수리하여 전용한 중앙국립극장의 설립을 알리는 기사에서는 피폐해진 한국의 문화예술을 재건하기 위해 문화인이 총동원하여 국립극장을 설립한 것임을 알리면서 "국가자신이 극장을 소유하고 극단을 조직하여 국가의 이념을 일반국민에게 철저히 인식시키는 동시에 국가의 지도 원리에 부합되는 국민문화와 민족감정에 감응하는 민족예술을 향상 발전시켜야 한다"고 주장하였다.128) 이러한 주장들은 국립극장 설립이 국가가 주도하는 문화재건의 상징이었다는 것을 보여준다.

한국전쟁이 발발하자 '대한국민'으로서의 정체성 확립과 전시하의 문화정책이 더욱 강조되었다. 오랫동안 이해관계가 달랐던 이민족 국가 간의 전쟁이거나 주민 사이의 오래된 요구가 분출되어 나타난 지역간

---

126) 문교부 문화국, 「문화정책에서 본 국립극장의 필요성」, 『週報』 31, 1949년 11월 2일호, 6~9쪽.
127) 안호상, 「민족예술과 국립극장」, 『삼천리』, 1949년 12월호.
128) 「화려하게 개막되는 국립극장」, 『삼천리』, 1949년 12월호.

내전일 경우, 국민은 어느 한쪽 편에 서기 마련이지만, 분단된 지 겨우 2년도 안된 시기에 발발한 한국전쟁의 경우에는 이것이 동족간의 전쟁인 데다가 아직은 남한과 북한, 곧 대한민국과 조선민주주의인민공화국, 어느 한 편의 국민으로 정체성이 확립되었다고 보기는 어려웠다. 따라서 전시하에서는 문화공작이 평소보다 훨씬 더 중요함이 강조되었다. 과학자들이 "전쟁 수행에 도움이 되는 이론과 실천면의 연구"를 하기 위해 전시과학연구소를 설립하면서, "조국통일과 자유세계의 문화향상에 적극 기여"할 것을 목표로 설정한 것도 같은 맥락이었다.129) 국어학자 이숭녕은 "이북 괴수의 문화정책은 상당히 강력하다. 소설, 수필, 종군기 등의 전쟁문학집이 10여권에 달하고 있다"면서 남한은 "문화운동의 요원을 확보하는 것이 제일 중요한데도 고작 정훈국 소관의 종군기자나 투입하고 있다"고 비판했다. 또 전시 문화정책을 위해서 문화공작의 기관을 신설하고 예산을 계상하여 문화요원을 재배치하라고 요청하였으며, 병사의 교양과 사기 앙양을 위해서 사회심리학자나 경제학자, 문인, 영화인, 미술가, 음악가 등을 동원하여 협조하도록 하는 국가적인 대책을 마련해야 한다고 주장하였다.130)

이 '국가적인 대책'은 문화보호법으로 현실화되었다. 1952년 8월 7일 법률 제248호로 공포 실시된 문화보호법은 문화옹호를 법적으로 확인한 유일한 법률로서, '문화예술의 근대화'를 기치로 내걸었지만 그보다는 문화인들의 정체성 확립이 국민의 정체성 확립과 직결된다는 인식 속에 국가가 문화인들을 파악하고 관리할 필요성에 의하여 제기되었던 것이다. 문화보호법으로 위에서 언급한 전시과학연구소를 잇는 학술원과

---

129) 「전시과학연구소 소개」, 『전시과학』 1, 89쪽 ; 김용섭, 『남북한 학술원과 과학원의 발달』, 지식산업사, 2005, 63쪽.
130) 이숭녕, 「전시문화정책론」, 『전시과학』 1, 1951년 8월호.

예술원이 설립[131]되었는데 이는 반공 국가의 이념을 확립하기 위해 가치중립적이라 일컬어지는 학문과 예술을 남한 국가에 귀속시키는 작업의 일환이었다. 문제는 동법 8조를 모체로 문화인의 등록에 관한 수속과 절차를 규정한 문화인등록령에 대한 문화예술인들의 반발이었다. 반발의 내용은 문화보호법이 학술원과 예술원의 회원을 각각 80명과 40명으로 차등 규정한 것에 대해 근거가 희박하고 예술에 대한 이해 부족을 노정시켰다고 하는 것이었다. 문화인등록령 제5조와 6조에서는 과학자와 예술가의 자격을 등록자격심사위원회가 심사를 하여 '문화인증'을 교부하도록 규정하고, 회원의 임기를 3년, 6년, 종신으로 구별하고 있는데, 이에 대해서도 "심사위원회에서 심사를 하는 사람은 누구이고 심사를 받는 사람은 누구이며 대체 자격 심사란 무엇인지, 또 회원 임기의 구별도 무슨 근거인지가 명확하지 않다"는 점이 지적되었다. 문화인에게 수당 또는 연금을 준다는 것 이외에는 문화인보호책이라고 말할 수 있는 것도 없다는 것이다. 게다가 등록을 하기 위한 까다로운 수속과 절차는 문화인을 배제한 문화정책이라는 인상을 주었다.[132]

그런데 이렇게 문제가 많은 문화인등록령을 '문화보호'라는 이름하에 서둘러 실시해야 했던 이유는 무엇이었을까? 그것은 바로 국가가 전쟁 수행, 나아가 국가의 재건을 위해 문화선전의 첨병으로서 문화인을 활용할 필요가 더욱 긴요했기 때문이었다. 문화인에 대한 국가의 장악, 이것이 전쟁기까지 문화재건의 중요하고도 실질적인 내용이 되었다. 그런데 전쟁기에 문화인을 국가가 장악해야 하는 것은 바로 문화의

131) 학술원 설립 과정에 대해서는 김용섭, 앞의 책 ; 방기중, 『한국 근현대사상사 연구』, 역사비평사, 1995 참조. 문화보호법 제정과 예술원 설립에 대해서는 남원진, 「반공국가의 법적 장치와 '예술원'성립 과정 연구」, 『겨레어문학』 38, 2007 참조.

132) 조연현, 「문화보호법 시비」, 『수도평론』, 1953년 7월호.

문제가 곧 사상의 문제와 밀접한 관련이 있기 때문이었다. 전시하에 열린 한 좌담회에서 역사학자 이병도는 "지금 전쟁에 나가 싸우고 있는 병사들의 목적의식이 철저하지 못하다. 국사편찬위원회에서도 전쟁목적에 대하여 '우리가 왜 싸우고 있는가'를 생각하지 않으면 안된다"고 하면서, "이 전쟁은 滅共聖戰이다. 공산침략자＝적색제국주의자를 완전히 격멸해서 우리 민족 우리 국가 우리 국토를 완전히 통일하고 우리 자손 만대의 번영과 행복을 도모하며 자유주의 원칙을 수호하는 동시에 전인류의 영구적 평화를 보장하기 위해서 싸우는 것"이라고 주장하였다.[133] 그런데 같은 좌담회에서 중간파 지식인 배성룡은 조금 다른 견해를 보여주고 있다. 그 역시 "무슨 이유로 공산군과 싸우고 있는지 사상선도와 이념확립에 노력해야"한다고 하면서도, 우리 헌법은 "자본주의에서의 경제적 불평등과 공산주의의 정치적 노예화 등의 악을 제거"하고, "공산주의도 아니고 자본주의 그대로도 아닌 이상을 표현"하고 있으며 이러한 "헌법을 잘 실천하도록 사상운동을 활발히 하도록 해야 한다"고 하였다.[134] 곧 전쟁기까지도 문화재건의 사상적 방향이 완전히 정해졌다고 보기는 어려웠다. 그 방향은 사회가 안정기로 접어드는 전후 재건의 과정에서 잡혀나갔다고 볼 수 있다.

② 전후 문화재건의 방향과 민족문화 재건 담론

휴전협정이 이루어지고 본격적인 전후 재건에 돌입하게 되자,[135]

---

133) 『좌담회 : 사상운동의 회고와 전망』, 『사상』, 1952년 10월호.
134) 배성룡의 중간파 이념에 대해서는 장규식, 「해방정국기 중간파 노선과 한국민족주의 : 신민족주의, 신형민주주의, 새자유주의 이념을 중심으로」, 『典農史論』 3, 1997년 3월호 ; 김기승, 「배성룡과 안광천의 국가건설 사상」, 『한국근현대사연구』 30, 2004 가을호 참조.
135) 전후 재건이 1953년 7월 27일 휴전협정 이후에야 시작된 것은 아니다. 3년간

전쟁기까지 사안의 처리에 급급하던 문화재건에 대한 논의가 보다 거시적인 안목을 가지고 본격화되었다. 이는 세 방향과 원칙에서 이루어졌다. 첫째, 북한과 구별되고 북한에 대적할 수 있는 남한만의 문화를 이룩해야 한다는 것이다. 이는 휴전에 반감을 가지면서 반공전선에 나선 정부의 입장에 부응하여 강력한 반공주의를 기반으로 문화재건을 이루어야 한다는 입장으로 정리되었다. 1953년 9월호『신천지』에 산업재건, 교육재건, 문화재건의 세 부분으로 나누어 재건의 방법을 제시한「국토재건의 구상」이라는 특집이 실렸다. 이 특집은 반공과 북진통일을 전제로 하고 있는 것이 특징인데, 이승만의 북진통일 구호는 비록 구호로서의 허구성을 내포하고 있었으나 많은 지식인들이 이에 공감하고 있음을 드러낸다.[136] 문화재건 역시 "우리의 최종 목표는 백두산에 태극기를 달도록 국토를 통일"하는 것이라고 하면서 그러기 위해서는 "공산측의 문화를 능가하고 압도"해야 하고 "무력뿐만 아니라 일체의 생활의 근본이 되는 문화에서도 적을 항복시켜야 한다"고 강조하였다. 이를 위해 "전통문화를 수호하고 새로운 문화를 창조"하며, "문화상의 임전태세를 앙양"시켜야 한다고 주장하고 있다.[137] 곧 일상생활 문화 속에까지 북한과의 대결구도를 의식하여 문화면에서의 반공체제를 갖추기를 요청하는 것이다.

진행된 한국전쟁은 처음 1년간을 제외하곤 주로 38선 근방에서 교전하였으므로 전후 재건은 전쟁 수행 중, 구체적으로는 서울 수복 이후에 시작되었다고 보아야 한다.

136) "문제는 통일을 전제로 남북을 통트는 전면적인 산업재건 계획이냐, 아니면 남한만이라도 자립할 수 있는 계획이냐, 양자 중에서 택일해야 하는 것이다." 이관구,「국토재건의 구상 : 산업재건의 방향과 그 전제조건」,『신천지』, 1953년 9월호 ; 이건혁,「재건에의 반성」,『현대공론』, 1954년 6월호. "우리 국토가 분열된 채로 停戰을 하는 것은 도저히 받아들일 수 없다." ; 김원규,「국토재건의 구상 : 교육재건에 대한 소견」,『신천지』, 1953년 9월호 ; 신기석,「1954년도 총결산 : 교육–재건에의 고뇌」,『현대공론』, 1954년 12월호.

137) 조용만,「국토재건의 구상 : 문화의 재건」,『신천지』, 1953년 9월호.

나아가 "對공산투쟁에서 직접적인 희생을 겪지 않은 민주우방의 계몽을 위해 한국영화가 일익을 담당해야 한다"138)고 하여 대한민국이 제3세계 반공국가의 맹주로서 기능할 것을 주장하였다.139)

둘째, 외래문화의 수용과 고유문화의 관계 속에서 문화재건의 방향을 설정하는 것으로서 여기에는 두 가지 경향이 존재했다. 그 하나는 전통에 기반한 고유문화를 재건한 후에 외래문화를 받아들여야 한다는 주장이다. 당시 물밀듯이 들어온 서구문화, 그 중에서도 미국 대중문화의 세례는 조선의 지식인들에게 일종의 위기감을 조성하였고, 그것은 가부장제의 위기로도 다가왔다는 것은 이러한 주장의 심리적 배경을 이룬다.140) 이 경향에 있는 논자들은 "국가가 융성하고 민족이 부강할 때엔 외래문화는 그 나라 고유문화의 살과 기름이 되어 새로운 문화로 발전 비약하게 되지만, 그렇지 않을 때엔 외래 문물로 인하여 고유문화가 쇄약해진다"고 하면서 "우리 문화의 중추를 재확립하는 것이 시급"하다고 주장하였다.141) 또한 "건물과 도로의 파괴는 재건할 수 있지만 道義의 타락과 윤리의 파멸은 무엇으로도 수리 복구할 수 없다"면서 "무엇보다 필요한 것이 문화의 재건"임을 역설하였다. 곧 문화의 재건은 "전체 국민의 정신의 재건이며 전통의 재건"이라는 것이다.142) 이는 전통=민족문화라

---

138) 이헌구, 「회고 이상의 긴박성 – 문화」, 『신천지』, 1953년 12월호.
139) 대한민국이 아시아 반공국가의 맹주로 활약할 것을 주장한 것은 1954년 6월 15~17일간 진해에서 '아시아반공민족대회'가 열려 아시아반공협동체인 '아시아민족반공연맹'이 발족되고 헌장이 채택됨으로써 현실화되었다. 이 대회를 통해 이승만은 국내적으로는 불세출의 반공지도자로, 대외적으로는 아시아에서 가장 호전적인 반공주의자로 각인되었다. 신기석, 「아시아민족 반공연맹의 진로」, 『신천지』, 1954년 8월호.
140) 김은경, 「한국전쟁 후 재건윤리로서의 '전통론'과 여성」, 『아시아여성연구』 45-2, 숙명여자대학교 아시아여성연구소, 2006.
141) 정등운, 「한국문화재건책」, 『신천지』, 1954년 5월호, 12~18쪽.
142) 김영수, 「일본문화계의 동태」, 『신세계』 1-1, 1956년 2월호.

는 것이다.[143]

다른 하나는 민족문화의 개념 자체를 민족주의, 혹은 국가주의와의 결별과 세계와 인류라는 큰 틀에서 사유할 것을 주장하는 경향이다.[144] 문화 창조의 주체로서의 민족을 설정하면서도 "남을 만나지 않고 남에 매개되지 않고 자기를 새로 일으킬 일이 가능하지 않다"는 주장처럼 세계와의 교류와 소통이 민족문화를 이해하는 근본임을 밝힌 것이다.[145] 이는 "민족문화를 세계와 인류, 또는 세계성과 인류성의 견지에서 바로 인식"해야 한다는 관점에서 보았을 때 우리가 수천년 동안 만들어온 민족문화는 "민족적 특수성만 앞서고 세계적 보편성을 못가진 문화"라는 반성과 비판으로 이어진다. 곧 "세계성과 인류성을 가진 위대한 문화의 창조에 기여하는 것이 민족의 존재 이유"[146]이기 때문이다. 이러한 논리는 조상이 남겨놓았다고 해서 민족문화가 아니라 현재적 의의를 찾을 수 있을 때에만 민족문화라 할 수 있다는 주장과 함께 자연스럽게 '전통'에 대한 논의로 이어졌다.[147] 여기서 '전통'은 고정불변의 유산으로 단순히 전승되는 것이 아니라 항상 외래문화의 섭취와 함께 창조되는 것이라고 보았다.[148] 예컨대 시조시인 이태극이 "국토의 재건과 산업경제의 부흥

---

143) 반면 1960년대 전통문화에 대한 정권의 태도는 두 가지로 나뉘어진다고 할 수 있다. 곧 전통문화에는 지키고 복원하고 선양해야 할 '민족문화'와 타파하고 정화해야 할 전통적 舊習이 있다는 것이다. 전자의 경우는 왕실과 귀족·양반들의 고급문화가 있고 후자에는 민중의 생활과 관련한 하급의 문화가 있다는 것으로, 1970년대 이후 저항적 지식인들의 민중문화운동과 확연히 구분된다.

144) 이러한 사유는 물질문명과 대립되는 정신문화라는 의미에서가 아니라 물질문명과 정신문화를 아우르는 폭넓은 의미의 문화 개념을 바탕으로 이루어졌다. 김학엽, 「문화사 시론」, 『사상계』, 1956년 8월호 ; 안병욱, 「문화에 대한 정열－민족의 존재 이유」, 『사상계』, 1956년 12월호.

145) 김기석, 「민족문화와 그 이상」, 『협동』 39, 1953년 4월호.

146) 안병욱, 앞의 글, 239쪽.

147) 고병익, 「민족문화와 외래문화」, 『조선일보』, 1959년 10월 4일자.

에 발맞추어 문화의 재건과 부흥이 또한 시급 절실함은 말할 나위도
없다"고 하면서 시조문학의 부흥을 부르짖으며, 전통문화를 근대적 맥락
에서 부활시키려는 시도를 보이자,[149] 국문학자 정병욱이 이를 시대착오
라고 비판한 것은 이러한 맥락에서이다.[150] 『사상계』 그룹은 전통을
아시아적 정체성의 일환으로 이해하고 이에 대해 매우 부정적이었으나,
한편으로는 '전통'을 '인습'과 구별하면서 진정한 전통의 계승과 주체의
문제를 제기하고 있다는 점에서 주목된다.[151] 이러한 견해는 문화재건의
목표를 민족문화에 두면서도, 민족문화를 민족주의나 국가주의의 틀이
아닌 세계 속의 한국문화로 자리매김하기 위해서 무엇을 어떻게 할
것인가 하는 고민 속에서 새로운 창조의 가능성을 강조하는 것이었다.

셋째, 세계문화에 기여하는 한국문화가 되기 위해서는 문화의 근대화
가 필수적이었다. 이때의 세계문화란 곧 서구 선진국들의 자본주의
문화를 의미했기 때문에 문화의 근대화란 곧 창조적인 민족문화를 어떻
게 자본주의 근대화와 조화시킬 것인가의 문제로도 나타났다. 따라서
여기에는 영화 등의 대중문화를 자본주의적 근대적 산업으로 정착시키
는 과제도 포함되어 있었다. 그러나 더욱 근본적으로는 봉건주의와
식민주의의 타파[152]를 통해 근대적인 문화를 이룩해야 한다는 시대적

---

148) 박종홍, 「우리 문화의 유산 : 문화의 전승, 섭취, 창조」, 『사상계』, 1958년 10월호.
149) 이태극, 「문화재건과 시조문학 - 그 현재와 장래에 대하여」, 『조선일보』, 1955년
　　　3월 17일자 ; 이태극, 「시조부흥을 위한 제언」, 『민족감정과 사상의 端的 流路를
　　　어떻게 노래할까』(상)(하), 『조선일보』, 1955년 5월 25~26일자.
150) 「시조부흥론 비판 - 현대시로서의 발전은 가능한가?」, 『신태양』, 1956년 6월호.
151) 사상계 그룹의 '전통'론에 대해서는 장세진, 「전후 아메리카와의 조우와 '전통'의
　　　전유 - 50년대 『사상계』의 '전통' 담론을 중심으로」, 『현대문학의 연구』 26, 2005
　　　참조. 문학에 있어서 '전통'이라는 의미가 그것이 사용되는 담론 지형에 따라
　　　달라지고 있음을 지적한 연구로는 오문석, 「전후 문단에서 전통과 현대성의
　　　대립」, 김수진 외, 『전통의 국가적 창안과 문화변용』, 혜안, 2009 참조.
152) 일제의 잔재를 청산하는 것은 문화재건의 과제이기도 했지만 1950년대 사회에

공감대 속에, 전통문화를 서구학문의 근대적 체계로 전환시킬 필요성이
있다. 古典을 정리한다는 뜻의 '國故정리' 역시 이러한 맥락에서 제시되었
다. 곧 "근대적 술어를 사용하고 과학적 방식을 이용하여 우리 고유문화를
체계화하고 과학화"해야 한다는 것이다.153) 민족문화를 과학화, 체계화
하는 것이야말로 "우리 민족의 역사를 세계 역사의 진운과 일치시켜야
한다는 궁극의 목표를 달성하기 위함"이라는 것이다.154) '國故정리'란
말은 원래 중국의 5·4운동에 앞서 일어난 전통의 재평가 운동을 말하는데,
1950년대에 제기된 '國故정리'란 민족문화를 근대문화로서 자리매김하
는 문화재건의 문제와 연결되었다.155) 그러나 문화의 근대화라는 1950년
대 문화재건의 중요한 화두가 본격화, 구체화되는 것은 1960년대 국가가
주도하는 전사회적인 근대화로의 돌진을 기다려야 했다.

이상에서 살펴본 것처럼 1950년대 문화재건의 세 가지 방향은 결국
어떻게 민족문화를 수립할 것이냐로 수렴되었다. 이때의 '민족문화'란
'국민문화'와 동의어로서, '민족주의문화'에 대한 반성과 비판 속에 논의
된 측면이 있다는 것에 주목할 필요가 있다. 주지하듯이 1960년대 국가가

만연한 反日정서의 소산이기도 했다. 검열에서 왜색은 가장 엄격한 규제 대상이
되었다.
153) 백낙준, 「國故정리의 시기-새해의 제언」, 『조선일보』, 1957년 1월 14일자.
154) 이기백, 「민족문화 연구의 현단계-白박사의 '국고정리'에 대한 의견(상)」, 『조선
일보』, 1957년 2월 4일자.
155) 이승만의 한글간소화 주장을 둘러싼 한글파동은 문화 자체의 근대화라는 세
번째 논의와 연결된다. 한글을 간소화하기 위해 철자법 개정을 주도한 이승만과
정부 관리들, 일부 국회의원, 소수 한글학자들과, 철자법 개정을 반대하는 국회와
언론계, 학계, 문화계, 그리고 조선어학회 계열의 한글학자들은 모두 '민족문화
건설'에 동의하면서도 민족문화의 '정수'라고 칭해졌던 한글에 대해서는 각기
다른 생각을 갖고 있었다. 곧 이승만에게는 한글이라는 전통문화가 전근대성을
탈피하여 근대적=서구적 외양을 띠는 것, 그리고 對국민 계몽과 선전에 효율적
인 것이 '민족문화'에 더 부응하는 것이었다. 이에 대해서는 오영섭, 「이승만과
한글파동」, 문정인 외, 『1950년대 한국사의 재조명』, 선인, 2004 참조.

주도한 '민족문화' 담론이 다분히 민족주의적, 나아가 국가주의적 성향을 띠었다는 사실과 비교해 보면, 1950년대의 문화재건 담론이 국가 중심의 사고를 바탕으로 하고 있으면서도, 또한 이를 비판할 수 있는 여지를 내포하고 있었다는 것은 오늘날에도 시사점이 크다고 할 수 있다.

2) 문화재건과 영화의 도구성

① 1950년대 문화재건과 영화의 계몽성

국가의 정체성 확립이라는 재건의 방향에서 문화재건이 갖는 위치와 역할은 그것이 국민의 일상생활과 가장 밀착되어 국민의식 형성에 직접적인 영향을 준다는 점에서 중시되었다. 1950년대 '국민오락'으로 불렸던 라디오와 영화는 국민 대중의 참여를 유도할 수 있는 가장 친근한 매체였다. "국민오락의 성립은 근대 자본주의의 성립 발전과 깊은 관련이 있으며 자본주의에서는 학문도, 예술도, 도덕적 의식도, 이데올로기도, 오락도 전부가 영리적 상업적 색채를 띠게" 되는데, 따라서 "국민오락은 자본주의의 영리수단이며 대중의 입장에서는 일시적인 위안 수단"이라고 하면서 "근대 자본주의가 합리화, 기계화, 능률증진을 원칙으로 하기 때문에 노동이 단조로운데 여기에 위안과 휴양을 가져오는 것이 국민오락"이라는 이해는 오락의 상업적 성격과 자본주의와의 관계, 그리고 국민 형성과의 상관관계를 간파하고 이를 적절히 활용할 것을 주장한 것이다.[156] 1950년대 '신생활운동'[157]이나 '국민명랑화운동'[158]과 같은 캠페인은

---

156) 변시민, 「건전한 국민생활과 오락의 향상-재건국민생활의 초점」, 『신천지』, 1953년 12월호.

157) 「국회서 신생활운동-대정부 건의안도 제출」, 『조선일보』, 1955년 5월 1일자 ;「정부, 신생활개선운동 전개」, 『조선일보』, 1956년 7월 27일자.

158) 「노래부르자, 명랑화운동」, 『한국일보』, 1955년 7월 3일자.

근대자본주의국가로서의 대한민국이 전후의 상처에서 채 벗어나지 못하고 미처 자본주의문화에 적응하지 못한 국민에 대해 실행한 문화적 재건 교육과 다름없었다.

그런데 국가의 정통성과 정권의 정당성을 확보해야 하는 정부의 입장에서 '국민오락'인 대중문화는 보호 육성해야 할 것이기도 하고, 통제해야 하는 것이기도 했다. 보호 육성과 통제는 결국 동전의 양면이었다. 특히 남한과 같이 자기 정당성이 취약한 분단국가의 정부에게 문화예술, 혹은 대중문화란 자유롭고 민주적인 국민이 자율적으로 발전시키고 향유하는 그 무엇이 아니라, 무지몽매하고 사상적으로 불안한 대중을 계몽, 지도, 교화시키기 위해 보호 육성하고 국가가 원하는 범위를 벗어나지 않도록 하기 위해 통제해야 하는 일종의 계몽과 선전 도구였던 것이다. 특히 선전용 다큐멘터리 제작이 활발했던 전쟁기의 영화는 '필름은 탄환'이라는 말로 전시 선전의 도구로서의 임무를 부여받곤 했다. 아이러니컬하게도 남한의 영화인이나 정부관계자들이 북한이 제작한 선전영화에 감탄하곤 했다는 사실을 상기하면, 전시에 가장 유용한 도구의 우선순위가 영화, 라디오, 신문의 순서였던 것이 무리가 아님을 알 수 있다.[159]

한편, 이러한 당시의 문화재건론을 비판적으로 바라보면서 문화의 정치성, 이데올로기성에 주목하는 논의도 있었다. 곧 "정권이 문화의 형태와 내용을 규정하게 된다.…… 문화에는 오랜 전통과 역사의 타성적 작용이 있다. 정권과 문화의 교호작용관계를 파악해야 한다"는 것이다.

① 정권을 잡은 지배자는 자기의 지배권을 확립하기 위해 문화정책이 필요함. ② 문화시책에 있어서 고유의 전통을 존중할수록 사회의 안정도는 커짐. ③ 역사와 전통을 무시한 시책은 결과에 있어서 장구하지

---

159) 이규환, 「우리나라 영화정책은 이렇게」, 『신영화』, 1954년 11월호.

못함.160)

문화가 정권의 자기 정당성 확보에 이용된다는 것, 그리고 문화가 역사와 전통에 기반할수록 정당성 확보와 정권의 유지는 훨씬 더 용이하다는 것인데, 이러한 당시의 문화재건론에 대한 비판적 성찰은 매우 정확한 지적이라고 할 수 있다. 특히 이러한 정권과 문화의 상보적 관계가 정치계와 문화계의 유착으로 나타난 1950년대 후반기의 사정과, 이를 타파하기 위한 4·19혁명 이후 문화계의 민주화 움직임은 이러한 비판적 논의의 연장선에서 파악될 수 있다.

민주당 정권 하에서 문화재건의 화두는 '문화계의 민주화'에 있었다. 이는 독재정권하에서의 통제적 문화정책을 자율적이고 민주적으로 바꾸어 운영하는 방향에서 진행되었다. 자유당 정권이 무너지자 문화계에서는 자유당 정권과 권력에 아부하던 문화인들의 숙청을 부르짖고 "참다운 민족문화 수립을 위한 문화계 정화운동"을 펼칠 것을 주장하는 목소리가 높았다.161) "문화의 평등한 보급과 그 전체적 향상"만이 문화국가를 재건할 수가 있고 이를 위해서는 '국가적 계획'을 수립해야 한다는 주장도 제출되었다.162)

영화계도 예외가 아니었다. 4·19혁명 이후 제기된 영화계의 민주화와 내부정화의 필요성은 "영화란 대중을 교화하고 대중을 인도하는 한 분야의 과학예술"이기 때문에 영화인은 더더욱 道義를 지켜야 한다는 논리에서부터 정치단체화되고 권력화 되어버린 문화단체의 실상을 폭로하는 것에 이르기까지 끊임없이 제기되었다.163) 더구나 당시 영화계에서

---

160) 김종무, 「정권과 문화」, 『사상계』, 1954년 11월호, 31~42쪽.
161) 「영화계 민주화의 향방」, 『조선일보』, 1960년 5월 12일자.
162) 이철범, 「새정부에 보내는 건의서-문화정책의 총체적 문제」, 『경향신문』, 1960년 8월 8~9일자.

는 이승만 정권에 밀착된 몇몇 인사들의 폭력적 사태와 비민주적 관행을
일삼는 사례가 많았으므로,164) 이승만 정권하에서 정치단체화된 반공예
술인단 및 문화단체총연합회(문총)의 해체가 결의되었고 이승만 정권에
협력한 배우를 비롯한 영화인을 규탄하는 대회가 열렸으며 이들과 함께
일하지 않겠다는 성명서도 채택되었지만 실제로 "모든 문화단체가 집권
층의 브레인으로 어용단체화되고 말았다"165)는 탄식과 비판에서 자유로
울 수 있는 사람은 얼마 되지 않았다. 이러한 정치적 문화단체의 해체는
검열의 민간화와 함께 문화계 민주화의 대표적인 사례가 되었다.

또한 문화재건은 국민의 일상생활과도 밀접한 관련이 있었다. 곧
국민생활의 재건을 위해서는 국민오락을 바로 세워야 하고, 근대적
국민오락의 대표주자인 라디오와 영화는 아직 발전이 요원하지만 어떻
게 하면 국민대중을 오락에 참여시킬 수 있을지 연구해야 한다는 것이다.
"국민오락의 성립은 근대 자본주의의 성립 발전과 깊은 관련이 있으며
자본주의에서는 학문도, 예술도, 도덕적 의식도, 이데올로기도, 오락도
전부가 영리적 상업적 색채를 띠게" 되는데, 따라서 "국민오락은 자본주
의의 영리수단이며 대중의 입장에서는 일시적인 위안 수단"이라고 하면

---

163) 강대진, 「권두언 : 4·19사태와 한국영화계의 당면과제」, 『영화세계』, 1960년
6월호.

164) 대표적인 인물이 평화극장 사장과 극장연합회 부회장, 『예술시보』 사장을 역임하
는 등 실력자로 군림하며 '영화계의 대부'라 불리었던 임화수(본명 권중각,
1919~1961)이다. 그는 반공예술인단을 조직하여 많은 영화인들을 선거에 동원
하였고, 자유당 정권을 반대하는 야당 정치인들에 대해 정치 테러를 자행하였으
며, 특히 4·19혁명 때에는 시위 학생들을 집단으로 구타하여 많은 대학생들이
희생된 이른바 '고대생습격사건'을 직접 지시한 혐의로 구속되었다. 5·16군사정
변의 '혁명재판'에서 이정재, 유지광, 곽영주, 최인규, 신정식 등과 함께 사형을
선고받고 그해 말에 서울형무소에서 사형이 집행되었다.

165) 이영일, 「혁명과 문화-예술인 및 단체의 정치편승에 대하여」, 『경향신문』,
1960년 5월 3일자.

서 "근대 자본주의가 합리화, 기계화, 능률증진을 원칙으로 하기 때문에 노동이 단조로운데 여기에 위안과 휴양을 가져오는 것이 국민오락"이라고 하여 국민생활의 재건을 위해 국민오락이 필요함을 역설하였다. 오락의 상업적 성격과 자본주의와의 관계, 그리고 국민 형성과의 상관관계를 간파하고 이를 적절히 활용할 것을 주장하고 있는 것이다.166)

문화재건에 국민오락이 중요한 위치를 차지하고 있다는 것은 국민오락의 대표라 할 수 있는 영화에 대한 지식인들의 관심을 증폭시키는 이유가 되었다. 1950년대 영화에 대한 정부와 지식인의 시각은 세 가지로 나누어진다. 첫째로는 고단한 대중을 위무하는 오락수단이라는 것이며, 둘째는 무지한 대중을 교화하고 국민의 길로 이끄는 계몽적 도구라는 것이고, 셋째는 서구(특히 미국)에서는 철강, 자동차와 함께 3대 산업의 하나로 촉망받는 산업이라는 것이다. 이러한 영화의 세 가지 측면은 1950~60년대 공히 나타나는 관점이지만 시기별로 어느 한쪽면이 강조되곤 했다. 곧 첫 번째 측면이 영화의 태생적인 것인데 비해서 상대적으로 간과되어 왔다면, 두 번째의 측면은 1950년대에 가장 많이 논의되었고 1960년대에는 세 번째 특징이 가장 두드러졌다.

곧 1950년대는 영화의 계몽성이 유난히 강조되었던 시기였다. 반공이 맹위를 떨치던 1949년 무렵에서 전쟁기까지는 영화의 선전성이 강조되었던 적이 있었지만, 전후 재건에 발맞춰 문화재건이 한창 논의될 무렵부터 국민오락의 대표주자인 영화는 대중의 교양수준을 고양시키는 계몽의 도구이자 근대적 국민형성의 교육수단으로 적극 활용할 것을 요청받았다.167) 정부는 그간 공보부와 국방부 등에서 간여하던 영화의 주무부서

---

166) 변시민, 「건전한 국민생활과 오락의 향상 – 재건국민생활의 초점」, 『신천지』, 1953년 12월호.
167) 윤고종, 「대중과 영화」, 『자유춘추』, 1957년 3월호, 219쪽.

를 1955년 문교부로 이관시켜 영화가 계몽과 교육에 더 치중하도록
하였다. 곧 정부수립 직후에서 전쟁기에는 국민정체성 형성을 위한
영화의 선전성이 강조되면서 공보처가 검열 등 영화업무를 관장했지만,
전후에는 영화를 국민교육의 테두리에서 관장할 문교부가 영화업무를
맡아보았던 것이다.

실제로 교육계의 많은 인사들이 영화를 교육에 활용하거나, 교육영화
를 제작할 것을 요청하고 큰 관심을 보였다. 이러한 요구로 인하여
이문교육영화연구소(소장 윤태영)가 설립되고 우리나라 최초의 교재영
화라고 할 수 있는 <산바람 강바람>이 제작되었다.168) 교육영화는
시급히 제작되어야 할 것으로 여겨졌지만 카메라의 움직임까지도 '교육
적'으로 처리되어야 하며,169) 교육영화가 졸속으로 만든 "기록영화나
문화영화에 그치면 학생들이 염증을 일으켜 효력이 감소됨은 물론,
역효과를 낼지도 모른다"고 경고하고 있을 정도로 오락성에도 신경을
썼다.170) 또한 시각교구이자 청각교구인 영화 "필름은 교사나 교수가
몇 년이나 몇 십년간에 걸친 공부와 연구의 결과로 얻은 지식과 학식으로
서 꾸밀 수 있는 강의 노트보다 더욱 효과적"이라고 하면서 "良家의
가정생활이 나오는 서양영화는 최량의 교과서"이며, 문화영화, 기록영
화, 뉴스영화 등의 다큐멘터리영화의 교육적 가치 또한 절대적이라고
하여 영화의 교육적 활용을 적극 지지하였다.171)

이러한 영화의 교육적 계몽적 역할은 대중을 국민으로 통합, 형성시키

---

168) 「교재영화 <산바람, 강바람>」, 『경향신문』, 1955년 9월 15일자.
169) 윤태영, 「교재영화의 특이성 - 시청각 교육에 대한 管見」, 『경향신문』, 1955년
    9월 19일자.
170) 윤태영, 「새교육과 교육영화」, 『교육문화』, 1955년 10월호.
171) 김봉건, 「교육과 영화」, 『교육문화』, 1956년 1월호 ; 윤형모, 「영화와 시청각
    교육」, 『새교육』, 1956년 10월호.

는데 절대적 역할을 하였으며, 또 그렇게 인식되어 왔다. 특히 1950년대는 국민의 교육 수준이 낮고 국민 계몽의 주체여야 할 지식인도 워낙 소수에 불과하였으며 이들을 키워내는 교육이나 교육자의 수도 워낙 부족한 상태에서 급속히 국민을 계몽하고 지식인을 키워나갈 필요가 국가적으로 제기되는 상황이었다.172) 이때 학교 교육 이외에 대중을 근대적 국민으로 키워낼 도구로서 영화는 특별한 임무를 부과 받은 것이다.

그러나 영화를 계몽의 도구로서 인식했다고 해서 영화가 상영되는 극장을 계몽과 학습이 펼쳐지는 장으로 본 것은 아니었다. 오히려 많은 지식인들은 극장에 학생들이 출입하는 것을 반대했다.173) 여기에는 몇 가지 시선이 중첩되어 있다. 첫째, 극장이 풍기문란의 온상이라는 시선이다. 이것은 극장이 조선에 도래한 초창기부터 있어왔던 시각이다. 극장은 반상의 차별도, 남녀의 구별도 없는 평등한 공간이었기에 도덕적으로 위험해 보였으며, 법에 저촉되지 않는 합법적인 집회의 공간이었으므로 사상적으로 위험했고, 또 많은 사람들이 드나드는 비위생적인 공간으로서 위생적으로도 위험했다. 극장에 상주해 있다시피한 일본 경찰이나 그들의 눈에는 언제 폭력적인 시위대로 돌변할지 모르는 불특정 다수의 대중들이 늘 경계와 오락 사이를 오가던 곳이었던 것이다.174)

둘째, 영화의 내용이 저속하다는 시선이다. 1957년도 서울시내 95개 중고등학교 교감회의에서는 학생들의 풍기문란과 불량화의 원인이 저속

---

172) 1952년부터 실시된 의무교육의 결과 문맹률은 현저히 낮아졌다. 해방 직후 80%에 육박하던 문맹률은 1959년에는 22%가 되었고 1960년대 중반엔 5% 이하로 떨어졌다.

173) 미군정기나 정부수립 직후에도 청소년의 극장 출입에 대한 우려와 금지를 주장하는 여론이 왕성하였다. 「극장출입과 교내 폭력 등 학생풍기 단속」, 『서울신문』, 1948년 3월 6일자 ; 「한심스런 학생 풍기」, 『서울신문』, 1948년 3월 19일자.

174) 일제시기 극장의 이러한 특징에 대해서는 유선영, 「극장구경과 활동사진 보기 : 충격의 근대 그리고 즐거움의 훈육」, 『역사비평』, 2003, 가을호 참조.

한 영화와 영화광고에 그 원인이 있다고 단정하고 학생들의 극장출입을 막으려고 시도했다. 이 논리는 특히 성적 표현에 관대한 외화에 대한 비난으로 이어져 외화 수입제한의 근거로 이용되기도 한다.[175] 이러한 극장과 영화에 대한 부정적인 시선은 대중문화 전체에 대한 부정적인 시선을 반영한다. 대중문화가 상업적이며 퇴폐적이기 때문에 부단한 통제가 필요하다는 시각은 1960년대 이후에도 지속된다. 영화에 대한 부정적 시선과 영화의 계몽성 강조는 동전의 양면과 같다고 볼 수 있다.

셋째, 청소년은 유혹에 쉽게 넘어간다는 시선이다. 청소년은 원래 청년과 소년을 함께 지칭한 말이지만 일반적으로는 대학생 이전의 10대 학생들을 지칭했다. 근대 가족 탄생의 산물인 어린이에 대한 개념이 한국에 도입된 것은 천도교 3대 교주 손병희의 사위였던 방정환이 어린이 교육에 힘을 기울인 이래의 일로서 '어린이는 미래의 희망'이라는 어린이 관이 생겨나고 이에 따라 아동영화 제작에 대해서도 관심이 있어왔다. 그러나 청소년에 대해서는 상대적으로 무관심하거나 단속의 대상으로만 여겼다. 청소년은 몸은 어른이지만 마음은 아직 가치관이 정립되지 않은 어린이이기 때문에 성적으로 유혹에 약하고 범죄에 휩쓸리기 쉽다는 불신의 시선과 청소년을 보호해야 한다는 명목으로 청소년(학생)의 극장출입을 막았던 것이다.[176]

이처럼 영화의 계몽성은 자라나는 청소년에게 더욱 강조되었다. 국민학생부터 중고생까지의 학생들이 '보아도 좋은 영화'를 추천하는 '인정·추천제'가 1950년대 말부터 실시된 것도 같은 맥락이었다. 1958년에는

175) 박재순, 「외화정책의 빈곤」, 『신태양』, 1957년 10월호, 38~46쪽.
176) 서울시내 95개 중고등학교 교감회의에서는 학생들의 풍기문란과 불량화의 원인이 저속한 영화와 영화광고에 그 원인이 있다고 단정하였다. 박재순, 위의 글, 38쪽.

외화와 국산영화, 다큐멘터리와 극영화를 모두 포함하여 43편이, 1959년
에는 11편이 인정 추천되었는데, 그 기준은 다음과 같다.

> 첫째, 정의와 인도의 이념을 앙양할 수 있다. 둘째, 애국애족의 정신을
> 고취할 수 있다. 셋째, 道義생활을 순화할 수 있다. 넷째, 반공, 반일사상을
> 앙양할 수 있다. 다섯째, 과학적 사고와 건전한 생활태도의 함양에 도움이
> 된다. 여섯째, 건전한 정서를 도야할 수 있다. 일곱째, 우리 민족의 미풍양
> 속을 저해하지 않는다. 여덟째, 교육내용에 대한 참고 교재로서 가치가
> 있다. 아홉째, 내용을 이해 소화할 수 있다. 열째, 역사적 사실에 위배됨이
> 없다.

국민의 일원으로서의 청소년들에게 국가재건 및 문화재건의 기본
방향을 보여주는 키워드들, 예컨대 반공, 반일, 애국애족, 道義, 과학적
사고, 건전한 정서, 미풍양속 등이 중시되는 영화가 좋은 영화로 인정받고
있었다. 비록 학교 주변(반경 3백미터)의 극장에게 문화영화, 교육영화
내지 인정·추천된 영화만을 상영하게 한 것을 어기고 상영할 프로그램이
부족해진 극장이 아무 작품이나 무리하게 인정, 추천을 신청했기 때문에
이 제도는 비판을 면치 못했지만,[177] 이 기준은 모범석인 국민으로 사라날
청소년에 대한 국민교육의 장, 계몽과 교화의 도구로서의 영화에 대한
인식을 잘 보여주고 있다. 곧 '계몽'이란 국민을 국가가 정한 어떤 '바람직
한 방향'으로 깨우치게 하고 이끈다는 의미와, 이를 어겼을 때 처벌이
따른다는 의미를 동시에 내포하는 일종의 '훈육(discipline)'이었다. 이처럼
인정·추천제의 실시와 더불어 강화되는 청소년 '풍기 단속'의 주요한
공간은 단연 극장이었다.[178] 어린이와 청소년은 "허황된 이야기에 속기

---

177) 「학생을 위한 영화」, 『서울신문』, 1959년 6월 18일자.
178) 「학생 풍기 단속 15일부터 강화」, 『조선일보』, 1958년 3월 1일자.

쉬운 존재로서 못된 흉내를 내게 된다"고 하는 청소년관179)은 국가가 보여주어야 할 것과 보여주면 안될 것을 일방적으로 강요하는 검열과 심의를 정당화하는 논리적 출발이 되었다.

이상에서 살펴본 것처럼 1950년대에는 민족문화 건설이라는 문화재 건의 기치아래 세계 자본주의문화 속에서 한국의 전통에 뿌리를 둔 문화, 북한과의 대결을 의식한 반공적 문화, 그리고 새로운 근대적 문화를 지향하였다. 이러한 가운데 영화 역시 민족적, 반공적, 근대적인 영화가 될 것을 요구받았고, 또한 대중을 근대적 국민으로 변화시킬 수 있는 계몽적인 영화를 이상으로 하였다. 따라서 영화인들은 시대적 욕망과 대중의 감수성 및 정서를 반영하면서도 한편으로는 국민 계몽에 도움이 되는 영화를 생산할 것을 요구받았다. 영화인들은 단지 흥행과 이윤을 위해 작품을 생산하는 사업가나 전문가를 넘어서 국민 계몽에 앞장서는 지식인적 역할을 요구받았던 것이다. 민주당 정권에서 문화재건의 방향 은 여기에 민주화라는 키워드를 추가시켰지만 이는 1960년대로 이어지 지 못하고 짧은 시도에 그쳤으며, 이후 문화는 정권과 더욱 밀착되어 진행되게 된다.

② 1960년대 문화재건과 영화의 선전성

1960년대의 문화재건도 큰 틀에서 보아 1950년대와 마찬가지로 문화 재건의 세 가지 방향과 이를 아우르는 민족문화 재건의 맥락 속에 있었다. 그 중에서도 두 번째와 세 번째 방향, 곧 국가의 정체성과 관련한 민족사의 확립180)과 반공주의, 그리고 문화예술의 근대화가 이 시기 문화재건의

---

179) 장운표, 「어린이 영화, 왜 보면 안될까」, 『서울신문』, 1961년 2월 7일자 ; 윤병희, 「청소년 教導와 불륜영화」, 『경향신문』, 1961년 2월 7일자.
180) 1960년대 문화정책에서 큰 비중을 차지한 것이 문화재정책이다. 그 중에서도

핵심적 과제였다. 군사정부는 제2공화국의 문화민주화라는 화두를 배제한 채, 이러한 과제를 강력한 공권력과 통제 아래 보다 체계적이고 확실한 방향성을 가지고 수행해 나가고자 했다. 문화재건은 국가의 재건에 확실히 복무해야 한다는 것이었다. 곧 재건이 군사정부의 '국가재건'으로 전화된 것과 마찬가지로 이 시기 문화재건은 우선적으로 문화예술을 정권의 이익과 의도에 맞게 재정비하는 것을 뜻했다. 군사정부는 쿠데타 직후부터 '국가재건'에 복무하는 문화예술의 역할을 규정하기 위하여 문화예술 전 분야에 대한 장악을 시도하였고, 영화계도 예외는 아니었다.

제2공화국에서 시도되었던 문화계 민주화의 정책들은 모두 부정되었다. 곧 영화의 민간 심의기구 영화윤리위원회를 해산하고 사전검열제를 부활시켰으며, 4·19혁명 때 해산된 문총보다 더 정권에 유착된 문화단체(예총)를 만든 것이다. 5·16군사정변 직후 계엄사령부의 사전검열에 관한 포고에 대해 한국영화인단체연합회, 한국무용가협회, 대한국악원 등 전국의 극장문화단체들은 "극장을 중심한 전국 영화, 예술인들도 전국민적 혁명 과업에 뛰어들어 국정쇄신에 매진하는 국가재건최고회의의 시책에 적극 참여 이행하겠다"는 내용의 성명서를 발표하였는데, 이를 당시 공보부장 심흥선에게 전달한 대표자는 윤봉춘, 복혜숙, 이병일 등 3인의 영화인이었다.[181]

국가시책에 적극 참여하겠다는 문화예술인들의 다짐은 며칠 안가

석굴암 복원사업이나 현충사종합정화사업은 1960년대 말 이후 실시된 대대적인 문화재정화사업의 효시를 이룬다. 문화재정책에서 특히 중시된 것은 역사의 황금기로 설정된 통일신라시대의 유적, 유물 발굴에 있었으며, 이는 1950년대와 마찬가지로 1960년대 이후에도 여전히 '민족사의 확립'이 신라 중심으로 이루어지고 있음을 보여주는 것이기도 했다.

181) 「혁명과업 협조」, 『조선일보』, 1961년 5월 31일자.

행동으로 옮겨지기 시작했다. 6월 25일 6·25 11주년을 기념하고 국민의 복장을 간소화시키는 '신생활운동'을 촉진하기 위해 재건국민운동 서울 지부와 한국 디자인 연구소, 한국배우협회 등이 참여한 신생활 복장(이른바 '재건복') 시가행진이 있었는데, 이 행사에 이빈화, 김혜정 등 많은 여배우들이 참여한 것이다.[182] 또한 전국의 문화예술인이 총망라된 '군사혁명 예술축전'이 "5·16군사혁명을 찬양하고 반공태세를 공고히 하여 간접침략을 분쇄"하는 한편 "국민도의심과 민족적 정기를 북돋아 국가재건의 의욕을 선양"하기 위한 목적으로 거행되었다. 784명의 각종 문화예술인이 동원된 이 행사는 서울 시내 국도, 국제, 시공관 등 3개 극장에서 "과거 정권의 부패와 무능을 폭로"하고 "군사혁명의 불가피성"을 알리기 위해 매일 2회씩 음악, 무용, 국악, 연극 등을 공연하였다. 이 행사가 있은 며칠 뒤에는 약 1천여명의 문화예술인이 '군사혁명완수 문화예술인 대회'라는 제목의 궐기대회를 열었다. 이 행사에서 영화배우 장민호는 "전국문화예술인은 군사혁명의 완수를 찬양하며 간접침략 분쇄의 대열에 군게 집결하여 국가재건의 일터에 다같이 나설 것을 맹세한다"는 내용의 결의문을 낭독하였다.[183] 이후에도 재건운동 지부가 주최가 되고 공보부와 국방부의 협조를 받은 강연과 영화, 군악대의 시가행진 등이 벌어졌는데, 이때마다 영화인을 비롯하여 문화예술인들이 동원되었으며,[184] 이른바 "혁명정신 고취"를 위한 '혁명완수 연예인 궐기 시가행진'이 이어졌다.[185]

이러한 문화예술인의 참여는 당시 쿠데타세력이 자신들은 '4월혁명'

---

182) 「6·25날 여우들 시가행진-국가재건 신생활운동 촉진위해」, 『동아일보』, 1961년 6월 24일자.
183) 「문화예술인들 혁명완수에 궐기」, 『경향신문』, 1961년 7월 1일자.
184) 「재건운동 지부서 시민위안 영화와 군악행진」, 『조선일보』, 1961년 7월 18일자.
185) 「연예인 궐기단」, 『동아일보』, 1961년 9월 22일자.

정신을 계승한다고 주장하였고, 이를 지식인들이 대체로 받아들이는
분위기의 연속선상에서 파악될 수도 있으나,[186] 한편으로는 위에서 밝힌
것처럼 문화예술인이 공보부와 접촉한 후에 일사불란하게 이루어진
것으로 보아 문화예술에 대한 장악과 통제라는 정권의 강력한 의지의
발현으로 보아야 한다. 이러한 의지는 1950년대 혼란스러운 양상을
보이고 있던 각종 문화예술단체에 대한 통폐합으로 나타난다. 1961년
12월 공보부는 각 문화단체 대표 20여명을 초청하여 6월의 포고령 6호에
의해 각 문화예술단체는 전부 해산되었다는 것을 재천명하고 통합을
강력히 촉구하였다. 이에 따라 1962년 1월 한국예술문화단체총연합회
(예총)가 출범하였고 각 부문의 문화예술단체들도 분주히 새로운 통합
단체를 결성하였다. 곧 한국문학가협회와 한국자유문학자협회가 한국
문인협회로, 대한미술협회와 한국미술가협회가 한국미술협회로 통합
되고, 한국영화인단체연합회는 한국영화인협회로 개편되었으며, 한국
음악협회, 한국연극협회, 한국사진협회, 한국무용협회, 한국연예협회
등 각 분야별 9개 협회가 발족되었다. 이러한 문화예술인의 총집결과
관변 예술단체의 성립은 정권의 지휘와 감독 하에 문화예술이 정권의
든든한 지지자 내지 하수인이 될 수 있는 토대를 구축하였다.[187]

한편 급속한 도시화와 문맹률의 저하로 1960년대의 대중문화 시장은
1950년대와 비교하여 급성장하였고, 기업화된다는 점에서도 질적으로

---

186) 대표적 저항언론지인 『사상계』조차 5·16군사정변을 그 발생 직후에는 "부패,
무능, 무질서, 공산주의 책동을 타파하고 국가의 진로를 바로잡으려는 민족주의
적 군사혁명"으로 규정하였다. 『사상계』, 1961년 6월호.

187) 이영미는 이러한 관변적 문화예술단체의 등장이 1960년대 중반 이후 상대적으로
진보적인 예술동인이 탄생하고 1970년대 이른바 재야적 성격을 띠는 예술단체가
생겨날 수 있는 배경이 되었다고 평가한다. 이영미, 「1960년대 총론」,『한국현대
예술사대계』 3, 시공사, 2000, 18쪽.

도 달랐다. 대기업의 일간지 창간과 더불어, 중앙일간지들이 월간지와 여성지, 아동잡지, 상업주간지, 스포츠지 등의 오락신문을 앞다투어 내면서 대중문화에 대한 관심이 증폭되기 시작했다. 일간지와 주간지의 문화란이 연예인, 배우의 사생활에 관련된 연예기사로 채워지기 시작한 것도 1960년대에 시작된 현상이었다.

한편 정부는 1952년 제정된 문화보호법에 의거하여 1954년 설립된 학술원과 예술원을 흡수하는 민족문화과학연구원을 설치하고 이를 권위 있는 학술연구기관인 내셔널 리서치 센터(National Research Center)로 발전시킬 것이라고 공표하였다.[188] 이 민족문화과학연구원의 구상은 그 산하에 민족문화연구위원회와 자연과학연구위원회를 두고 보다 광범위한 대학 및 민간 학문분야의 연구 활동체를 포괄하는 활동적인 기구로 전환시키려는 것이었지만, 문학을 비롯한 예술분야를 등한시하여 학·예술원 통합이 아니라 예술원의 폐지에 그치고 있다는 비판을 받았다.[189]

이처럼 1950년대에 정부와 지식인에게 문화예술이 계몽의 도구였다면, 5·16군사정변 이후 문화예술은 공보와 선전의 도구로서 부각되었다. 군사정부는 쿠데타 직후부터 자신들의 정당성을 선전하기 위해 신문, 잡지, 라디오 등의 여러 매체를 통해 공보 선전 활동을 활발히 전개하였다.[190] 과거에 계몽의 도구로서의 성격이 강했던 영화나 연극 등의 문화예

---

188) 김용섭, 앞의 책, 169쪽 ; 「민족문화과학연구원 설치」, 『경향신문』, 1962년 5월 9일자.
189) 「학·예술원 폐합과 연구원 신설 지침을 보고」, 『한국일보』, 1962년 7월 4일자.
190) 쿠데타의 성공적 수행을 위해 중점적으로 선전되어야 할 내용이 정리되어 발표되기도 했다. 이에 따르면 "혁명(초기)에 있어서는 혁명 자체에 대한 재빠르고 정확한 혁명의 진의, 과업, 목표에 대한 과학적 능동적 신속한 선전작용이 수반"되어야 하고, "혁명의 초창기 과정이 지나서 어느정도 안정과 정상화를 가져왔을 때에는 혁명의 충격과 흥분으로부터 냉각되어가는 민심을 방관과 비판의 상대적 입장으로부터 혁명의 주체적 입장으로 전환, 유도, 동화시킬

술도 이제는 공보 선전 도구로서의 역할이 훨씬 강조되었다.[191] 공보부의
기능과 권한의 강화에 따라 종래 공보부와 문교부가 분장했던 문화예술
에 대한 업무 중에서 영화와 방송 등 대중매체 관련 업무는 공보부의
소관이 되었다.[192] 영화는 재건운동의 일환으로서도 주목받아 정부는
많은 수의 문화영화를 제작하고 상영함으로써 영화의 선전성을 충분히
활용하고자 했다. 그러나 군사정권의 문화예술관이 문화예술을 선전수
단으로 이용하는데 중점이 있었지 결코 문화예술 자체의 발전에 있지
않았다는 것은 학술원, 예술원의 유명무실화나 야심차게 출발한 예그린
악단이 15개월만에 재정문제로 해체되었다는 점 등을 통해서도 알 수
있다.[193]

공보 선전의 가장 효율적인 매체로 손꼽힌 것은 텔레비전이었다.
1956년에 20대가 수입되면서 시작된 텔레비전 시대는 1961년 말 '혁명정
부의 크리스마스 선물'로 급조된 국영 KBS 텔레비전 방송국이 출범한
이후 급속히 성장하였으며, 이어 동아방송(DBS, 1963), 동양방송(TBC,
1964), 문화방송(MBC, 1969) 등의 잇단 방송국 설립과 TV 시청자층의
저변 확대는 이전 시기 대중문화의 선봉장이었던 영화산업에 타격을
주고 전국적인 재건운동의 빠른 보급에 기여하였다. 1960년대까지는

수 있는 강고한 선전 작용의 연속과 전국민으로 하여금 공동운명체적 사명감과
민족적 신긍지를 심어줄 수 있는 혁명 철학과 민족으로서의 과제, 뚜렷한 희망적
목표를 명확히 부단히 선전"해야 한다고 한다. 김형욱, 「민족혁명과 국가공보선
전정책에 대하여—획기적 재검토를 요할 결정적 과제」, 『국가재건최고회의보』
14, 1962년 11월호.
191) 이어령, 「공보선전의 몇가지 문제점」, 『국가재건최고회의보』 8, 1962년 5월호.
192) 문화의 공보 기능 강화와 공보부의 역할에 대해서는 이 책 4장 2절, 「1960년대
문화영화의 재현/선전 전략」의 1) 참조.
193) 예그린악단은 1961년 12월 20일 창단되어 1963년 2월 25일 해체되었다가 1966년
김종필에 의해 재창립되었다. 「예그린 부활」, 『경향신문』, 1966년 2월 23일자.

영화가 가장 대중적인 매체로 각광받았다면, 1970년대말 보급률이 80%에 달한 TV는 1970년대 대중문화의 꽃이 되었다.[194] 서구에서는 텔레비전의 향유가 라디오, 영화, 자동차, 냉장고 등의 테크놀로지를 경험한 1920년대 이후의 경험이었던데 반해, 한국은 다른 테크놀로지와 비교하여 이른 시기에 텔레비전을 경험하고 붐이 형성되었다.

정부의 입장에서 텔레비전은 "혁명정부의 문화시책에 있어서의 빛나는 실적"[195]이었고 사회의 불협화음을 최소화하면서 근대적 국민의 교양을 선전할 수 있는 훌륭한 도구였다. 따라서 국가권력은 텔레비전에 대한 능동적이고 의도적인 도입과 육성정책을 폈다. 국가권력의 구미에 맞는 방송에는 큰 혜택을 주었고, 그렇지 않은 방송은 합병이나 직간접의 간섭과 탄압이 있었다. 동아방송(DBS)이나 기독교방송(CBS)에 대한 광고탄압과 보도탄압이 그 예이다. 1963년 제정된 방송법과 한국방송윤리위원회의 설립은 방송활동의 법적 보장과 간섭의 배제를 표방하였지만 자율적인 규제는 더욱 강화되었다. 국가가 텔레비전 보급과 붐 형성을 위해 노력을 다한 것은 바로 텔레비전이 근대화에 있어 결정적인 역할을 했기 때문이었다. 텔레비전은 그 자체로서나 그것을 통해서나 근대화 프로젝트를 완성시키는 촉매제[196]였으며, 한편으로는 외양적 성장의 바로미터로서 기능하고 다른 한편으로는 지배이데올로기의 홍보 창구였다. 텔레비전을 통해 홍보하고자 했던 지배이데올로기의 내용은 국가의

---

194) 텔레비전의 급속한 보급은 대중문화의 지형도를 바꾸어 놓았다. 특히 영화의 쇠퇴가 두드러져서 1969년 극장 관람객 연인원 1억 8천명이던 것을 정점으로 1972년에는 1억 2천명으로 감소하였고, 이후에도 급격한 감소추세를 보여 1976년에는 6천5백만여명에 불과하였다. 영화진흥공사, 『한국영화자료편람』, 1977, 158~159쪽.

195) 박정희, 『박정희대통령연설문집』 2, 대통령 비서실, 1966, 133~134쪽.

196) 월간방송 편집부, 「수상기 보급의 어제와 오늘, 그리고 내일」, 『월간방송』, 1971년 12월호, 56쪽.

시책에 부응하여 양질의 노동력을 국가에 제공하고 근대적 국민으로
재탄생되는 것이다.

대중문화가 정권의 공보 선전의 역할과 기능을 했던 대표적인 예는
바로 많은 국제 스포츠 및 문화 행사였다. 1962년에는 군사정변 1주년을
기념하는 갖가지 국제적 행사가 이어졌는데 곧 아시아민족 반공연맹
임시총회, 아주 공관장 회의, 산업박람회, 한일 배구시합, 국제음악제전,
국제 패션쇼 등이 그것이었다. 그 중에서도 1962년 제9회 아시아영화제의
한국개최는 합작영화 제작과 국산영화의 해외수출 문제에 대한 전망을
위해서이기도 하지만 무엇보다도 공보적 차원에서 추진된 것이었다.
아시아영화제는 "우리 영화계의 명예와 민족예술을 영화를 통해서 과시"
하는 "찬란한 민족의 향연"이어야 하며,[197] 이를 통해 "5·16 이후 이루어
진 국가재건상", 곧 "전화의 자취가 말끔히 가신 부활상과 도시와 농촌에
움트고 있는 의욕적 재건상"을 아시아인에게 알려야 한다는 것이다.[198]
반면 1966년도에 제13회 아시아영화제의 한국 유치는 한일회담과 베트
남전 파병을 둘러싸고 박정권에 대한 비판의 목소리가 점차 거세지기
시작하는 시국을 무마하기 위한 강력한 이벤트로서의 의미를 갖고 있었
다.[199]

이 시기 문화재건은 문화부문의 각종 윤리위원회의 설치 등으로도
나타났다.[200] 1966년 창립된 한국예술문화윤리위원회(예륜)는 그동안

---

197) 성동호, 「한국제작계의 대비책」, 『영화세계』, 1962년 1월호.
198) 이병일, 「아시아영화제의 반성과 대책」, 『영화세계』, 1962년 7월호.
199) 「1966년도 제13회 아세아영화제 한국유치에 대한 국무회의 보고안건 송부」,
　　『국무회의록』, 1965.
200) 1961년 7월 한국신문윤리위원회, 1962년 6월 한국방송위원회, 1965년 한국잡지
　　윤리위원회, 1966년 6월 한국주간신문윤리위원회, 1968년 8월 한국아동만화윤
　　리위원회, 1969년 3월 도서출판윤리위원회가 창설되었다. 배수경, 앞의 글,
　　486~487쪽.

존재했던 각 예능, 직능협회를 망라하여 결집한 것으로 비록 민간기구의 형식을 띠었지만 결국 국가의 통제 하에 있는 문화예술의 위상을 드러내는 전형적 사례였다. 예륜은 영화의 심의를 공보부로부터 이관 받을 준비를 하여 1970년에는 극영화의 시나리오 심의를 완전히 이관 받았지만, 이는 국가의 기능을 또 다른 半국가기구에 일부 넘겨준 것에 지나지 않았다.

한편 문화예술에 있어서 문교부에 대한 공보부의 우위가 계속되는 가운데 1966년 종합민족문화센터의 건립을 두고 날카롭게 대립하던 양부는 결국 공보부의 승리로 매듭을 짓게 되었으며,201) 국립극장과 국립국악원이 속한 민족문화센터는 공보부의 관할이 되어 "움직이지 않는 예술은 문교부, 움직이는 예술은 공보부"라는 구분을 확인했다. 1950년대부터 지속되던 양부의 대립과 갈등은 '국가재건'의 완성이 선포되는 1968년에 이르러 종지부를 찍게 된다. 5·16군사정변 이래 음악, 연극, 미술 등의 예술분야는 문교부가 담당하고 영화와 방송 등 대중문화 분야는 공보부가 담당해 오던 것에서, 1968년 7월 대통령령 제3519호로 문화공보부가 발족되어 이 두 분야가 통합된 것이다.202) 이러한 기조는 1989년 12월 문화부와 공보처로 분리될 때까지 권위주의 독재정권의 문화예술 통제를 용이하게 하며 20여년간 지속된다. 문화공보부가 발족되기 한 달 전에는 공보부장관의 자문기관으로 '민족문화예술개발연구

201) 「종합민족문화센터 건립을 에워싸고」, 『조선일보』, 1966년 4월 29일자.
202) 1964년에도 문교부의 예술과와 공보부의 문화과의 통합 방안이 검토 추진된 적이 있었다(「예술행정기구 통합」, 『한국일보』, 1964년 2월 1일자). 1968년 문화행정 일원화에 대한 여론이 일었고 이에 문교부의 문예기능을 떼어 공보부에 합친다는 내용의 '문화공보부안', 문화부문을 독립시켜야 한다는 예총의 '문화부안', 그리고 문화재관리국이 건의한 '문화청안'의 세 가지 안이 검토되었다. 결론은 문화예술을 공보기능과 결합시키는 '문화공보부안'으로 결정되었다. 「문화행정 일원화돼야 한다」, 『조선일보』, 1968년 2월 18일자.

위원회'가 발족되었다. 이 단체는 공보부차관을 위원장으로 하고 전문가 23명을 위원으로 하며 음악, 무용, 연극, 민속의 4개 분과위원회를 두어 민족고유예술을 발굴하고 보급하는 단체였다. 이제 국가가 관리해야 할 문화는 예술문화, 대중문화뿐만 아니라 민속분야에까지 확대되었다. 결국 1960년대 박정권의 '민족문화' 건설은 문화인의 자유로운 활동에 대한 관리, 감시, 간섭, 처벌로 일관되었다는 비판을 면치 못했다.[203]

이처럼 1960년대 문화재건이라는 이름으로 행한 일련의 과정들은 문화를 정부가 전유한 '국가재건'의 하위도구로 전락시키기에 충분한 것이었다. 이 속에서 가장 인기있는 대중문화였던 영화 역시 '국가재건'이라는 박정권의 재건론 방향에 부응하여 정부 시책을 홍보하는 이데올로기 선전도구로 자리매김되도록 요구받았다. 정부는 영화 산업 구조를 재구축하고 영화 서사를 재건하기 위한 여러 가지 제도를 마련하고 정책을 펴나갔으며 심지어 영화를 직접 제작하거나 특정 영화들을 적극적으로 장려하는 등의 방법을 통해 영화를 문화재건의 핵심 인자로 자리매김하도록 했다. 아이러니하게도, 혹은 당연하게도 국가가 영화의 계몽성과 선전성을 인정하고 높이 평가하며 이를 적극 활용하려고 하면 할수록 다양하고 자유로운 창의성에 기반해야 할 영화는 오히려 질적 하락을 겪으며 경직되어갔다.

그런데 흥미로운 것은 1950년대와 마찬가지로 영화의 도구적 유용성에 대한 강조와 대중문화에 대한 부정적 시선이 늘 함께 한다는 사실이다. 영화의 선전성 강조가 결국 영화의 질적 하락을 불러오고 이것은 다시 대중문화에 대한 부정적 시선을 더욱 심화시키는 결과를 낳은 것이다. 1950~60년대를 통틀어 정부, 혹은 지식인은 대중문화가 상업적이고

---

203) 『국회회의록』, 제59회 본회 2차 회의, 1967년 1월 21일.

저속하며 퇴폐적이라는 것에 이견이 없었다. 대중문화란 저급한 문화요 통제해야 하는 문화라고 하는 이러한 시선은 실은 1970년대 이후 민족적 민중적 문화를 강조했던 저항적인 문화운동가들 역시 마찬가지였다. 스스로는 인식하지 못했지만 대중문화에 관한 한 정권이나 문화운동가 들이나 공통된 의견을 가지고 있었던 것이다.204) 이는 '민족문화'라는 같은 단어를 가지고 서로 다른 내용과 지향을 부여한 정권과 저항적 지식인의 '적대적 공존 관계'를 잘 보여주고 있기도 하다.

　실제로 1960년대에는 정부 시책에 부응하는 영화들이 많이 제작되었 고 이는 정책과 자본에 규정받지 않을 수 없는 대중영화의 운명이기도 했다. 그러나 모든 영화들이 단지 선전도구적 기능을 했던 것은 아니다. 오히려 영화인들은 이러한 규정력 속에서도 대중이 느끼는 시대적 감수 성을 담아내려고 노력하였고 이때 대중의 정서는 국가 재건의 방향과 항상 일치하는 것은 아니었다. 이 때문에 대중영화는 국가의 이데올로기 에 반응하는 대중의 복잡한 심성을 미묘하게 포착해 낼 수 있었다. 그것은 한편으로는 국가 재건의 방향에 적극 부응하지만 또 한편으로는 재건론이 가지는 한계를 드러내는 것이기도 했다.

204) 김창남, 『대중문화와 문화실천』, 한울아카데미, 1995.

제3장 영화 재건을 위한 제도와 담론

1. 영화 서사의 재건을 위한 정책과 제도

1) 외국영화 수입과 보호주의적 영화정책

① 외국영화에 대한 이중적 시각

19C 후반 한국에 도래한 영화는 처음에는 영화 그 자체의 상품성을 위해서가 아니라 전기회사나 연초회사의 상품 판촉을 위한 홍보도구로 활용되었다.[1] 처음에 한국인들은 영화 자체의 내용보다는 이 '신기한 구경거리'를 '보러간다'는 사실 자체의 경험에 매혹되었지만, 이 '보러간다'는 행위는 곧 서구의 근대문물들을 간접 경험함으로써 근대를 학습하는 효과를 낳았다.[2] 이러한 학습의 효과는 오락을 위해 영화를 관람하는

---

[1] 영화의 한국 도래에 대해서는 아직 정확한 연도가 밝혀지지 않은 채 여러 가지 설이 분분하지만, 대략 1897~1903년 사이인 것으로 추정되고 있다. 최초의 대중상영으로 알려진 것은 1903년으로서, 同年 6월 23일자『황성신문』에 실린 활동사진 상영광고는 (한성)전기회사가 전차수입을 늘리기 위해 활동사진을 상영했다는 것을 짐작케 하며, 1906년 4월 30일자『황성신문』의 광고는 영미연초 회사가 담배 판촉을 위해 활동사진을 활용했음을 보여준다. 강소천,「조선영화가 걸어온 길(상)」,『영화시대』1-1, 1946년 4월호 ; 김려실,『투사하는 제국, 투영하는 식민지 : 1901~1945년의 한국영화사를 되짚다』, 삼인, 2006, 35~38쪽.

[2] 유선영은 '극장구경'을 매개로 조선의 관객들이 규율과 처벌의 훈육과정을

관객들에게는 부수적인 것일 수 있지만, 영화제작의 직간접 주체인 국가의 입장에서는 가장 중요한 제작과 상영의 동기가 되었다. '학습'은 농사법이나 위생관련 사항처럼 구체적 실무적인 것에서부터 조선총독부의 정책을 홍보하는 것에 이르기까지 다양한 것이 있었고, 결국 그 목적은 식민지 민중을 영화관객이라는 비계급적, 비이데올로기적 대중으로 흡수함으로써 역설적으로 황국신민으로서의 정체성을 높이고 식민지배를 용이하게 하기 위한 것이었다.[3]

이러한 영화의 이데올로기 선전 도구로서의 역할로 인해 영화는 한편으로는 저항과 독립사상, 계급의식을 전파하는 수단이 되기도 했다. <아리랑>(1926, 나운규)과 <임자없는 나룻배>(1932, 이규환)로 대표되는 한국영화의 리얼리즘적, 저항적 특징은 카프(KAPF) 영화에서 더욱 극대화되었는데,[4] 일제하 영화의 세 가지 경향은 일제의 정책영화와 카프계열의 영화, 그리고 그 중간에서 위험한 줄타기를 시도했던 부르주아 영화인들의 영화로 나누어 볼 수 있다. 식민지 조선의 영화인들에게 있어서 영화란 처음에는 근대적 예술형태의 하나이자 매력적인 선진문물의 아이콘이었지만, 제작의 현장에서 그들에게 닥친 문제는 열악한

통해 근대를 받아들이게 되었다고 한다. 유선영, 「극장구경과 활동사진 보기 : 충격의 근대 그리고 즐거움의 훈육」, 『역사비평』, 2003 가을호, 363~364쪽.

3) 일제의 영화를 이용한 식민지배에 대해서는 복환모, 「1920년대 초 조선총독부 '활동사진반'의 역할에 관한 연구」, 『영화연구』 24, 2004 ; 복환모, 「한국영화사 초기에 있어서 이토히로부미(伊藤博文)의 영화이용에 관한 연구」, 『영화연구』 28, 2006 참조.

4) 카프의 영화운동에 대해서는 이효인, 「제도권영화와 운동권영화 양립의 비판적 극복을 위하여 : 1930년대 카프영화운동이 주는 교훈」, 『사상문예운동』 2, 1989. 11 ; 변재란, 「1930년대 전후 프롤레타리아 영화활동 연구」, 중앙대학교 석사학위논문, 1990 ; 김수남, 「김유영의 영화예술 세계 : 조선 카프영화의 개척자」, 『청예논총』 15, 1998 ; 김종원, 「유실된 카프영화의 상징 : 김유영론」, 『예술논문집』 45, 대한민국예술원, 2006 참조.

자본과 기술적 한계, 협소한 시장, 그리고 영화에 대한 국가의 간섭과
통제였다. <춘향전>(1935, 이명우)을 시작으로 조선어 발성영화가 제작
되기 시작하자 조선인의 영화제작은 딜레마에 빠질 수밖에 없었다.
조선어가 스크린에 재현될 수 있다는 것은 '민족영화'를 제작할 수 있는
조건도 되었지만 동시에 그것은 더 높은 강도의 검열, 더 치열해진
일본영화와의 경쟁, 그리고 더 높아진 제작비로 인한 제작상의 어려움,
그리고 더욱 매력적으로 보이는 친일영화로의 유혹 등을 의미하기도
했다.5)

만주사변과 태평양전쟁을 거치면서 일제는 영화를 제국주의 본국이
직접 장악하고 통제하는 이른바 '영화신체제'를 가동하여 천황제 파시즘
이데올로기의 첨병으로 활용하였다.6) 발성영화가 나온 이후 조선의
영화인들은 내용적으로 민족영화를 건설하려는 지향과 산업적으로 영화
의 안정적인 재생산 구조를 갖추려는 두 가지 지향을 가지고 있었지만,
'영화신체제' 하에서 전자는 완전히 말살되고 후자는 일제에 포섭되고
이용되었다. 우선은 영화를 만들고 봐야 한다는 영화인으로서, 그리고
생활인으로서의 욕구가 민족의식보다 더 앞섰던 것이고, 일제는 이를
적극 활용하여 일본 제국에 철저히 봉사하는 영화만 제작하도록 강제하

---

5) 이화진, 『조선영화─소리의 도입에서 친일 영화까지』, 책세상, 2005.
6) '영화신체제'란 일본에서 영화법이 시행된 후 1940년 1월 조선에서도 조선영화령
   이 공포됨으로써 성립된 파시즘적 영화정책체계를 일컫는다. 그 핵심은 영화인
   들의 등록제를 통해 영화의 제작 및 배급을 통제하는 데 있었고 이에 따라
   등록된 영화인들은 '내선일체'와 '황민화'를 주제로 하는 국책영화만을 제작할
   수 있었다. 일제말기의 영화정책과 국가 이데올로기에 대해서는 이준식, 「일제
   파시즘기 영화정책과 영화계의 동향」, 『한국민족운동사연구』33, 2003 ; 이준식,
   「일제 파시즘기 선전영화와 전쟁동원 이데올로기」, 『동방학지』124, 2004 참조 ;
   조혜정, 「일제 강점말기 '영화신체제'와 조선영화(인)의 상호작용 연구」, 『영화연
   구』, 35, 2008.

였던 것이다.[7] 이는 비단 영화인들만의 상황이 아니라 이 시기 민족주의자들과 전향 사회주의자들이 대거 친일화되는 현상과 관련되어 있었다.

해방이 되자 영화인들은 조선영화를 재건하기 위해 분투하기 시작하지만 일본인이 빠져나간 자리에 남은 것은 몇 안되는 기자재와 열악한 자본, 허약한 인적기반이었고, 이것으로 빠른 시일내에 재건을 달성하기란 쉬운 일이 아니었다. 미군정으로 인한 외국영화의 범람도 조선영화계를 지탱하기 힘들게 한 큰 요인이 되었다. 이 시기 친일영화에 대한 반성이 적었거나 형식적 변명에 불과했던 것은 친일을 하지 않은 영화인을 거의 찾아볼 수 없는 것도 그 이유의 하나이지만, 그보다는 친일파 기술관료를 등용했던 미군정기의 분위기에 편승한 것으로 친일 경력이 거의 문제시 되지 않았기 때문이었다. 카프 계열의 시인이자 평론가였지만 일제 말기 신체제에 협조했다가 해방후 좌익 문인들을 규합하여 '문학건설본부'와 '조선문학가동맹'을 결성한 임화는 친일청산을 포함한 봉건적 잔재의 청산을 부르짖었고,[8] 일제말기 여러 편의 어용영화를 만들었던 박기채는 "조선영화의 발전을 저지시킨 단죄는 당연히 제국주의 일본이 받아야 한다"면서 자신이 친일영화 제작에 가담한 일을 은폐, 변명하고 있다.[9] 또한 <반도의 봄>(1941)을 감독한 이병일은 일제말기 朝映에는 "어용기관의 착실한 주구가 되어 내선일체를 부르짖던 영화인과 울며 겨자먹기식으로 어쩔 수 없이 양심을 등지고 한 작품한 영화인"을

---

7) 영화감독 중에서 친일을 하지 않았다고 여겨지는 인물은 일제말기에 시골에서 서당 훈장을 하며 지냈던 윤봉춘 정도라고 볼 수 있다. 친일영화의 논리와 정서에 대해서는 강성률, 『친일영화』, 로크미디어, 2006 ; 강성률, 『친일영화의 내적 논리 연구』, 동국대학교 연극영화학과 박사학위논문, 2007 ; 이영재, 『제국 일본의 조선영화』, 현실문화, 2008 참조.

8) 임화, 「문화에 있어 봉건적 잔재와의 투쟁임무」, 『신문예』 1-1, 1945년 12월호.

9) 박기채, 「종합예술로서의 영화」, 『개벽』 73, 1946년 1월호.

구분해야 한다고 주장하였다.[10]

한편 일제하부터 계속되어온 기술의 낙후와 자본의 영세성이라는 두 가지 難題는 한국영화계의 고질적인 문제로 남았다. 이에 대한 자구책으로 연쇄극이나 16mm, 8mm 무성영화를 제작하는 기술적 퇴행현상도 일어나고 있었다. 새로 제작한 영화의 편수가 부족했기 때문에 극장에는 해방전에 제작된 조선영화들이 속속 개봉되었고, 심지어는 일제말의 어용영화를 슬쩍 제목을 바꿔치기 해서 재개봉하는 경우도 있었다.[11]

이러한 현실을 타개하기 위한 영화의 재건은 국가의 재건 및 문화재건 방향에 조응하여 영화산업의 구조를 세우는 일과 영화의 내용, 곧 이야기를 재건하는 것 두 방향에서 이루어져야 했다. 그 중에서도 외국영화 수입 문제는 영화산업의 재건과 영화 이야기의 재건에 모두 관계되는 중차대한 문제였다. 곧 한국영화가 아직 산업적으로 틀을 잡지 못한 시절에 범람하는 외화는 한국영화를 산업으로 성장시키는 데에 있어서나, 영화를 통해 국민들의 '건전한 풍습'을 진작시키고 민족문화를 건설하는 데에도 적잖은 걸림돌로 인식되었기 때문이었다.

위에서 살펴보았듯이 1950년대의 민족문화건설론은 결코 국수주의적이거나 배타적인 것이 아니었다. 오히려 스스로를 세계 자유진영의 일원으로 자리매김하길 원했던 이승만 정권에서는 많은 지식인들이 세계문화와의 교류를 주장하고 있었다. 그러나 미군정기에 쏟아져 들어온 외화의 지나친 범람은 정부와 지식인, 그리고 국산영화를 제작하는 영화인들에게 문젯거리로 인식되었다. 문화재건의 중요한 이슈 중 하나가 세계 속에서 한국문화의 주체성을 어떻게 찾을 수 있을까 하는 문제였던 것도 이러한 맥락에서였다. 미군정의 영화정책은 미국영화의 배급과

---

10) 이병일, 「8·15이후 영화인들은 뭘 했나?」, 『영화시대』 1-3, 1946년 10월호.
11) 「일제의 국책영화 기만 상영으로 모리」, 『서울신문』, 1946년 3월 4일자.

판매에 중점이 있었으므로 조선영화의 발전과는 아무런 관련이 없었다.[12] 오히려 일제 군국주의의 영화정책과 법령을 그대로 답습, 점령군으로서 점령지 원주민의 문화를 통제 억압하고 서구 자본주의의 가치와 미국문화를 전파하는 것이 주요한 목적이었다.

사실 일제가 1940년 외국영화의 수입을 전면 중단한 이후 해방후 몇 달 동안은 소련영화 서너편이 수입되었을 뿐, 미국영화는 들어오지 않았다.[13] 극장들은 일제하에서 쓰던 왜색 이름을 개명하기 시작하고 관객을 맞을 채비를 하였다. 명치좌가 국제극장으로, 조일좌가 장안극장으로 개칭한데 이어 진부좌는 한성극장, 대륙극장은 단성사로 개명하였고, 부산에 있는 소화관, 보래관, 후생관, 부산영화극장 등도 각각 조선극장, 국제영화극장, 대중극장, 향도극장 등으로 개명하였다.[14] 1946년 3월이 되면 38선 이남에서 소련영화가 금지되고 일본어 자막의 미국영화가 수입되기 시작하였으며, 4월에는 중앙영화배급사가 설치됨으로써 본격적으로 미국영화가 수입되기 시작한다.[15] 중앙영화배급사(약칭 중배)는 미국영화협회(Motion Picture Association of America : MPAA)[16] 산하로 1945년 설립된 영화수출협회(Motion Picture Export Association : MPEA)

---

12) 미군정의 문화정책 및 영화정책에 대해서는 조혜정, 「미군정기 극장산업 현황 연구」, 『영화연구』 14, 1998 ; 김균, 「미국의 대외 문화정책을 통해 본 미군정 문화정책」, 『한국언론학보』 44-3, 2000 등이 있다. 미군정기 외국영화의 수용에 대한 연구로는 이명자, 「미군정기(1945~1948) 외화의 수용과 근대성」, 『영화연구』 45, 2010 등이 있다.

13) 「외국영화 언제 들어오나」, 『중앙신문』, 1945년 11월 30일자.

14) 「일색 영화관명을 일소 변경」, 『중앙신문』, 1946년 1월 22일자.

15) 「미영화 중앙배급소」, 『서울신문』, 1946년 4월 11일자.

16) MPAA는 1922년 3월 설립되어 우정장관이던 윌 헤이스가 회장으로 취임한 영화제작배급자협회(Motion Picture Producers and Distributors of America : MPPDA)가 전쟁 직후 에릭 존스턴이 후임으로 오면서 이름을 바꾼 것이다. 제프리 노웰-스미스, 앞의 책, 293~294쪽.

의 출장소 기능을 했다.[17] MPEA는 할리우드의 메이저 회사들이 외국의
무역장벽에 맞서기 위해 조직한 일종의 독과점 체제로서 점령지에서의
판매 대리인 역할을 하는 것이었다. 중배는 극장에 압력을 넣어 미국영화
이외의 다른 나라의 영화들을 상영하지 못하도록 하였다.[18]

조선 극장업자는 "미국의 9대 영화사(파라마운트, 메츠로, RKO, 이십
세기폭스, 콜롬비아, 기타)의 대리 행사권을 장악한 중앙영화배급사의
고압적 상업책으로 90일중에 45일~52일간을 중배소속 영화의 상영을
위하여 극장을 제공해야 한다"[19]는 불만의 토로나, "중앙영화배급회사
는 우리땅에 들어올 때부터 일어자막을 넣은ㅡ즉 일본에서 상영하고
나머지의ㅡ필름을 가지고 오는, 조선을 일본의 식민지로 여기는 태도로
출발했다"고 하는 불쾌감의 표시 등을 통해 중배에 대한 거부감을 나타냈
다. 중배의 오만함과 '계약의 자유', '기업의 자유'를 빙자한 불공정 횡포는
전세계에서 중배가 거둬들이는 수익은 전체 입장수익의 50%이지만
유독 조선에서만은 60%를 요구한다든지, 철자를 한글통일법으로 써달
라는 극장의 요청을 중배가 묵살한 것에 대해 서울의 3대극장(국제,
국도, 수도)이 미국영화 상영을 거부했다가 '반미사상가로 오해받는
불리함'을 깨닫고 할 수 없이 일방적인 계약에 응할 수밖에 없었다는지
하는 사례에서 단적으로 드러난다.[20]

---

17) 채정근, 「아메리카 영화 잡감」, 『신천지』 1948년 1월호.
18) 당시 서울의 가장 큰 극장이었던 수도, 국도, 국제 극장 중에서 수도와 국제
    극장이 중배와 계약한 극장이었다. 1946년 현재 서울에는 이 3개의 극장 이외에
    중앙, 서울, 단성사, 동양, 제일, 장안, 한성, 우미, 명동, 성남, 영보, 도화, 광무,
    화신, 계림 등 18개 극장이 있었으며 1948년 동보극장이 개관함으로써 총 19개관
    이 되었다. 이명자, 앞의 글, 289~293쪽.
19) 강신원, 「외화의 난입과 극장문제」, 『영화시대』 2-4, 1947년 9월호.
20) 채정근, 앞의 글. 중배의 횡포에 관련해서는 조혜정, 「미군정기 극장산업 현황
    연구」, 『영화연구』 14, 1998, 495~497쪽 참조.

중배의 그릇된 정책을 고치지 않는 한 조선에 대한 문화정책은 실패하고 말 것이라는 경고에도 불구하고, 중배는 미국영화가 미국인의 높은 생활수준과 그것을 가능하게 하는 민주체제를 보여주는 교육과 선전의 역할을 자임하고 있었다.21) 그리고 이러한 믿음이야말로 이후 친미 부르주아 지식인들이 미국영화에 대해 가지고 있는 생각의 일단을 보여주는 것이었다. 친미 부르주아 지식인들, 나아가 대중들이 미국식 생활양식이나 미국 민주주의의 기초가 되는 가족생활의 모습 등을 동경하고 찬미하면서 미국이 세계 문명의 지도국임을 거듭 확인22)한 것도 미국의 극영화나 기록영화, 뉴스영화, 문화영화 등을 통해서였다. 실제로 1950년대 후반에는 '국민의 계몽과 교양에 도움을 주는' 외국 문화영화를 수입한 영화인에게 보상특혜가 주어지는데 이때 외국의 문화영화란 대개 미국의 문화영화였다.

연간 백여편씩 물밀듯이 쏟아져 들어오는 미국영화에 대해 조선의 지식인들은 한편으로는 미국영화가 선진 기술의 전시장이라는 점에서 "우리 영화의 師表가 된다"고 하면서도, 또 한편으로는 원래 외국영화를 수입하는 것은 "조선에 오락을 제공하고 조선영화 발전의 자극이 되고자" 하는 것인데 중배의 배급현황을 보면 이것이 "우리 영화의 비료가 되기는커녕 이제 움터 나오는 우리 영화의 싹 옆에 강인하고 왕성한 성장력을 가진 미국영화의 느티나무를 심으려 하는 것"이라며 강한 우려를 표명하였다. "조선영화의 생산 기초가 서기도 전에 대규모의 자본과 기술을 가진 외국영화를 제한 없이 수입"하고 더구나 직접 상행위를 하는 것은 조선영화를 기르려는 태도가 아니라 자주경제를 무시하는 처사라고

21) 문원립, 「해방직후 한국의 미국영화의 시장규모에 관한 소고」, 『영화연구』 18, 2002, 166~167쪽.
22) 허은, 앞의 책, 96~106쪽.

강하게 반발한 것이다.[23]

또한 미국영화의 지나친 수입은 국산영화를 홀대하는 원인으로 여겨
졌다. 미국사회와 우리 현실과의 괴리를 계산에 넣어 감상해야 한다,
미국영화지상주의를 가지고 우리 영화에 대한 관심을 망각하는 것은
좋지 않다는 등의 지적이 이어졌으며, 미국영화의 홍수가 자칫 국산영화
에 대한 무시와 무관심을 확산시키는 계기가 될 것을 우려하고 경고하였
다.[24] 이러다 "조선이 미국영화의 식민지가 되고 말 것"이라는 우려
속에서 미국영화의 범람이 계속되는 상황에서 중배는 미국영화 1편의
상영기간을 2주 연속으로 하지 않으면 상영계약을 해체한다고 언명하여
"그렇지 않아도 갈 곳 없는 우리 무대 예술의 단체는 극장을 잃은 고아가
되고 말 것"이라는 우려와 함께 미국의 처사가 자주문화의 발전을 무시하
는 처사라고 강하게 비판하였다.[25] 또한 외국영화는 조선에 "음탕하고
사치할 기풍을 퍼뜨리는 역할"을 하고 있다고 우려하면서 외국영화가
풍기문란과 민족문화에 저해 요인임을 지속적으로 우려하였다.[26]

사회주의 지식인들 역시 당연히도 미국영화에 대한 부정적 시각을
가지고 있었다. 그 중에서도 미국에 대한 논문과 여행기 등을 번역한
옥명찬은 "전세계를 휩쓰는 아메리카문화의 부르주아성"에 주목하면서,
"미국의 기업정신은 상업주의이며, '꿈의 공장'인 할리우드는 흥미와
이윤 본위의 상업주의로 일관하고 있다"고 비판하였다. 이어 할리우드
메이저의 사장들이 대개는 유태인으로 미국에 이민한 상인 출신이라는
점을 지적하고, 이들은 물질적 생활이 향상되어 대중이 오락을 대대적으

---

23) 용천생, 「외국영화 수입과 그 영향」, 『서울신문』, 1946년 5월 26일자.
24) 이태우, 「미국영화를 어떻게 볼 것인가」, 『경향신문』, 1946년 10월 31일자.
25) 중배에 대한 조선 영화인들의 비판에 대해서는 조혜정, 「미군정기 조선영화동맹
    연구」, 『영화연구』 13, 1997, 139~142쪽 참조.
26) 「극단의 대위기」, 『자유신문』, 1947년 4월 28일자.

로 요구하고 있기 때문에 이를 상품화하면 가장 큰 돈을 벌 수 있다는
것을 간파한 사람들이라고 지적한다. 이어 "오늘날 미국영화의 안이하고
도 데카당적 경향은 아메리카의 물질문명의 반영인 동시에 상업주의에
서 연유한다"고 하면서, "<우리집의 낙원>을 본 관객 대부분이 소시민
가정이 방만하고 비대한 부자의 가정보다 정신적으로 행복하다는 식으
로 생각하여 투쟁을 멈추게 하는 것이 이 영화의 교훈"이라고 꼬집는다.
마지막으로 그는 "저열한 상업주의와 낙천적인 부르주아의 이데올로기
가 배어있는 아메리카니즘"을 경계해야 한다고 결론짓고 있다.27) 이
당시만 하더라도 미국영화에 대한 비판적 시각이 존재했던 것이다.

정부수립 후 영화의 재검열이 시작되면서 미국영화 일색의 영화시장
에 유럽영화도 수입할 것을 촉구하는 주장도 있었고 실제로 영국영화
전문배급사인 '은영사'나 프랑스 영화만 대행하는 배급사인 '한영사'가
발족되는 등 다른 유럽영화의 수입도 점차 늘어났다.28) 당시 영화의
인기는 대단하여서 아침부터 극장에 인파가 모여들기 시작했는데 이들
은 대부분 조선영화를 무시하고 외국영화에 심취한 지식인들도 있었지
만 대개는 농촌에서 이탈한 도시의 실업자군이나 부녀층이었다.

그런데 이 시기 미국영화에 대한 시각은 미군정기와는 변화가 있었다.
해방직후 미국영화를 '저급 속악한 것'이라고 규정했던 이태우는 자신이
본 영화가 주로 戰前의 영화들이어서 그런 '잘못된 기성개념'을 가지고
있었다고 하면서 전후의 영화들은 놀랄 정도로 고상하며 인도주의,

---

27) 옥명찬, 「아메리카 영화론」,『신천지』3-1, 1948년 1월호.
28) 미국영화 이외의 외국영화는 1946년도 개봉영화 259편 중 80편에서 1947년도
     개봉영화 313편 중 120편으로 증가했으며 그 중에서도 독일영화가 49편으로
     가장 많고, 다음이 프랑스영화로 41편, 이탈리아와 영국이 각각 8편과 7편을
     차지하였다. 조혜정, 「미군정기 극장산업 현황 연구」,『영화연구』14, 1998,
     513~518쪽.

大膽不屈한 개척정신, 公然한 쾌락주의, 공명엄정한 청교도주의, 왕성한 낭만정신, 훌륭한 사실주의, 아동적 환상, 건강, 웅대 등 미국영화와 미국문학에서 볼 수 있는 여러 요소들이 미국영화를 세계 일류의 문화로 도약시켜 놓았다고 평가하였다.29) 미국영화에 대한 이러한 찬사일변도의 태도는30) 정부수립 후 친미적으로 급선회한 사회분위기를 다분히 의식한 것은 물론이거니와 한국영화에 대한 자괴감과 더불어 더욱 증폭되기도 했다.

"한국영화? 미국영화가 있지 않은가" 모든 상품이 우리나라에 있어서 지금 이와 같은 운명을 걸고 있으며 영화라 할지라도 그것이 상품인 이상에는 이와 같은 범위에서 벗어날 수 없는 것이다. (중략) 한 사람의 관객이 미국영화보다는 한국영화를 택할 때에 그 동기가 민족적인 공감에서 그것을 아껴주는 호의에서 출발한다면 환영할 일이지만 그러나 그것이 倒錯된 심미감에서 출발한다면 그와 같은 錯課의 원천이 될 수 있는 한국영화 같은 것은 한시바삐 철회해 버리는 것이 좋은 일일 것이다. 그러나 이와 같은 오산은 백에 하나도 없는 것이며 또 민족적인 공감에서 아껴주는 호의를 자아의 超克을 기대해서 하나의 예술운동의 성과로 계산한다는 것은 비과학적인 일인 동시에 또 거의 기적에 가까운 일이다. 그러므로 영화의 상품적인 견지에 한해서는 한국영화는 거의 영구적으로 미국영화를 포함한 외국영화의 수준을 따를 수는 없는 것이며 이것은 비단 영화뿐만 아니라 모든 문화적인 제 분야에 있어서 선진국가의 전통은 한 순간에 초극할 수 없는 권위와 실질적인 역량을 보유하고 있는 것이다.31)

---

29) 이태우, 「조선영화와 문학」, 『경향신문』, 1949년 1월 28일자.
30) 1950년대 아메리카니즘에 대해서는 장세진,『상상된 아메리카와 1950년대 한국 문학의 자기 표상』, 연세대학교 박사학위논문, 2008 참조.
31) 김성민, 「한국영화의 재출발」, 『서울신문』, 1954년 3월 18일자.

이러한 미국영화에 대한 감탄조의 우호적인 태도는 그대로 미국이라는 국가 자체에 대한 매력으로 다가왔다. 이는 기본적으로 친미적인 인사가 득세하고 반공적인 논조가 강해지는 사회 분위기를 반영한 것이다. 미국에 대한 선망이 미국영화를 더욱 선호하게 하였고 미국영화를 통해서 미국(으로 대표되는 서구문화)에 대한 동경은 계속 확대재생산되어 갔다. 이는 미국(할리우드)의 영화산업을 이상적인 것으로 생각하고 그 시스템을 모방하려는 노력과도 병행된다. 할리우드 메이저 시스템과 미국문화에 대한 빈번한 소개32)는 한국의 영화산업이 궁극적으로 지향하는 바가 어디인지 보여준다. 미국의 원조가 미국영화의 시장 진출에 길을 닦은 일등공신이 되었던 유럽의 경우와 같이 한국에서도 미국의 원조와 미국영화는 밀접한 관계에 있었다. 미국은 물질적, 정신적으로 도움을 주는 은인의 나라로 더욱 부각되었고, 미국영화는 한국의 멘토(mentor)로서의 미국의 위상을 강화시키는데 지대한 공헌을 하였다. 미국이 친미보수세력의 버팀목인 동시에 자유민주주의와 시장경제의 발전을 추구하도록 압력을 가하는 양면적인 존재였던 것처럼, 미국영화는 한편으로는 저급한 통속물로 비추어졌지만 서구문명의 진보성과 자유분방함을 전파시키는 매개체이기도 했다. 더욱이 미국영화산업의 시스템은

---

32) 대표적인 것으로 다음과 같은 것들이 있다. 마명, 「아메리카영화론－미국영화계의 근황」, 『영화시대』, 1946년 10월호 ; 안철영, 「미국영화 시찰기」, 『영화순보』, 1948년 5월호 ; 안철영, 「미국영화계의 현상과 동향」, 『삼천리』, 1949년 1월호 ; 송영호, 「미국방송견문기」, 『신천지』, 1949년 11월호 ; 안영호, 「미국의 방송상황 별견기」, 『민성』, 1950년 2월호 ; 도날드 릿취, 「미국의 영화와 음악」, 『자유세계』, 1953년 1·2월호 ; 「은막을 통해본 미국문학사」, 『영화세계』, 1955년 12월호 ; 전숙희, 「내가 본 미국」, 『경향신문』, 1956년 7월 18~19일자 ; 방곤, 「미국영화와 불란서 사람」, 『영화세계』, 1957년 4월호. 한편 정부수립 전에는 소련영화에 대한 동향도 심심치 않게 소개되었다. 김영혁, 「북조선에서 본 쏘련영화」, 『신천지』, 1946년 4월호 ; 드류 밋톨톤, 「미기자가 본 쏘련영화」, 『신천지』, 1947년 9월호 ; 「쏘베트영화에 대해서」, 『신천지』, 1948년 4월호.

한국영화산업의 미래가 언젠가는 조우하길 희망하지만 절대로 현실화될
수는 없을 것 같은 이상향이었다.

반면 유럽영화에 대해서는 "영화선택에 신중"을 기하여 검열을 강화하
고 부분적으로 제한을 가하였다. 이는 "생산국가별로 또 그 내용으로
어떻게 퍼센테이지를 배정하고 선택하느냐의 문제는 관청의 입장에서
보면 영화정책과 결부되고 식자층으로 보면 영화사업의 문화적 의의와
관련되는 문제"였다는 말로 요약되었다. 곧 어떤 영화를 수입하느냐의
문제는 문화재건의 문제와 직결된다고 본 것이었다. 이 때문에 유럽영화
에 대해 "우호국가라고 해서 우리의 실정에 비추어 항상 우호적이라고
할 수 없다"는 말이 나온 것은[33] 당시 유럽영화는 예술성이 높긴 하지만
표현이 자유분방한데다 정치성을 담고 있다고 여겨졌기 때문이었다.[34]

그런데 전후 이탈리아에서 시작되어 세계영화계를 강타했던 네오리얼
리즘[35]에 대한 영화 평단의 열광은 당시 외국영화를 바라보는 정부의

---

33) 오영진, 「외국영화의 수입」, 『한국일보』, 1954년 7월 12일자.
34) 전체 수입 외화 중에서 미국영화가 차지하는 절대적 우위에 비해 유럽영화의
   비중이 현저히 적은 것은 이 때문이다.

〈표 1〉 국산영화 허가 편수 및 외국영화 상영 허가 편수(1951~1958)

연도	A. 국산영화 허가 편수	B. 외국영화 상영 허가 편수	C. B중 미국영화 허가 편수
1951	0	15	2
1952	11	66	45
1953	10	84	48
1954	18	152	109
1955	16	126	99
1956	56	175	139
1957	57	151	114
1958	58	251	174

*자료 : 『문교월보』 46, 1959년 7월호, 56쪽 ; 『4293 합동연감』, 1959, 32쪽 ; 이봉
   범, 「1950년대 문화정책과 영화 검열」, 『한국문학연구』 37, 동국대학교
   한국문학연구소, 2009, 450쪽에서 재인용.

시각과 영화 평단의 시각의 편차를 극명하게 보여준다. 당대의 엘리트라
고 할 수 있는 영화평론가, 영화이론가들에게 이탈리아의 네오리얼리즘
은 한국의 문화재건 과정에서 보여지는 미국 편향을 지양하고 민족문화
의 색깔을 지키면서도 세계문화와 조우할 수 있는 통로와도 같았다.
곧 전지구적 지배력을 떨치고 있는 "통속적 영화문법"인 할리우드를
배척하고 상대적으로 지역적이며 진보적인 유럽의 네오리얼리즘이 미국
영화에 대한 대안으로 인식되었던 것이다.36) 이는 당시 영화 지식인들의
미국문화와 유럽문화에 대한 담론을 구성하였으며, 이러한 미국의 대중
문화에 대한 거부감과 유럽의 고급예술에 대한 선망은 영화 작품에
반영되어 일반 대중에게도 전달되었다.

　　요컨대 1950년대 외국영화에 대한 태도는 이중적이었다. 미국영화에
대해서는 한국영화가 배워야 할 전범으로 찬사가 이어졌으며, 가끔씩
미국문화의 오락성과 상업주의에 대한 우려가 표출되었다. 또한 유럽영
화에 대해서도 한편으로는 한국 실정과 맞지 않는 것으로, 다른 한편으로
는 상업주의를 극복할 수 있는 좀더 격조있는 대안으로 인식되었다.
이러한 이중적 시각은 이후 시기에도 단지 영화만이 아니라 외국 문화
전반에 대한 시선과 태도를 결정하는 중요한 인식의 기초를 이루었다.
이러한 인식 속에서 한국의 관객들은 외국영화에서 재현된 서구문화의
일면을 서구문화 자체와 동일시하면서 이를 동경하고, 나아가 외국영화

---

35) 네오리얼리즘은 전후의 피폐한 이탈리아 사회와 민중의 생활을 사실적으로
　　그려낸 일련의 경향을 말한다. 대표작으로는 로베르토 로셀리니의 <무방비도시
　　(Roma citta aperta)>(1945), <전화의 저편(Paisa)>(1946), 루치노 비스콘티의
　　<흔들리는 대지(La Terra Trema)>(1947), 비토리오 데 시카의 <자전거도둑(Ladri
　　Di Biciclette)>(1948), <움베르토 D(Umberto D)>(1952) 등이 있다. 제프리 노웰-
　　스미스 편, 앞의 책, 427~429쪽.
36) 안진수, 「<돈>, '로컬리즘'과 1950년대의 농촌경제」, 『매혹과 혼돈의 시대-1950
　　년대의 한국영화』, 소도, 2003, 67~69쪽.

를 서구의 민주주의나 자유주의, 합리적 생활 태도 등을 학습하는 교과서로 받아들였다. 또한 한국영화는 외국영화를 모방하고 숭배함으로써 영화의 새로운 스타일과 장르에 대한 이해를 넓힐 수 있었다.[37] 1950년대 이후 외국영화, 곧 미국영화와 유럽영화에 대한 모방은 한국영화 발전의 양대 자양분이 되었다. 이는 때때로 보수적인 검열관이나 정부 관계자들에게 민족문화의 위기로 인식되었고, 이것은 외국영화의 수입에 맞서 국산영화를 육성해야 한다는 논리적 기반의 하나가 되었다.

② 외국영화 수입 정책과 국산영화 육성책

위에서 살펴본 것처럼 외국영화, 특히 미국영화에 대한 산업적 측면과 문화적 측면에서의 우려는 이후 외국영화 수입에 대한 제한정책의 기본적인 전제가 되었다. 정부가 수립된 후 중배가 물러가고 3년이 지난 1951년에야 대한영화배급협회(약칭 배협)가 출범했는데, 배협은 산하에 27개 회사를 두고 영화 배급을 상행위라기보다는 영화배급의 주권을 되찾은 문화적 행위로서 강조했다.[38] 이승만은 정부수립 얼마 후에 미국영화가 범람하여 1년에 3백일은 미국영화를 상영한다는 말을 들었다고 하면서 국산영화를 육성하여 반반씩 상영되도록 법안을 작성중이라고 언급하였으며,[39] 이후 집권 기간에 때때로 담화나 각의에서의 지시를 통해 직접 영화나 극장에 관한 관심을 표명하곤 했다.[40] 특히

---

37) 외국영화의 장르가 한국영화에 미친 영향에 대해서는 이길성, 「1950년대 외국 스릴러 장르의 한국적 수용양상」, 『영화연구』 45, 2010 참조.

38) 유두연, 「1954년도 총결산 : 영화-과도기적 표정」, 『현대공론』 2-10, 1954년 12월호.

39) 「국내영화육성-이대통령이 언급」, 『대동신문』, 1948년 11월 20일자.

40) 1953년부터 공보국 영화과장을 역임하고 후에 국립영화제작소 초대 소장과 공보부 공보국장을 지낸 이성철(1922~)의 증언에 의하면 이승만은 개인적으로는 영화광이었으며 매주 미국영화를 즐겨보았다고 한다. 인디언을 마구 학살하

128

1956년 제114회 국무회의에서는 국산영화에 대한 제작 원조와 후원 등 국산영화를 육성하고 해외에 진출하도록 도와야 한다고 문교부, 내무부, 공보부 등 관계 장관에게 직접 지시하였다.[41]

1954년 반포된 입장세 면세조치를 시작으로 1958년 국산영화 제작장려 및 영화오락순화를 위한 보상특혜조치에 이르기까지 일련의 국산영화 보호 육성책과 1950년대 후반 한국영화의 잇단 흥행 성공에도 불구하고 1950년대 극장가는 외화가 거의 독점하게 된다.[42] 외화수입정책의 핵심이 외화수입을 제한하는 정책이었음에도 불구하고 빚어진 결과였다. 1955년 3월 정부직제령으로 영화검열 사무 및 보통 간행물에 대한 제반 사무인계가 공보실에서 문교부로 행해진 것을 계기로, 문교부는 뒤이어 외화 수입 및 영화 검열 요강을 다음과 같이 발표한다.

첫째, 특별한 작품(아카데미상 및 각종 영화상을 받은 작품)을 제외하고는 1954년 전의 작품은 수입 제한한다. 둘째, 수입할 영화는 한미협정에 의하여 미국영화에 치중한다. 셋째, 수입할 영화는 반정부, 군부반란, 대량탈옥 영화 등에 해당하지 않는 건전하고 오락적인 작품에 한하여 추천한다. 넷째, 외화수입에 대한 지도적 입장에서 종전의 상공부 지시로 된 외화심의위원회를 폐지하고 수입편수 제한을 가하여 외화 8편에

는 서부영화는 道義에 어긋난다고 하여 싫어했지만 나머지 할리우드 영화를 매우 좋아해서 개봉작은 거의 다 챙겨볼 정도여서 영화과장과 자주 독대하였다고 한다. 1956년 「외국영화 검열 및 상영에 관한 건」에는 부도덕하고 미풍양속을 해치는 것은 통과시키지 말라는 지시사항과 함께 특별히 인디안 학살영화에 대한 혐오감이 표현되어 있다. 『제20회 국무회의록』, 1956.

41) 『제114회 국무회의록』, 1956.

42) 입장세는 1960년 3월부터 개정된 입장세제의 실시로 다시 부과된다. 게다가 이번에는 입장 관객수에 비례해서 입장세를 부과하는 것이 아니라 좌석수에 따라 정해진 비율로 내는 정액세가 되었기 때문에 1960년대 초 한국영화 제작편수의 감소를 낳았다.

국산 1편의 비례로 검열한다.[43]

국회의 문교위원회에서도 외국영화의 수입제한과 엄선을 목적으로 하는 '외국영화수입에 관한 임시조치법'을 제안하였는데, 이는 순풍양속의 파괴, 민족문화의 위축, 외화 유실 방지 등을 취지로 하여 문교부장관을 위원장으로 하는 심사위원회를 구성하고 수입영화를 엄선한다는 것이다. 교육목적의 문화영화만 수입을 무제한 허용한다는 것에는 異論이 없으나, 수입 편수에 대해서는 연간 30편, 36편, 40편, 50편 등의 각론이 존재하였다. 문교부로 업무 이관이 이루어진 뒤에도 외화수입 편수에 관해서는 여전히 의견의 통일을 보지 못하고 있음을 보여준다.[44]

문교부는 외국영화 수입추천 및 공연허가 검열 사무에 관한 관계법령이 제정될 때까지 외국영화는 "애국 애족정신을 북돋우는 작품, 사회교육을 포함한 교육이념과 도의생활에 합치되는 작품, 국민문화 향상에 도움이 되는 작품에 한해서 수입을 추천"할 것을 공표하며, 공연, 상영물에 관하여 다음과 같은 8개 조항의 수입불가 항목을 발표하였다. ① 국가의 위신을 손상케 하고 국가원수의 존엄을 모독할 우려가 있는 것, ② 국헌을 분란케 하는 사상을 고취할 우려가 있는 것, ③ 반정부, 반란 및 대량탈옥을 취급한 것, ④ 정치, 외교, 경제, 교육면에 지장을 주고 공익상 손해를 가져올 우려가 있는 것, ⑤ 양풍미속을 문란케 하고 국민도의를 피폐케 할 우려가 있는 것, ⑥ 위법, 파괴 등을 위주로 묘사한 것, ⑦ 제작기술이 극히 저열한 것, ⑧ 기타 국민문화의 진전을 저해할 우려가 있는 것 등이다.[45]

---

43) 「영화검열요강」, 『경향신문』, 1955년 4월 1일자.
44) 「영화수입을 엄선」, 『경향신문』, 1955년 4월 14일자.
45) 「외국영화 수입에 8개항 제한」, 『조선일보』, 1955년 5월 14일자.

그런데 문교부는 이러한 규정을 불과 몇 개월 만에 뒤집음으로써 스스로의 권위와 신뢰에 손상을 초래하게 되는데, 곧 유럽영화는 추천사무에서 제외하고 미국영화에 국한하여 외화수입을 추천 허가할 방침이라고 시사한 것이다. 게다가 이 조치는 미국 20세기폭스사 사장인 S. 스코라우스가 내한하여 회합을 가진 이후에 발표된 것으로,46) 전후 유럽의 자국영화 보호주의 정책에 의해 미국영화 수입이 제한되고 있는 사정을 감안하여 본다면 미국의 강력한 요청과 압력이 행사된 결과인 것으로 짐작된다.47) 문교당국은 이에 대해 "유럽영화는 국시에 맞지 않는 점이 많다"라고 모호한 변명을 했는데 이는 위에서 살펴본 것처럼

---

46) 「탈선한 외화수입책」, 『경향신문』, 1955년 9월 12일자. 그런데 이 조치가 있기 전에도 문교부의 영화업무 인계 이후 몇 개월간 수입된 외국영화 37편 중 29편이 미국영화이고 나머지 8편도 이탈리아, 영국, 프랑스 및 공동제작 영화였기 때문에 발표자체가 일종의 '보여주기'에 가까웠다. 1955년 상반기에 수입된 외국영화 편수는 다음과 같다.

1955년	미국영화 편수	외국영화 편수	총편수
4월	4	1 (영국)	5
5월	5	·	5
6월	4	3 (이탈리아)	7
7월	6	3 (미영, 불이, 이)	9
8월	10	1 (영국)	11
합계	29	8	37

47) 전후 유럽 영화시장을 지배하던 미국영화에 대한 유럽 각국의 제한 조치는 수입된 미국영화에 고율의 세금을 징수하여 수입을 규제하는 한편, 미국영화 상영시간에 대한 할당을 제한하고 나머지 시간을 국내 작품에 할당하는 두 가지 차원에서 이루어졌다. 1948년에 프랑스는 미국영화 수입을 제한하고 적어도 연간 20주를 프랑스 작품에 할당할 것을 요구했고, 1927년에 이미 자국영화를 30%이상 상영할 것을 규정했던 영국 역시, 1948년에는 적어도 상영시간의 45%를 영국 장편영화에 할당하기로 규정한 새영화법을 통과시켰다. 이탈리아는 1949년 '안드레오티법'을 공표하여 연간 80일을 이탈리아 영화에 할당할 것을 규정하고 수입영화를 제한하는 조치를 취했다. 크리스틴 톰슨·데이비드 보드웰, 주진숙·이용관 외 옮김, 『세계영화사(1926~1960s)』, 시각과 언어, 2000, 291~292쪽.

당시 유럽영화의 분위기가 네오리얼리즘과 같이 사회현실에 대해 발언한 영화들을 위주로 하고 있는 것에 대한 부담감이 아닌가 생각된다. 문교부의 이 같은 외화수입 정책의 일관성 결여와 국산영화에 대한 실질적인 지원책이 없이 특정 영화사에 편의적인 정책을 취하는 태도는 많은 영화인들의 비판을 받았다.[48]

이러한 비판을 의식해서인지 문교부는 한 달에 1편씩 수입추천을 제한해 오던 정책을 1년도 못가서 바꾸게 되는데 이는 어느 무역업자건 간에 달러 보유력이 있는 자에 한하여 책정된 쿼터 범위 내에서 무제한 수입해 올 수 있도록 하는 이른바 '자유경쟁' 체제였다. 과거의 정책이 외화 수입 쿼터를 80편으로 정하여 38개 영화사에 균등한 수입 기회를 부여하는 것에 반하여, 군소업자들에게 절대적으로 불리한 자유경쟁제를 채택한 것이다.[49] 아니나 다를까 며칠이 지나지 않아 수도영화사가 대한영화배급협회를 경유하지 않고 8편의 외화수입 추천원을 한꺼번에 문교부에 제출하고 문교부가 이중 3편을 추천하는 사건이 발생하여 영화인들은 문교부의 협회를 무시하는 공정치 못한 처사와 갈팡질팡하는 영화정책을 규탄하였다.[50] 이에 당황한 문교부에서는 외화수입 추천 및 검열 사무에 공정을 기하기 위해 외화수입추천 및 검열자문위원회를 설치한다고 공표하였지만,[51] 대한영화배급협회에서는 문교부의 일방적인 외화수입정책 변경은 협회를 무시한 처사라며 일사일편의 원칙을 고수하고 신규가입을 허용하지 않을 것을 결의하였다.[52] 이처럼 계속되

---

48) 「국산영화장려란 말뿐 아무런 지원책 없다」, 『경향신문』, 1955년 9월 12일자.
49) 「외국영화의 개별수입제한 철폐」, 『동아일보』, 1956년 5월 26일자.
50) 「탈선하는 외화추천」, 『경향신문』, 1956년 6월 2일자 ; 「난맥의 영화행정」, 『동아일보』, 1956년 6월 3일자.
51) 「외화추천심사검열 사무-자문위를 설치」, 『경향신문』, 1956년 6월 5일자.
52) 「一社一本을 고수」, 『경향신문』, 1956년 6월 11일자.

는 문교부와 배급협회의 갈등 속에서 추천제와 쿼터제를 폐지하고 검열 기준을 명문화하며 검열진을 강화할 것을 주장하는 의견도 제기되었 다.[53]

이에 문교부는 외국영화수입추천 및 검열에 관한 방침을 정식 발표하 였는데, 이는 年半期마다 52편까지는 수입추천을 하지 않고 현행 검열제 도 강화를 위해 영화검열위원제와 엄격한 검열기준을 수립 실시하며, 검열은 대본검열과 실사검열의 두 가지로 나누어 대본검열에 불합격하 면 실사검열을 거치지 않고 각하할 수 있고 일단 검열을 하여 취해진 조치는 재검토하지 않는다는 내용이었다.[54] 그런데 상공부는 외국영화 수입에 대한 현행 사전추천제를 아예 폐지하고 검열필증과 송부만으로 수입신용장을 개설한다는 것을 재무, 문교, 외무부 및 한국은행 당국에 정식 통고함으로써 문교부는 추천제를 지양하고 선수입영화를 심사한 후 검열필증 교부에 대한 가부를 결정하게 되었다.[55] 이는 문교부의 무능한 행정을 상공부가 나서서 정리해 준 것과 다름없었으며, 정부 안에서 문교부의 위상을 보여준다.[56]

그러나 먼저 수입하고 일본에서 가져온 대본에 의해 한꺼번에 검열하 는 선수입제(DP)의 폐단을 규탄하는 영화인들의 비난이 계속되자,[57]

---

53) 고재언, 「바로잡혀야할 외화수입」, 『동아일보』, 1956년 7월 8일자.
54) 「외화추천 등 취급요령 제정」, 『조선일보』, 1956년 7월 22일자.
55) 「외화수입, 사전추천제를 폐지」, 『조선일보』, 1956년 8월 19일자.
56) 이러한 문교부와 상공부의 미묘한 신경전은 대개는 상공부의 승리로 끝났다. 문교부가 워너 브라더스의 <만화전집> 20권이 문화영화기 때문에 상공부 쿼터에서 제외한다고 발표했다가 상공부로부터 상공부고시 위반이라고 항의를 받은 일이 있었다(『동아일보』, 1956년 1월 29일자). 나아가 상공부는 1958년에 외화 수입이 일본을 통해 이루어지는 특수 거래에 해당하므로 상공부의 허가를 받아야 한다고 발표하였다. 「외화수입에 상공부 허가 필요」, 『조선일보』, 1958년 7월 16일자.
57) 선수입제도의 폐단은 ① 외화의 시장값을 올려놓음. 1편에 6만불 가까운 값.

문교부는 새로운 영화정책으로서 외국영화선수입제를 폐지하고 문교부
장관의 인정을 얻는 과거의 추천제를 다시 도입하였다. 곧 수입은 배급협
회 회원에 한하고 뉴스영화 및 문화영화 이외에는 미국작품과 기타국가
의 작품을 80 : 20의 비율로 할 것, 그리고 회원 1인당 3편 이내로 한다는
등의 선발식 추천제를 도입한 것이다.[58] 이러한 제한적인 외화정책에도
불구하고 외국영화, 특히 미국영화의 인기는 사그러들지 않았는데, 1957
년 한 해의 흥행 10위권에 한국영화는 관객수 5만 5천명으로 제4위를
기록한 <속 자유부인>(1957, 김화랑) 단 한편에 불과했다.[59]

　이러한 관계부처의 입장 차이로 인한 영화정책의 혼란 상황을 극복하
기 위해 영화입법과 영화정책위원회를 설립하자는 주장도 등장하였다.
곧 영화입법은 "종합적인 민족문화예술의 육성 배양과 문화, 대한의
국위 해외앙양, 전국민의 정서교육 및 건전한 오락 공급, 외화수입을
자연 감소케 함으로써 국내 달러의 해외유출과 작품의 해외시장 진출에
서 오는 외화획득책의 구현에 그 입법정신이 있어야" 한다는 것이다.
또 영화행정의 담당 부서로 영화국을 창설할 것을 주장하였는데, 이는
현재 영화업무를 맡고 있는 문교부가 영화시책을 원활하게 수행하기에
너무 미약하고 전국민에 대한 사회교육을 담당하기에는 너무나 취약하
기 때문이라고 한다. 또한 민족영화예술 진흥 발전과 아울러 해외시장
개척을 위해 시행되어야 할 모든 정책을 심의결정하는 최고 결의기관으
로서 문교, 재무, 상공, 부흥, 내무, 保社, 공보 등 6부 1실의 대표로서
'영화정책위원회'를 설치하고, 이 정책위의 원만한 운영을 위하여 정부대

---

　② 작품의 질적 저하를 가져옴. ③ 창고에 쌓여 있는 영화 필름만 200편으로
　국제적 체면을 떨어뜨림. ④ 수요공급면에서도 차질이 생김 등이었다. 박재순,
　앞의 글, 41~42쪽.
58) 『영화연예연감』, 1969, 135쪽.
59) 「관객 동원수에서 본 국내외 영화 베스트텐」, 『서울신문』, 1957년 12월 29일자.

표, 영화계대표, 문화계대표, 언론계대표, 학계대표로 구성된 '진흥자문
위원회'를 설치하자는 것이었다. 그러나 이러한 주장은 "강력한 국가목적
의식하에 박력있고 효율적인 정책을 수행하기 위해"[60)서 라는 문구가
시사하듯이 1960년대 영화법을 위시한 통제적 영화정책으로 귀결되고
만다.

　4·19혁명 이후에는 한국영화제작가협회(제협)와 대한외국영화배급
협회(영배)의 오랜 대립이 외화수입을 둘러싸고 표출되었다. 제협은
과거의 영화정책이 외화에 치중하여 국산영화에 대한 제작자의 수혜
권리를 박탈했다고 지적하고 앞으로의 영화정책이 국산영화를 적극적으
로 보호 육성하는 방향에서 수립되어야 한다는 전제하에 외화 수입의
기득권 일소와 국산영화 제작자에게 쿼터를 할당할 것을 주장하였다.
특히 이는 일본영화 수입권을 둘러싼 것이어서 더욱 논란이 되었다.
제협의 건의안 중 몇 개 항목이 일본영화와 관련된 것이었기 때문이다.[61)
영배는 이에 반발하며 외화와 국산영화의 차별은 관세를 통해서 조정하
는 것이 합리적이라고 주장하였다. 제협의 건의가 당시 현안이었던
영화계의 민주화에 앞서 일본영화 관련 항목을 내세운 것에 거부감을

---

60) 이청기, 「영화정책의 제문제」, 『서울신문』, 1959년 7월 30일자.
61) 제협의 건의안은 다음과 같다. 1) 외화수입의 기득권을 일소하고 외화 쿼터의
　　할당 대상을 오는 7월 1일 이후의 국산영화 제작편수에 둘 것. 2) 국산영화의
　　대일 수출을 장려하고 일본영화의 수입이 해금될 땐 대일본 수출입의 특수성에
　　비추어 국산영화제작 이외의 업체의 취급을 금할 것. 3) 관의 검열을 폐지하고
　　민간 자율적인 상영 사전 심의제에 의한 영화 윤리를 시행케 할 것. 4) 영화금고
　　제도를 설치할 것. 5) 현행 입장세를 폐지하고 국산영화를 면세할 것. 6) 영화
　　선전에 있어 검열필전 광고가 금지되어 있는 것을 폐지할 것. 7) 한국 영화인이
　　일본영화계를 시찰할 수 있게 지원할 것. 8) 영화 자제 수입에 대해선 면세할
　　것. 9) 국산영화의 상영허가 유효기간제를 폐지할 것. 10) 아시아영화제를 서울서
　　개최할 수 있게 지원할 것. 「한국영화제협서 당국에 건의」, 『한국일보』, 1960년
　　5월 27일자 ; 「새 영화정책 수립에 혼선」, 『동아일보』, 1960년 6월 1일자.

느낀다는 것이었는데, 실제로 이것은 영배의 기득권을 철폐하려는 의도
가 있었다. 제협과 영배의 이러한 갈등과 대립은 국산영화 제작자에게
외화 수입권을 부여하느냐 여부에 초점이 있었기 때문이었다.

이처럼 주무부서의 정책적 전망의 부재와 관계부처 간의 합의의 어려
움은 결국 영화정책이 유기적으로 움직이지 못하고 영화인들의 유대도
갖기 어려운 조건이 되었다. 외국영화로부터 국내의 영화계를 보호하고
국산영화를 육성해 민족문화 재건에 기여한다는 영화인들의 공통의
열망은 하나의 목소리로 합의되지 못한다. 그러나 이러한 시행착오는
오히려 다양한 입장이 공존했던 1950년대 문화계의 지형을 반증하고
있다는 점에서 모순과 혼란 속에 가능성도 있었던 시대라고 평가할
수 있다. 외화 수입 문제를 둘러싼 보호주의적 영화정책은 1950년대
문화재건의 가장 중요한 이슈 중 하나였던 서구문화의 수용과 한국문화
의 주체성 발견 및 보존 노력의 일환이었으며, 세계 자본주의적 질서
속에서 대한민국의 문화적 정체성을 찾아나가는 과정에 다양한 길이
있었음을 보여주었다. 오히려 이러한 여러 가능성을 차단한 것은 1960년
대의 일관되고 강력한 국가주의적 리더십이었다.

2) 검열과 국가주의적 영화정책

① 1950년대 검열 기구와 검열의 방향

영화의 내용, 곧 이야기와 표현을 감시하고 조정하는 것은 영화의
재건에 가장 필수적인 사항이었다. 이는 영화의 내용에 대한 검열과
규제를 통해 '보여주어야 할 것'과 '보여주면 안 될 것'에 대한 통제를
가한 것이었다. 이 같은 영화의 내용에 대한 규제와 통제는 영화의
서사를 국가의 재건 방향에 맞추도록 한 것이라고 볼 수 있다. 보여주어야

할 것에 대한 장려와 보상, 보여주면 안 될 것에 대한 감시와 처벌은 문화재건을 추구하는 국가가 영화와 관계를 맺는 방식이었다. 특히 검열은 영화의 내용을 직접적으로 감시하고 그것이 국가 재건에 역행하거나 국민의 道義와 정서에 위해가 된다고 판단했을 때에는 언제든지 처벌할 수 있는 법적 근거가 되었다.

검열의 결과로 가해지는 처벌이란 영화의 특정 장면이나 대사, 묘사 등에 대해 수정, 또는 삭제 조치를 내리거나 나아가 상영을 금지시키고, 이미 상영되고 있는 영화라도 중단시킬 수 있으며, 심한 경우 국가보안법 등 상위법을 들어 감독이나 제작자를 구속하여 실형을 언도할 수 있다는 것을 의미하였다. 검열은 그 목적이 보여주어서는 안 될 것을 '금지'하는 데에 있었고 이는 정부가 원하는 방향대로 문화를 유인하는 효과를 가지고 있었다. 검열 당국은 검열이 단지 처벌 기제로서만이 아니라 문화 육성책으로서도 의미있다고 생각하였다. 감시와 처벌, 규율과 통제를 통해 '건전한' 민족문화를 육성하고 문화재건을 달성한다는 것은 당시 검열에 대한 정부와 지식인들의 공통된 의견이기도 했다.[62] 그러나 영화인들에게 검열이란 좋은 영화를 만들기 위한 제작지침이 아니라 걸리지 않도록 최대한 피해야 하는 것에 불과하였다. 일단 검열에 걸리면 시나리오를 수정하거나 재촬영해야 하고 그렇지 않더라도 최소한 감독의 의도를 온전히 전달할 수 없어 경제적, 정신적 손해가 크기 때문에 검열에 통과하기 위해 상당한 수준의 자기 검열을 미리 해야 했고, 이는 결과적으로 대중의 심성과 정서를 솔직하고 온전히 전달하기 어려운 결과를 가져왔다. 국가가 허용하는 범위 내에서만 표현이 가능했기

---

62) 1950년대 중반 공보처 공보관을 역임했던 김기호(1928~)는 이러한 점에서 1950년대의 검열이 '규제행정'이 아니라 '助長행정'이었다고 주장한다. 2008년 1월 31일 인터뷰.

때문이다.

국가가 예술과 문화를 통제할 수 있다는 발상의 직접적 구현체인 검열행위는 1907년 총감부가 발표한 보안법에 기원을 둔다.[63] 보안법에서는 집회, 결사의 자유를 제한하고 공개장소에서 행해지는 문서, 그림의 게시, 반포, 낭독, 언어 형용, 기타 필요하다고 판단되는 모든 경우 단속이 가능했기 때문에 극장과 같은 불특정 다수가 모이는 공공장소는 늘 감시의 대상이 되었다. 1922년 경기도 경찰국이 발표한 '흥행 및 흥행장 취체규칙'으로 영화의 실사 검열이 시작되고 1926년 공포된 '활동사진 필름 검열규칙'에서 그 이전까지 지방 경찰서에서 담당하던 상영허가를 총독부 도서과에서 일괄 취급하도록 하여 신문, 출판물과 함께 영화 검열이 전국적으로 체계화, 일원화되었다. 1934년 제정된 '활동사진 영화 취체규칙'과 '활동사진 필름 검열규칙'은 각각 영화의 수출입에 관한 규제 및 영화의 내용에 대한 검열을 규정한 것이었다. 1940년 일본의 영화법을 조선에 적용한 조선영화령이 공포 실시되고 이른바 '영화신체제'가 성립되면서 영화에 대한 통제는 더욱 가혹해져 시나리오에 대한 사전검열과 필름에 대한 실사검열의 이중 검열로 일제는 제작현장과 상영장소에까지 임검할 수 있었다.[64]

해방과 함께 검열의 주체인 일제는 사라졌지만, 그 자리에 미군정이 대신 들어섬으로써 검열의 주체만 바뀌었을 뿐 검열제도는 유지되었다.

---

63) 검열은 언론, 출판 및 문화예술 전반에 걸쳐 이루어졌으나, 이 책에서는 영화 검열에 국한하여 서술한다. 영화 검열에 대한 기존 연구는 배수경, 「한국영화 검열제도의 변화」, 김동호 외, 『한국영화정책사』, 나남, 2005 ; 이봉범, 「1950년대 문화정책과 영화 검열」, 『한국문학연구』 37, 동국대학교 한국문학연구소, 2009 등이 있다. 문화전반에 대한 검열에 관해서는 이봉범, 「1950년대 문화 재편과 검열」, 『한국문학연구』 34, 동국대학교 한국문학연구소, 2008 참조.

64) 이준식, 「일제 파시즘기 선전영화와 전쟁동원 이데올로기」, 『동방학지』 124, 2004, 709~712쪽.

1946년 4월 미군정청 법령 제68호는 영화에 대한 모든 감독과 통제를 조선정부의 공보부에 이관한다고 규정하고 영화의 사전검열을 발표했다. 이어 10월에는 군정청 법령 제115호를 발표하여 일제시기에 행해졌던 영화에 대한 통제를 해제한다고 하면서 공보부에 영화의 제작, 배급, 상영에 대해 허가할 권리를 부여하고 공보부의 허가를 받지 않은 영화는 상영을 금지하였다. 반면 미국 군부나 그 대행기관이 상영하는 영화는 사전 검열과 허가제에서 예외로 한다는 규정이 있어, 검열의 주요 대상이 국산영화와 非미국영화에 맞추어져 있었음을 알 수 있다.

정부수립 후에는 영화관련 사무를 공보처와 문교부가 분담하였는데, 공보처는 외화의 수출입과 선전영화만 관장하고 문교부가 나머지 극영화를 심사하였다. 그런데 1948년 11월 제정된 공보처직제에서 영화와 방송에 관한 사무를 공보처가 관장한다고 규정하였고 이후 문교부로 이관하려는 몇 번의 시도에도 불구하고 기본적으로 공보처에서 영화 검열이 이루어진다.[65] 전쟁기에는 전쟁 기록영화가 많이 만들어진 만큼 국방부도 영화검열에 관여하였다. 1955년 선전영화 제작만 공보부에 남겨두고 나머지 모든 영화 관련 업무가 문교부로 이관됨으로써 영화 주무부서가 확정되었다. 이로써 영화 검열을 둘러싼 정부 부처 간의 갈등과 대립이 어느 정도 정리되는 듯 했으나, 영화 검열은 공보부, 문교부만이 아니라 내무부, 법무부, 국방부 등과도 연관되는 문제였다.

문교부의 검열을 통과한 후 상영중인 영화라도 국가보안법 위반으로 입건하고 상영을 중지시킬 수 있었던 대표적인 사례가 <피아골>(1955, 이강천)의 경우이다.[66] 이 영화는 남한의 국군이나 경찰이 전혀 등장하지

---

65) 이우석, 「광복에서 1960년까지의 영화정책(1945~1960년)」, 김동호 외, 『한국영화정책사』, 나남, 2005, 146~147쪽.

66) 또 다른 사례로는 1957년 <로마의 여성>, <애정의 쌀>, <연애시대> 등

않는다는 점과 공산주의자를 인간적으로 그렸다는 점에서 문제가 되어
국가보안법 위반으로 상영이 취소되었다가 한 달 만에 재상영되었으
며,[67] 그 과정에서 격렬한 찬반논쟁을 일으켰다. 이 영화의 소재를 제안한
것은 당시 전북도경의 김종환 공보주임이었는데, 촬영 당시 전북도경과
내무부 치안국에서는 총기류를 지원해 주는 등 협조적이었다고 한다.
그런데 영화가 완성되자 문교부는 몇 개의 장면을 삭제하거나 수정하는
조건으로 상영허가를 내줄 계획이었지만 당시 검열권을 갖고 있던 국방
부 정훈국은 이를 반대했고, 이에 반해 육군본부 정훈감실에서는 이
영화를 두둔했다.[68] 상영이 재개된 이후에도 내무부에서는 이 영화가
빨치산만 나오고 토벌대는 나오지 않는 점, 빨치산이 지나치게 사실적으
로 묘사되어 선전상 역효과를 줄 우려가 있다는 점, 그리고 빨치산을
영웅화했다는 점을 들어 "반공영화로 보기 곤란하다"는 의견을 냈다고
한다.[69] 이 같은 입장의 차이는 한편으로는 정부 부처간의 역할 분담과
권한이 효율적으로 이루어지지 못했던 1950년대 중반 이전의 상황을
보여주고 있기도 하지만, 다른 한편으로는 '반공'을 중심으로 한 사상검열
이 그 기준과 시각에 있어서 얼마나 많은 편차를 갖고 있는지를 보여주는
것이기도 했다.

외화 3편이 원작자가 공산작가라는 등의 이유로 적성영화로 분류되어 상영을
중지당한 일이 있었다. 배수경, 앞의 글, 464~478쪽.
67) 「상영중지 받은 영화 <피아골>」, 『경향신문』, 1955년 8월 26일자.
68) <피아골>을 지지한 육군본부 정훈감실에서는 이듬해 이강천 감독에게 보다
    명백한 반공 전쟁영화 <격퇴>의 연출을 맡겼다. <격퇴>는 김만술 대위의
    한국전쟁 참전 실화를 영화화한 것으로 북한군은 거의 나오지 않고 국군들만
    등장한다.
69) <피아골>을 둘러싼 논란에 대해서는 김소연, 「전후 한국의 영화담론에서
    '리얼리즘'의 의미에 관하여-<피아골>의 메타비평을 통한 접근」, 김소연 외,
    『매혹과 혼돈의 시대-50년대의 한국영화』, 소도, 2003, 43~48쪽 참조.

이러한 논란이 당대에 제공했던 교훈은 영화 검열에는 명확한 검열기준이 있어야 한다는 것이었다. 실제로 1956년 개봉하여 공전의 히트를 한 <자유부인>(한형모)은 키스씬 및 댄스씬 등을 삭제케 하여 파장을 일으켰으며, 검열기준을 마련해야 한다는 여론을 일으키는데 기여했다.[70] 결국 영화의 검열기준은 1957년 7월 21일자 문교부고시 제24호 '공연물 허가기준'에서 정리·공포된다. 그 내용은 다음과 같다. ① 순수한 예술적 감명과 명랑한 오락을 통하여 자유세계의 생활의 즐거움을 보여주는 작품, ② 애국, 정의, 의협, 개척 등의 정신을 강조한 작품, ③ 종교 또는 도덕에 관한 건실한 모티브를 가진 작품 또는 道義를 기조로 하는 건전한 문예작품, ④ 역사 또는 전기에서 취재한 것으로서 과거나 현재의 위인 또는 사건을 통하여 감동을 얻을 수 있는 작품, ⑤ 건실하게 사회문제를 취급한 작품, ⑥ 교육, 보도, 선전, 산업, 기타 기록 등의 내용을 가진 문화(영화) 작품 등은 허가하는 동시에, ① 국가의 위신을 손상할 우려가 있는 것, ② 國憲을 문란케 하는 사상을 고취할 우려가 있는 것, ③ 우리나라 국정에 나쁜 영향을 끼칠 우려가 있는 것, ④ 정치, 경제, 사회, 문화 및 국민교육 면에 지장을 주고 공익상 손해를 끼칠 우려가 있는 것, ⑤ 양풍미속을 문란케 하고 國民道義를 퇴폐케 할 작품, ⑥ 위법, 파괴 등을 위주로 한 것 또는 잔학성을 묘사한 것, ⑦ 제작기술이 졸렬하고 체계가 서지 않은 것 또는 제작연대가 과도히 경과한 것, ⑧ 그밖에 국민문화의 진전을 저해할 우려가 있는 것 등이 기준에 저촉되었다.[71]

이러한 검열기준을 통해 국가가 '보여주어야 할 것'과 '보여주면 안될 것'의 기준은 결국 현실의 대한민국을 긍정적으로 보고 국가의 재건에 도움이 되는 방향을 제시한 것이냐, 아니면 국가를 부정적으로 묘사하고

---

70) 「키쓰씬, 컬 소동의 시비」, 『주간희망』, 1956년 7월.

71) 「영화의 검열기준과 그 실제」, 『동아일보』, 1958년 3월 16일자.

국민의 道義와 풍속을 문란하게 하는 것이냐에 달려 있음을 알 수 있다. 곧 사상과 풍속에 대한 검열이 검열의 기조를 이루었던 것이다. 그런데 영화란 묘사에 따라 그 경계가 모호해질 수 있을 뿐만 아니라 검열기준도 주관적이었으며 검열관 개인의 성향에 좌우되는 경우도 많았기 때문에 뇌물수수에 얽힌 비리가 많았고 이에 문교부는 '영화행정의 공정'을 기하기 위해 행정방침을 전면적으로 재검토하겠다고 발표함으로써 이를 무마하고자 했다.72) 이러한 비리를 근절하고 "사회 풍기와 국민 도의, 그리고 청소년에 미치는 영향을 고려"하여 문교부는 1957년 7월 고시 제24호 '공연물 검열세칙'을 발표하고 금지될 장면을 명기하였다. 묘사가 금지된 장면은 다음과 같다. "영화에 있어서는 남녀가 서로 입술을 접촉시킨 것, 남녀가 서로 포옹하고 있는 것, 침대 위에서의 여러 가지 행동, 여자의 어깨 아래와 무릎 위가 비정상 상태로 노출되는 것, 가령 옷이 찢어지거나 찢기거나 하여 유방 근처가 노출되는 것(단, 수영복을 입은 상태는 무방하다)등이며, 선전 간판 광고지에는 위의 영화 장면을 묘사해서는 안되는 것과 더불어 권총을 겨누고 있는 것, 격투하는 장면, 피살의 장면, 기타 잔인 포악한 장면" 등이다.73)

이러한 정부의 검열기준과 검열의도에 대한 비판론도 제기되었다.74) 일부 언론에서는 "지나치게 엄격한 윤리적 통제는 영화의 예술성과 오락성을 침해하여 상품으로서의 영화의 가치를 떨어뜨리고 마는 것이

---

72) 「영화검열 싸고 收賄」, 『서울신문』, 1958년 5월 14일자 ; 「영화행정 전면 재검토」, 『동아일보』, 1958년도 5월 16일자.

73) 「문교부, 영화검열 규정을 강화」, 『한국일보』, 1958년 9월 27일자. 한편 국산영화에서 키스씬은 <운명의 손>에서 최초로 시도되었는데 당시 여주인공 윤인자의 남편이 감독과 제작사를 고소하는 사태까지 벌어졌다.

74) 1957년 전국문화단체총연합회가 주도하여 만든 영화윤리위원회에서 영화윤리 규정을 발표하기도 했지만 실질적인 규정력을 발휘하지는 못했다. 「영화윤리와 자본」, 『경향신문』, 1957년 8월 23일자.

니, 관능과 잔인성에 대한 자극과 건전한 윤리적 요청 간에 균형 적절 관계를 이루는 것은 결코 용이한 일이 아니"라는 것이라고 하며, 다음과 같은 이유를 들어 영화검열제를 폐지할 것을 주장하였다.

첫째, 서양사람들은 애정의 표시로서 키스나 포옹을 공개리에 하는데, 이것이 우리의 고유한 풍속과 도덕 관념에 어긋나는 것이라 하여 모두 커트해 버린다면 화면의 연속 자체도 이해할 수 없게 될지도 모른다는 점. 둘째, 당국이 지금까지 특정영화에 대한 관람을 미성년층에게 금지해 온 까닭은 청소년 교육에 대한 영화의 영향력이 나쁘게 작용할 것을 고려해서 취해온 조치로 보이는데, 영화검열규정을 苛烈하게 하여 일반 성인층이 보는 영화필름에 대해서도 대폭적인 삭제를 실시한다는 것은 성인을 미성년자 취급하고 관람자 일반을 愚昧視하는 것이나 다름없다는 점. 셋째, 사회풍기나 국민도의 그리고 청소년 교육에 미치는 악영향 운운하지만 어떤 영화가 악영향을 미쳤는가, 미치지 아니하였는가는 자유롭게 도입, 제작, 상영시켜본 연후에 판단할 일이요, 단속할 일이지 이런 이유로 관헌 당국에게 사전검열을 용납해 줄 성질의 것이 아니라는 점. 넷째, 출판자유의 본질이 출판물에 대한 사전검열을 금지하는데 있고 사상 어느 나라에서 실시한 검열제도도 언론을 위축시키지 않은 예가 없을진대, 영화 필름의 상영 전 검열은 결국 영화예술의 자유로운 발달을 저지하고 말 것이라는 점.[75]

이러한 상황에서 1958년 문교부는 내무부와 법무부에 각각 음란물 단속과 사상관계 부문의 영화검열을 위임하였다. 이는 문교부가 영화 검열 업무의 주무부서인데도 불구하고 이 부분에 대한 문교부의 헤게모니가 철저히 작동되지 못했다는 것을 의미한다. 또한 아무리 미세한 검열기준을 세워놓았다고 해도 영화가 보여주는 풍부한 표현력에 대해

---

75) 「사설 : 영화의 윤리기준 문제」, 『동아일보』, 1958년 9월 30일자.

국가가 일일이 간섭하기 어렵다는 것도 보여주었다.

이처럼 정부의 영화 검열이 부처간의 갈등과 대립, 권한의 오해와 남용 등에 의해 오락가락하면서 결과적으로 영화를 제작하고 배급·상영하는 영화인들의 혼란을 초래하자 민간에서도 자율적인 영화윤리 기구가 필요하다는 인식이 크게 대두되었다. 이러한 인식에 힘입은 민간 심의기구의 창립은 1950년대 후반에 처음 이루어진다. 1957년 8월 전국 문화단체총연합회가 주도하여 영화윤리위원회가 창립되고 윤리규정이 제정된 것이다. 이 윤리규정은 제작해서는 안될 사항을 일반원칙과 부칙 5개 항목으로 나누어 규정하고 있다. 일반원칙은 "영화의 내용에 있어 인간성을 유린하거나 국민으로서의 義性을 저하시키는 작품, 反국가적인 행위나 악이나 범죄 등을 경시하거나 동조해서는 안되며 미풍양속을 훼손해서도 안된다"고 되어 있으며 부칙은 국가, 법률, 사회(도덕, 풍속), 교육 및 종교, 기타로 나뉘어 있다.[76] 이 윤리규정에 대해 지나치게 엄격하다는 비판이 쇄도하였는데, 이는 민간 심의기구가 국가가 행하던 검열에 대해 근본적인 문제제기를 하지 않기보다는 그 권한을 넘겨받는 것으로 인식되었기 때문이다. 이 때문에 '반공'과 관련된 사상검열과 국민생활과 관련된 풍속검열이라는 정부 검열의 두 기조가 민간 심의기구 창설 후에도 계속 적용된다.

② 1960년대 민간 심의기구와 국가 검열의 재강화

이승만 정권 하에서 검열은 무엇보다도 독재정권을 옹호하고 현실의 모순을 은폐하는 이데올로기 기제로서 사용되었기 때문에 실로 어처구니없는 검열 사례가 많이 있었다. 4·19혁명 이후 영화계의 민주화 흐름

---

76) 「국산영화윤리를 규정」, 『경향신문』, 1957년 8월 22일자.

속에서 나온 영화관련 기사에는 이러한 내용을 폭로하는 내용이 많다.

대표적인 예로 <로맨스빠빠>에서 아버지와 씨름에서 이긴 막내아들이 "아버진 우리 집의 최고권력이다. 난 최고권력과 싸워 이겼다……"고 하는 대목이 있는데 이것은 경무대의 이박사를 빈정댄 것이라 어처구니 없이 걸어 커트, "옥체 건강하시나이까"라고 했다고 옥체란 오로지 대통령에게만 쓰는 문구라고 커트, 그러나 따지고 보면 옥체란 옛날 임금에게 한하여 쓰여진 낱말임을 제대로 알일. 어느 영화에선 남성에게 짓밟힌 여성이 남산에 올라가서 서울을 내려다보며 "저 불빛 아랜 나같이 불행한 여성도 많을 것"이라 한 것을 어째서 (자유당 정권에게) 불행한 사람이 많으냐고 사상이 불온하다고 커트…… 등등 이루 헤아릴 수 없을 만큼 상상을 넘는 에피소드들이 많다.77)

이러한 비판에 힘입어 다시 영화윤리위원회의 필요성이 제기된다. 1960년 8월 5일 제작가협회, 외화배급협회, 극장협회 등 기간영화사업단체들이 27명의 윤리위원을 추대하고 이청기를 위원장으로, 이진섭, 허백년, 최일수를 부위원장으로 하는 단일한 영화윤리위원회(영륜)가 창립되고 전문 36조로 된 영륜 규약과 영륜 규정 등을 통과시킨다.78)

---

77) 「때묻은 가위」, 『동아일보』, 1960년 5월 13일자.
78) 이는 무엇보다도 헌법의 개정에 따라 검열의 법적 근거가 사라진데서 비롯된 것이었다. 과거의 헌법 제13조에는 "모든 국민은 법률에 의하지 아니하고는 언론, 출판, 집회, 결사의 자유를 제한받지 아니한다"라고 하여 기본적으로 언론, 출판, 집회, 결사의 자유를 천명은 하지만 '법률에 의하지 아니하고는'이라는 유보조항이 붙음으로써 언제든 국가나 권력이 요구할 때에는 기본권을 제한당할 수 있는 법적인 근거가 있었으나, 1960년 6월 15일 개정된 대한민국 헌법의 제13조는 "모든 국민은 언론, 출판의 자유와 집회, 결사의 자유를 제한받지 아니한다"고 되어 있어 유보조항이 삭제되었다.

<영화윤리규정 전문>

1. 국가 및 사회

①대한민국 헌법을 수호한다. ②민주주의 정신에 합치되는 사상을 조장하며 이에 어긋나는 사상을 부정한다. 특히 민권을 존중하며 관료 우위 사상을 부정한다. ③모든 종교, 풍속, 관습 및 국민감정을 존중하며 공정을 기한다.

2. 법률

①법과 정의를 존중하며 범죄의 취급에 있어서 법과 정의에 어긋나는 행위에 동정이 가도록 표현하지 않는다. ②살인 및 기타 범죄 방법을 필요 이상 명료하게 묘사하지 않는다. ③사형 및 고문, 린치의 취급은 관객에게 잔학한 감정을 일으키게 하지 않도록 주의한다. ④무기 사용은 관객에게 폭력행위를 유발케 하지 않도록 주의한다. ⑤재판, 소송 등의 수속은 바르게 취급한다. ⑥현대에 있어서의 복수는 정당화하지 않는다.

3. 풍속

①호색적인 저급한 제명을 사용하지 않는다. ②외설로 인정되는 것은 회화, 가사, 농담, 자태 등에 포함하거나 암시하지 않는다. ③전나체는 원칙상 묘사하지 않으며 탈의장면, 무용실 장면의 취급에 있어서 관객의 열정을 자극하지 않도록 주의한다. ④부녀자, 아동, 동물에 대한 잔인 행위는 취급하지 않는다. ⑤불구자, 병상자 및 외과수술의 취급은 관객에게 추오한 감정을 일으키지 않도록 주의한다.

4. 성

①결혼제도 및 가정의 신성을 옹호하며 저급한 성관계를 공인된 형식처럼 취급하지 않는다. ②간통과 불륜한 성관계를 정당화하거나 매혹적인 것으로 표현하지 않는다. ③연애장면은 열정을 자극하도록 취급하지 않는다. ④매춘을 정당화하지 않는다. ⑤색정, 도착, 변태성욕을 제재로 취급하지 않는다. ⑥분만장면을 묘사하지 않는다.

5. 교육

①교육자 및 성직자를 고의로 우롱하며 조롱 비방하지 않는다. ②모든 소재나 묘사표현은 청소년의 감수성을 고려한다.

극영화에 있어 전기 각항에 해당되는 표현을 피한다. 단 예술의 본질적 가치에 따라서는 판단의 여유를 둔다.

　6. 일반원칙

　영화의 내용에 있어 인간성을 유린하거나 국민으로서의 도의성을
저하시키는 작품을 방지한다. 따라서 반국가적인 행위나 범죄를 경시,
동정하거나 또는 미풍양속의 훼손을 사전에 방지한다.[79]

　그러나 영화윤리위원회는 출발부터 갈등의 소지가 있었다. 곧 영화윤
리위원회가 외국영화와 국산영화를 막론하고 영화의 심의권을 동위원회
에 전부 넘겨줄 것을 요구한데 반하여, 문교부는 국산영화에 대한 심의권
은 넘겨주되 외국영화에 대한 적부심의는 문교부에서 그대로 취급해야
한다는 견해를 견지하고 있었던 것이다. 그러나 결국 문교부는 국산영화
에 대한 심의권과 외국영화에 대한 검열권을 영륜에게 넘기게 되었다.
영륜의 영화심의는 각 영화사업단체의 위촉에 의해 영화윤리를 심의,
자문하여 의견을 붙여 권고하는 것에 그치는 것이어서 이를 위해서는
서로 협조하고 상호의견을 존중하는 것이 관건이었다.[80] 영륜의 의의는
무엇보다도 이것이 한국 영화문화의 민주화에 기여할 것으로 기대되었
다는 점이다. "한국과 같이 급격한 변화 속에 있는 나라는 도덕이나
윤리가 항상 불안하고 위기에 놓여 있으므로" 영륜도 부단한 자기 갱신과
연구를 통해 독선과 억압을 배격하고 "현실에 봉사하는 정치보다는
역사와 전통에 봉사하는 문화의 정신을 깨달아야 한다"고 강조되었다.[81]

　한편 복잡한 영화윤리규정에 대한 비판을 제기하고 원칙적으로 검열
이 없는 것으로 출발해야 한다는 점도 제기되었다. 검열이라는 제도를
반대해야 할 위치에 있는 영화작가가 대부분인 전문위원들이 정부의

---

79) 「영화윤리규정 채택」, 『한국일보』, 1960년 8월 7일자.
80) 「자율적 심의지행」, 『동아일보』, 1960년 8월 10일자.
81) 「이렇게 했으면……」, 『서울신문』, 1960년 8월 11일자.

간섭도 받지 않은 상태에서 너무 까다로운 규칙을 만들어놓은 것에
대해 이것은 自繩自縛의 길이며 권력화의 길이라는 것이다. 특히 교육항
에 모든 소재나 묘사의 표현은 청소년의 감수성을 고려한다는 대목에
이르러서는 무슨 수신교과서를 만들거냐는 비아냥까지 들었다.[82] 이에
영륜위원장 이청기는 영륜은 과거 문교부에서 사용하던 검열이란 단어
를 아주 말소시키고 이에 대신에 심의라는 말을 쓰기로 했다고 하면서
이는 단순히 검열이라는 두 글자가 심의로 바뀌어진 것이 아니라 관권적
인 검열제도가 없어지고 사회단체에서 자율적으로 하는 가장 민주적
제도인 심의의 새 제도가 마련된 것이라고 강조하였다.[83] 그러나 영륜이
보여준 나름대로의 진보성은 반일과 반공의 테두리를 벗어난 것은 아니
었다. 영륜은 일본영화나 일본을 무대로 촬영한 영화를 수입금지함과
더불어 공산주의 국가와의 합작영화나 공산주의의 동조자가 캐스트나
스탭으로 등장하는 영화는 금지하였다.[84]

　또한 영륜의 보수성과 무기력이 물의를 빚기도 했다. 당시 민주화
분위기 속에서 유럽에서 제작된 성적 표현의 수위가 높은 영화들이
많이 수입되었는데, 영륜은 그중 영국영화 <젊은 육체들(Beat Girl)>에
대해 청소년에게 유해하다는 이유로 상영보류 결정을 내렸다.[85] 흥행을
위해 일부러 성애영화 같은 느낌이 나도록 제목을 붙였던 것이 검열에서
는 역효과를 냈다고 판단한 수입사 세기상사는 문교부가 지적한 부분을
자진 삭제하고 원제를 살려 <비트걸>이라는 제목으로 상영을 강행하였
다.[86] 수입사 입장에서는 외국영화를 수입할 때 문교부의 추천서를

82) 이원경, 「영륜의 윤리규정을 보고」, 『조선일보』, 1960년 8월 13일자.
83) 이청기, 「자율적 심의제 확립」, 『한국일보』, 1960년 8월 18일자.
84) 「문교부 관계자 연석회의」, 『경향신문』, 1960년 8월 18일자.
85) 「좌담회 : 영화와 청소년 지도」, 『경향신문』, 1961년 2월 11일자.
86) 「영륜서 항의－비트걸 상영 강행」, 『조선일보』, 1961년 2월 18일자.

첨부하여 상공부에서 허가를 받아야 하므로 영륜은 거치지 않아도 된다
고 생각했던 것이다. <비트걸>의 상영 강행은 영륜의 권위를 추락시켰
지만, 평론가들은 <비트걸>의 비트의 수위가 그리 높지 않다고 순진한
'模擬 비트'라고까지 평가하였다. 결국 영륜은 이러한 사태에 항의하여
자진해체도 불사하겠다고 강경 대응에 나섰으며, 초기부터 영륜과 갈등
을 빚었던 문교부가 앞으로는 영륜과 공동으로 외화수입 신청심사를
할 것이고 청소년의 <비트걸> 관람을 최대한 막겠다는 입장을 밝혔
다.[87] 이는 영륜이 법적 구속력이 없는 유명무실한 기관이라는 것을
증명한 꼴이 되었다. 이 사건으로 외화 추천심의는 영륜과 문교부가
합동으로 하고 통관된 후 작품심의, 신문광고, 극장간판이나 선전탑
등의 단속은 영륜에서 하기로 역할 분담이 되었고,[88] 이에 검열이 부활한
것 아니냐는 여론이 일기도 했다.[89]

　이처럼 영륜으로 대표되는 '민간 심의'에 대한 발상은 비록 국가가
주체가 되는 권위적, 일방적, 자의적인 운영이 아니라 민간의 자율적인
운영을 강조하긴 했지만, 근본적으로는 문화를 심의, 검열할 수 있다는
기존의 생각에서는 벗어나지 못한 것이었다. 곧 생산된 대중문화는
소비자인 국민 대중의 것이라는 생각보다는 대중에게 '그대로' 노출되는
것이 매우 위험한 일이기 때문에 그 전에 '누군가가' 심사해야 한다는
것이다. 이는 대중에 대한 불신과 더불어 제작자에 대한 불신까지 겹친

---

87) 「영륜서 재심요청 폐기」, 『경향신문』, 1961년 2월 14일자 ; 「비트걸의 비트성」,
　　『한국일보』, 1960년 2월 19일자 ; 「소년 관람 엄금을 다짐」, 『서울신문』, 1961년
　　2월 20일자 ; 영화진흥공사, 앞의 책, 1977, 105쪽.
88) 「통관전은 합동으로-문교부와 영화윤리위원회, 외화심의에 합의」, 『조선일보』,
　　1961년 3월 15일자.
89) 「외화 검열제 사실상 부활-문교부서 수입심의권 갖게 돼」, 『서울신문』, 1961년
　　3월 15일자.

이중의 불신을 드러낸 것이며, 미숙한 생산자와 어리석은 소비자를 대신해서 대중을 '바른 길'로 이끌어줄 지식인의 존재를 강조했다는 점에서 또한 계급적 한계를 노정시킨 것이다. 영화를 '국민에 대한 계몽과 교육의 도구'로서 바라본 지식인들은 국민들을 '오락영화의 해독'과 유해한 이데올로기로부터 막아내는 선봉장의 역할을 자임했던 것이다. 영륜은 민간에 의한 심의라는 한국영화역사상 매우 새롭고 혁신적인 심의제도를 추구하였으나 이는 구태를 버리지 못하는 정부 행정조직과의 마찰과 영화인 내부의 갈등, 그리고 영화를 계몽과 교육의 잣대로만 보는 보수성 등 많은 한계를 드러내었고, 이러한 시행착오를 충분한 경험으로 승화시키고 스스로 극복할 수 있는 기회를 갖지 못한 채 군사정권에 의해 좌절되고 말았다.

5·16군사정변 직후 계엄사령부는 옥내 집회 금지 조항으로 금지되었던 극장 개관을 허가하는 포고 제4호와 문화예술행사 및 흥행에 대한 포고 제5호를 발표하였다. 그 내용은 영화 연극 및 기타 일체의 문화예술행사는 사전 검열을 받아야 하고, ① 혁명정신과 목적 수행에 위배되는 내용 ② 사회윤리와 미풍양속 및 도덕심을 해하는 내용 등은 검열에 저촉된다는 것이다.[90] 이로써 검열은 계엄사령부와 문교부 합동으로 실시되다가 영화검열 업무가 공보부로 이관되면서 '영화 및 공연물 사무요강'과 '흥행물고사 사무요강'이 공보부 고시 제12호로 공포되었다. 곧 국산영화의 제작 및 상영이나 외국영화의 수입 및 상영 시에는 사전에

---

90) 「문화예술 및 흥행 要검열」, 『한국일보』, 1961년도 5월 22일자. 그런데 바로 다음날, 5월 15일 이전에 문교부장관 신고필증을 받고 상영 공연 중이던 영화 연극은 사전검열 대상에서 제외하며, 문교부장관 신고필증을 받았더라도 아직 상영 공연하지 않은 영화 연극은 사전검열을 받아야 한다고 정정하였다. 「영화연극 검열 일부를 변경」, 『한국일보』, 1961년 5월 23일자 ;『국가재건최고회의 법령집』, 민중서림, 1961~1963.

공보부 장관에게 신고하고 허가를 받아야 한다는 것이다. '흥행물고사 사무요강'에서는 연소자 영화관람 기준을 정하고 고사기준을 국가와 사회, 종교와 교육, 법과 범죄, 성과 교육, 비속과 외설, 습속과 의상 등에 관한 상세한 기준을 정하여 고사를 받도록 규정하였다.[91] 더구나 1962년 개정된 헌법에는 "모든 국민은 언론, 출판의 자유와 집회, 결사의 자유를 가진다"고 하면서도 "다만 공중도덕과 사회윤리를 위해서는 영화나 연예에 대한 검열을 할 수 있다"고 하여 검열을 합법화하였다.

군사정변 후 가장 먼저 문제가 된 영화는 5·16 직전에 개봉되었다가 다시 상영된 <오발탄>(1961, 유현목)이었다. 이 영화는 사회를 지나치게 어둡게 그렸으며, 어머니가 외치는 "가자!"라는 대사가 북한으로 가자는 것을 의미한다는 이유로 상영 중지되었으나, 외국의 평론가로부터 한국 영화 중 가장 감명 깊은 작품으로 꼽히는 등 극찬을 받고 이에 힘입어 샌프란시스코 영화제에 출품된 것을 계기로 재상영이 결정되었다.[92] <오발탄>이 해외 영화제에서 선전하고 수출까지 된 것에 대해 당국이 더 이상 상영을 보류하는 것은 '영화에 대한 몰이해와 무식의 소치'로 여겨졌기 때문이며, 무엇보다도 영화가 수출 상품이 될 수 있다는 근대화 의 발상에서 영화를 재인식했기 때문이었다.

영화에 대한 검열이 더욱 엄격해진 것은 1966년 제2차 영화법 개정에 의해서인데, 검열이라는 문구를 직접 명시하지 않은 이전의 영화법과 달리 제11조 '신고와 검열'이라는 항목에는 "영화를 제작하고자 할 때에

---

91) 「공보부 장관의 사전허가 필요 - 영화 등 공연물 취급요강 공포」, 『조선일보』, 1961년 11월 11일자.
92) 「한국영화의 앞길은 양양, 리차드 다이어 맥칸 박사담, <오발탄>에 감명」, 『조선일보』, 1963년 7월 14일자 ; 「햇볕 볼 영화 <오발탄>, 샌프란시스코 영화 제서 출품 요청」, 『조선일보』, 1963년 8월 16일자 ; 「영화 <오발탄> 상영보류 해제」, 『조선일보』, 1963년 8월 25일자.

는 대본을 첨부하여 공보부장관에게 신고하고 상영전에는 공보부장관의
검열을 받아야 한다"고 명시되어 있다. 이는 영화의 사전검열과 실사검열
이라는 이중검열을 주장하던 공보부안이 국회의 논의를 거치면서 다소
완화되어 표현된 것이었다. 곧 공보부장관 홍종철은 반공법 위반으로
상영 금지된 영화 <7인의 여포로>(1965, 이만희)의 예를 들면서[93] "사후
에 검열하면 제작자에게 손해가 막심하기 때문에 이를 예방"하는 차원에
서 사전검열이 필요하다고 주장하였지만, 국회에서는 사전검열이 민주
국가의 법체계상 있을 수 없는 후진적인 규정이라는 것을 들어 반대의견
이 속출하였다.

그런데 정작 사전검열을 신고로 바꾼 결정적인 이유는 공보부가 그
많은 시나리오를 제대로 읽지 않아 사후에 문제가 생길 경우 그 책임을
공보부가 고스란히 떠안아야 한다는 우려가 크게 작용했다.[94] 검열
문제가 영화계의 문제가 아니라 공보부의 문제로 호도되어 이해되고
있을 만큼 영화를 비롯한 문화예술계에 공보부의 영향력은 절대적이었
다. 또한 동법 제13조에는 "①헌법의 기본 질서에 위배되거나 국가의
권위를 손상할 우려가 있을 때, ②公序良俗을 해하거나 사회질서를 문란
하게 할 우려가 있을 때, ③국제간의 우의를 훼손하게 할 우려가 있을
때, ④국민정신을 해이하게 할 우려가 있을 때"에는 합격을 결정하지
않거나 해당 부분을 삭제하고 합격을 결정할 수 있다고 명시하였다.
이러한 법조항은 경우에 따라 얼마든지 꿰어 맞출 수 있을 정도로 포괄적
이어서 영화인들은 항상 자기 검열에 시달려야 했다.

---

93) 영화법에 검열이라는 말이 나오지 않아도 얼마든지 상위법을 근거로 영화를
   상영금지 시키거나 나아가 감독을 구속 수감할 수 있었다는 것을 이 사건을
   통해 알 수 있다. <7인의 여포로>와 관련된 논의는 본서의 제4장 참조.
94) 『국회회의록』, 제59회 문교공보위원회 8차 회의, 1966년 7월 6일.

1967년 공보부는 영화의 검열을 한국영화업자협회에서 검토하도록 하였는데, 동 협회의 영화심의위원회에서 각본심의를 거치고 제작이 끝나면 공보부에서 실사심의를 하게 되어 결국 이중검열이 되고 말았다. 1967년 공보부 내에 영화각본심의위원회가 설치되면서 검열을 세 번에 걸쳐 하게 되자 1968년부터는 영화심의위원회와 영화각본심의위원회가 합동검열을 실시하였다. 1966년 창립된 예술문화윤리위원회(예륜)가 적극적으로 영화 심의에 참여할 의사를 보임에 따라 1970년에는 영화시나리오의 사전 심의를 예륜에서 담당하게 된다. 사실상 정부기구나 다름없었던 예륜은 이후 유신체제에서 영화의 검열을 점차 강화해 가는 중심에 있었다. 실제로 1968년 검열에 통과하지 못하여 개봉을 못한 영화는 전체 검열편수 212편 중에 48편이나 되었다.95)

이처럼 검열이라는 이름으로 행해진 일련의 과정은 국가가 국민에게 '보아서는 안될 영화'를 금지함으로써 국가가 영화를 감시하고 처벌할 수 있는 법적 근거가 되었다. 그러나 더욱 문제인 것은 단지 사후적인 금지와 처벌만이 아니라, 검열이 존재함으로 인해 영화의 자유로운 연출과 제작활동이 위축되어 국가가 원하는 방향으로 자기 검열을 하거나 이를 피해가기 위해 현실에 대해 직접 발언하지 않아도 되는 영화들을 양산하고 있는 현상이었다. 대중영화에서 국가 재건의 모습이 노골적으로 나타나는 것 역시 이러한 사정에 기인하였다. 그러나 영화인들이 검열에 저촉되지 않기 위해 더욱 오락적인 영화를 제작하고 퇴행적인 신파성에 기대는 동안 대중들은 꾸준히 성장하고 있었고, 대중영화는 이러한 당대 대중의 정서를 어느 정도 반영하지 않을 수 없었다.

요컨대 외화수입정책으로 대표되는 보호주의적 영화정책과 검열로

---

95) 『영화연예연감』, 국제영화사, 1970, 103쪽.

대표되는 국가주의적 영화정책은 모두 외래문화로부터 한국문화를 보호하고, 반공적이며 국민도의에 어긋나지 않는 문화를 생산하기 위한 영화재건의 방향에 충실한 것이었다. 이는 민족문화 수립, 반공적 문화, 문화의 근대화라는 문화재건의 세 방향 중 앞의 두 가지 방향과도 정확히 일치한다. 외래문화의 홍수 속에서 민족문화를 지키기 위해 외국영화 수입은 엄격한 검열이 뒤따랐으며 여기에는 유럽문화에 대해서는 고급문화이지만 한국의 실정과 맞지 않는다는 식의 시각을, 미국문화에 대해서는 저급하고 상업적이지만 한국에 해가 될 것이 없다는 식의 이중적 잣대가 적용되었다. 검열은 외국영화를 수입하거나 한국영화를 제작, 상영할 때 반드시 거쳐야 할 것으로 해당 영화가 사상적으로나 국민 도의 면에서 재건의 방향에 저해됨이 없는지가 가장 초미의 관심사였다. 그리고 문화의 근대화라는 문화재건의 세 번째 방향은 바로 영화의 산업화라는 영화계의 오랜 숙원과 과제를 안고 있었다.

2. 영화 산업의 재건을 위한 담론과 정책

1) 영화 산업화 모색의 역사적 전개

① 영화기업화론의 발생과 한계

1950~60년대 영화 산업의 재건을 담론과 정책이라는 측면에서 살펴보고자 할 때 영화 산업의 재건은 기본적으로 한국영화의 영세성과 후진성을 어떻게 탈피하여 근대적이고 체계화된 영화 산업의 시스템을 만들 것인가의 문제였다. 이는 문화재건의 방향과도 일치하지만 이미 일제시기부터 모색되어온 영화기업화론과 고민의 궤를 같이 하는 것이기도 했다. 이러한 영화기업화론이 1960년대 국가주의적 리더십과 만났

을 때 어떠한 결과를 초래할 것인지 살펴보기 위해 우선 영화기업화론에
대한 검토가 우선적으로 이루어져야 함은 물론이다.

사실 영화는 산업혁명의 결과로 발명된 근대과학기술의 개가로서,
처음부터 이윤추구의 동기로 제작되어 제국주의의 문화전파 수단으로
전세계 곳곳에 유포된 매체이다. 1895년 영화를 처음으로 상업적 수단으
로 대중상영하여 큰 성공을 거둔 뤼미에르 형제는 유럽 제일의 사진판
제조업 가문 출신이었고 이것은 영화의 태생과 전파가 자본주의와 그것
의 전지구적 확산 과정과 매우 밀접한 관계에 있음을 상징적으로 보여준
다.96) 한국에서도 영화는 이식된 자본주의와 함께 도래하였고, 영화라는
근대 예술의 총아가 대중오락으로 자리잡아 가는 과정은 자본주의가
아직 덜 근대화된 일상과 문화에 뿌리내리는 과정과 맥락을 같이 했다.
그러나 이식된 자본주의와 전근대적 관행이 많이 남아있는 사회 사이에
서 외국영화, 일본영화와의 경쟁을 뚫고 살아남아야 했던 조선영화는
그 돌파구를 찾지 않으면 안되었고, 이를 위해서는 영화의 생산과 소비
메커니즘이 근대 산업적 형태로 외양과 내면을 갖추어 나가기 위한
모색과 노력은 필수적인 것이었다. 이러한 영화의 산업화, 곧 영화산업의
근대화를 위한 노력이 바로 영화기업의 근대화론, 곧 영화기업화론이다.

영화의 기업화란 어느 정도의 규모있는 자본이 영화의 생산에 지속적
으로 투자하고, 영화 제작을 통해 벌어들인 수익이 다음 영화의 제작과
잉여자본으로 확대재생산될 수 있는 체계를 갖추는 것을 의미한다.

---

96) 영화의 초기 역사에 대해서는 톰슨·보드웰 저, 주진숙·이용관 역, 『세계영화사』,
시각과 언어, 2000, 55~82쪽(Kristin Thompson & David Bordwell, *Film history : an
introduction*, McGraw-Hill, New York, 1993) ; 제프리 노웰-스미스, 이순호 외
역, 『옥스포드 세계영화사』, 열린책들, 2006, 36~48쪽(Geoffrey Nowell-Smith
ed., *The Oxford history of world cinema*, Oxford University Press, Oxford, New York,
1996) 참조.

곧 영화기업화의 목표는 자본의 선순환구조를 통해 영화산업의 양적
질적 성장이 가능한 체계를 구축하는 것이었다. 영화기업화론은 영화가
근대의 산물임에도 불구하고 그 제작과정에 내재하고 있었던 비체계성,
비합리성, 전근대성을 극복하고 영화를 명실공히 '산업'으로서 자리매김
하고자 하는 열망의 표현이었다. 영화제작이 삶의 유일한 수단이자
목표였던 영화인들에게 영화의 산업화는 생존의 문제가 걸린 절실한
것이었고, 그만큼 정치적으로 위태로운 것이기도 했다. 영화기업화론이
가장 활발히 제론되었던 1930년대 중반과 1950년대 후반에 이어 일제의
영화통제책과 군사정부의 영화법 제정이 이어졌다는 것은 그러한 정치
적 위태로움이 초래한 결과가 두 시기의 명백한 차이에도 불구하고
비슷한 궤적을 그릴 수 있다는 것을 보여주었다. 이와 같은 이유로
영화기업화론에 대해서는 한편으로는 일제시기 영화사, 특히 발성영화
및 친일영화와 관련한 연구들에서 부분적으로 다루어 왔으며,[97] 또
한편으로는 1960년대 영화법의 주요한 부분으로서 기업화정책이 다루어
지기도 하고,[98] 스타시스템과 연관하여 다루어지기도 했다.[99]

한국에 영화가 도래한 것은 일본, 중국과 비교해 그리 늦은 편은
아니었으나, 한국인에 의해 영화가 직접 제작되기 시작한 것은 도래한
시기에 비해 늦은 감이 없지 않았다.[100] 초기에 영화는 조선총독부 산하기
관이 주관하는 무료 영사로서 위생, 방역, 납세 등의 이름이 붙은 계몽영화

---

97) 이화진, 『조선영화―소리의 도입에서 친일 영화까지』, 책세상, 2005.
98) 박지연a, 「박정희 근대화체제의 영화정책 : 영화법개정과 기업화정책을 중심으
로」, 주유신 외, 『한국영화와 근대성 : <자유부인>에서 <안개>까지』, 소도,
2005 ; 박지연b, 「영화법 제정에서 제4차 개정기까지의 영화정책(1961~1984)」,
김동호 외, 『한국영화정책사』, 나남출판, 2005.
99) 정종화, 「1950~60년대 한국영화 스타시스템에 대한 고찰」, 『영화연구』 34,
2007.
100) 한국·일본·중국의 영화 도래와 자국 영화 제작 시기는 다음과 같다.

가 성행하였고, 한동안 한국 최초의 극영화라 알려졌던 <월하의 맹서>(1923, 윤백남) 역시 저축을 장려하는 계몽영화였다.[101] 조선인 자본과 인력만으로 계몽보다는 드라마에 치중하여 상업적으로 큰 성공을 거둔 영화라면 단연 <장화홍련전>(1924, 김영환)과 <아리랑>(1926, 나운규)을 꼽을 수 있다. 이 두 편의 영화는 조선영화의 상업적 가능성을 보여준 대표적인 영화들로서 이후 발성영화가 등장하는 1935년까지 약 90편에 달하는 무성영화가 쏟아져 나오는데 견인차 역할을 하였다. 1930년대 중반에 접어들자 영화인들은 조선영화의 기업화에 대한 긍정적 전망을 내놓기 시작했는데, 거기에는 직접적 계기가 된 두 개의 사건이 있었다.

첫 번째 계기가 된 것은 일제의 외화수입 통제정책이었다. 1933년 현재 조선에서 수입되어 상영되는 외국영화는 전체의 62%에 달했고 일제는 일본산 영화를 장려하기 위해 조선에 외국영화의 수입을 제한하는 조처를 단행했던 것이다. 1930년대 앞선 발성영화 기술을 선보이며 스튜디오 시스템을 확립한 미국영화가 전세계의 영화시장을 휩쓸면서, 각국에서는 자국 영화를 보호하려는 움직임이 일어났다. 프랑스에서 미국영화 점유율은 3분의 2에 달했으며, 영국에서는 세계 최초로 쿼터제를 도입해 미국영화의 시장 독식을 견제하였다. 1938년까지 무성영화와 발성영화가 공존했던 일본에서도 세련된 노래와 춤을 동반한 미국영화

	최초의 영화 상영	최초의 자국 영화 제작
한국	1897~1903	1923
일본	1897	1897 or 1898
중국	1896	1905

101) 한국 최초의 극영화가 <월하의 맹서>가 아니라 <국경>이라는 설에 대해서는 조희문, 「최초의 극영화 <국경>에 대한 사적 검증 : 이영일씨의 <월하의 맹세> 설에 대한 반론」, 『영화』152, 1994 ; 김종원, 「초창기 계몽 위생영화와 <국경>의 영화사적 검증 : <월하의 맹세> 이전 영화의 존재」, 『영화평론』12, 2000 참조.

는 큰 인기를 끌었고 급기야 일본 영화시장을 보호하기 위해 미국영화 수입을 제한해야 한다는 목소리가 높아졌다. 1934년 8월, 일제는 조선총 독부령 제82호로 '활동사진 영화 취체규칙'을 제정·공포하여 외국영화에 대한 상영을 제한하였고, 이에 따라 이른바 '국산영화'(일본 내지영화+조선영화)는 1935년에 1/4 이상, 1936년에 1/3 이상, 1937년에 1/2 이상을 상영하게 되었다.[102]

조선의 영화인들 사이에서 영화기업화론이 제기되기 시작한 것은 이 制令이 입안될 것이라는 소식이 들리면서부터였다. '활동사진 영화 취체규칙'은 앞서 발표된 '흥행 및 흥행장 취체규칙'(1922)이나 '활동사진 필름 검열규칙'(1926)과 달리 산업에 대한 보호를 명목으로 내세웠기 때문이었다. 외국영화를 제한하고 국산영화를 보호한다는 명목은 조선의 영화인들에게는 조선영화가 기업화될 수 있는 좋은 기회로 여겨졌다.[103] 실제로는 "조선영화는 후진적이기 때문에 일본영화를 장려"할 것이 강조되었고, "일본 내지의 영화를 (조선에) 비교적 다량으로 강제적으로 상영케하는 것"이 목적이었지만,[104] 그럼에도 불구하고 "영화는 모든 사업 중에서도 가장 이윤이 풍부한 사업"이라는 인식 속에서 해외(일본·만주)에 진출할 영화를 제작하여 영화기업화를 이루는 것이 조선영화의 미래라는 청사진이 제시되었다.[105]

두 번째 계기는 조선 최초의 발성영화 <춘향전>(1935, 이명우)의 등장이었다. <춘향전>의 입장료는 당시 보통 극장 입장료의 2배(1원)에 달했지만 조선에도 발성영화가 등장했다는 기대감과 관심은 대단했고

---

102) 「국산 상영 강화로 조선영화기업열 점등」, 『조선일보』, 1936년 4월 25일자.
103) 이규환, 「조선영화의 기업시대 도래」, 『조선일보』, 1933년 10월 21일자.
104) 「사설 : 영화취체규칙 공포」, 『조선일보』, 1934년 8월 8일자.
105) 박기채, 「기업으로서의 영화사업과 구체안」, 『조선일보』, 1935년 7월 6일자.

158

흥행은 대성공이었다. 조선에서도 발성영화를 제작할 수 있을 뿐만
아니라 조선인들은 조선영화를 더 선호한다는 사실이 가져다주는 자신
감은 이후 조선영화의 상업적 가능성을 낙관적 전망에로 이끄는 근거가
되었다. 발성영화의 등장은 세계 영화계에서 자국의 언어로 만든 자국영
화가 훨씬 더 관객에게 호소력이 있음을 일시적이나마 입증해 주었다.
조선에서도 40여개의 영화 극장 대부분의 관객들은 조선인이었고, 조선
인 관객들은 일본영화에 대해서는 그리 큰 관심이 없었다.106) 더구나
변사의 해설 없이도 조선어가 그대로 상영되는 조선영화를 볼 수 있다는
사실은 식민지의 현실 속에서 남다른 쾌감을 안겨주었고, 이것이 비록
기술적으로 미비하더라도 한국적 특수성을 살린 조선영화에 관객이
지지를 보내는 하나의 이유가 되었다. 조선의 자본과 인력으로 발성영화
를 제작한다는 것은 조선의 민족어와 민족문화를 수호하는 방편으로까
지 이해되고 있었다.107)

　　이처럼 영화기업화론은 일본의 외국영화 상영제한이라는 정책에 편승
하고, 조선 발성영화에 대한 흥행적 자신감과 함께 제기되었다. 그러나
무성영화에 비해 많은 제작비가 드는 발성영화는 제작자의 입장에서는
매우 위험한 사업이었기 때문에 흥행성이 높은 영화를 제작해야만 하는
부담감이 있었다. 더구나 당시 조선의 영화계는 낙후된 기술과 영화인력
의 비전문성으로 인해 한 작품을 하고 문을 닫는 영화사가 속출하는
상황이었기 때문에,108) 영화인들은 조속히 영화기업화를 달성하여 생존

---

106) 최장, 「영화기업의 장래(6)」, 『조선일보』, 1936년 6월 21일자.
107) 최장, 「영화기업의 장래(8)」, 『조선일보』, 1936년 6월 24일자. 그러나 민족문화를
　　일본에 알리는 것으로 생각했던 조선영화의 일본 수출은 결국 일본이라는
　　제국의 한 지방으로서 조선의 향토색을 강조하게 되는 결과를 초래하였다.
　　이화진, 앞의 책, 73~80쪽.
108) 안종화, 「영화발전책 : 대자본의 진출이 선결조」, 『朝光』, 1939년 1월호, 97~98

경쟁에서 살아남지 않으면 안되었다. 이때 영화기업화로 가기 위한 구체적인 방안의 하나로 제시된 것이 극영화보다 제작비가 적게 들고 기술 의존도가 낮은 뉴스영화, 문화영화 등의 제작이었다.[109] 이를테면 일본영화계의 틈새시장 공략인 셈인데 이는 문화영화야말로 가장 친일적인 내용으로 제작될 수밖에 없다는 한계가 있었음에도 불구하고 해법의 하나로 제시되었다.[110] 일제시기 영화기업화론의 말로가 예견되는 대목이다.

조선영화가 기업화되기 위한 더 확실한 방안으로 제시된 것은 일본 메이저 회사의 체인에 합류하는 것이었다. 일본의 메이저 시스템은 자본, 기술, 인력이 안정적으로 공급되는 체계적인 시스템 속에서 영화를 제작하기를 희구하던 조선의 영화인들에게 이상적인 모델이 되었다. 1912년 일본 최초의 메이저 영화사인 니카츠(日活)가 탄생함으로써 스튜디오 시스템이 시작된 일본 영화계는 이후 쇼치쿠(松竹), 도호(東寶) 등이 가세하면서 안정적인 메이저 시스템을 확립할 수 있었다. 일본은 곧 세계에서 미국 다음으로 영화를 많이 생산하는 나라가 되었고, 1931년에 이미 영화사가 644개에 달하고 그 중 주식회사만 544개나 되었다.[111] 기업화의 바람을 타고 조선 최초로 스튜디오를 설립한 성봉영화원은 도호와 손잡고 자본, 기술, 인력을 교환하고, 한편에 1만 5천원씩 1년에 6작품을 제작하기로 함으로써 도호 체인에 합류하였다. 도호는 모든 비용을 제공하는 대신에 일본 배급권을 가지며, 성봉은 만주와 화북의

쪽 ; 서광제, 「영화 회사와 촬영소의 분립이 급무」, 『朝光』, 1939년 1월호, 99~101쪽.

109) 최장, 「영화기업의 장래(10)」, 『조선일보』, 1936년 6월 26일자.

110) 일제시기 문화영화와 동원정책에 대해서는 강성률, 『친일영화』, 로크미디어, 2006, 70~72쪽.

111) 최장, 「영화기업의 장래(2)」, 『조선일보』, 1936년 6월 16일자.

배급권을 가지는 조건이었다.[112) 성봉영화원의 입장에서는 일본 메이저 회사의 조선 현지 프로덕션이 됨으로써 영화기업화를 달성할 수 있다고 보았던 것이다.

그러나 성봉영화원이 도호와 손잡고 만든 첫 작품이 일본 군국주의 이데올로기를 조선에 강요하는 어용영화 <군용열차>(1938, 서광제)라는 사실에서 알 수 있듯이, 이는 중일전쟁 이후 일제의 전쟁 동원 필요에 조선영화가 기업화를 구실로 부응한 것에 다름 아니었다. 기업화만이 조선영화가 살아남을 수 있는 길이라는 것을 많은 영화인들이 이구동성으로 외치고 있던 상황에서 조선영화주식회사, 고려영화주식회사 등 몇 개의 기업이 만들어져 그 가능성을 실험해 볼 수 있는 시험대 역할을 하였지만,[113) 그 실험은 영화기업이 영화문화 만개의 밑거름이 되기도 전에 일제의 군국주의, 황민화 정책의 선전대로 전락하고 마는 현실에 부딪히고 말았다. 1940년 조선영화령의 시행으로 일제 황민화 정책에 부응하고 전쟁을 옹호하는 영화만을 제작할 수 있게 된 것이다. 총독부는 전쟁으로 생필름의 공급을 극도로 제한하면서 영화사의 재산을 몰수하고 통폐합을 실시하였으며, 사단법인 조선영화주식회사를 만들어 10개의 영화사를 폐쇄해 버렸다.[114) 조선영화를 구원할 유일한 방편으로 여겨졌던 영화기업화는 자신이 모델로 삼았던 일본의 메이저 회사 이상으로 일제의 통제를 받으며 일제가 원하는 영화만을 생산하는 것으로 귀결되었다. 그러나 대부분의 영화인들이 이러한 상황을 영화기업화를 달성한 것처럼 여기고 일제에 협력했다는 사실은 일제시기 영화기업화

---

112) 「성봉영화원, 동보 췌인에 참가」, 『조선일보』, 1938년 1월 22일자.
113) 나웅, 「대자본의 진출과 조선영화계」, 『청색지』, 1938년 8월호, 40~42쪽 ; 서광제, 「영화적 기업의 실험기」, 『조광』, 1937년 12월호, 56~59쪽.
114) 이영일, 『증보판 한국영화전사』, 소도, 196~198쪽.

론의 한계를 여실히 보여주고 있다.

② 해방후~1950년대 영화기업화론의 전개

해방후에도 일제하부터 계속되어온 기술의 낙후성과 자본의 영세성이
라는 두 가지 난제는 한국영화계의 고질적인 문제로 남아있었다. 이
시기 가장 눈에 띄는 활동을 한 제작사인 계몽영화협회는 극영화인
<애국자의 아들>을 제외하면 대부분이 기록영화나 실존인물에 대한
전기영화, 그밖에 다큐멘터리에 극적 요소가 가미된 영화들을 제작하였
다. 일제시기와 마찬가지로 영화 한편 제작하고 나서 흥행이 되지 않으면
그대로 사라져버리는 一社一作의 경우가 일반적이었던 당시의 사정에
비추어 볼 때, 12편에 달하는 필모그래피는 계몽영화협회가 관에서
의뢰를 받아 제작하는 일종의 다큐멘터리 프로덕션이었기에 가능한
것이었다.[115] 당시의 영화사가 '~영화사'나 '~푸로덕슌'이라는 이름
이외에도 '~협회', '~연구소' 등의 이름이 붙어 있는 것은 이들 회사가
아직은 완전한 기업적 형태를 띠지 않았다는 것을 보여준다.[116] 이처럼
영화사들이 온전한 기업의 형태를 갖추지 못한 상황에서 설비와 자재,
그리고 자본의 부족은 정부나 官이 영화제작의 주체가 되는 영화들의
등장을 야기하였다. 조선해양경비대의 지원을 받은 <바다의 정
열>(1947, 서정규), 수도경찰청 경우회가 전액 지원한 <밤의 태
양>(1948, 박기채), 제1관구 경찰청이 제작 후원한 <수우>(1948, 안종

---

115) 실제로 제작중에 있다는 것이 보도된 영화중에서 상당수가 개봉 목록에서
　　누락된 경우가 많다. 이는 촬영에 돌입했으나 제작비와 제반 여건 때문에 촬영을
　　다 마치지 못한 경우일 수도 있고, 아직 촬영에 돌입하기 전에 자금을 모으기
　　위해 우선 신문에 보도자료를 돌려 기사화되는 경우일 수도 있는데 두 경우가
　　모두 자본의 부족과 관련되어 있다.
116) 유벽촌, 「발전도상에 있는 건영」, 『영화시대』, 1948년 2월호.

화), 제7관구 경찰청이 후원한 <여명>(1948, 안진상) 등이 그것이다.[117]

그러나 당시의 작품들은 작품성 면에서나 흥행성 면에서 별다른 성공을 거두지 못하였는데, 그 이유를 분석한 많은 영화관계자들은 영화의 기업화, 산업화의 문제를 다시 제기하였다. 영화는 "다른 예술과 달리 제작과 동시에 기업이 병행되어야 하기" 때문에 조선영화를 항구적인 궤도에 올려놓기 위해서는 기업체를 정비하는 것이 시급하다는 것이다.[118] 또 영화가 실패하는 것은 "기획의 소홀 내지 비과학적 오산의 결과"라고 하면서 영화제작의 1차 관문인 기획은 개인이 하는 경우도 있지만 "국가의 민족문화에 공헌하는 방향을 표명하는 근본문화적 요체"인 회사에서 하는 것이 더욱 중요하다고 주장하였다.[119] 이는 영화기업화론을 해방후의 민족문화 재건이라는 틀 속에서 새롭게 제기한 것이었다. 이는 영화의 산업화 모색을 새롭게 건설될 국가의 재건 문제와 연결시켜 파악하는 것으로, 일제시기의 그것과는 차별화된 점이 있었다. 그러나 이것이 일제시기 영화기업화론에 대한 보다 철저한 비판과 반성 위에 이루어지지 못했다는 점은 기업화에 급급한 나머지 같은 전철을 되풀이 할 위험도 내포하고 있는 것이었다.

오히려 영화의 산업화에 대한 보다 새로운 견해는 기업화론에 대한 비판에서 나왔다. 이는 과거 관객들이 한국영화를 더 좋아한다고 안이하게 생각했던 것에서 벗어나 "관객 대중은 가장 공평한 심판관이며, 조선영화의 결점을 합리화하고 미화하지 않는다"는 냉정한 현실 인식을 바탕으로 하였다. 영화가 제작의 직접 담당자보다는 출자주의 기업의식에 좌우되기 때문에 제작담당자의 예술의식이 황폐해지고 있음을 지적하며

---

117) 정종화, 『한국영화사』, 90쪽.
118) 이재명, 「조선영화의 기본 방향」, 『경향신문』, 1946년 10월 31일자.
119) 김정혁, 「영화기획의 실제(1)」, 『영화순보』 1-1, 1947년 12월호.

조선영화의 대중성과 예술성을 끌어올리기 위해서는 기업화론은 폐지되어야 한다고 주장했다.[120] 이는 기업화론이 영화예술의 발전에 오히려 해가 된다고 인식하는 것으로서 이후 영화의 산업화 논의에서 중요한 문제를 제기하고 있다는 점에서 주목할 만하다.

영화기업화론에 대한 더 근본적인 비판으로는 조선영화동맹의 영화국영화론이 있다. 이는 영화의 순자본주의적 방식으로의 체계화를 의미하는 영화기업화론과 정반대에 서있는 것으로서, 영화산업에 국가가 적극적으로 개입하거나 아예 영화산업 자체를 국영화시켜야 한다는 주장이다. 이는 자본주의를 상정하고 있지 않거나 자본주의를 전제로 하더라도 문화의 공공적 성격을 강조하는 것으로, 영화의 제작부터 배급과 상영에 이르기까지 국가의 철저한 기획 속에 영화를 운용해야 한다고 주장한다. 촬영소나 극장은 물론 영화제작의 전과정에 필요한 기술적 시설들을 모두 국영 내지 공영으로 하여 민족문화 건설의 도량으로 삼아야 한다는 것이다.[121] 영화국영화론은 1948년 남북의 정부수립과 함께 남한의 영화계에서는 사라지고 북한영화의 흐름 속에서 현실화되었다. 그러나 영화국영화론이 제기했던 문제들, 곧 영화산업에 국가가 적극적으로 개입하고 지원해야 한다든지 영화의 공공적 공리적 성격을 강조한다든

---

120) 정영해, 「영화예술의 방면」, 『영화시대』 2-4, 1947년 9월호.

121) 그런데 조선영화동맹의 구성원들이 모두 영화국영화론에 합의한 것은 아니다. 추민이 영화국영화론에 적극적인데 비해, 서광제는 처음에는 촬영소의 국영화를 주장하다가 얼마 후에는 국영이라는 말을 철회한다. 이는 조선영화건설본부를 거쳐 조선영화동맹에 이르기까지 영화인들의 이념적 비균질성을 드러낸 것이다. 서광제, 「건국과 조선영화」, 『서울신문』, 1946년 5월 26일자 ; 서광제, 「해방후 문화운동의 방향-조선영화론」, 『신천지』, 1946년 8월호 ; 추민, 「조선민족영화운동의 회고와 전망」, 『신문학』 4, 1946년 11월호, 151~154쪽. 조선영화동맹의 노선에 대해서는 조혜정, 「미군정기 조선영화동맹 연구」, 『영화연구』 13, 1997 참조.

164

지 하는 기본적 정서마저 사라진 것은 아니었다. 오히려 한편으로는
자본주의적 기업화를 외치지만 다른 한편으로는 국가가 영화에 체계적
으로 지원할 수 있는 법적 제도적 근거 마련을 계속 희구하는 정서가
공존하는 것이 한국영화계의 주요한 특성을 이룬다고 볼 수 있다.

전쟁을 거치면서 주춤하던 영화기업화론이 다시 제기되기 시작한
것은 1950년대 중반 무렵이었다. 전쟁기에 영화제작의 주체는 회사보다
는 국방부나 공보부 영화과였고, 한국영화가 본격적으로 활기를 띤
것은 1954년 국산영화 면세조치와 1955년 <춘향전>(이규환)의 성공
이후였기 때문이었다. 1956년 <자유부인>(한형모)과 <단종애사>(전
창근) 등이 연달아 흥행에 성공하면서 수많은 제작사들이 우후죽순처럼
생겨났으며 1956년에는 1955년에 비해 두배의 작품이 제작, 개봉되었
다.122) 이에 언론과 평단에서는 영화기업의 육성에 대한 많은 의견이
제기되었다. 영화산업의 중요성을 다시한번 재인식시키며 영화사간의
통합을 제안하기도 하고,123) 무질서한 제작관행과 기업주의 지나친 상업

122) 개봉된 편수만 2배이고 기획되어 제작이 시도된 것까지 합하면 3배를 헤아렸다.
유두연, 「영화-난마상태의 일년」, 『경향신문』, 1956년 12월 18일자. 해방후
한국영화의 연도별 제작편수는 다음과 같다.

〈표 2〉 한국영화의 연도별 제작편수

연도	편수	연도	편수	연도	편수
1945	5	1954	18	1963	144
1946	4	1955	15	1964	147
1947	13	1956	30	1965	189
1948	22	1957	37	1966	136
1949	20	1958	74	1967	172
1950	5	1959	111	1968	212
1951	5	1960	92	1969	229
1952	6	1961	86	1970	209
1953	6	1962	113	1971	202

*자료 : 영화진흥공사, 『한국영화자료편람』, 46쪽. 1945~1957년은 개봉일자,
1958~1971년은 검열일자.

주의를 경계하고 진정한 대중성을 탐구해야 한다는 주장도 제기되었다.[124] 일확천금을 노리는 수많은 출자자들, 이른바 錢主라고 불리는 이들이 영화제작에 뛰어들어 무질서하고 비합리적인 제작 공정을 운영하는 경우가 많았다. 급조한 시나리오와 빈곤한 인재, 여기에 기재마저 분산됨에 따라 제작기간은 연장되고 제작비는 상승되었다. 그 중에서도 기획성의 빈곤과 미비가 가장 많이 지적되었고, 양적인 증가가 질적인 고양을 담보하지 못함을 경고하는 목소리가 높았다.[125]

 "영화산업의 궁극적인 목적은 언제나 좋은 영화를 만들어 관객의 고정화를 꾀하는데 있는 것"이라는 전제하에 이제 막 기업으로 발돋움하려고 하는 기점에 선 국산영화는 "문화적 사명으로 보나 수익적 목적으로 보나 제작비의 합리적인 긴축을 행하"는 것이 절대적으로 필요하다는 주장[126]은 곧 영화기업화의 관건이 합리적 제작 시스템의 구축에 달려있다는 것을 재차 강조한 것이다. 이 시기의 영화기업화론의 특징은 영화기업화의 전제이자 목표라고도 볼 수 있는 흥행적으로 안정적인 지속적인 작품의 생산이 예술성과는 대치되는 개념으로 받아들여졌다는 것이다. 이는 해방후 제기되었던 영화기업화론에 대한 비판과 맥락을 같이 하는 것으로서, 곧 전문 프로듀서가 없이 자본가가 제작자가 되는 상황에서 예술을 추구하는 감독과 상업성을 추구하는 제작자의 이해가 대립하는 것으로 보고 여기에 감독의 고뇌와 제작자의 고충이 있다고 파악한 것이다.[127]

123) 양기석, 「영화慢題-영화산업」, 『경향신문』, 1956년 11월 30일자.
124) 김소동, 「한국영화는 왜 향상 못하나」, 『서울신문』, 1956년 12월 12일자.
125) 허백년, 「지나친 흥행성 편향」, 『조선일보』, 1956년 12월 19일자 ; 「영화가 걸어온 1년간-발전 위한 새로운 비판 촉구」, 『서울신문』, 1956년 12월 26일자.
126) 유한철, 「한국영화의 재검토」, 『동아일보』, 1958년 5월 3일자.
127) 1950년대 중반부터 시작된 영화인 단체들의 결성은 영화인들의 전문화 추세

1950년대는 영화인들과 정권과의 결탁이 유난히 두드러졌던 시대였다. 자본과 정책에 의해 좌지우지되는 불안정한 사업을 경영해야 하는 영화사는 정권과의 관계를 어떻게 가져가느냐에 따라 영화 한편을 끝으로 사라지기도 하고 굴지의 회사가 되기도 하는 경우가 많았다. 평화신문사와 국도극장, 수도극장의 소유자이며 극장협회 회장이었던 홍찬은 이런 점에서 영화기업화의 주역이 되기에 가장 적합한 인물로 여겨졌다. 그는 다년간 레코드회사와 극장의 영업부장으로 문화·연예산업의 핵심부에서 경험을 쌓았으며 미국 유니버설영화사 경성대리점을 공동 경영하기도 하고 서울 상공회의소 이사를 역임하는 등 화려한 경력을 자랑하는 실력가였다.128) 특히 1930년대 말엔 천일영화사의 흥행 브로커로서 성봉영화원이 도호와 계약을 맺을 때 동인들 몰래 조영과도 계약을 진행하여 결국 <군용열차>(1938, 서광제)의 제작자가 되었으리만큼 수완가로 유명했다.129) 그는 1956년 이승만의 배려로 안양에 있는 2만 5천평의 대지를 매입하여 수도영화사를 설립하고 동양최대의 스튜디오인 안양촬영소를 건립함으로써 꿈을 이루는 듯 했으나 야심작인 <생명>(1958, 이강천)과 <낭만열차>(1959, 박상호)가 흥행에 실패하면서 수십억의 부채를 떠안게 된다.130) 이후 안양촬영소는 1966년 역시 또다른

속에서 영화인들의 이해가 서로 상충될 수 있음을 보여주는 것이었다. 1953년에 한국영화기술자협회(技協)를 시작으로, 1954년 한국시나리오작가협회, 1955년 대한영화배우협회(俳協)와 한국영화감독협회(監協)가 발족되었으며, 이를 통합하여 映聯(한국영화인단체연합회)을 발족하고 그 회장단은 文總(전국문화단체총연합회)에 가입하였다. 제작자들의 단체는 비교적 늦은 1957년에 한국영화제작자협회(製協)로 결성되었다. 이영일, 앞의 책, 290~294쪽.

128) 『대한민국 인사록』, 1950, 185쪽 ; 건국기념사업회, 『대한민국 건국십년지』, 1956, 1124쪽.

129) 「성봉영화원 매신분규 문제 악화」, 『조선일보』, 1938년 7월 20일자.

130) 1957년에는 안양촬영소 이외에도 미국의 아세아문화재단에서 원조받은 기재를 관리하는 정릉스튜디오, <자유부인>의 성공에 힘입어 설립된 삼성영화사의

정권의 수혜자인 신필름에 인수되었고, 영화기업화에 대한 홍찬의 꿈은 1960년대 신상옥에 가서야 이루어지게 된다.

열악한 물적 기반을 정권과의 유착을 통해 극복하고자 하는 1950년대식 영화기업화 노력이 좌절되자 영화계 스스로가 자력으로 영화기업화를 이루려는 노력이 나타났다. 1959년 17개의 군소 제작사들이 모여 영화 합자회사인 한국영화합동공사를 창립하고 스튜디오 건립과 극장 체인을 도모했지만 성공하지는 못했다.[131] 영화인들은 이 시기의 영화들이 상업적으로나 작품적으로 질이 떨어지는 이유를 영화기업화의 미비에서 찾았다. 곧 우리나라 영화 기업의 형태 및 자본구조의 영세성과 미숙함이 영화의 예술적 성장을 가로막는 저해요인이라는 것이다.[132] 이처럼 이 시기 영화기업화론은 1950년대 중반까지와는 달리 기업성과 예술성을 대립되는 것이 아니라 서로 보완하고 이끌어주는 상보적인 관계로 파악하고 있었다. 곧 "든든한 기업적인 토대 위에서만 예술적으로 좋은 작품이 나온다"는 것이다.[133]

이러한 인식은 영화기업화론을 더욱 가속시켰고, 우후죽순처럼 영화사는 계속 늘어나 1959년에는 71개의 영화사 및 프로덕션이 111편의 영화를 제작했다.[134] 이 시기 활발한 활동을 보인 영화사들은 감독이 자신의 이름을 걸고 차린 '~프로덕션'과 주주의 참여로 이루어지는 '~주식회사'라고 하는 두 가지 형태로 대별된다. 전자는 감독 개인의

군자동 삼성스튜디오 등 3개의 스튜디오가 건립된다. 김미현 편, 『한국영화사－開化期에서 開花記까지』, 151~153쪽.

131) 「영화합동공사 발족」, 『동아일보』, 1959년 4월 3일자.

132) 「흥행자본에 눌리는 제작자본」, 『한국영화』, 1961년 2월 4일자.

133) 「대담 : 이청기, 유현목」, 『조선일보』, 1960년 12월 28일자.

134) 이는 『한국영화자료편람』의 통계이다. 『조선일보』 1962년 8월 15일자에 의하면 1954~62년 제작자수와 작품편수는 다음과 같다. 이러한 차이는 개봉일과 검열일의 차이 및 조사시점에 의한 차이에 기인한다.

명망을 중심으로 하여 감독이 실질적인 기획과 프로듀서의 역할까지 겸하는 것이었고, 후자는 별도의 기획실과 프로듀서를 두고 기업적 형태를 갖춘 회사들이었지만 양자가 모두 영세성 면에서 중소기업의 수준에서 벗어나지는 못했다. 이 때문에 양은 풍성해졌으나 질적으로는 위기라는 목소리가 대두되었고, 그 원인으로 꼽히는 것 역시 기업화되지 못한 한국영화의 비체계적 미숙성과 영세성이었다.

1950년대 영화기업화의 모델은 할리우드의 프로듀서시스템이었다. 1930년대에도 할리우드는 영화기업화의 典範이었지만 당시 한국영화계가 본받아야할 직접적 모델이 된 것은 일본의 메이저시스템이었다. 미군정을 거치면서 미국은 남한사회의 멘토로서 막강한 영향력을 발휘하였고,[135] 특히 미국영화가 미국문화의 첨병으로 기능하면서 영화계의 이상적인 모델은 단연 할리우드가 되었다. 할리우드의 프로듀서시스템과 비교했을 때 아직도 한국영화계는 대부분 감독에 의해 프로덕션이 좌우되는 감독중심체제이거나 아니면 그렇게 부르기도 민망한 수준의 가내수공업적인 錢主시스템이었다. 반면 할리우드의 메이저 스튜디오들은 프로듀서를 중심으로 영화공정이 체계적으로 관리되는 시스템을

〈표 3〉한국영화 제작자수와 작품편수(1954~1962)

연도	제작자수	작품편수
1954	8	8
1955	15	15
1956	26	26
1957	25	28
1958	57	84
1959	68	109
1960	51	91
1961	50	85

135) 미국의 문화전파에 대해서는 허은, 『미국의 헤게모니와 한국 민족주의 : 냉전시대(1945~1965) 문화적 경계의 구축과 균열의 동반』, 고려대학교 민족문화연구원, 2008 참조.

갖고 있었다.136) 영화공정의 체계화는 기획에서 배급과 개봉에 이르기까지의 과정이 일관되고 합리적이며, 체계적인 일련의 제작공정으로 표준화되는 것을 말한다. 이를 위해서는 합리적인 제작기간과 제작비의 산출과 관리가 가장 중요하며, 이 모든 것의 출발은 기획에 있었다. 이 때문에 한국영화의 고질적 문제점으로 지적되곤 했던 기획의 중요성과137) 영화공정을 체계적으로 수행할 유능한 프로듀서의 역할론이 대두되었다.138) 이를 통해 한국영화계의 가내수공업적 영화생산 방식이 하루빨리 기업화되어야 한다는 것이 영화인들의 중론이었다.139)

게다가 당시 착실한 기업화의 길을 걷고 있던 신필름 등에 의해 컬러 시네마스코프 영화가 등장하고140) 외국영화이긴 하지만 70mm 대형영화가 장기흥행을 하는 등 기술혁신으로 국내의 기업들은 기술혁신을 하지 않으면 경쟁에서 뒤처질 수밖에 없었다. 최신 기술을 도입하여 대형컬러화면에 익숙해져가는 관객의 눈높이에 국산영화가 발맞추기 위해서라도 기업화는 필수적인 조건이었다.141) 그러나 제작자의 수익률은 갈수록 악화되어 갔다. 1960년 현재 영화 한편의 총제작비는 선전비 5백만환을

---

136) 많은 영화인과 지식인들이 할리우드 영화사업을 부지런히 소개했다. 전택이, 「프로듀서론」, 『영화세계』, 1955년 5월호 ; 綠風生, 「헐리웃은 왜 다시 활기를 띠우나?」, 『영화세계』, 1955년 5월호 ; 전흥식, 「제작의 세계와 승부의 세계」, 『영화세계』, 1955년 11월호 ; 방곤, 「미국영화와 불란서 사람-우리들과 외국영화」, 『영화세계』, 1957년 4월호.
137) 「한국영화의 위기-기획의 혁신을 위하여」, 『영화세계』, 1957년 8, 9월호.
138) 윤예담, 「영화기획론-프로듀서씨스템과 디렉타씨스템에 관하여」, 『영화세계』, 1957년도 8, 9월호.
139) 허백년, 「한구절의 영화시도 영화미도 못남긴 1년」, 『현대영화』, 1958년 1월호.
140) 한국영화 최초의 컬러 시네마스코프 영화는 <춘향전>(1961, 홍성기)과 <성춘향>(1961, 신상옥)이다. 8천만환이라는 큰 제작비를 들인 두 영화는 비슷한 시기에 제작·개봉하여 과당 경쟁으로 영화계의 갈등을 초래하였다. 「혼미에 빠진 영화계, 소동은 꼬리를 물고」, 『조선일보』, 1960년 9월 3일자.
141) 「1961년의 결산」, 『조선일보』, 1961년 12월 29일자.

포함하여 3천5백만환인데, 여기에 각종 세금 및 극장과의 부율(6.5 : 3.5)을 제하면 서울 관객 4만명이 들어야 겨우 손익분기점을 맞출 수 있었다. 거기에 투자에서 자금 회수까지 금리와 지방 단매 가격을 정산하고 나면 제작자에게는 남는 돈이 거의 없었고, 그나마 서울 관객 4만명이 들지 않으면 제작자들은 빚더미에 앉게 되기 쉬웠다. 설상가상으로 물가상승으로 인한 구매력 저하 및 필름을 비롯한 각종 원가의 상승으로 인한 제작비의 상승 역시 제작자에게는 높은 벽이었다. 원가 절감의 노력은 곧 질적인 저하로 연결되었다.[142] 1년에 여러 편의 영화를 제작하기 위해 제작기간을 단축시키고 완성도 낮은 시나리오로 제작에 돌입하고, 소재의 고갈로 어설프게 외국영화를 모방하게 되고, 다시 흥행이 안되면 생존을 위해서라도 영화제작에 돌입해야 하는 악순환이 계속되었다. 때문에 늘 부족한 제작비 조달에 허덕이는 영화사들은 제작비를 지원받을 수 있는 '영화금고'의 설립과 국산영화의 기업화를 앞당길 수 있는 법적 기반을 만들 '영화법'의 제정을 촉구하였다.[143] 영화기업화를 국가의 힘으로 달성하려는 것이 갖는 함정을, 식민지시기에 대한 철저한 비판과 반성이 없었던 한국영화계는 잊고 있었던 것이다.

---

142) 「시급한 국가의 육성책」, 『조선일보』, 1961년 5월 12일자.
143) 후에 영륜위원장이 되는 이청기는 "서구 우방제국의 정책적 특징은 행정기구가 확연할 뿐만 아니라 관계부처의 유기적 협조성에 있고 또한 그 유기체가 각 부문의 영화인들과 강력한 유대하에 시행되고 있음을 발견할 수 있다"고 하여, 영화정책의 전담 행정기구의 명확성 및 유기성과 영화인들과의 유대를 강조하면서 이 모든 시책은 영화법 제정으로 해결될 수 있다고 주장하였다. 이청기, 「영화정책의 제문제」, 『서울신문』, 1959년 7월 30일자.

2) 영화기업화론의 귀결과 영화 산업화의 두 방향

① 1960년대 영화기업과 영화 산업화의 방향

영화계의 오랜 숙원이었던 기업화, 산업화에 대한 요구는 군사정권의 국가재건에 발맞춘 문화재건 구상에 흡수됨으로써 국가 주도적인 길을 걷게 된다.[144] 곧 자본주의 근대화의 큰 흐름 속에서 영화산업의 자본주의적 체계화를 이루는 것, 그리고 그러한 영화를 국가와 정권의 이익에 봉사하도록 하는 것이 육성과 통제를 동시에 작동시키는 군사정권 영화정책의 본질이었다. 영화법이 정식으로 공포되기 전 이미 군사정권은 기업화의 미명으로 영화제작업자 등록을 추진하고 군소제작사 정리와 영화사 통폐합을 실시하였다.[145] 이에 따라 영화제작사는 71개사에서 16개사로, 외화상사는 28개사에서 7개사로 통합되었다.[146]

1962년 1월 20일 법률 995호로 공포된 영화법은 일제시기와 미군정의 법령에 의존하던 과거의 영화정책과는 질을 달리하는 정부수립후 최초로 입안된 체계적인 법안이었다. 그 골자는 ① 영화의 제작업자, 수출업자는 공보부에 등록해야 한다 ② 영화를 제작할 때는 사전에 신고해야 하고 그 수출입은 공보부 장관의 추천을 받아야 한다 ③ 영화를 상영할

---

144) 영화법 제정은 이미 1957년 민의원 재정경제분과위원회에서 심의한 바 있다. 이 시기의 영화법 논의는 영화 배급기구의 정비, 흥행관계 법규의 정비, 국산영화 및 문화영화 장려책 실시, 우수영화 보상 장려 등이 골자였다. 문교부, 「단기 4290년 施政計劃抄」, 『문교월보』 31, 1957년 3월호.

145) 영화업계의 통합 등록은 처음에는 문교부의 고시 제148호 '국산영화제작사의 통합·정비요령'으로 발표되었으며, 영화 업무가 공보부로 이관한 것은 1961년 11월 '영화 및 공연물 사무요강'과 '흥행물고사 사무요강'이 공보부 고시 제12호로 공포되고 나서이다. 「정리될 영화가-문교부의 영화제작업자 등록 요망」, 『동아일보』, 1961년 9월 20일자 ; 「영화 등 공연물 취급요강 공포」, 『조선일보』, 1961년 11월 11일자.

146) 「내·외영화사 통합-기업 성장 첫단계」, 『경향신문』, 1961년 10월 29일자. 통폐합 전과 후의 영화제작사에 대해서는 이영일, 앞의 책, 313~315쪽 참조.

때는 문화영화를 동시에 상영해야 한다 ④ 정부는 우수영화의 제작 장려와 영화문화의 발전 및 국제교류를 위해 국고 보조를 할 수 있다는 내용이다. 3월 20일 공포된 동법 시행령에서 국산영화 제작업자의 등록요 건은 ① 영화촬영기 1대 이상을 소유하고 있을 것 ② 조명기 총 50kw이상 일 것 ③ 5년 이상의 영화제작 경험이 있는 제작기술자 1인, 기성배우 2인 이상과 전속계약이 되어 있을 것 ④ 은행에 5천만환 이상의 자본금이 적립되어 있을 것 등이었다. 또한 외국영화 수입업자는 무역법에 의한 무역업자 등록을 해야만 영화업자 등록을 할 수 있게 되었고, 외국영화 수입에 있어서 적성국가에서 제작한 영화나 반국가, 반민족적인 내용의 영화, 우리나라의 법질서와 미풍양속을 해칠 우려가 있는 영화는 수입이 금지되었다.

영화법은 과거 문교부에 속해 있던 영화 업무를 공보부로 이전시켰을 뿐만 아니라 공보부가 제작에서 수출입에 이르기까지 영화에 관한 거의 모든 권한을 가진 영화행정의 정점으로서 영화정책을 심의 결정케 하는 기능과 역할을 수행할 것을 명시했다는 점에서, 정부 각 부서간의 입장 차이와 갈등이 확연했던 1950년대 영화정책[147]에 대한 대안이자, 영화를 공보 선전기구로서 바라보는 군사정권의 영화관이 드러난 것이기도 했다. 영화법의 내용 중에서 특히 영화계가 반긴 것은 영화에 대한 국고 지원 부분이었다. 국고 지원의 방향은 매년 15개 부문의 국가적 영화상을 제정, 시상할 것과 생필름의 통관세를 면세 또는 감세하도록 하는 방안, 영화금고 설치 추진, 국산영화 수출작품이나 국제영화제에서

[147) 우선 영화의 주무부처를 놓고 문교부와 공보부 간에 갈등이 야기되었고, 더 넓게는 내무부와 상공부, 재무부 간에도 영화에 대한 서로 다른 입장과 견해 차이로 혼란을 거듭하였다. 문교부와 공보부 사이의 갈등에 대해서는 이우석, 「광복에서 1960년까지의 영화정책(1945~1960)」, 김동호 외, 앞의 책, 160~161 쪽 참조.

수상한 작품에 대한 구상 무역이나 보상책 마련 등이었다.[148] 이를 통해 한편으로는 지원 대상을 선정하는 과정에서 국가가 원하는 방향으로 영화의 내용과 메시지를 유도할 수 있었고, 다른 한편으로는 지원 대상에서 배제하고 감시 내지 처벌하는 과정을 통해 국가가 원하지 않는 방향의 영화를 배제하거나 영화의 내용을 수정할 수 있었다.

영화법이 가지는 또 하나의 의미는 그것이 영화산업 자체를 근대화시키는 것과 더불어 영화산업을 국가의 경제정책의 연장선에서 파악하려는 의지의 소산이었다는 점이다. 5천만환 이상의 자본금을 가진 회사만 등록할 수 있다는 자본금 하한선 규정은 미국 영화산업의 예처럼 대자본을 기반으로 한 영화기업을 중심으로 영화산업을 근대화시키겠다는 영화법의 취지를 잘 보여주고 있다. 곧 과거 영화기업의 흥행자본적 성격에서 탈피하여 근대적 산업자본으로서의 영화기업을 추구하는 영화계의 근대화를 추구한 것이다. 또한 영화 수입업자 등록을 위해서는 반드시 무역업자 등록을 마쳐야 한다는 것은 영화산업을 문화가 아닌 경제의 맥락에서 파악하려고 한 것이다. 이전시기까지 영화는 산업이라고 하기에는 매우 미약한 것이었는데 1960년대부터 영화는 엄연한 근대적 산업으로서 국가의 근대화정책에 복속되어야 한다는 것이다. 이는 1960년대 문화재건이 문화의 문제뿐만 아니라 산업화의 문제와 연관되어 있음을 시사한다.

이처럼 1960년대 영화정책의 핵심인 육성과 통제는 기업화의 열망을 국가가 구현해주는 외양을 띠며 영화근대화의 일환으로 출발하였다. 그런데 1963년 3월 영화법 개정과 5월의 동법 시행령에서는 영화제작업

---

148) 「사론 : 혁명정부의 영화정책－오공보부장관의 본지 단독 서면회견담을 보고」, 『영화세계』, 1962년 2월호 ; 「혁명정부의 새해 영화정책」, 『영화세계』, 1962년 2월호.

자의 등록요건이 더욱 강화되었다.[149] 이렇게 강화된 규정을 만족할 수 있는 영화사는 거의 없었다. 영화법 제정 당시의 16개사에 그간 새로 늘어난 5개사를 합친 21개사[150] 중에서 9개사가 등록 신청을 하였으며, 그중 극동흥업주식회사, 동성영화공사, 범아영화주식회사, 신필름, 한국영화제작배급공사, 한양영화공사 등의 6개사만 등록이 이루어졌다. 또한 외국영화 수입쿼터제 실시로 제작사와 외화 수입사의 구분이 사라지게 되었다. 이는 1958년 문교부 고시 제53호 '국산영화 제작장려 및 영화오락 순화를 위한 보상특혜조치'에서 국산영화에 대한 보상제도가 법제화된 이후 두 번째의 보상정책으로서, 외국영화 수입 자격을 등록된 국산영화 제작업자로 제한하여 국산영화 제작업과 외국영화 수입업을 일원화시킨 것인데, 이는 외국영화의 수입을 규제하고 국산영화 시장을 보호하기 위한 것이었다.[151] 이에 따라 외화 수입사가 국산영화 제작을

---

149) 국산영화 제작업자의 등록 조건은 ①35mm 이상 촬영기 3대 이상 ②조명기 200kw 이상 ③내화구조로서 방음장치가 완비된 건평 200평 이상의 견고한 스튜디오 ④동시녹음기 1대 이상 ⑤5년 이상의 영화감독 경험을 가진 전속영화감독 3인 이상 ⑥ 5편 이상 극영화에 출연한 경험을 가진 남녀전속배우 각 10인 이상 ⑦5년 이상 영화촬영경험을 가진 전속촬영기술자 3인 이상 ⑧5년 이상의 녹음경험을 가진 전속녹음기술자 1인 이상 등으로 더욱 세밀하고 엄격해졌다. 여기서 문화영화 제작을 업으로 하는 자는 ①35mm 이상 촬영기 1대 이상과 ②조명기 50kw 이상의 조건만 갖추면 등록을 할 수 있었는데 이는 민간 문화영화 제작을 장려하는 시책에 따른 것이었다. 이러한 등록조건에 따라 등록을 하여도 1년에 15편 이상의 극영화를 제작 실적을 유지하지 못하면 등록을 취소한다는 규정도 있었다.

150) 21개사는 신필름, 극동흥업주식회사, 대종영화주식회사, 수도영화주식회사, 유한영화주식회사, 광성영화주식회사, 대영영화주식회사, 한흥영화사, 동아영화흥업주식회사, 동보영화주식회사, 한양영화공사, 연아영화주식회사, 동성영화공사, 세기필림, 세종영화주식회사, 한국영화합동공사, 화성영화사, 동방영화사, 한국영화사, 서울영화사, 한국영화제작배급공사 등이다. 「62년도 영화계 총결산」, 『영화세계』, 1963년 1월호.

151) 이에 앞서 1962년 8월에 공보부는 국산영화를 수출하면 그 보상으로 외화를

하지 않으면 안되는 상황이 되었고 유력한 외화 수입사인 세기, 불이, 한국예술 등은 국산영화 제작사와의 제휴를 통해 제작업에 뛰어들었다.[152] 결국 제작과 수입을 겸한 억지춘향식 한국식 메이저 10개 회사가 탄생한 것이다.

〈표 4〉 영화법 시행 전후의 영화업자수

구분 업종별	영화법 시행 이전	시행 이후 (1962.1.20.~)	개정후 (1963.3.11.~)	비고
제작업자	65	21		수출입업을 제작업에 통합 (영화법 5조 2항)
수입업자	28	7	10	
수출업자		4		
계	93	32	10	

*자료 :『국회회의록』, 제50회 문교공보위원회 6차 회의, 1965년 6월 10일.

영화법에 의한 제작사 등록기준의 요건을 충족시키지 못해 등록하지 못한 군소 프로덕션들은 등록된 영화사의 이름을 빌어 제작하는 代名제작을 할 수밖에 없었다. 이는 비록 편법이었지만 미등록 영회사의 입장에서는 수수료를 지불하고라도 영화제작을 할 수 있는 이점이 있고, 등록 영화사의 입장에서는 연간 15편을 자체제작하기 어려운 형편이므로 이름을 빌려주고 수수료도 챙기고 제작편수를 맞출 수 있는 방편이 되어 주었다. 특히 영화제작 노하우가 전혀 없지만 외화 수입을 하기 위해서 할 수 없이 국산영화를 제작해야 하는 외화수입사들의 경우에는 대명제작은 영화제작 편수를 채울 수 있는 유일한 방안이기도 했다.[153]

그러나 대명제작이라는 편법도 1년에 15편이라는 편수를 채우기에는

수입할 수 있는 구상무역방안을 내놓았는데, 이것이 1차 영화법 개정으로 법제화된 것이었다. 「한국영화 수출에 새 전기-외화 구상 수입제로」, 『한국일보』, 1962년 8월 30일자.

152) 「새 영화법 시행 앞둔 요즈음의 제작계」, 『동아일보』, 1963년 3월 5일자.

153) 박지연a, 앞의 글, 184~185쪽.

역부족이었다. 영화사들은 등록이 취소되지 않으려면 어떻게 해서든 15편을 제작해야 했고, 때문에 절대 부족한 시나리오와 소재의 공백을 메울 도리가 없었다. 외국영화의 모방과 심지어는 표절 사태가 비일비재했고, 같은 소재를 놓고 제작사들끼리 경쟁하는 '競作' 사태가 속출하였다.[154] 제작사 간의 경작은 1961년 홍성기 감독의 <춘향전>과 신상옥 감독의 <성춘향>이 경쟁한 것을 필두로 하여, 1962년 도금봉 주연의 <천하일색 양귀비>(극동흥업)와 김지미 주연의 <양귀비>(동방영화사), 역시 1962년 일본 원작 <가정의 사정>을 동시에 제작한 <아버지 결혼하세요>(신필름)와 <오색무지개>(동아흥업) 등이 대표적이다. 이 밖에도 신필름은 <장희빈>을 찍고 있던 화성영화사와 경작을 벌이다가 도중에 포기한 일이 있고, 김기영 감독의 <심청전>에 대해 <대심청전>(1962, 이형표)을 제작하기도 했으며, <모정의 뱃길>이라는 문화영화를 놓고 동아흥업과도 다툰 적이 있어 경작을 일삼는 회사로 비난받았다.[155] 당시 굴지의 회사로서 영화기업화에 가장 잘 부합하고 특혜 논란이 있었을 정도로 독보적 지위를 차지했던 신필름조차 편법을 일삼을 수밖에 없었던 것이다.[156]

또한 정해진 제작편수를 채우려다 보니 배우가 턱없이 부족했고,

154) 당시 경작에 관한 영화계 내부에서의 우려와 비판의 목소리가 매우 높았다. 신택선, 「산업으로 이끄는 몇가지 방책」, 『영화세계』, 1962년 2월호 ; 강단암, 「영화와 투기와 도박」, 『영화세계』, 1962년 4월호 ; 「1962년도 상반기 개봉영화 총결산」, 『영화세계』, 1962년 8월호 ; 김덕호, 「영화소재 발굴현황 비평」, 『영화세계』, 1963년 6월호 ; 강대진, 「권두언 : 共倒共死할 競作을 지양하자」, 『영화세계』, 1963년 7월호.

155) 羅富多, 「신필름은 왜 경작을 일삼아 왔던가」, 『영화세계』, 1963년 7월호.

156) 신필름에 대한 연구로는 조희문, 「'신필림'-한국 영화 기업화의 기능과 한계」, 『영화연구』 14, 1998 ; 조준형, 『영화기업 신필름』, 한국영상자료원, 2009 등이 있다.

그렇다고 일류 배우를 캐스팅하는 조건으로 지방 흥행업자에게 미리 선금을 받은 제작자로서는 일류 배우를 쓰지 않을 수가 없었다. 이에 이른바 '스타' 배우들은 동시에 여러 영화에 출연해야 했고 이는 동시녹음 기술 여하를 막론하고 배우들의 시간 절약을 위해 목소리를 더빙하지 않을 수 없는 상황을 연출했다. 이에 스타 배우들과 성우들은 호황을 누렸지만 더불어 영화의 연기와 영화의 질은 성장하지 못하는 결과를 낳았다. 이에 따라 영화의 질적 저하와 윤리문제가 다시 제기되었는데, 정작 영화법에는 이를 보완할만한 조항이 없었기 때문에 영화인들은 4·19혁명 때 만들어졌다가 5·16군사정변으로 단명한 영화윤리위원회의 부활을 주장하기도 했다.[157] 1966년 한국예술문화윤리위원회(예륜)의 설립은 이러한 문제들을 해결하기 위한 것이었으나, 영화의 윤리를 제작자나 관객이 아닌 제3자가 판단한다는 발상이야말로 검열의 논리적 근거가 되었다.

영화계의 어려움은 비단 영화법 자체에서 온 것만은 아니었다. 영화를 근대화된 산업으로 키우겠다는 발상에서 출발한 각종 경제정책의 적용도 영화계의 어려움을 가중시켰다. 1962년 8월 상공부는 모든 수입품에 대하여 전면 허가제와 쿼터제를 실시, 월별 외환집행을 계획함으로써 생필름의 수입이 극도로 제한되었다. 당시 영화계가 소비하는 연간 생필름의 총수요량은 2천3백여만 피트로 이를 도입하는데 필요한 외화는 약 55만 달러이다. 그나마 얼마 안되는 생필름은 중간업자들의 폭리로 가격이 폭등하여 생필름 고갈에 부딪히게 되자 한국영화업자협회는 국립영화제작소가 보유한 생필름을 대여해 달라고 요청하였다.[158] 생필

---

157) 강대진, 「권두언 : 영화윤리위를 부활하라」, 『영화세계』, 1962년 4월호 ; 「사설 : 영화윤리위원회 부활되어야 한다」, 『동아일보』, 1963년 6월 14일자.
158) 「영화제작에 큰 위기-생필름 고갈」, 『경향신문』, 1963년 9월 2일자 ; 「생필

름 파동은 영화산업이 경제정책의 하위에 위치하며 정책 결정에 문화의 특수성이 고려되지 못했던 현실을 말해준다. 근대화의 우선 순위는 어디까지나 문화보다는 경제개발에 있었던 것이다.

그러나 영화제작업이 완전히 일반 제조업 회사와 같은 법적 대우를 받을 수 있었던 것도 아니었다. 당시 영화인들은 경제개발 5개년계획 수행을 위한 내자동원의 필요성에 의한 자금동결 조치에 따라[159] 제작자금 조달에 타격을 입자 영화를 제조업으로 인정해 줄 것과 영화기업을 중소기업으로 간주하여 동결된 제작자금을 전액 해제해 줄 것을 요구하였다. 영화사의 통합이 자금의 통합이 되지 못하고 산하 프로덕션마다 독립체산제를 원칙으로 하고 있기 때문에 흥행결과에 따라 존폐가 달려 있었던 것이다.[160] 이에 영화인들은 영화를 산업으로 인정해주지 않고 융자도 해주지 않는 현실을 비판하며 국가적인 '영화융자법안' 설치를 주장하였다. 또한 영화는 문화이자 산업이기 때문에 "경제개발 5개년 수행계획의 가장 전위적인 무기로 건전하게 육성"해야 한다는 주장도 이어졌다.[161] 영화인들은 문화의 특수성을 고려하지 않는 영화 산업의 근대화에 대한 근본적인 비판 대신, 영화 산업을 더 철저히 경제논리로 보아달라고 요구한 셈이었다.

② 영화법 찬반론과 영화 산업화의 두 가지 길

영화법에 이처럼 많은 모순과 문제점이 노출되자 한국영화인협회(영

없어 방화계 큰 일」, 『경향신문』, 1963년 11월 12일자.

159) 1960년대 경제정책에 관해서는 공제욱, 조석곤 공편, 『1950~1960년대 한국형 발전모델의 원형과 그 변용과정 : 내부동원형 성장모델의 후퇴와 외부의존형 성장모델의 형성』, 한울, 2005 참조.

160) 강단암, 「통화개혁과 제작자금의 개혁」, 『영화세계』, 1962년 8월호.

161) 이병일 외, 「제작자금 동결에 대한 대정부 건의서」, 『영화세계』, 1962년 8월호.

협)를 중심으로 만들어진 영화법폐기촉진위원회에서는 영화법 폐기에 관한 건의서와 진정서를 정부에 제출했다. 그 요지는 다음과 같다. 첫째, 제작 자금도 부족한 현실에 불필요한 시설 확장을 반대한다는 것이다. 기존 스튜디오도 작업량이 없어 완전 가동을 못하고 있음은 안양촬영소의 경우만 보아도 입증되는데, 스튜디오를 더 늘릴 이유가 없다는 것이다. 시설에 투자하고 나면 제작비가 없어 결국 상영권을 타인에게 매매해야 하는 것이 현실이라는 것이다. 둘째, 영화법은 부정등록자를 옹호하고 일부 영화인들의 이익에 봉사하는 것이며 부패를 조장하고 있다는 것이다. 등록자가 상호를 대여하거나 생필름을 고가로 암매하고 외화 쿼터를 암매하는 등의 부정행위가 많다는 것이다. 셋째, 미국도 연생산량이 100편밖에 되지 않는데 한국 같은 나라가 연간 120편씩 제작한다는 것은 협소한 시장에 과잉생산이며, 양보다 질이 더 중요한 영화를 연간 15편 이상 생산하라는 것은 필연적으로 질적 저하를 초래하게 된다는 것이다. 다섯째, 배우나 기술자의 전속제도는 새로운 인재의 등용을 막을 뿐만 아니라 현재 등록사만 독점해야 한다는 의도이며, 그 수가 현저히 적은 현실과는 맞지 않는다는 것이다. 여섯째, 이에 현행 영화법을 즉시 폐기하고 영화제작진흥법(가칭)을 입법함으로써 한국의 현실에 입각한 "건전한 제작과 발전을 기도하며, 질적으로 좋은 작품을 생산하여 해외시장을 개척하고 우리 영화의 해외 소개와 외화 획득 실현"을 더욱 촉진해야 한다는 것이다.162) 영화법 폐기론자들은 영화법의 근본적인 문제가 한국 현실에 맞지 않는 미국식 제작시스템을 추구하는 데 있다고 보고 그보다는 "프랑스와 같은 제작방식을 참조하여 자유로운 프로덕션을 갖게 하는 제도가 합리적"이라고 생각하였다.163)

---

162) 이영일, 앞의 책, 1969, 316~317쪽 ; 「영화제작진흥법 만들라」, 『서울신문』, 1964년 4월 8일자 ; 「영화법 폐기를 건의」, 『경향신문』, 1964년 12월 4일자.

반면에 영화법 폐기에 반대하는 영화인들도 있었다. 이들은 영화업자협회164)를 중심으로 한 등록제작사의 대표들로서 영화법을 폐기한다는 것은 "기업화의 궤도를 달리고 있는 업계를 근본적으로 파괴시키고 법시행 이전의 혼미한 상태로 되돌아"간다는 것을 의미한다고 주장하였다. 영화법 폐기를 주장하는 영화인들은 현실을 무시한 법의 시설기준 요구가 부당하다고 했으나, 이는 "영화의 기업화를 위한 필수조건"이며 "군소 프로덕션의 난립 방지로 경제적 안정과 질서유지를 기할 수 있는 타당한 법"이라고 반발하였다. "비단 영화만이 아니라 많은 업종-신문, 인쇄, 운수 등-이 정부로부터 일정선 이상의 시설구비를 요구당하고 있으며, 미등록 업자들이 제작을 봉쇄당하고 있다지만 법에 순응함이 방화육성의 빠른 길임을 다짐하고 미등록 10개사가 모여 시설을 갖추고 대한연합영화주식회사로 등록을 마친 예도 있다"는 것이다. 또한 영화법이 "이제 겨우 틀을 갖추고 발판을 닦고 있을 때" 영화법을 폐기한다는 것은 법에 맞추어 모든 조건을 갖춘 제작사들에게는 "납득할 수 없는 일"이라고 하고 있다.165)

163) 「영화법, 찬반양론을 들어본다」, 『조선일보』, 1964년 5월 5일자. 이같은 유럽식 영화산업에 대한 관심은 당시 활발히 논의되었던 이탈리아의 네오리얼리즘이나 프랑스의 누벨바그 등 유럽영화에 대한 관심으로부터도 기인한다. 대표적인 것으로는 이형표, 「네오리얼리즘의 발전」, 『영화세계』, 1962년 3월호 ; 변인식, 「영화현실과 포오토제니」, 『영화예술』, 1965년 6월호 ; 김정옥, 「영화예술은 어디까지 왔는가?」, 『영화예술』, 1965년 6월호 ; 「공동토의-현대의 새로운 드라마투르기」, 『영화예술』, 1965년 10월호 등이 있다.

164) 영화업자협회는 세 종류의 제작사들로 구성되었다. 첫 번째는 영화법 개정에 따라 외국영화수입업에서 방화제작을 겸하게 된 세기상사, 한국예술영화 같은 제작사, 두 번째는 극장업자, 세 번째는 한국영화제작을 주로 하는 신필름, 연방, 합동 등의 영화사들이다. 「잘해 나가려나?」, 『영화잡지』, 1967년 12월호, 226~229쪽(영화진흥위원회, 『한국영화배급사연구』, 2003, 30쪽에서 재인용).

165) 「영화법, 찬반 양론을 들어본다」, 『조선일보』, 1964년 5월 5일자.

이와 같은 한국영화인협회와 영화업자협회의 영화법 폐기를 둘러싼 갈등은 제1차 영화법 개정안의 조건을 갖춘 등록회사와 미등록회사간의 갈등이었고, 따라서 대다수의 영화인들이 개정영화법을 반대하고 나아가 영화법 폐기를 주장하는데 동참했던 것으로 보인다.166) 여기서 주목할 것은 영화법 옹호론자와 영화법 폐기론자들이 궁극적으로 지향하는 영화산업의 시스템과 모델이 달랐다는 점이다. 곧 영화법 옹호론자들은 할리우드 영화제작시스템을 벤치마킹하는 대자본 위주의 영화기업화론과 국산영화의 빠른 육성을 위한 국가 통제의 효율성을 주장하고 있는 반면에, 영화법 폐기론자들은 미국식보다는 프랑스와 같은 소규모의 프로덕션시스템을 채택하여 국립영화촬영소와 몇 개의 민간촬영소를 합자로 만들고 이를 자유롭게 활용하면서 영화를 제작하는 것이 훨씬 합리적이며, 이러한 제작성의 확정을 법적으로 정하고 공보부장관 권한으로 하는 통제법은 자유민주국가의 문화경제정책으로서는 모순되는 것이라는 주장이다. 곧 전자가 대기업 위주의 영화기업화론과 이를 위한 국가의 강력한 개입과 통제를 지지하고 있다면, 후자는 소규모 프로덕션 위주의 영화기업화론과 자유주의적 영화산업을 지지하고 있는 것이다.167) 이는 경제개발계획으로 대표되는 정부의 근대화론의 방향에 영화산업이 어떤 방식으로 동참할 것인가와도 관련이 있지만, 그보다 더 근본적으로는 정부의 근대화 방식 자체에 대한 영화계의 회의와 비판의 반영이라고도 볼 수 있다.

1966년에 제출된 영화법 폐기 건의문에서는 영화법이 "영화사업의

---

166) 개정영화법에 대한 공청회에 참가한 18명의 영화인 가운데 개정영화법에 찬성한 인사는 3명에 불과하고 15명은 모두 반대하였다. 「개정영화법에 관한 지상공청회」, 『영화세계』, 1963년 8월호.
167) 강대진, 「개정된 영화법 시행령의 완화를 다시 한번 촉구한다」, 『영화세계』, 1963년 8월호 ; 「영화법, 찬반 양론을 들어본다」, 『조선일보』, 1964년 5월 5일자.

국가관리를 지향하는 강권주의"일뿐만 아니라, "과거 제국 일본이 동아
침략을 개시할 즈음에 임전 체제의 일환으로 시작하였다가 종전과 더불
어 폐기해버린 前시대적 영화법"이라고 규정하고[168] 영화기업화를 위해
독립프로덕션을 육성해야 한다고 주장하였다.[169] 1966년 3월 크리스찬
아카데미에서 열린 <한국영화의 현실과 방향>이라는 세미나에서도
한국영화의 기업화 문제를 둘러싸고 영화인들의 두 가지 견해가 제출되
었다. 등록 제작사인 한국영화업자협회 측은 한국영화계의 기업화를
위해서는 '메이저 컴퍼니'가 더 효과적이라는 주장을 내세웠으며, 한국영
화업자협회의 소속사를 제외한 감독과 작가들을 중심으로 한 한국영화
프로듀서협회 측은 독립 프로덕션을 키우는 것이 우리 실정에 맞는
것이라고 주장하였다. '메이저'를 내세우는 쪽은 보다 합리적인 투자로
영화의 질을 높여 해외수출에 힘쓰자는 것이며, 독립 프로덕션을 주장하
는 쪽은 현재의 시장을 바탕으로 우선 착실한 소기업화에 힘쓰자는
것이었다.[170]

　국회에서도 영화법 폐기를 둘러싸고 논쟁이 벌어졌다. 1965년 6월
10일 제50회 문교공보위원회 6차 회의에서는 영화법 폐지에 관한 법률안,
영화법폐지 반대에 관한 청원, 영화법개정에 관한 청원, 3개의 청원에
대해 토의하였다.[171] 우선 영화법폐지에 관한 법률안에 대해 민주당의원
김대중은 연간 백수십편의 영화의 과반수가 군소제작업자, 법적으로
등록되지 못한 비등록업자들이 등록된 업자의 이름을 빌려서 제작되고

---

168) 박지연a, 앞의 글, 207쪽.
169) 「비난많은 영화법 폐기를」, 『서울신문』, 1966년 1월 20일자 ; 「영화법 둘러싼
　　　찬반의 주장」, 『조선일보』, 1966년 2월 3일자.
170) 크리스찬아카데미 대화모임 자료집, 『한국영화의 현실과 방향』, 1966년 3월
　　　30~31일.
171) 이하 『국회회의록』, 제50회 문교공보위원회 6차 회의, 1965년 6월 10일 참조.

있는 현실을 지적했다. 또한 연간 15편 이상의 극영화를 만들어야 한다는 규정 때문에 표절행위가 횡행하고 질 낮은 영화를 양산하는 결과를 초래하고 있다고 하면서 이는 국민정신과 민족문화를 향상시키는 예술 활동을 저해하는 것이라고 비판하였다. 결론적으로 영화법은 민주국가에서 자유기업주의에 위배되는 것으로 수많은 영화인의 질곡이 되고 있을 뿐만 아니라 특권층을 옹호하고 군소영화업자의 기업 활동의 자유를 억압하며 인격까지도 모욕하는 부작용을 낳고 있기 때문에 반드시 폐지되어야 한다고 주장하였다. 영화를 기본적으로 산업이기 전에 문화예술로 보고 민주국가의 자유기업주의에 따라 중소기업의 활동을 보호해야 한다는 주장이었다.

이에 반해 영화법폐지반대 청원을 소개한 민주공화당의원 최두고는 영화법은 1962년 제정할 당시 영화제작자나 극장협회, 배우, 감독 등의 의견을 총망라해서 만든 최상의 법이라고 전제하였다. 그는 헌법에서 자유로운 기업활동을 보장했다고 하더라도 현실적으로 모든 사업에 대해서 국가가 통제하고 지도감독을 하고 있기 때문에 영화산업에 대한 국가의 통제는 당연하며, 더구나 영화처럼 우리나라 고유의 문화예술을 소개하여 한국에 대한 인식을 높일 수 있는 영향력있는 사업에 대해서는 당연히 통제를 해야 한다고 주장하였다. 또한 영화는 막대한 자금이 소요되고 한번 흥행에 실패하면 전재산을 탕진하는 경우가 많기 때문에 무질서하게 방치할 수 없으며, 이처럼 위험을 무릅쓰고 국산영화를 만드는 사람에게 면세조치 등 특혜를 주어 장려하는 것이 국가의 역할이라고 보았다. 영화산업의 국가통제가 국산영화 장려에 매우 효율적일뿐만 아니라 거의 유일한 방안임을 강조한 것이다.

한편 영화법 개정에 관한 청원은 영화법 폐지론이 "국산영화육성에 커다란 암"이므로, 당국은 현행 영화법을 그대로 시행하되 영화기업의 신장을 저해하는 수개 조항만을 개정해야 한다는 주장이었다. 곧 시설기준 완화, 배우와 감독, 기술자 등의 전속제 삭제, 연간 15편 이상이라는 제작규정의 편수 완화, 국산영화 제작업자에게 과중한 부담을 주는 문화영화의 동시상영 반대, 영화수출은 무역업자 누구나 가능하도록 하자는 것 등이 그것이다. 이러한 영화법개정안은 기본적으로는 국가의 영화통제를 긍정하는 가운데 현실적이지 못한 조항을 부분적으로 수정하려는 입장이라고 할 수 있다.

이러한 세 가지 논의에 대하여 공보부장관 홍종철은 영화법이 시설기준 문제, 전속문제, 제작편수 15편에 관한 문제, 수입쿼터문제, 검열문제 등의 문제점도 있으나 영화기업의 육성과 국산영화의 질적 향상이라는 점에서 성과도 많이 있었기 때문에, 이 법의 전적인 폐지는 있을 수 없는 일이라고 단언하였다. 또한 검열로 인해 영화를 커트하면 보통 자본금 6백만원~2천만원을 들인 영화사 입장에서는 많은 손해를 보고, 이것은 영화업자의 영세성을 가중시키는 것이므로 기업의 육성을 도모한다는 견지에서 사전검열제도, 곧 각본을 사전에 심사하도록 해주면 영화업자들이 많은 손해를 보지 않을 것이라고 주장하며 사전검열제도 실시를 언급하였다. 검열제도 자체에 대한 문제점은 인식하지 못한 채 사전검열제도가 마치 영화인들을 위한 법률인양 호도하고 있는 것이다.

이러한 논의는 결국 영화통제에 대한 정부의 입장만 확인한 채 다음해로 넘어가 영화법 2차 개정을 맞게 된다. 1966년 7월 14일 제57회 본회 24차 회의에서 영화법 개정문제가 다시 거론되었다. 민중당의원 김대중은 영화법 폐지에 관한 법률안을, 민주공화당의원 이백일 외 53인이 영화법중 개정법률안을 각각 제안한 것이다.172) 이 회의에서 영화법 개정안에 대해 이백일 외 53명의 서명을 받은 법률안을 문교공보위원회가 모두 바꾼 것을 놓고 이백일과 문공위원회와의 갈등이 표출되면서 법률 개정을 둘러싼 정부의 권위주의적 행태가 드러났다.173)

영화법 폐지에 관한 법률안을 제안하면서 김대중은 영화법이 '관료지배의 소산'이라고 일축하였다. 그의 주장은 크게 세 가지로 요약할 수 있다. 첫째는 국가가 영화예술을 통제하고 관리할 수 있다는 태도에 관한 문제이다. 그는 영화법이 영화사업 육성 발전과 영화문화의 질적 향상, 그리고 민족예술의 진흥을 목적으로 한다고 되어 있지만, 어디에도 예술의 본연의 자세에 입각해서 국민의 자유를 조장시키고 문화인들의 자유로운 영화활동을 보장해주는 조항은 없으며, 실제로는 공보부장관을 위시해서 관이 인가하고 심사하고 또는 처벌하고 취소하고 제작 중지시키고 하는 간섭과 처벌과 관의 지배를 강화하는 법안이라고 강도 높게 비판하였다. 문화를 법적으로 규제하고 처벌할 수 있다는 정치논리는 예술활동을 하는 사람들에 대한 모독이며, 조금만 잘못하면 끌어다가 반공법으로 처벌하는 그런 환경 속에서 좋은 영화가 나올 리 없다는 것이다. 그는 영화법이 "전부 등록해라, 심사받아라, 신고해라, 처벌한다, 중지해라, 이런 조항뿐이니 이것은 영화법이 아니라 영화인 처벌법이요, 영화발전에 대한 방해법"이라고 일갈하였다. 또한 신고와 검열의 모든

---

172) 이하 『국회회의록』, 제57회 본회 24차 회의, 1966년 7월 14일 참조.

173) 개정안의 내용은 영화의 종류를 구별함에 있어 TV영화와 광고영화를 추가했고 (제2조), 영화제작자를 등록제로 하고(제3조), 시설기준을 규정하여(제4조), 외국인은 영화제작자가 될 수 없게 하고(제5조), 영화제작자 등록취소요건을 규정했으며(제7조), 영화의 수출입시에 공보부장관의 추천을 받게 하고(제9조), 영화상영시에는 검열을 받게 했으며(제11조 제2항), 제작중지 또는 상영정지 요건을 규정했다(제12조 제16조). 문공위원회의 류진은 국산영화를 제작하는 사람에 한해서 외국영화 수입권을 부여한다는 규정과 극영화를 상영할 자는 뉴스영화와 문화영화를 동시에 상영해야 한다는 규정에 대해 문화영화와 뉴스영화는 정치성이 없는 것에 한해 상영하도록 했다고 강조하였다.

권한이 공보부장관에게 있는데, 신고는 검열과 마찬가지로 낡고 관료적이며 비문화인 사고방식을 가지고 예술을 억압하는 행위이니 영화인들이 자율적으로 잘 검열하도록 하는 것이 영화를 육성하고 민족문화를 발전시키는 길이라는 것을 강조했다. 영화에 대한 국가의 관료적 지배에 대한 강도 높은 비판이었다.

둘째는 소규모 자본의 영화제작에 대한 견해로서, 그는 자유주의적 태도를 취하였다. 곧 좋은 영화를 만들기 위해서는 시설을 갖추어야 한다고 하지만 정신문화를 창조하는 영화라는 것은 자본과 반드시 비례하여 좋은 작품이 나오는 것이 아니며, 외국에서는 영화제에서 수상한 우수한 영화들 중에서는 작은 개인 프로덕션에서 남의 시설을 빌려가지고 만든 그런 영화들이 매우 많다는 것이다. 더구나 우리나라 같은 열악한 현실에서 '보따리' 영화제작자가 명의대여를 해서 영화제작하는 것은 나쁜 것이 아니며, 어차피 영화촬영소는 비어 있는데 영화를 만들고 싶은 사람이 있어도 빌려주지도 못한다면 이것은 남의 사유재산에 대한 침해라고 강조하였다.

셋째는 정부가 영화에 대해 어떤 태도와 정책을 취해야 할지에 대한 견해이다. 그는 1개 영화사가 연간 15편을 만들어야 한다는 조항으로 인해 粗製品이 양산되고 있으며, 정부가 정말로 영화를 육성할 생각이 있으면 영화금고 같은 것을 설치하여 입장세 일부를 적립하고 좋은 영화 만드는 제작자에게 제작비를 저리융자 해줌으로써 훌륭한 대형제작사가 되어 세계로 뻗어나갈 수 있도록 도와주는 것이라고 역설하였다. 또 영화법에서 극영화 상영시 문화영화 및 뉴스영화를 동시상영 해야 한다는 규정에 '다만 직접 또는 간접으로 정치적 선전이 되는 문화영화 또는 뉴스영화는 상영할 수 없다'는 조항을 붙인 것에 대하여, 모든 뉴스영화가 직간접적으로 정치성을 띠고 있으며 문화영화의 적어도

7할 이상은 간접적인 정치선전이라는 점을 고려할 때 영화법이 얼마나 모순이 많고 정부가 얼마나 영화에 대해 무지한지를 드러내는 것이라고 비판하였다.

이는 이전 해의 영화법 폐기 주장과 같은 맥락이면서도 표현 수위나 신랄함 면에서 훨씬 강도가 세진 주장이었다. 곧 국가의 영화통제가 영화예술과 민족문화 발전에 전혀 도움이 되지 않는 악법이며 나아가 민주국가의 헌법정신에 위배된다는 것이다. 이는 영화법 폐기론을 주장하는 영화인들과 같은 맥락에서 유럽식 소규모 프로덕션 중심 체제와 이의 기반이 되는 자유주의적 영화산업론을 주장한 것으로, 비단 영화법에 국한된 비판이 아니라 박정권의 근대화론 중심의 문화재건에 대한 근본적인 비판을 겸한 것이었다. 그러나 영화법 2차 개정을 위한 논란은 출석 95명 중 가 68표, 부 8표로 문공위원회의 개정안대로 가결되며 결론지어졌다.

이로써 할리우드 제작시스템을 모델로 대자본 위주의 영화기업화를 꾀한 통제주의, 국가주의적 영화정책은 확립되고 이후 권위주의정권 내내 맥을 이어갔다. 그러나 이러한 대자본 위주의 영화기업화 정책이 결과적으로 진정 영화 대자본을 육성시켰다고 보기도 어렵다. 1960년대 후반 군소자본은 물론이고 극동흥업, 동양, 아성 등 대자본마저 부도를 내고 도산했으며, 이들에게 선자본을 대준 지방흥행업자들 역시 줄줄이 부도를 내고 만 것이다.174) 이는 투자와 배급 구조를 도외시하고 제작 중심 시스템만을 중심으로 기업화하려는 정부의 근시안적이고 성장제일주의적인 정책의 소산이었다. 그러나 소규모 프로덕션시스템을 위주로 한 자유주의적 영화정책을 주장한 흐름과 정신 역시 이후 한국영화계의

---

174) 「부도수표 사태」, 『신아일보』, 1966년 12월 27일자.

큰 흐름을 형성하며 이어졌으며,[175] 1960년대 중반 영화클럽의 태동과
함께 새로운 세대의 에너지로 전화해 갔다.[176] 미국식 근대화, 산업화의
맥락에서 문화를 국가재건의 하위도구로 보았던 1960년대 영화정책은
그런 점에서 영화인들을 완전히 포섭하지는 못했던 것이다.

요컨대 일제시기부터 제기된 영화기업화론의 지향은 기본적으로 대자
본 위주의 영화산업화였지만, 이를 정책적으로 확인한 영화법은 한국의
현실을 고려하지 않은 채 미국의 영화산업을 표피적으로 모방하는 것이
어떠한 문제점을 야기할 수 있는지 잘 보여주었다. 게다가 1960년대
대기업 위주의 경제개발이라는 근대화정책의 틀 속에서 문화를 그 하위
에 복속시키고자 했던 문화재건의 방향은 거꾸로 영화인들의 열망을
배반하는 방향이 되었다. 영화법과 이를 둘러싼 찬반론은 영화에 대한
관점의 차이와 함께 영화 산업화의 두 가지 노선의 차이를 극명하게
드러내 주었다. 영화를 산업의 일종으로 보고 대자본을 위주로 하는
경제정책의 관점에서 영화를 바라보는 것과, 영화를 기본적으로 예술로
파악하고 문화적 특수성에 기반한 소자본 위주의 프로덕션체제를 지향
하는 것, 이 두 가지 방향이 이후에도 한국영화계를 관통하는 두 개의
흐름이 되었다는 점에서 영화기업화론은 그 의의가 적지 않다. 이후
한국영화는 산업적으로나 내용적으로 미국식 상업영화와 유럽식 예술영
화의 영향을 고루 받는 가운데 두 방향성의 긴장관계가 이후 한국영화의
저력을 형성하는데 큰 힘이 되었기 때문이다.

---

175) 1965년 개봉된 189개 작품 중에서 영화업자협회 회원사인 19개 제작사가 만든
　　작품은 26편에 불과하였다. 정종화, 앞의 글, 62쪽.
176) 1963년경부터 세미나 및 영화감상회를 중심으로 결성된 대학의 영화클럽은
　　1960년대 중반 이후 더욱 활발히 만들어졌는데, 1965년 창간된 잡지『영화예술』
　　은 영화클럽을 모집하기도 했다. 변인식, 「대학 시네클럽의 이념과 방향」,
　　『영화·TV·예술』, 1966년 8월호.

제4장 국가의 영화 생산과 이미지 전략

1. 1950년대 문화영화와 국가 표상

1) 문화영화의 제작과 상영

① 문화영화의 개념과 문화영화 생산의 두 계통

영화는 탄생 초기에 철저하게 상업적, 오락적 성격을 띠고 발명되고 상영되었지만, 그것이 특정한 주장과 이데올로기를 전파하는 데에 매우 효과적인 매체라는 것이 드러나는 데에는 그리 오랜 시간이 걸리지 않았다. 영화가 지닌 강력한 영향력에 대한 인식은 제1차 세계대전 시기 미국과 영국의 선전영화 제작을 계기로 현실화되었으며, 이후 국가가 영화 생산의 주체가 되어 국가의 정체성을 홍보하고 나아가 체제 수립과 그 유지에 필요한 이데올로기를 유포하는 일은 소련 등 사회주의 국가를 비롯하여 일본, 독일, 이탈리아 등 파시즘 국가들에 의해 적극적으로 옹호되고 추진되었다. 제2차 세계대전 이후에 생겨난 신생국 중에서 한반도의 1민족 2국가인 대한민국과 조선민주주의인민공화국은 상대방에 대한 부정적 이미지를 기반으로 스스로의 정당성을 입증해야 했던 특수성 때문에 국가의 영화 생산과 그 이데올로기적 활용을 가장 의욕적이고 왕성하게 추진한 국가들로 꼽을 수 있다.

특히 단독선거와 정부수립을 전후해 그 정통성에 의문을 제기하는 저항운동에 부딪힐 만큼 통합된 사상과 세력이 취약했던 남한 정부는 국민들에게 '대한민국'이라는 국가의 정체성과 체제의 정당성을 하루빨리 정립하여 인식시키고 국민 통합을 서둘러 이루지 않으면 안되었고, 이러한 과정에서 국가가 주도하는 영화 생산의 필요성은 점차 커져갔다. 특히 남한 사회의 정체성 형성에 결정적 계기를 제공했던 전쟁은 영화의 도구성을 환기시키는 데에도 계기가 되었는데, 이후 본격적인 재건의 시대를 맞아 영화는 국가의 정체성을 스스로 드러내고 설명하기 위한 가장 좋은 도구가 되었다. 국가가 주도적으로 생산한 영화는 크게 뉴스영화와 문화영화로 대별할 수 있다. 이 중에서도 문화영화는 가장 직접적으로 정부와 정권의 메시지를 국민에게 전달할 수 있다는 점에서 국가가 스스로의 상을 표출하는 방식을 엿볼 수 있는 중요한 매체라고 할 수 있다. 뉴스영화가 그때그때의 사건이나 정부, 대통령의 동향 등을 1~2분 이내로 전달하는데 중점이 두어졌다면, 문화영화는 길이가 5분 이내인 것에서 길게는 1시간이 넘는 것까지 매우 다양하였으며 내용도 사실 전달이라기보다는 어떠한 사건의 자세한 면모나 정치, 경제, 사회, 문화, 외국 소식에 이르는 다양한 분야를 상세히 설명하고 있어 당시의 시대상을 생생하게 보여주는 영상사료이다. 그러나 최근에야 역사학자들의 관심의 대상이 되기 시작했기 때문에, 그것이 가지고 있는 사료적 가치나 그 내용과 실체에 대해서는 상세히 알려져 있지 않다.1)

---

1) 문화영화에 대한 기존 연구로는 이충직, 「한국의 문화영화에 관한 연구」, 중앙대학교 석사학위논문, 1985 ; 박지연, 「박정희 근대화 체제의 영화정책 : 영화법 개정과 기업화정책을 중심으로」 주유신 외, 『한국영화와 근대성-<자유부인>에서 <안개>까지』, 소도, 2005, 202~206쪽 ; 이상록, 「안정·발전·번영 이미지의 재구성 : 1960~70년대 '문화영화'에 재현된 개발주의와 반공주의」, 『역사와

'문화영화'란 일반적으로 극장에서 흥행을 목적으로 공개하는 극영화의 상대적인 개념으로서 논픽션 필름(nonfiction film), 다큐멘터리 필름(documentary film), 기록영화와 유사한 개념으로 사용된다. 영화도입 초창기에 들어온 많은 활동사진들이 기록영화였다는 것을 상기해 보면 당시의 활동사진들은 곧 문화영화였다고 할 수 있다.[2] 문화영화라는 용어가 한국에 소개된 것은 1926년 무렵인데[3] 이후 카프영화인 김유영이 '프로영화'의 방법론으로 문화영화 제작을 주창한 바 있다.[4] 그러나 조선에서 문화영화라는 용어가 본격적으로 사용된 것은 1937년 중일전쟁 이후로서 일제가 제국주의의 논리를 조선을 비롯한 아시아 피침략국가에 유포시키고 천황을 정점으로 국민을 결속하기 위해 활발히 제작하였고, 조선에서는 1940년부터 시행된 '조선영화령'에 의해 문화영화를 의무적으로 상영하도록 강제하였다.[5]

문화』15, 문화사학회, 2008 ; 위경혜, 「한국전쟁 이후~1960년대 문화영화의 지역 재현과 지역의 지방화」,『대중서사연구』24, 2010 ; 변재란, 「대한뉴스, 문화영화, 근대적 기획으로서의 '가족계획'」,『영화연구』52, 2012 등이 있다. 주한미공보원이 제작한 문화영화에 대해서는 다음의 연구가 있다. 허은, 「1960년대 미국의 한국 근대화 기획과 추진 - 주한미공보원의 심리활동과 영화」,『한국문학연구』35, 동국대학교 한국문학연구소, 2008 ; 허은, 「냉전시대 미국의 민족국가 형성 개입과 헤게모니 구축의 최전선 : 주한미공보원 영화」,『한국사연구』155, 2011 ; 김한상, 「냉전체제와 내셔널 시네마의 혼종적 원천-<죽엄의 상자> 등 김기영의 미공보원(USIS) 문화영화를 중심으로」,『영화연구』47, 2011 ; 김한상, 「주한미국공보원(USIS) 영화선전의 표상과 담론 : 1950년대, 국가 재건과 자립 한국인의 주체성」,『사회와 역사』95, 2012.

2) 대표적인 것으로 버튼 홈즈의 <KOREA>, 1899(추정) ; <京城全市의 景>, 1919 등이 있다.
3) 「독일 신문화영화-대규모의 체육장려영화」,『동아일보』, 1926년 5월 16일자. 문화영화라는 용어는 독일에서 유래되었으며, 독일어 Kulturfilm의 번역어이다. ボ-ル ル-タ-,『文化映畵論』, 第一藝文社, 1938, 15~30쪽.
4) 김유영, 「영화가에 입각하야」(1)~(6),『동아일보』, 1931년 3월 26일~4월 5일자.
5) 久保田辰雄,『文化映畵の方法論』, 1940, 3~4쪽.

일제시기 뿐만 아니라 해방후~1950년대까지도 문화영화는 "극영화
와 같은 문학적인 내면적인 인간탐구의 방법 대신에 주어진 현실 가운데
서 발견되는 인간의 모양을, 다시 말하면 현실 가운데 놓여있는 인간의
위치와 존재를 과학적으로 오려내고 규정"하는 영화,6) 곧 극영화와
구별되는 현실 기록적 영화라는 정의가 계속 통용되었다. 이렇게 문화영
화를 기록영화와 같은 개념으로 보는 것은 1958년 문교부고시 제53호
'국산영화제작장려 및 영화오락순화를 위한 보상특혜조치' 제4조에 "문
화영화라 함은 교육, 과학, 문화, 산업, 시사, 체육, 음악 등을 내용으로
하여 실사기록을 위주로 제작한 영화를 말한다. 단 순수한 학생의 교육을
위하여 제작된 교재영화는 문화영화에서 제외한다"라고 명시되어 있는
것에서도 확인할 수 있다. 그런데 오랜 시간 문화영화라는 용어가 극영화
와 대립적인 의미에서의 기록영화와 같은 의미로 사용되고 있음에도
불구하고 극적 요소가 아예 배제된 것은 아니었다. 1950년대의 문화영화
들 중에는 실화를 바탕으로 하면서도 극적 요소를 일부 삽입하거나,
무명 배우의 재연을 통해 드라마틱하게 이야기를 전개시키는 경우가
많이 있었다.

이 책에서 다루고 있는 문화영화는 국가가 직접 생산한 문화영화들로
서,7) 기록영화 및 교육영화를 포함하는 넓은 의미의 다큐멘터리와 같은
개념으로 보며 뉴스영화는 연구대상에서 제외하기로 한다. 또한 극적
요소가 들어있더라도 영화과에서 제작한 영화들은 모두 문화영화로
분류하고자 한다.8) 이렇게 보았을 때 문화영화의 개념은 오늘날 TV방송

---

6) 오영진, 「문화영화의 정신」, 『朝光』, 1941년 4월호, 268쪽.
7) 민간에서 제작한 문화영화도 전혀 없었던 것은 아니지만 수가 적을 뿐만 아니라
   신문기사 등에서 간헐적으로 그 존재를 확인할 수 있을 뿐이다. 근본적으로
   상업성을 띠기 어려운 문화영화의 민간 제작이 활기를 띠기 시작하는 것은
   문화영화의 극장 상영이 의무화되는 1962년 이후라고 할 수 있다.

에서 볼 수 있는 시사보도 다큐멘터리나 교육 다큐멘터리, 다큐드라마,
세미다큐멘터리 등과 유사하며[9] 여기에 넓은 의미로는 국가의 의도가
강하게 들어간 선전성을 띤 극영화들을 포함한다고 할 수 있다. TV
방송에서 본격적으로 다큐멘터리가 제작되기 전 시기에 문화영화가
갖는 의미와 영향력은 대단한 것이었다.

우선 1950년대 문화영화를 분석하기 위해 대상으로 삼은 것은 국립영
화제작소의 후신인 국립영상간행물제작소의『문화영화목록』(2005)에
실린   문화영화와   한국정책방송(KTV)이   운영하는   영상역사관
(http://film.ktv.go.kr/)에서 볼 수 있는 문화영화 중 1950~60년까지 제작된
198편과, 여기에 한국영화진흥조합의『한국영화총서』(1972) 및 신문기
사에서 확인된 1945~49년의 문화영화 22편을 더하여 총 220편이다.[10]
또한 시기적으로는 정부수립 후부터 1960년까지를 대상으로 하고 있으

---

8) 1948~60년까지 영화과에서 직접 제작했거나 제작을 주도한 영화중에 전문배우
   나 실제 인물이 드라마틱하게 재연을 한 경우는 많이 있다. 이 시기 극적인
   요소를 가진 문화영화는 6편으로, 그중 실제 인물들의 재연 형식을 띤 40분
   이내의 단편이 3편이고 나머지 3편은 직업배우가 출연한 장편 극영화에 해당한
   다.

9) 다큐드라마(docudrama)는 드라마 속에 다큐멘터리 요소를 더한 것으로 허구
   (fiction)가 아닌 실화를 소재로 하여 다큐멘터리적 수법으로 엮은 것을 말하며,
   세미다큐멘터리(semidocumentary)는 기록적인 것에 극적인 요소를 섞어서 작품
   의 효과를 높이는 수법으로 양자는 엄밀히 구분되기 어렵다. 대개 실제 기록필름
   이 삽입되면 세미다큐멘터리, 실화를 재연한 경우에는 다큐드라마라고 칭한다.
   다큐드라마의 정의에 관해서는 Alan Rosenthal & Corner, John ed., *New Challenges
   For Documentary*, Manchester University Press, New York, 2005, 제6장 참조.

10)『문화영화목록』과 영상역사관의 문화영화의 제목은 일치하지 않는 경우가
   많다. 이는 원래의 영화를 인터넷에 데이터베이스화하는 과정에서 소주제로
   나뉘어 실었기 때문이기도 하고, 목록 작업의 미비이기도 하다. 영상역사관의
   문화영화 제작년도 역시 대단히 불명확하여 이 책에서는 확인 가능한 범위에서
   이를 바로 잡아 사용하였다. 그러므로 문화영화에 관련된 이 책의 통계는 향후
   자료 정리에 따라 달라질 수 있다.

나, 정부수립 전과 후를 비교하기 위해 미군정기를 시야에 넣고 있다. 이 시기 문화영화에 대한 분석을 통해 국가의 자기 표상 방식, 곧 대한민국이라는 신생국가가 스스로를 어떻게 규정하고 시각화하고 있는지를 규명함으로써 자기 정체성을 대내외에 확립하고 알리고자 하는 국가의 지향이 드러날 것이다.

문화영화의 생산 기구를 기준으로 정부수립 후부터 1960년까지를 시기구분하면 크게 두 개의 시기로 나누어 볼 수 있다. 첫 번째 시기는 1948~55년까지의 시기로서, 이 시기에 문화영화는 한편으로는 중앙정부의 공보처 내에 설치된 영화과와 대한영화사에서 제작되고, 또 한편으로는 지방행정조직이나 경찰로 대표되는 관이나 군에 의해서도 활발히 제작되는 등 두 계통에 의해 생산되었다. 두 번째 시기는 1956~60년의 시기로서, 이전에 병행되던 두 계통의 문화영화 제작이 공보실 산하로 개편된 영화과로 집중되면서 영화과가 명실공히 문화영화의 메카로서 국가의 영화생산을 더욱 주도적으로 해나가던 시기이다. 이 두 시기는 영화과라는 행정부의 한 부서가 문화영화의 생산을 담당했다는 점에서 연속적이라고 할 수 있지만, 공보처와 공보실이라는 영화과의 소속과 위상면에서 차이를 볼 수 있다. 곧 공보의 역할과 비중이 점차 증대하고 있다는 점과 영화를 보다 적극적인 선전의 차원으로 볼 필요성을 인식했다는 점에서 중요하다고 할 수 있다.

국가가 주도하는 영화생산은 정부수립 후 공보처 내에 영화과가 신설되면서부터 이루어지지만 그 이전에도 뉴스영화와 문화영화는 제작되어 왔다. 해방 직후 조선문화건설중앙협의회(문건)의 산하 단체 조선영화건설본부(영건)가 주한 미군정청 조선관계 보도부로부터 일제시기 조선영화주식회사(조영)의 기재들을 이양받아 뉴스영화 <조선시보> 약 30편을 촬영 제작하였던 것이다.[11] 원래 <조선시보>는 조영이 태평양전쟁

기에 조선인들에게 전쟁을 위해 목숨을 바칠 것을 강조한 전쟁 홍보영화
였는데, 해방후 전혀 성격이 달라졌음에도 불구하고 한동안은 이 제목을
그대로 쓰다가 나중에 <대한시보>로 바꿔 불렀다. 영화인들은 한국영
화의 재건을 위하여 대한영화협의회를 결성하는 한편,12) 과거의 조영과
는 별개로 자본금 1천만원의 조선영화사를 창립하여 극영화 연 3편과
문화영화 연 8편을 제작할 것을 계획하고,13) <제주도 풍토기>(1946,
이용민)를 제작하였다. 이처럼 일제시기의 뉴스영화 제목이나 회사명을
그대로 사용한 것은 민족문화의 재건이라는 당시의 과제에도 불구하
고14) 실제로는 과거에 대한 철저한 반성과 비판이 이루어지지 못하고
일제의 잔재를 극복하려는 구체적 노력이 미약했던 당시의 분위기를
보여주고 있다.15)

　실제로 일제시기에 활동하던 많은 영화인들이 해방후 뉴스영화나
문화영화의 제작에 참여했지만 정부수립 이전까지 문화영화 제작의
주체는 어디까지나 미군정 영화과와 미공보원이었다. 미군정 영화과는
1946년 11월까지 약 1년간 위생·보건 등을 다룬 6편의 문화영화를 제작하
였고,16) 1947년 이후에 문화영화의 제작은 미공보원(OCI)의 몫이 되었다.
미공보원에서는 정부수립 무렵 선거를 처음 치르는 한국인들을 교육시
키기 위해 <국민투표>(1948)라는 문화영화를 제작하는 등 이후에도
문명국으로서 근대적 미국적 가치를 후진국에 전파하기 위한 도구의

11) 국제영화사, 『영화연예연감』, 1970, 162쪽.
12) 영화진흥공사, 『한국영화자료편람』, 1977, 33쪽.
13) 「朝映 신발족」, 『자유신문』, 1946년 10월 26일자.
14) 한상도, 「해방정국기 민족문화 재건 논의의 내용과 성격」, 『사학연구』 89, 한국사
　　학회, 2008.
15) 해방후에도 활발한 활동을 했던 이규환, 전창근 등의 일제말기 친일행적에
　　대해서는 강성률, 『친일영화』, 로크미디어, 2006 참조.
16) 「군정 영화과 1년간 작품」, 『예술통신』, 1946년 12월 3일자.

하나로서 영화를 적극 활용하였다.[17] 1945~55년 사이에 미군정청 영화
과와 미공보원에서 제작한 영화는 다음과 같다.

〈표 5〉 미군정청 영화과와 미공보원 제작 영화(1945~1955)

연도	제목	감독	제작한 곳	분류
1945	자유의 종을 울여라	한창섭 촬영	미군정청 영화과	문화
1946	귀환동포, 백의천사, 기계시대, 직물공업, 호열자, 조선올림픽	미상	미군정청 영화과	문화
1948	국민투표, 장추화무용, 희망의 마을	최인규	미공보원	문화
1949	전우	홍개명	미공보원	극
1955	죽엄의 상자[18]	김기영	미공보원	극

*출전 : 한국영화진흥조합, 『한국영화총서』, 1972, 255~310쪽에서 작성.

정부가 수립되자 문화영화의 생산을 정부 내의 한 부서인 영화과가
관할하게 되면서 한국 정부의 문화영화 생산이 비로소 시작된다. 1948년
11월 4일 공보처 내에 공보국 영화과가 설치되고 1949년에는 국무총리령
으로 공보처 내에 종래의 조영을 개편한 대한영화사가 설치되어 <대한
전진보>와 문화영화 등을 제작함으로써[19] 영화과의 영화생산이 본격화
된 것이다. 대한영화사는 영화과가 관할하는 사단법인으로서 이사장과
부이사장을 비롯하여 이사 9인으로 이루어진 이사회를 두었는데 이사장

---

17) 허은, 『미국의 헤게모니와 한국 민족주의』, 고려대학교 민족문화연구원, 2008,
    88~90쪽. 미공보원이 제작한 뉴스영화에 대해서는 다음을 참조. 허은, 앞의
    책 ; 이종님, 「전후 대중매체를 통한 문화전파에 관한 연구-뉴스영화를 통한
    미공보원의 대중매체 활동을 중심으로」, 성공회대 동아시아연구소 편, 『냉전
    아시아의 문화풍경 1 : 1940~50년대』, 현실문화, 2008.
18) 자료에 따라 <주검의 상자>라고도 한다. <죽엄의 상자>에 대해서는 김한상,
    「냉전체제와 내셔널 시네마의 혼종적 원천-<죽엄의 상자> 등 김기영의 미공보
    원(USIS) 문화영화를 중심으로」, 『영화연구』 47, 2011 참조.
19) 「대한영화사 관리규정 제정」, 『官報』 제95호, 1949년 5월 23일.

은 공보처장, 부이사장은 공보처차장이 겸직하였다. 이사는 공보처와 관계부처의 고급 공무원 및 영화에 관한 학식과 경험이 있는 자 중에서 이사장이 위촉하고, 이사 중에서 전무이사와 상무이사를 선임하도록 되어 있었다.[20] 이로써 영화과에서 영화의 기획과 촬영을 담당하고 그 이외의 제작과정은 대한영화사에서 담당하는 역할분담이 이루어진 다. 감독들은 대한영화사에 직접 소속되기보다는 외부에서 의뢰받는 형태로 문화영화 제작에 참여하였다. 이 시기 영화과의 의뢰로 문화영화 를 연출했던 감독들은 일제시기에 극영화를 연출했거나 스탭으로 일했던 최인규, 윤봉춘, 방의석, 김기영 등으로 일제시기와 인력 구성 면에서 크게 다르지 않았다. 전쟁기에 영화과는 뉴스용 촬영기 2대와 인화기 1대만을 반출하여 임시청사였던 부산의 경남도청 지하실에 현상실을 만들고 촬영기사를 전후방에 파견하여 뉴스를 제작하다가, 1953년 수복 후에는 <대한뉴스>로 개명하여 월 1회 제작하였으며 매회 1편 각 10벌을 복사하여 전국의 극장에서 상영하도록 하였다.[21]

한편, 이 첫 번째 시기에 국가가 주도하는 영화생산의 또 다른 계통에는 군과 관이 있었다. 전쟁이라는 상황은 군이 직접 영화제작의 주체가 되는 계기를 제공했다. 군은 한국전쟁 기간 중에 직접 검열을 실시하며 영화를 통한 선전 심리전에 힘썼다. 국방부에서는 부산에 정훈국을 두고 김학성, 홍일명, 양주남 등의 촬영기사를 전선에 파견해서 <국방뉴

20) 발족 당시 대한영화사의 부서와 임원을 보면 영화계와 문화계의 영향력 있는 인사들이 대거 포진해 있음을 알 수 있다. 이사장 : 이철원(공보처장), 부이사장 : 이헌구(공보처차장), 전무이사 : 안석주, 상무이사 : 강로향, 이사 : 유치진, 안종 화, 김광섭, 오영진, 박재욱, 성동호, 제작부장 : 상무겸임, 총무부장 : 하기영, 촬영부장 : 안종화. 이외에도 감독실장을 두었으나 발표 당시 미정이었다. 「대한 영화사, 이사진·기구를 정비하여 새롭게 발족」, 『조선일보』, 1949년 7월 26일자.
21) 문화공보부, 『문화공보 30년』, 1979, 27쪽.

스>와 <백만인의 별> 등을 제작하였고, 공군 정훈감실 촬영대에서는 홍성기, 신상옥, 전택이, 김일해, 노경희, 황남, 정인엽 등이 소속되어 영화제작에 노력하였으며, 대구에 근거지를 두고 <출격명령>(1954, 홍성기)을 제작하였다. 해군에서도 이필우를 중심으로 촬영대를 두었다. 이러한 전시하 정부기관이나 군의 촬영반은 영화인들의 활동 기반이 되어 주었고 일제하~해방기의 영화인들이 1950년대로 이어지는데 가교 역할을 했다고 볼 수 있다.[22] 전쟁을 전후한 시기에 국방부 정훈국에서 만든 두편의 영화, 곧 북한의 실상을 남한 국민들에게 알리기 위해 만든 <북한의 실정>(1949, 이창근)이나 한국전쟁의 발발부터 전개과정과 휴전 협상까지를 생생하게 보여주는 <정의의 진격>(1951, 한형모)은 이 시기의 대표적인 문화영화이다.[23] 영화 제작은 국방부 차원만이 아니라 훈련소나 연대 차원에서도 이루어졌다. 이는 영화제작의 주체가 되는 데에 특별한 제약 없이 제작비와 여건만 갖추어지면 영화제작을 할 수 있었으며, 생생한 시각적 재현을 통해 대중성을 확보하는 영화의 선전성을 군이 가장 잘 활용하고 있었다는 것을 알려준다. 이렇게 만들어진 영화들 중에서 극영화는 일반 영화 상영관에서 상영하였고 문화영화는 지방 순회상영을 하거나 군대 내의 병사들을 위해 군 자체에서 소화하였다.

군뿐만 아니라 지역 단위의 행정조직이나 경찰 등의 관조직에서도 영화를 직접 제작하거나 민간영화사에 제작지원 및 후원을 하여 자신들이 필요한 영화를 제작하는 경우가 많았다.[24] 관이나 군에서 직접 제작한

---

22) 이영일은 전시하 영화인들의 활동에 대해 "1937년에서 2차대전 종전에 이르는 영국 기록영화운동의 과도기 형태와 비교할 수 있는 유익한 일이었다고 평가하였다. 이영일, 『증보판 한국영화전사』, 소도, 2004, 227~228쪽.

23) 국군홍보관리소, 『군영화 40년사』, 1992, 10~12쪽.

24) 직접 제작은 제작비 일체를 부담하고 감독과 스탭을 고용하여 제작하는 것이고,

영화들은 1954년의 두 편을 제외하면 모두 문화영화이며, 제작지원이나
후원을 한 영화들은 대부분 극영화로서, 문화영화는 단 두 편뿐이다.
제작비의 규모가 문화영화보다 큰 극영화의 경우에는 직접 제작하기보
다는 지원이나 후원 등을 더 선호했다는 것을 알 수 있다.

　1947~54년 사이에 관이나 군에서 직접 제작한 영화 10편 가운데에
군이나 경찰이 아닌 곳에서 만든 것은 서울시에서 만든 <아름다웠던
서울>과 충남 공보실의 <충남만유기>, 그리고 경남 공보과의 <고향의
등불> 3편뿐이다. 10편 중에서 충청남도의 명승고적과 풍물을 그린
<충남만유기>를 제외하면 나머지 9편은 모두 군사 및 반공물이다.
다음은 해방후부터 1954년까지 공보처나 미공보원이 아닌 관이나 군에
서 직접 제작한 영화들과 제작 지원, 혹은 후원한 영화들이다.

〈표 6〉 관이나 군에서 직접 제작한 영화(1947~1954)

연도	제목	감독	제작한 곳	분류
1947	민족의 성벽	전창근	육상 경비대 포병단	문화
1949	북한의 실정	이창근	국방부 정훈국	문화
1950	아름다웠던 서울	촬영 윤봉춘	서울특별시	문화
	서부전선	윤봉춘	제1사단 15연대	문화
1951	정의의 진격	한형모	국방부 정훈국	문화
1953	총검은 살아있다	임운학	제1사단 15연대	문화
	영광의 길	윤봉춘	논산훈련소	문화
1954	충남만유기	임운학	충청남도 공보실	문화
	고향의 등불	장황연	경상남도 공보과	극
	창수만세	어약선	서울시 경찰국	극

*출전 : 위 표와 같음.

제작지원이나 후원은 제작의 주체는 따로 있고 제작비의 일부만을 지원하거나
현물지원, 인력지원 등을 하는 경우를 말한다.

〈표 7〉 관이나 군에서 제작지원·후원한 영화(1947~1954)

연도	제목	감독	제작사	지원 및 후원	분류
1947	바다의 정열	서정규	금성영화사	해양경비대	극
1948	밤의 태양	박기채	대조영화사	수도관구 경찰청	극
	愁雨25)	안종화	건설영화사	제1관구 경찰청	극
	여명	안진상	건설영화사	제7관구 경찰청	극
	여수순천반란사건	촬영 김학성	중앙영화사	내무부, 국방부	문화
1949	안창남 비행사	노필	독립영화사	육군 항공대	극
	나라를 위하여	안종화	대조영화사	국방부 정훈국	극
1951	오랑캐의 발자취	윤봉춘	계몽영화협회	윤군본부	문화
1953	애정산맥	이만홍	우주영화사	전라북도 경찰국	극

*출전 : 위 표와 같음.

위 표에서 1947~48년의 극영화 네 편이 모두 밀수 근절을 주제로
한 영화라는 것은 당시 밀수가 얼마나 큰 사회적 문제였는지를 보여줄
뿐만 아니라,26) 경찰력보다 강력한 국가권력과 체제 안정의 필요성을
은연중 드러내고 있다. 관이나 군에서 직접 제작했거나 제작 후원한
작품들이 정부수립을 전후한 시기에 가장 많은 것도 이와 무관하지
않을 것으로 여겨진다.

---

25) <愁雨>는 해방후 국민에게 민주경찰의 이미지를 심어주기 위해서 제1관구
경찰청에서 제작 후원한 영화인데 미군정청으로부터 유료공개금지령이 내려
전국적으로 무료상영을 하였다(『한국영화총서』, 273쪽). <밤의 태양>과 <여
명> 역시 경찰이 후원한 영화로서 유료 상영을 중지당했다. 이는 이들 영화가
극영화이면서도 상업영화 보다는 문화영화로서의 성격에 가깝다는 것을 보여주
나, 내용이 확인되지 않아 이 책의 통계에서는 제외했다. 「경찰영화 상영금지」,
『경향신문』, 1948년 8월 1일자.

26) 1948년작 <끊어진 항로>(이만홍)도 밀수를 소재로 한 영화인데 관이나 군에서
직접 후원을 받았는지는 명확하지 않다. 당시 밀수 품목은 주로 쌀, 금, 홍삼,
마약, 사치품 등으로 다양했는데, 특히 쌀과 금의 밀수출은 물가폭등의 원인을
제공하여 큰 사회 문제가 되었다. 「金 폭등이 물가고 조장 - 밀수출 방지에
강력 대책 시급」, 『조선일보』, 1947년 2월 19일자 ; 「속출하는 對중국 밀수단」,
『조선일보』, 1948년 10월 2일자 ; 「사설 : 밀수품 取締의 요체」, 『조선일보』, 1949
년 9월 27일자.

〈표 8〉 관·군이 제작하거나 후원한 연도별 작품 편수(1947~1954)

연도	편수	연도	편수
1947	2	1952	0
1948	4	1953	3
1949	3	1954	3
1950	2		
1951	2	총	19

*출전 : 위 표와 같음.

한편 1953년까지는 문화영화만을 제작했던 관에서도 1954년부터는 직접 극영화를 제작하기 시작했는데, 이는 전쟁중에 뉴스영화나 문화영화 제작에 참여한 영화인들이 휴전후 극영화계로 돌아가고, 공보국 영화과와 대한영화사가 문화영화의 중심이 되는 과정을 보여준다고 할 수 있다. 그런데 관이나 군의 영화에 대한 제작 후원이 1955년 이후에 거의 보이지 않는 것은[27] 이 해에 정부가 그간 공보처와 국방부 등에서 간여하던 일반 상업영화의 주무부서를 문교부로 이관시키는 등 영화에 관한 국가의 정책이 점차 정립되어 가고 있는 것과 관련이 있는 것으로 보인다.[28] 정부수립 직후부터 전쟁기까지는 영화의 선전성이 강조되면서 공보처가 검열 등 영화 업무를 관장했지만, 전후에는 문교부가 영화를 국민교육의 테두리에서 관장할 필요가 있었던 것이다. 이 조치는 이전까지 다른 부서보다 등급이 낮은 공보처가 업무 분장 문제로 문교부와 겪고 있던 갈등을 종식시키고 문화영화에 더욱 몰두할 수 있는 기회를 주었다. 1955년의 문화영화 제작 편수가 현저하게 적은 것은(<표 5> 참조) 이러한 갈등과 업무의 재배치에 따른 과도적 현상으로 보인다.

27) 군의 영화 제작은 이후에도 간헐적으로 이어진다. <우리는 누구를 위하여 싸워야 하는가>(1957, 김용), <두고온 산하>(1962, 이강천), <자유의 십자군>(1973, 박연구) 등이 그것이다. 국군홍보관리소, 『군 영화 40년사』, 1992.
28) 이우석, 「광복에서 1960년까지의 영화정책」, 김동호 외, 『한국영화정책사』, 나남, 2005, 160~162쪽.

② 문화영화 생산의 일원화와 이동영사

문화영화 생산의 두 번째 시기는 1956년 공보처가 공보실로 개편되면서 시작되었다. 국무총리 직속 기관으로 다른 부처에 비해 권한이 적었던 공보처가 대통령 직속 기관인 공보실로 한단계 승격된 것은 국정에서 공보의 역할이 그만큼 중요해졌다는 것을 의미한다. 영화과는 공보실의 선전국 산하로 이관되어 연간 12편의 <대한뉴스>와 문화영화를 제작하면서 이전 시기 두 계통으로 이루어졌던 문화영화의 생산을 영화과 한 곳으로 집약시켜 일원화시켜 나갔다. 이때부터 정부 보유불 또는 외국 원조에 의한 기재 도입이 시작되었고 영화과의 인원도 증가되어 제작능력이 크게 향상되기 시작했으며, 1956~58년까지 영화과의 문화영화 제작편수는 매년 비약적으로 늘어나게 된다. 1958~59년경에는 경제부흥 프로젝트의 하나로 부흥부에서 영화과로 100~200만불씩 교육영화 기금이 들어오고 영화과의 직원은 공무원 3명에 대한영화사 직원 80여명이라는 대식구를 거느리면서 명실공히 전문적인 '문화영화 제작소'의 역할을 하게 된다. 또한 주한미경제협조처(USOM/ United States Operations Mission)의 자금을 기반으로 한 인력교환 프로그램인 시라큐스 콘트랙트(Syracuse Contract)에 의해 김영권, 정인식 등이 인디아나 대학에 유학하고, 미국에서도 감독, 스텝 등 7명의 기술자가 나와 대한영화사의 영화인력에게 기술을 전수하기도 했다.[29] 기획과 제작은 우선 각 부처가

---

29) 이것은 1953년부터 영화과장 서리를 거쳐 영화과장을 지내고 후에 국립영화제작소의 초대 소장과 공보부 공보국장을 역임한 이성철(1922~)의 증언에 의한 것이다. 그는 충남 예산군 덕산 출생으로 보성전문학교와 동경 중앙대학 법과를 졸업하고 1948년 총무처 근무를 시작으로 공무원이 되었으며, 1951년 공보국 영화과 근무를 시작하였다. 1957년 인력교환 프로그램으로 미국에 연수를 다녀오고 잠시 선전국의 정보과장과 조사과장을 한 것 이외에는 내내 영화과장을 역임하였으며, 1950~60년대 초까지 국가의 영화생산 실무를 총괄한 인물이다. 2008년 1월 23일 인터뷰.

필요한 영화에 대해 의뢰를 하면 영화과장이 취합하여 제작회의를 통해
결정하는 식으로 이루어졌다. 영화과장이 프로듀서의 역할을 한 셈이었
다.

이 시기에는 문화영화 감독들의 인적 구성에도 변화가 있었다. 일제시
기부터 활동하던 감독들이 줄어들고 이형표, 양종해, 강대철 등 영화과에
서 연출 경험을 쌓은 문화영화 전문 감독들이 등장한 것이다. 이들은
이후 문화영화 연출 경험을 바탕으로 극영화에 도전하였는데,30) 이
시기 영화과와 대한영화사가 한국영화계의 인력 양성에 일정한 기여를
하였음을 알 수 있다.

〈표 9〉 연도별 극영화와 문화영화 제작편수(1945~1960)

연도	극영화	문화영화	연도	극영화	문화영화
1945	5	(1)	1954	18	10
1946	4	(7)	1955	15	3
1947	13	(2)	1956	30	11
1948	22	(5)	1957	37	22
1949	20	(6)	1958	74	43
1950	5	3	1959	111	50
1951	5	3	1960	92	46
1952	6	-			
1953	6	7	합계	463	220

*출전 : 국립영상간행물제작소, 『문화영화목록』, 2004 ; 영상역사관(http://film.ktv.go.
kr) ; 1946~1949년은 영화진흥조합, 『한국영화총서』, 1972와 신문 각년도판 ; 1967
~1968년은 국제영화사, 『영화연예연감』, 1970 참조. 1962~1969년 문화영화의
( ) 안 편수는 검열편수로서 영화진흥공사, 『한국영화자료편람』, 1977, 46쪽 참조.

문화영화 제작이 본 궤도에 오르자 독립된 촬영소에 대한 필요성이

---

30) 이형표 감독은 1950년대부터 여러 편의 극영화 각본가로 활동했으며, <서울의
지붕밑>(1961)으로 데뷔하여 이후 수십편의 극영화를 연출하였고, 양종해 감독
은 <속 팔도강산>(1968)을, 강대철 감독은 <내일의 팔도강산>(1971)을 연출하
였다.

증대했고, 1959년 정부는 드디어 ICA원조에 의한 대충자금 1억5천7백만 환과 운크라 원조 3만5천불을 들여 중앙청 내에 컬러 시네마스코프 영화제작 작업까지 가능한 '동양 제일의 설비'로 촬영소를 마련하게 된다.[31] 이 촬영소는 ABC 3동으로 나뉘어져 있는데 동시녹음이 가능한 촬영소와 녹음실, 현상실, 스튜디오, 영사실 등으로 되어 있으며, 카메라도 35mm 미첼카메라를 비롯하여 아이모카메라, 16mm 카메라, 현상기, 인화기, 녹음시설 등 설비에 사용된 총자금이 47만 5천불에 달하는 당시로서는 최고의 시설을 자랑하였다.[32] 이곳에서는 한 달에 두 번씩 해외에 소개될 영문판 뉴스, 연간 약 15편의 특수기록영화, 기념일 영화, 한 달에 두 번의 TV영화 제작, 연간 5편의 가요수록영화, 선전을 위주로 한 천연색 영문판 영화와 국민계몽 흑백 문화영화, 교육문화, 보건위생, 농촌진흥, 생활개선 등 의사의 교육, 기술교육에 기여할 문화영화를 한 권 내지 두 권의 길이로 연간 20편을 제작할 계획을 수립하였다. 특히 이 영화과의 촬영소는 공보실의 계획을 수립하고 남는 기간에는 일반 극영화 제작자나 감독에게 시설을 임대해 주기도 해서 극영화의 기술 발전에도 많은 기여를 하였다.[33] 또한 영화제작기술 훈련생 강습회를 열어 대학 학부 출신자 가운데 영화감독부분과 촬영부분 각 10명씩을 3개월간 훈련시키는 등 영화인력 양성에도 힘써 이후 국립영화제작소의 설립에 물적 인적 토대가 되었다.[34]

31) 「새촬영소 낙성식 — 동양제일의 시설, 투자로 건립」, 『동아일보』, 1959년 1월 16일자.
32) 국가기록원에는 영화과 스튜디오와 설비, 기계 등의 사진이 남아있어 그 규모를 알 수 있다. 공보처 홍보국, 「영화과 스튜디오 내부건물 사진」, 1958 ; 공보처 홍보국, 「영화과 영화제작 기계 시설 사진」, 1959.
33) 「공보실 촬영소」, 『경향신문』, 1959년 1월 18일자 ; 「뉴스영화는 어떻게 만들어지나」, 『동아일보』, 1959년 1월 21일자.
34) 「공보실 영화제작」, 『서울신문』, 1960년 1월 19일자.

1958년 문교부 고시 제53호 '국산영화 제작장려 및 영화오락 순화를 위한 보상특혜조치'에 의해 영화육성책이 본격화되지만 여기에서도 문화영화업자는 외화 수입쿼터에서 제외되고 외국의 문화영화나 뉴스영화를 수입하는 업자에 대해서만 특혜가 주어졌기 때문에 외국 문화영화가 많이 수입되었다. 1959년 문교부, 내무부, 공보부, 극장협회의 관계자들이 모여 외국영화 상영시에는 문화영화, 뉴스영화 각 한편씩을, 국산영화 상영시에는 뉴스영화 한편을 반드시 상영해야 하며 이를 어기면 상영권을 취소하도록 하는 강력한 제재조치를 내려 문화영화 제작과 수입을 활성화시켰다.[35] 평단에서도 다큐멘터리영화의 중요성을 부각시키며 민간제작의 문화영화를 활성화할 것을 주장하였는데,[36] 이는 1950년대의 문화영화가 국가의 정체성 확립과 관련된 국책 선전영화에 치중하고 있음을 지적한 것이었다.[37]

4·19혁명 이후 공보의 기능은 약화되어 공보실이 국무원 사무처 공보국으로 축소되었다. 이전 문화영화의 메카였던 영화과 역시 위상이 떨어진 공보국 산하에서 위축될 수밖에 없었다. 그러나 문화영화의 생산 자체가 크게 줄어든 것은 아니었다. 편수는 대체로 유지하면서도 내용적으로나 질적으로는 향상된 면모를 보여주었다. 오히려 공보 선전으로서의 문화영화보다는 계몽적 성격의 문화영화를 많이 제작함으로써 공보 기능의 위축과 정권 교체가 문화영화의 질적 전환과 제고에 큰 영향을 준 것이다.

문화영화의 생산이 영화과의 위상 변화와 함께 더욱 가속화된 것과

---

35) 「뉴스·문화영화 반드시 상영」, 『동아일보』, 1959년 4월 3일자.
36) 이청기, 「잃어버려진 영역─기록영화의 권장을 위한 고언」, 『서울신문』, 1958년 3월 19일자 ; 이청기, 「기록영화를 재인식하자」, 『서울신문』, 1958년 4월 30일자.
37) 「문화영화─우리나라선 잃어버린 영역」 『서울신문』, 1958년 8월 8일자.

발맞춰 그의 상영 역시 활발하게 이루어졌다. 그러나 1959년의 조치로 외국영화 상영시 문화영화를 상영하도록 했음에도 불구하고 극장에서 문화영화의 의무 상영이 실시되는 1962년 영화법 실시 이전에는 문화영화가 극장에서 상영되는 비중은 그리 크지 않았다. <춘향전>(1955, 이규환)이 성공하고 한국영화의 제작이 활성화되기 시작하면서 극장의 수도 빠른 속도로 증가했지만[38] '문화영화'가 관객을 만나는 주된 방식은 주로 영사기를 실은 차량이 지방을 순회하며 상영하는 것이었다. 영화의 이동영사는 일제시기 조선총독부가 식민 지배를 위해 실시하기 시작했는데,[39] 1950년대에는 주한 미공보원(USIS/K)이 제작한 뉴스영화인 <리버티뉴스>와 직접 제작한 문화영화, 그리고 미국에서 배포된 문화영화를 가지고 이동영사를 실시하였다.[40] 한국 정부는 각지에 설립된 문화원을 근거지로 하여[41] 미공보원으로부터 영사차(mobile unit)와 영사기를 대여받아 미공보원이 제공하는 필름과 정부가 제작한 필름을 함께 가지고 지방상영을 하기 시작했다. 이동영사를 통한 영화 관람은 극장에 가기 어려웠던 지방민들의 정보획득수단이자 오락거리이자 문화생활의 하나가 되었다. 극장 개봉관과 재개봉관을 돌고난 철지난 극영화 필름도 때로는 이동영사의 프로그램이 되곤 했으며, 문화영화가 점차 극적인

---

38) 1959년 현재 극장수는 전국에 242개소였는데 그나마 서울, 부산 지역이 1/3을 차지하여 지방민들의 극장 접근이 용이하지 않았음을 보여준다. 『한국영화자료편람』, 163쪽.

39) 복환모, 「1920년대 초 조선총독부 '활동사진반'의 역할에 관한 연구」, 『영화연구』 24, 2004, 276~273쪽.

40) 미공보원은 <전진대한>이란 부정기 뉴스영화를 제작하여 30벌씩 배포해오다가 1953년 5월 1일부터 <리버티뉴스>로 개칭하여 매주 1편씩 35미리는 35벌씩 극장에서 <대한뉴스>와 교대로 상영하도록 하였다. 미공보원의 지방 순회 상영에 대해서는 허은, 앞의 책, 269~279쪽 참조.

41) 1960년까지 전국에 46개의 문화원이 개원하였다. 한국문화원연합회, 『한국의 문화원』, 1974, 28쪽.

요소를 가미하여 오락적 성격을 띠게 됨으로써 더욱 관객들의 환영을
받았다. 마을의 회관이나 공터에 천막을 치면 그것이 곧 극장이 되었고,
마을 사람들은 영사차가 오는 날이면 어른 아이 할 것 없이 모여드는
것이 예사 풍경이었다. 국가의 입장에서 이동영사는 군중을 동원하는
가장 효율적인 방식의 하나로 인식되었고, 이는 5·16군사정변 이후
더욱 심화되는 현상이었다.[42]

2) 문화영화와 국가 정체성

① 국가 정체성의 키워드들

위에서 살펴본 바와 같이 문화영화는 국가의 영화생산기구에 의해
점차 체계성을 갖추며 조직적으로 제작되고 보급 상영되었다. 문화영화
는 국가의 정책을 국민에게 이해하기 쉽게 전달하는 가장 좋은 매개체였
으며 동시에 국가의 이미지를 전시하는 시청각적 표상이었다. 이러한
문화영화가 전달하려는 내용과 주제는 무엇이었는지 현재 파악이 가능
한 1945~60년의 문화영화들을 내용별로 분류하고 이를 시기별 주요
키워드로 정리하면 다음과 같다.[43]

---

42) 문화영화의 순회상영에 대한 신문기사가 유독 1957~1961년 사이에 많은
   것은 이와 무관하지 않다. 「계몽영화 순회상영」, 『조선일보』, 1957년 6월 1일
   자 ; 「지방순회계몽반을 파견」, 『조선일보』, 1960년 1월 15일자 ; 「재건운동
   지부서 시민위안 영화와 군악행진」, 『조선일보』, 1961년 7월 18일자 ; 「시청광
   장서 무료로 뉴스기록영화 상영」, 『경향신문』, 1961년 8월 1일자 ; 「교육영화
   순회상영」, 『조선일보』, 1961년 9월 10일자 ; 「순회영사반 파견」, 『한국일보』,
   1961년 9월 30일자.
43) 여기에 제시된 키워드는 영화의 소재와 주제를 통틀어 가장 중요하게 제시되는
   내용을 기준으로 한 것이다.

〈표 10〉 문화영화의 내용별 분류(1945~1960)

연도	국토	국민	국가	반공	군사	민족	재건	대통령	정치	경제	문화	생활	체육	국제	기타	총
1945									1							1
1946	1					1				2		3	1			8
1947					1								1			2
1948		1		1		1	1				1					5
1949			2			2	2									6
1950			1	2												3
1951			2	1												3
1952																-
1953	2			2	2								1			7
1954	2	1	1	1		1	2	1					1			10
1955				1			2									3
1956	2		2			1	1	4					1			11
1957	3		1	3		3	5	3		1	2			1		22
1958		1	6	2		*5	6	4	1	4	3	2	2	4	3	43
1959	1	1	5	4	1	2	8	4	2	4	1	8	2	6	1	50
1960	2	2	2	3	3		2		9	6	7	8		2		46
합계	13	6	17	21	11	16	27	18	13	17	14	21	9	13	4	220
%	6	2	8	10	5	8	12	8	6	8	6	10	3	6	2	100

*출전 : 국립영상간행물제작소, 『문화영화목록』, 2005 ; 영상역사관(http://film.ktv.go.
kr/)의 문화·기록영화. 연도는 바로 잡아 계산함.

〈표 11〉 문화영화의 주요 키워드(1945~1960)

시기	주요 키워드
1945~1947	정치, 국토, 생활, 민족
1948~1949	반공, 민족, 재건
1950~1953	반공, 군사
1954~1955	국토, 재건, 대통령
1956~1959	국토, 국가, 반공, 민족, 재건, 대통령, 경제
1960	국민, 정치, 경제, 문화, 생활

*출전 : 위 표와 같음.

이 표에서도 보이듯이 각 시기의 정치적 요구와 필요에 따라 문화영화
의 키워드가 달라지고 있어, 이러한 키워드를 중심으로 시기별로 대표적

인 영화들을 분석해 보면 문화영화가 갖는 지향과 의미가 더 뚜렷하게 드러난다. 우선 해방후 기록이 남아 있는 최초의 문화영화는 <자유의 종을 울여라>(1945)로서 원래 미국에게 '자유의 종'이란 미국의 독립 정신을 상징하는 것인데, 조선의 해방과 미군의 주둔이라는 두 가지 의미가 중의적으로 나타나며, 제작 주체가 미국이라는 점을 고려할 때 오히려 후자의 의미가 더 큰 것을 짐작할 수 있다.

이처럼 이 시기에는 미군정청 영화과에서 주로 문화영화를 만들었는 데 위생·보건 등 '생활'에 관련된 영화가 가장 많다. 일제의 식민지배 사례에서도 알 수 있듯이[44] 위생과 보건은 근대화의 가장 가시적인 지표로서 근대화된 '문명지도국'이 전근대적이거나 덜 근대화된 '피지도 국'을 훈육하는 좋은 기제였다.[45]

해방군을 자처한 미군정이 여전히 제국의 논리 위에 서 있었다면 조선영화사가 제작한 <제주도 풍토기>(1946, 이용민)와 같이 제주도의 이국적인 아름다움과 삶의 모습이 담긴 영화는 해방된 조선의 국토와 그 아름다움, 그에 대한 애정과 관심을 표현함으로써 조선의 정체성에 대해 더 잘 보여줄 수 있었다. 이 시기 대표적인 문화영화인 <민족의 성벽>(1947)은 육상경비대 포병단에서 제작한 것으로 경비대의 훈련과 정을 담은 작품이다. 특기할 만한 것은 군 창설 이전의 경비대의 훈련과정 을 '민족'이라는 키워드와 연관시키고 있다는 점이다. 이러한 피땀 어린 훈련과정은 민족을 지키기 위해서이기 때문에 경비대는 '민족의 성벽'으로 자리매김된다. 1947년 4월에 열린 제51회 보스턴마라톤대회 우승자인 서윤복 선수의 연습과정이 담긴 <覇者의 修道>(1947, 유장산) 역시 마라톤대회를 제패한 선수는 숭고한 민족의 영광을 위해 마치 도를

---

44) 박윤재, 『한국 근대의학의 기원』, 혜안, 2005, 330~372쪽.
45) 허은, 앞의 책, 158쪽.

닦듯이 훈련을 했다는 행간을 읽을 수 있다. 이는 어떤 행위를 민족적 행위로서 격상시킴과 동시에 민족 자체를 신성시하는 효과를 나타낸다. 해방후 과거 청산과 민족문화 재건이 과제로 떠오르던 시기, 그러나 아직 국가를 건립하지 못하고 있던 시기에 개인이나 집단의 노력이 공동체의 자존감 회복을 위한 민족 담론과 연결되는 것은 자연스런 귀결로 보인다.

정부수립 후에는 문화영화의 중요한 키워드로 '민족'에 '반공'이 추가된다. 이 시기에 정부는 대한민국이 민족의 정통성을 계승한 유일한 국가임을 부각하기 위해 '민족'을 강조하는 영화들을 기획하고 장려했다. 공보처가 국책영화인 <조국>에 공보처 선전비를 보조할 것을 결의한 것이라든지,[46] 민족수난기에 관한 영화를 제작하도록 독려한 것 등이 좋은 예이다.[47] 그러나 정부수립기에 무엇보다 강조되었던 것은 대한민국의 정체성이 공산주의를 반대하는 데에 있다는 것이었다. 한국전쟁이 시작되기 전, 남한에서 대대적인 좌익 소탕 움직임이 일어난 1948~49년경부터 반공영화가 제작되기 시작했다는 점이 주목된다.[48] 이 시기의 '반공' 관련 문화영화는 <여수순천반란사건>(1948, 김학성), <무너진 삼팔선>(1949, 윤봉춘), <북한의 실정>(1949, 이창근) 등으로 북한 동포들의 어려운 생활을 묘사하거나 공산주의자의 책동에 의해 반란사건이 일어났음을 강조하는 방식, 소련에 억류되었다가 귀환하는 일본인들과의 좌담을 통해 공산주의의 허구성을 폭로하는 방식 등으로 되어 있다. 특히 1948년 내무부와 국방부가 중앙영화사에 제작 의뢰한 <여수순천반

46) 「국책영화 제작비에 관한 건」,『국무회의록』제45회, 1949.
47) 「민족수난기 영화제작에 관한 건」,『국무회의록』제107회, 1949.
48) 1949년에 발표된 반공 극영화로는 <전우>(홍개명), <성벽을 뚫고>(한형모), <나라를 위하여>(안종화) 등이 있다.

란사건>은 국민 형성 초기 단계에 '국민'의 범주에서 공산주의자를 배제하려는 국가 전략이 한국전쟁 이전부터 작동하고 있음을 보여주고 있다.[49] 현재 필름이 남아있지 않으나 "사건 현장의 참상을 기록"[50]했다는 것으로 미루어보아 사건의 원인을 파헤치기보다는 사건의 외피를 스케치하고 공산주의자의 '만행'을 고발하는데 주력하면서 이승만 정부의 시각으로 내레이션을 덧붙였으리라는 것을 쉽게 짐작할 수 있다. 이 사건을 빌미로 정부는 국가보안법을 제정하고 대대적인 좌익 소탕에 들어갔는데, 이 영화는 이러한 정부의 행보에 정당성을 부여하는 명백한 증거로 사용되었다.

전쟁기에는 '군사', '반공'의 키워드가 문화영화를 온통 뒤덮었다. 그런데 이때의 반공은 단순히 공산주의에 반대한다는 의미만은 아니었다. 한국전쟁을 북한과 남한의 전쟁이라기보다는 공산진영과 자유진영의 대립으로 보고, 남한은 자유진영의 선발대로서 공산진영과 싸우고 있다는 의미의 '반공'이었다. 1951년 공보처는 예비비 1억원을 들여 대한영화사로 하여금 <싸우는 대한민국>이라는 기록영화를 제작할 것을 지시했는데 이 또한 같은 맥락이라고 볼 수 있다.[51] 그 제작취지를 살펴보면

---

49) 임종명, 「여순 '반란' 재현을 통한 대한민국의 형상화」, 『역사비평』 64, 2003 ; 김동춘, 앞의 글 참조.

50) 한국영화진흥조합, 『한국영화총서』, 1972, 277쪽. 그런데 "사건 현장의 참상"이란 실상 국군의 진압작전과 협력자 색출 및 학살에서 비롯된 것임을 생각할 때 이러한 문화영화의 여순사건 재현이 어떻게 국민을 '빨갱이'로 명명하는 데 기여했는지 짐작할 수 있다. 김득중, 『'빨갱이'의 탄생 : 여순사건과 반공국가의 형성』, 선인, 2009, 372~392쪽.

51) 이 <싸우는 대한민국>이라는 제목은 정부수립을 전후하여 이승만노선의 이데올로그 중 한명이었던 양우정의 '싸우는 민족'이라는 개념을 떠올리게 한다(양우정, 『싸우는 민족의 이론』, 1947, 60~66쪽). 후자의 '민족' 개념을 전자의 '반공' 개념으로 슬쩍 치환하는 논리의 전이는 1950년대 문화영화의 문법에서 매우 흔한 것이었다.

이 영화가 대한민국의 정체성을 어떻게 규정하고 있는지 알 수 있다.

(이 영화는) 우리 민족의 해방일인 단기 4278년 8월 15일에 시작하여 4284년 현재에 이르는 역사적 기록이다. 이 기간 내의 주목할 만한 사실을 無漏 수록하여 이것을 통하여 공산주의자의 매국적 행위와 동족 상잔의 범죄상을 폭로하며 4283년 6월 25일의 공산군의 불법 침략에 대항하여 싸우는 대한민국의 정치, 군사 양면에 걸친 굳은 결의를 선양하고 이를 원조하는 자유민주주의 제국의 강력한 협조, 특히 한국전선에 있어서의 UN군의 공동운명 감에서 오는 강력한 군사활동과 UN 한국통일부흥단과 재건국의 빛나는 업적으로서 灰燼 속에서 소생하는 한민족의 희망과 왕성한 국군의 사기를 구가할 것이다. 그러므로 이 작품의 목적은 국제공산당의 죄악상을 온 세계 인민 앞에 규탄하고 아울러 한국사태에 대한 전세계 인민의 동정과 인식을 더욱 깊이 환기시킴으로써 자유세계와의 완전이해에 도달하고 따라서 평화와 정의를 위하여 끝까지 투쟁하는 UN 정신을 몸소 체험함으로 남북통일에 대한 더한층 굳어진 한민족의 결의를 표명함에 있다.[52]

이처럼 이 영화는 국제사회에, 보다 구체적으로는 UN에 대한민국의 정체성과 정당성을 홍보하기 위해 만든 것이며, 특히 남한이 자유세계의 일원, 그것도 공산주의와의 최전선에서 자유세계의 이익을 위해 투쟁하는 충실한 일원임을 선언한 것이 주목된다. 곧 "매국적 행위"이자 "동족상잔의 범죄상"인 북한의 전쟁 도발을 막아내는 남한은 "UN과 공동운명"이라는 것이다. 또한 이 시기에는 국군의 활약상과 참전실황을 중심으로 한 영화들이 주류를 이루었는데, 이들 영화들은 공산주의의 만행의 결과로 폐허가 된 거리와 참혹한 시체, 그와 대조적인 남한군과 UN군의

---

52) 「기록영화 <싸우는 대한민국>(가제) 제작계획에 관한 건」, 『국무회의록』 제97회, 1951.

앞선 전력 같은 것이 묘사됨으로써 자유진영과 공산진영의 대립이 시각
적으로 표현되어 있다.[53] 흥미로운 것은 전쟁 상황에 대한 용맹스런
국군의 활약, 최신식 무기들의 전시가 오히려 '반공'이라는 메시지를
약화시킬 우려가 있다는 점이다. 1950년대 내내 <정의의 진격>(1951,
한형모)과 같은 문화영화를 제작하고 보여주는 주체는 전쟁에 대한
공포를 볼모로 전쟁을 일으킨 자들에 대한 증오를 끌어내는 '반공'을
목적으로 했겠으나, 전후에 이를 수용하는 국민들에게는 일종의 시청각
적 쾌감으로 작용하였을 가능성이 있다. 일반 민중들이 겪은 전투 상황과
후방에서의 고생담 대신에 박격포, 탱크, 전투기 등이 나열되는 전쟁의
표상은 전쟁에 대한 두려움을 재생산하기도 하지만, 또 한편으로는
상대적으로 안전한 전후의 극장이라는 공간에서 전쟁 이미지를 오락적
으로 소비하는 데 그칠 수도 있기 때문이다.

　휴전후 전후 재건이 본격적으로 시작된 시기에 문화영화의 주요 키워

---

53) 조금 뒷시기의 장편 극영화인 <불사조의 언덕>(1955, 전창근) 역시 이러한
　　시각이 잘 드러나 있다. 곧 <불사조의 언덕>은 공산주의의 만행을 폭로하거나
　　북한에 반대하는 의미보다는 UN군, 특히 한미 양국익 共生共死 관계를 강조하는
　　영화라고 볼 수 있다. 한국전쟁을 남한과 북한간의 전쟁이 아닌 국제전으로
　　이해하는 시각이 1950년대의 반공영화의 기본적 인식임을 지적한 연구로는
　　이순진, 「1950년대 공산주의자의 재현과 냉전의식-<정의의 진격>, <피아
　　골>, <운명의 손>을 중심으로」, 김소연 외, 『매혹과 혼돈의 시대-50년대의
　　한국영화』, 소도, 2003가 있다. 이 글에서 필자는 <불사조의 언덕>이 주한
　　미공보원이 제작한 것이라고 명시하고 있으나, 엄밀히 말하면 <불사조의 언덕>
　　은 공보처가 기획, 제작하고 미공보원이 기술과 외국인 배우 등을 지원한 일종의
　　공동제작이라 할 수 있다. 이 영화의 각본을 쓴 이형표(1922~2010)의 증언에
　　의하면 그는 1950년부터 미공보원의 영화제작 보좌관이었다가 1955년 공보처
　　대한영화사의 사무장이 되어 여기서 <불사조의 언덕>을 기획하고 처음부터
　　영어로 각본을 썼다고 한다. 연출을 맡은 전창근 감독은 공보처가 의뢰한 외부
　　감독이다. 그러므로 이 영화는 공보처가 제작 주체가 되어 UN 참전국에 배포할
　　계획으로 만들어진 것이라고 보는 것이 타당하다. 2008년 8월 17일 인터뷰.

드는 '국토', '재건' 그리고 '대통령'이다. 그 중에서도 '국토'는 국가를 구성하는 세 가지 요소인 영토, 국민, 주권 중에서 영토에 해당하는 것으로 영토는 영해와 영공의 기본 전제가 된다는 점에서 국가영역 중에서도 가장 중요하다. 국토 남단과 동단, 그리고 내륙 여기저기의 자연환경과 문화, 산업 등을 묘사함으로써 국토에 대한 아름다움과 자부심을 느끼게 하기 위해 제작된 것이다. 이중에서 특히 빈번히 등장하는 것은 영해를 보여주는 '바다와 섬'으로서[54] 특히 독도는 평화선과 관련하여 우리 국토임을 선포하는 것 자체가 중요했다. 1952년 1월 이승만은 독도를 한국의 행정구역 안에 포함시키는 평화선을 선언하였는데 1953년 제2차 한일회담에서 독도 및 평화선에 대한 양측의 이견이 노출되었기 때문에 정부는 평화선을 기정사실화할 필요가 있었던 것이다.[55] 대한산악회 학술조사단에서 촬영한 <독도>(1954)나 충청남도의 명승고적과 풍물을 소개한 <충남만유기>(1954) 등이 이 시기의 '국토' 담론을 대표하고 있다. 한편, 전쟁으로 폐허가 된 거리를 재건해 가는 과정을 기록한 <빛나는 건설>(1954, 유장산)이나 전쟁의 아픔을 딛고 그래도 희망 속에 자라나는 아이들의 교육 문제를 다룬 <자라는 새교육>(1954) 등 '재건'에 관한 문화영화는 한편으로는 반공 이데올로기를 이미지면에서 재생산하는 데 일조하고, 또 한편으로는 유엔한국재건단(UNKRA)의 활동상황 등을 소개하며 UN과 미국에 대한 우호적인 이미지를 확대재생산하였다. 그리고 이러한 국토를 수호하고 재건하는 주체는 민족의 '선각자'로서 국민들을 영도하는 대통령 이승만임이 강조되고

---

54) '경제' 범주의 영화들 중 특히 수산업에 대한 비중이 높은 것도 이와 관련이 깊다.

55) 「대한민국 인접해양의 주권에 대한 대통령의 선언」, 「대한민국 인접해양의 주권선」, 『週報 : 평화선 특집호』 77, 1953.10.28, 2~5쪽.

있다.

이처럼 1948~55년까지 문화영화는 국가의 정체성을 구성하는 핵심어들을 키워드로 제시하면서 국민들에게 대한민국이라는 국가를 설명하고 있다. 그러나 이러한 설명들이 국민에게 어느 만큼 전달되고 나아가 설득되고 있는지는 문화영화를 생산하는 국가의 입장에서는 아직은 고려의 대상이 되지 못하고 있다. '반공', '민족', '대통령' 등의 거대한 개념들에 주력하느라 국민이 피부로 느낄 수 있는 경제나 생활에 대해서는 관심을 기울일 여력과 저력이 부족했던 것이다.

② 국가 정체성의 재건

1956년 공보처가 공보부로 개편되면서 영화과가 문화영화의 중심이 되자, 문화영화는 그 양과 질이 풍성하고 다양해지며 국가의 정체성에 관한 내용도 더 情致해진다. 이 시기에도 '국토'에 대한 관심은 지속되는데[56] <독도와 평화선>(1956), <독도>(1957), <한국의 어장>(1957, 강래식) 등 평화선에 대한 관심과 선전도 더욱 체계적이고 다방면으로 이루어졌다. 독도의 생태와 동해의 어장, 일본 선박의 조업현장과 독도를 지키는 해양경비대의 모습, 해양경비대에 감사장을 전달하는 모습, 독도의 지리적 문화사적 고찰 등이 문화영화를 통해 보여지는데, 특히 바다를 지키는 수호신의 이미지로 서있는 충무공 동상을 비롯하여 활짝 핀 무궁화 같은 국가의 상징이 적절히 삽입되면서 독도에 대한 관심과 애국심을 불러일으키고 있다. 국민이 관심을 기울여야할 '국토'는 이제 한반도의 절반 이남에 머물러 있다. 3면이 바다로 둘러싸인 한반도의

---

56) 국토에 대한 관심은 문화영화만이 아니라 당시 언론에서도 공통된 관심사였다. 『조선일보』에서도 1958년 12월부터 1959년 7월까지 특집 연재기사 「풍토순람」을 연재하면서 국토 여러 지역의 역사와 현황 등을 군단위로 소개하였다.

남쪽 국민들은 이제 바다에 대해 관심을 갖지 않으면 안되었다. <독도와 평화선>은 당시의 이슈 중 하나였던 '防日'과 '국토'의 시각적 재현물이었으며, 평화선 선언 이후 이승만과 독도는 항일의 상징으로 결합하였다.

전후 재건은 무너진 국토와 민심을 다시 세운다는 의미만은 아니었다. 정부수립 당시 세웠던 대한민국의 정체성을 새롭게 재규정한다는 의미가 컸다. 1956~59년의 시기에 남한 사회는 그 정체성을 더욱 분명히 하게 된다. 이전 시기까지 지식인과 관료 사이에 존재했던 중간파, 혹은 사회민주주의적인 사상들이[57] 이 시기에 대폭 정리되면서 국가가 자기 정체성을 보다 명확히 해나가고 있는 것이다. 자본주의에 대한 비우호적 태도가 만연했던 이전 시기에 비해[58] 보다 확실하게 자본주의적 근대화를 표방하면서 '반공'이 다시 한 번 강조되고 남한의 정당성과 정통성 확보를 위한 '민족' 역시 강조되고 있는 것이다. 이 시기 문화영화에 무궁화, 애국가, 태극기 등 '국가'의 상징이 빈번하게 등장하고 독립적인 소재가 되고 있는 것은 정체성의 확립과 관련이 있다. 특히 1958년에는 건국 10주년을 맞아 회고의 형식을 빌어 대한민국이 10년간 걸어온 길을 정리하는 문화영화들이 많이 만들어졌는데, 이는 '대한민국'이라는 '국가'의 정체성을 정리하는 의미가 컸다. 국가의 지난 궤적은 이승만의

57) 방기중, 「해방정국기 중간파 노선의 경제사상-강진국의 산업재건론과 농업개혁론을 중심으로」, 『경제이론과 한국경제』, 최호진박사 강단50주년기념논문집 간행회, 1993 ; 서중석, 『조봉암과 1950년대』(상·하), 역사비평사, 1999·2000.
58) 공산주의의 반대말이 자본주의가 아니라 민주주의라는 것은 정부 수립 이후 남한 사회의 오랜 생각인데, 그 때문에 공산주의에 반대하는 것과 자본주의에 찬성하지 않는 것은 적어도 1950년대 중반까지는 모순을 일으키지 않고 양립가능한 것이었다. 오기영, 「새자유주의의 이념-독재와 착취 없는 건국을 위하여」, 『新天地』 3-3, 1948년 3월 ; 이태영, 「사상적으로 본 역사적 현실」, 『思想』 4, 1952년 12월 ; 신기석, 「아시아민족 반공연맹의 진로」, 『新天地』 9-8, 1954년 8월.

업적과 동일시되고 따라서 이 시기 문화영화의 단골 주인공이 되는
이승만의 이미지는 곧 국가의 像과 겹쳐졌다. 1956년 제3대 대통령
선거를 전후한 시기에 뉴스영화가 거의 이승만과 관련된 사항이라는
것을 상기하면 1950년대 뉴스영화, 문화영화에서 이승만 개인에 관한
업적이나 일정 등이 차지하는 비중은 훨씬 커진다. 대통령의 산업시찰이
나 신년사, 기자회견, 국외순방, 취임식, 생일 소식(탄신 특보), 심지어는
크리스마스 메시지에 이르기까지 대통령 이승만의 일거수일투족이 기록
되고 전시되었다. 이 시기 문화영화에 나타난 이승만의 모습은 <독도와
평화선>(1956)에서 보여지는 국토의 수호자, <리대통령 부석사 시
찰>(1956)에서 보이듯 민족문화의 보호자, 각종 신년사나 기자회견에서
보이는 것같은 대중을 계몽하는 선지자의 모습으로 이미지메이킹되고
있다. 1958년에 이승만은 항일민족 지도자이자 반공의 최일선에서 싸우
는 투사의 이미지로 부각되기 시작하고 이는 선거를 앞둔 1959년에
더욱 극대화되는 것을 볼 수 있다.[59]

　1957년부터는 한동안 제작이 뜸하던 '반공' 영화가 다시 등장하면서
6·25를 상기하거나 공산주의와 싸우다 전사한 군인들의 넋을 기리는
내용의 문화영화가 제작된다. 이 시기 '반공'을 주제로 하는 문화영화의
특징은 시야를 세계로 넓힌다는 것이다. 이전 시기 대한민국은 자유진영
의 일원으로 공산진영과 맞서 싸운 나라에 불과했지만, 이 시기의 대한민

---

59) <독립협회와 청년 리승만>(1959, 신상옥)과 같은 선거용 극영화가 만들어지는
　　것도 이때이다. 이 영화는 이승만의 경호관이었던 곽영주의 아이디어로 경무대
　　가 제작을 직접 결정하였으며 반공예술단장이자 한국연예주식회사의 대표
　　임화수가 제작하였는데 공보실에서 4천만환을 지원한 것이 4·19혁명 이후에
　　논란이 되었다. 문화영화 목록에 이 영화가 올라가 있는 것을 보면 공보실
　　영화과가 이 영화에 깊이 관여했다는 것을 알 수 있다. 「<청년 이승만> 제작—공
　　보실서 4천만환」, 『조선일보』, 1960년 5월 18일자.

국은 반공주의의 최전선에 있는 국가임과 동시에 나아가 아시아 반공전
선의 맹주로서의 역할을 자임하는 이미지로 묘사된다. 1959년 철저한
반공주의자로 아시아와의 군사동맹을 중시했던 덜레스 미국무장관의
방한을 다룬 문화영화가 두 편이나 제작되고 UN과 미국이 유난히 문화영
화에 자주 등장하는 것도 이러한 맥락에서 이해될 수 있다.[60] 반공국가의
최전방 지도국으로서의 대한민국의 이미지는 1959년 6월 서울에서 개최
된 제5차 아세아민족반공대회를 기록한 영화에서 정점을 이룬다. 여기에
는 의장인 백낙준이 "공산주의의 말살을 위해 전 아세아 민족이 단결해
전세계 민주우방과의 결속을 공고히 해야 한다"는 개회사와 함께 한국과
베트남의 국토통일, 중국본토의 수복, 티베트 지원 등이 의제로 설정되어
있다. 이 영화에서는 또한 1954년 6월 이승만의 제창으로 한국에서
아시아지역 반공연맹이 출범되었다고 소개하면서 이승만이 '세계적인
반공 지도자'임을 거듭 강조하고 있다. 결국 '반공'의 강조를 통해 국제사
회에서 대한민국의 존재의 정당성을 증명하고 국민에게 이를 홍보 선전
함으로써 거꾸로 남한 국민들이 이로부터 자기 정체성과 자부심을 갖게
만들고자 한 것이었다. 곧 '반공'이란 대내외적으로 대한민국을 설명할
수 있는 가장 좋은 방편으로서, 이 '반공'의 내용에 따라 드러나는 정체성
도 시기별로 조금씩 차이가 있었던 것이다.

그런데 주목할 것은 이 시기 문화영화에서 표면적으로는 '반공'보다는
'민족'이 더욱 강조되고 있다는 사실이다. 그 대표적인 영화인 <자손
만대에 고하노라>(1957, 이형표)는 3·1운동의 정신을 기리면서 일제의
만행과 우국지사들의 항거, 그리고 3·1운동의 결과로서 "이승만 박사의
영도 하에 수립된 상해임시정부" 사진 등을 활용하고 있으며, 해방후

---

60) 이는 이 시기 USOM의 지원과 인력 양성 프로그램 등 문화영화에 대한 미국의
영향력이 확대되고 있는 사정과 무관하지 않다.

"정의의 십자군 미국군대가 진주"하고, "민족의 선각자 이승만 박사가
3천만 국민의 열광적 환영을 받으며" 귀국했다고 소개하고 있다.[61] 3·1운
동의 정신을 잇는 것은 상해임시정부와 이를 계승한 대한민국이고 이
둘의 핵심에는 항상 이승만이 있다는 것을 강조하고 있는 것이다. 1949년
계몽문화협회가 제작한 <백범 국민장 실기>(윤봉춘)가 이승만의 정적
인 백범의 죽음에 국민들이 동요하는 것을 두려워한 정부당국으로부터
상영금지령이 내려진 것을 상기하면,[62] 결국 '민족'은 이승만만이 운위할
자격이 있는 것임을 문화영화는 말하고 있다. 그런데 이때의 '민족'이란
민족 자체가 무엇인가를 말하기보다는 항상 무엇에 반대되는 것으로서
의 '민족'을 의미했다. 곧 일본에 반대하는 '민족'과 공산주의에 반대하는
'민족', 곧 항일과 반공이 '민족'이라는 외피에 싸여 전달된 것이다. <재일
교포 북송반대>(1959)에서 보이듯이 재일 한인의 북송문제를 둘러싸고
항일과 반공은 자연스럽게 연결될 수 있었고 이는 보다 정서적인 '민족'
코드로 상대적으로 논리적 코드인 '반공'까지를 아우르는 문화영화의
화법이었다.

또한 이 시기 '경제' 범주의 문화영화 제작이 급증한 것은 1956년부터
준비해 온 경제개발계획이 1958년 산업개발위원회의 발족으로 구체화된
것과 관련이 깊다.[63] 경제재건의 궁극적 목표인 경제자립을 위해 산업을
일으켜야 하는 것이 당시의 최대 과제였음을 알 수 있다. 이때 정부의

---

61) 그런데 연설하는 이승만과 많은 군중들을 보여주는 이 영상은 중앙청 정면에
   대형 태극기가 걸려있는 걸로 보아서 이승만 귀국 당시의 화면이 아니라 정부수
   립 당시의 영상물일 가능성이 높다.
62) 김구의 죽음과 이승만과의 관련성에 관해서는 서중석, 앞의 책, 190~209쪽
   참조.
63) 이에 관해서는 정진아, 『제1공화국기(1948~1960) 이승만정권의 경제정책론
   연구』, 연세대학교 박사학위논문, 2007 참조.

공업 위주의 정책과 달리 '산업' 범주의 영화들은 대개 농업에 관한 것이 많았음이 주목된다. 이는 국민의 80%를 차지하는 농민의 농업소득이 총소득의 30%에 지나지 않는 현실[64]의 반영으로서, 농가 적자의 증대와 농가부채의 누증, 농업 경영규모의 영세화 등 당시 농촌의 현실을 타개하기 위한 방법으로 식량 증산이 논의되고 있는 사정[65]과 관련하여 국민에게 실제적인 영농방법을 계몽하고 국민의 각성을 촉구하기 위한 것이다.

국민의 각성은 이 시기의 문화영화 중에서 가장 비중이 높은 '재건' 관련 문화영화에서도 강조되고 있다. 전쟁 직후 '재건'에 관한 영화가 대개 UN과 미국의 활동에 초점이 맞추어져 있는 반면, 1956~60년의 시기에는 지역사회 공동체의 재건 모습을 다룬 영화들이 눈에 띄게 늘어나면서 남한 정부의 노력이 강조된다. 그 대표적인 작품으로 <뚝(A Dike)>(1959, 양종해)을 꼽을 수 있다. '발전은 협력에서'라는 부제가 붙은 <뚝>은 강원도 명주군 강동면 모전리라는 '모범농촌'의 실제 주민들이 직접 재연을 한 일종의 다큐드라마로서,[66] 1960년 제7회 아시아영화제 문화영화 최우수기획상을 수상하였다. 홍수로 집과 농토가 허물어진 한 마을이 이장의 지도로 모두 합심하여 둑을 완성하고, 정부가

---

64) 고승제, 「1954년도 총결산 : 격랑 속의 자립경제」, 『現代公論』 2-10, 1954년 12월, 78~82쪽.

65) 주석균, 「농촌재건의 기본 방향-농민은 위정자를 믿지 않는다」, 『新太陽』 7-9, 1958년 9월, 90~97쪽.

66) 양종해 감독은 영화를 촬영하러 갈 때 배우 두명을 데려갔으며 나머지는 모두 실제 마을 주민들의 재연에 의한 재구성이다(양종해, 「<둑>을 다시 생각하며」, 『映畵世界』, 1962.3). 양종해 감독에 의하면 그는 이후 모전리에서 영화를 한편 더 찍었는데, 1961년작 반공 문화영화인 <나는 자유를 택했다>가 그것이다. 이 영화 역시 순수 기록영화가 아니라 재연에 의한 것이다. 2008년 1월 30일 인터뷰.

지역사회 개발을 위해 파견한 부락지도원의 도움으로 '모범농촌'이 된다
는 이야기이다. 이때 국가는 '재건'의 정점에 서서 공동체의 리더들을
견인하고, 지도자는 국민의 자각을 이끌어내는 일종의 지식인으로서
기능하며, 국민은 우리 민족의 미풍양속이자 재건되어야할 道義 중 하나
인 협동정신을 발휘한다. 그야말로 '발전은 협력에서' 오는 것이다.[67]

문화영화를 통해 보았을 때 이승만 정권하에서 국가의 정체성이 '민족'
이나 '반공'과 같은 거창한 담론으로 이루어져 있었다면, 4·19혁명으로
민주주의에 대한 기대와 희망이 떠오르고 공보 기능이 축소된 이후의
문화영화는 국민의 생활에 밀접하게 연관된 것들이 주를 이루었다.
민주주의와 관련된 3·15 부정선거와 선거법, 투표하는 방법에 관한
내용들을 비롯하여 새로 설립된 민주 정부나 국회에 대한 설명과 같은
정치에 관련된 것, 산업 현장에 대한 소개와 점차 성장하고 있는 경제에
관련된 것, 그리고 국민이 누릴 수 있는 오락이나 예술 등 문화에 관련된
것이 상세히 소개되고 있다. 또한 보건이나 교육, 여성, 여가 등 국민
생활에 대한 관심이 증대했음을 알 수 있는데, 이는 산업 발전과 재건으로
생활이 윤택해지고 있다는 것을 홍보하기 위한 것이다. 대한민국이라는
국가는 자본주의적 경제개발계획에 의해 국민의 생활을 향상시키려
한다는 메시지가 강하게 전달된다. 이러한 국민 생활에 대한 관심은
태풍 및 수해에 대한 참상을 국민에게 알리고 피해민 구호를 호소하는
수해 관련 영화들이 제작되기 시작한 데에서도 알 수 있다. 이전 시기

---

67) <가정교도원>(1959, 라한태)이나 <부락은 밝아오다>(1960, 양종해)에서도
지역사회개발사업과 부락지도원의 활약상에 대해 자세히 설명하고 있다. 지역
사회개발사업은 미국이 주도하던 사업이었으나 점차 주도권을 남한 정부에
넘기게 되는데 이들 문화영화에서는 한국 정부의 사업으로만 묘사된다. 1950년
대 지역사회개발사업에 대해서는 허은, 「1950년대 후반 지역사회개발사업과
미국의 한국농촌사회개편구상」, 『한국사학보』 17, 고려사학회, 2004 참조.

'대통령'이나 정부 고위 관료 등에 맞춰져 있던 문화영화의 관심이 국민을 향해 옮겨가기 시작한 것이다. 4·19혁명 이후 문화영화는 '민주주의'에 대한 관심을 추가하였고, 이는 이러한 방향으로 국가의 정체성이 재건되어야 함을 의미하는 것이었으나, 1년 남짓이라는 기간 동안 충분히 국가의 정체성을 전환하고 확립하기는 어려웠다.

경제개발계획이나 국민에 대한 문화영화의 관심이 폭발적으로 늘어난 것은 1960년대에 이르러서였다. 이는 1950년대 후반부터 논의되었던 경제개발계획이 1960년대에 가서야 가시화된 사정에서도 비롯되지만,[68] 1960년대 문화영화가 기본적으로 제2공화국 시기의 문화영화에 많은 부분 빚지고 있다는 반증이기도 하다. 또한 문화영화의 계몽성이 가장 극대화되는 것도 제2공화국 시기이다. 국가 정책이나 대통령의 업적에 대한 선전보다는 국민 계몽에 더욱 초점을 맞추고 있는 것이다. 이렇게 보았을 때 제2공화국 시기의 문화영화는 1950년대의 연장선상에서 1960년대보다 훨씬 더 계몽성에 치중하고 있고, 1960년대의 前史로서 1950년대보다 훨씬 더 국민의 생활에 밀착되어 있는 과도기적 성향을 보인다고 할 수 있다.

이처럼 문화영화는 국가가 공식적으로 생산해 낸 대국민 시청각 교육 프로그램이었다. 문화영화가 다루고 있는 소재와 주제는 국민들에게 국가를 어떻게 규정하고 설명할 수 있을 것인가 하는 문제와 연결되어 있다. 그러므로 문화영화의 키워드는 곧 국가의 정체성을 구성하는 키워드와 일치한다. 신생국가의 정부가 국가의 정체성과 정권의 정당성을 국민에게 설명하고 설득하는 방식 중에서 가장 효과적인 매개체의 하나가 바로 문화영화였던 것이다. 그런데 정체성이라는 것은 정부나

---

68) 박태균, 『원형과 변용 : 한국 경제개발계획의 기원』, 서울대학교 출판부, 2007.

정권의 일방적 의도에 의해 형성되는 것이 아니다. 정체성이란 이미 확립된 것을 선전하는 것이라기보다는 계몽과 교육을 통해 국민들에게 각인되는 것이다. 이 때문에 문화영화는 對국민 교육영화와 같은 내용과 내레이션 어투를 가지고 있으며, 학교교육의 교과서와 함께 사회교육의 텍스트로서 자리잡아 나갔다. 무지하고 미성숙한 국민들이 잘 모르는 것, 잘못 알고 있는 것을 바로잡거나 가르쳐주는 것이 1950년대 문화영화가 해야 할 중대한 역할이었던 것이다. 국가가 국민을 근대적으로 교육시키는 계몽의 주체로서의 역할을 자임하고 있음을 문화영화는 여실히 보여준다.

1950년대 문화영화의 특징을 다음의 몇 가지로 요약할 수 있다. 첫째, 국가의 상징인 태극기, 애국가, 무궁화 등을 주제로 하거나 적어도 화면에 자주 등장시킨다는 점이다. 더불어 국토 곳곳의 자연 풍광과 산업 등을 소개함으로써 국가의 영역으로서의 국토에 대한 인식을 높이고 대한민국의 존재와 의의를 국민에게 주지시켜 소속감과 결속감을 갖게 하고자 하였다. 둘째, 전반기에는 남한을 자유세계의 일원으로서 자리매김함으로써 북한을 고립시키고 대한민국이 UN이 승인한 한반도의 유일한 합법정부라는 것을 선전하고자 하는데 그쳤으나, 후반기에는 보다 적극적으로 아시아 반공전선의 맹주로서의 역할을 자임함으로써 국가의 위치를 부각하고자 했다. 이를 통해 대한민국을 세계 속에 어떻게 위치지을 것인가가 정체성 확립에 매우 중요한 위치를 차지하고 있었음을 알 수 있다. 셋째, '민족'이나 '반공'을 주제로 한 문화영화도 결국 이승만으로 귀결될 정도로 이승만을 직간접적으로 노출하는 경우가 많다는 것이다. 항일민족지도자와 반공지도자 양자를 겸한 이승만의 이미지는 '민족'과 '반공'을 결합시킴으로써 정권의 정당성을 옹호하는 데 가장 효과적으로 기여하고 있다. 곧 대통령의 정체성이 국가의 정체성으로 치환되고

있는 것이다. 넷째, 문화영화를 통해 국가의 정체성을 규정하는 방식은
'우리'를 직접 설명하는 포지티브 전략이 아닌 '우리'가 아닌 것을 설명함
으로써 '우리'를 간접적으로 규정하는 네거티브 전략이었다는 점이다.
곧 '민족'을 논하면서도 그 정확한 규명에 관심을 쏟기보다는 항일이라는
정서적 접근이나 반공이라는 취약하고 가변적인 논리에 주력했다는
것은 그만큼 대한민국의 정체성이 아직은 정립되지 못했다는 것을 보여
준다. 다섯째, 그럼에도 불구하고 1950년대 후반에 남한은 자본주의
근대화의 지향 아래 국민의 생활을 향상시키고자 했으며, 4·19혁명
이후 문화영화에 강하게 반영되어 있는 민주주의와 국민 생활에 대한
관심은 대한민국의 정체성을 새롭게 재건하는데 기여하고 있다는 점은
주목할 만하다고 하겠다. 여섯째, 1950년대의 문화영화는 전반기에 선전
성이 강한 영화들이 제작되었으나 후반기에는 계몽성이 더욱 강화된다.
이는 공보 기능의 확대와 공보 담당 부서의 격상으로 문화영화의 선전성
이 더욱 극대화되는 1960년대와의 비교를 통해 더 잘 드러난다고 할
수 있다. 문화영화를 통해 보았을 때 대한민국이라는 국가의 정체성은
정부수립 당시에 이미 확고한 형태로 존재한 것이라기보다는 1950년대
를 거치면서 점차 형성되어가고 있었다고 할 수 있다.

문화영화는 당대 국가의 욕망이 어디로 향하고 있는지를 구체적이고
명료하게 보여주는 영상사료이므로 다른 사료들과 마찬가지로 주의와
비판이 요구된다. 문화영화는 파괴와 건설, 가난한 농촌과 힘차게 돌아가
는 기계 등의 시각적 대비, 그리고 극적인 요소를 통해 다큐멘터리의
메시지를 극대화하는 전략을 구사하고 있다. 이는 가장 중립적이고
객관적인 듯 보이는 다큐멘터리가 실은 이러한 상징조작을 통해 가장
비중립적이고 비객관적인 매체가 될 수 있음을 반증하는 것이기도 하다.
이렇게 보았을 때 문화영화는 사실을 있는 그대로 보여주는 것이 아니라

그 생산의 주체가 '보여주고 싶은 것'을 보여준다고 할 수 있으며, 문화영화를 통한 국가의 정체성 분석은 이 지점에서 유효성과 한계를 동시에 갖는다.

2. 1960년대 문화영화의 재현/선전 전략

1) 1960년대 문화영화의 위상 변화

① 공보 선전의 강화와 선전매체로서의 영화

문화영화는 상업적 목적으로 제작되는 대중영화와 달리 국가가 의도를 가지고 제작한 일종의 계몽 선전영화(propaganda film)이다. 문화영화는 국민을 대상으로 한 것과 해외에 배포할 목적으로 제작된 것, 두 종류로 나뉘는데 이 중에서 전자의 것이 압도적으로 많았으며, 뉴스영화와 함께 국민 대상의 주요 미디어로서 기능하였다. 사실의 전달이나 사건에 대한 설명이 주를 이루었던 뉴스영화에 비해, 문화영화는 다양한 소재와 주제를 그때그때의 사안에 맞게 선택하여 국민의 교양과 계몽에 기여하면서 국가의 방향과 정책을 국민에게 설득하는 선전영화로서의 성격이 강했다고 볼 수 있다. 따라서 영상사료라는 관점에서 보았을 때 전자가 사실 확인과 그 사실을 바라보는 정부의 시각을 볼 수 있게 해주는 사료라면, 후자는 국가가 스스로를 어떻게 설명하고 어떻게 보이길 원했는가를 드러낸다는 점에서 더욱 문제적이다. 곧 문화영화는 정권이 추구하는 국가의 정체성과 자신의 정당성을 국민에게 설득하고 이를 특정한 재현 방식을 통해 시각적으로 표출하는 선전 전략의 일부로서 존재했다고 볼 수 있다. 1950년대에도 문화영화는 국민 대중에 대한 계몽과 선전을 위해 꾸준히 제작되었으나, 선전영화로서의 문화영화의 역할과 위상이 최고조에 이르렀던 시기는 독립된 문화영화 제작기구를 정부 내에 설립할 정도로 그 중요성을 인정받았던 1960년대였다고 할 수 있다. 1960년대 문화영화가 생산되고 상영되는 메커니즘과 국가를 재현하는 방식은 프로파간다로서의 문화영화의 특성과 함께 1960년대 對국민 선전 전략의 일단을 잘 보여준다.

이 책이 분석의 대상으로 하고 있는 1960년대 문화영화는『문화영화목록』(2005)과 한국정책방송(KTV)이 운영하는 영상역사관(http://film.ktv.go.kr/)의 문화영화 중 중복되는 것을 제외한 518편이다.69) 1961~68년의 시기는 5·16군사정변으로 이전의 공보실이 공보부로 승격되고 그 산하에 국립영화제작소가 설치되어 더욱 체계적으로 문화영화가 제작되고 민간에서도 문화영화가 활발히 제작되던 시기이다. 하한선을 1968년으로 한 것은 이 해에 정부는 '국민교육헌장'을 반포하여 국가의 정체성이 확립되고 재건 작업이 완성되었다는 것을 선포하고 이에 걸맞는 새로운 국민상 창출을 선언하였을 뿐만 아니라, 문화와 공보의 기능을 통합한 문화공보부를 발족시키는 등 對국민 선전전에 더욱 박차를 가함으로써 유신으로 가기 위한 방향성을 명확히 했기 때문에, 문화영화도 이 해를 기준으로 전후를 구분할 필요가 있다고 여겨지기 때문이다.70) 문화영화

---

69) 『문화영화목록』과 영상역사관의 문화영화 목록의 제목과 연도는 일치하지 않는 경우가 많다. 영상역사관의 문화영화는 한 편을 여러 편의 소주제로 나누어 실은 경우가 많으므로 원래의 제목에 따랐으며, 연도는 바로 잡아 사용하였다.

70) 한편 대한민국 최초의 방송 다큐멘터리라 일컬어지는 KBS TV의 <인간승리>와 TBC TV의 <인간만세>는 모두 1968년 작품이며, 이듬해 개국한 MBC TV는 보도와 교양 방송에 더욱 치중하였다(이범경,『한국방송사』, 범우사, 1994, 355~356쪽). 국민들이 다큐멘터리를 접할 수 있는 거의 유일한 매체로서 문화영화의 지위에 변화가 생기기 시작한 것도 이러한 시기 구분과 무관하지 않다. 우리나라 TV 보급률은 1960년대 후반부터 빠르게 상승하여 1969년에는 20여만 대가 보급되는 등 전해 대비 두 배 가까이 증가하는 사상 최고의 증가율을 보였으며, 불과 6년만인 1975년에 200만대를 돌파하였다. 영화진흥공사,『한국

라는 선전 매체를 통해 당시의 국가가 스스로를 어떻게 규정하였는지, 또 어떻게 국민을 설득하였는지를 살펴보는 것은 1960년대의 귀결이 왜 維新의 방향으로 갈 수밖에 없었는지를 밝히는 데에도 일조할 것이다.

한국 근현대사를 연구하는 많은 연구자들이 현대 한국사회의 직접적 기원으로서 박정희 정권 시기를 꼽는다. 이는 박정희 정권기에 구축된 사회 제반의 구조와 관행이 오늘날의 남한 사회를 이해하는 데에 핵심적인 전제 조건이 된다는 것에 많은 연구자들이 동의하고 있다는 것을 의미한다. 그러나 박정희 정권의 성격과 평가를 둘러싸고 도출된 상이한 입장들은 이러한 연구들이 대개는 이론적 수준에서 논의되고 있다는 것을 보여주기도 한다. 이러한 논의 속에서 박정희 체제는 때로는 대중의 광범위한 동의에 기반한 헤게모니적 지배의 전형으로 평가되기도 하고, 반대로 헤게모니 균열과 극복의 대표적인 사례로 제시되기도 한다.[71] 여기서 정권의 억압적 기제 이외에도 대중의 열망을 지배 담론 내부에 포섭하는, 더 정확히는 정부가 그 열망에 부응하고 있다는 이미지를 끊임없이 노출시켜야했던 박정희 정권의 이미지 전략, 선전 전략의 내용은 구체적으로 무엇이었을까 하는 의문이 바로 박정희 정권의 선전 전략이 가장 잘 드러나는 매체로서 문화영화에 주목하는 이유이다.

5·16군사정변 직후 군사정부가 가장 먼저 한 일은 쿠데타의 정당성을 국민에게 설득하기 위해 공보를 강화한 일이었다. 공보의 강화에는

영화자료편람』, 1977, 156쪽.

71) 대표적으로 박정희 시기의 성격을 둘러싼 조희연과 임지현 등의 논쟁이 있다. 조희연, 「박정희 시대의 강압과 동의―지배, 전통, 강압과 동의의 관계를 다시 생각한다」, 『역사비평』, 2004년 여름호 ; 임지현, 이상록, 「대중독재와 포스트 파시즘―조희연 교수의 비판에 부쳐」, 『역사비평』, 2004년 가을호 ; 조희연, 「박정희체제의 복합성과 모순성―임지현 등의 반론에 대한 재반론」, 『역사비평』, 2005년 봄호 ; 조희연, 「박정희 시대 재평가 논의의 인식론적 성격과 쟁점들」, 『경제와 사회』 67, 한국산업사회학회, 2005년 9월호 등.

두 가지 의미가 있었다. 하나는 공보 담당 부서의 강화이다. 공보실을 공보부로 확대 개편하면서 사실상 공보부는 대통령 직속으로 다른 어느 분야보다 우위를 점하게 되었고, 이에 따라 공보부 장관의 지위와 발언권은 매우 높아졌다. 이에 따라 공보부의 활동 및 사업은 예술 문화의 진흥, 문화재관리사업, 국제문화교류, 공보활동 일원화, 지방공보활동 강화, 언론 창달과 선도, 문화선전활동, 방송의 강화, 조사활동, 보도활동 등으로 광범위하게 확대되었다. 특히 영화와 방송 등 대중매체 관련 업무가 공보부의 소관이 된 것은 대중과 가장 친숙한 미디어를 정부가 직접 장악, 관장함으로써 정부가 개입하지 않은 對국민 언로를 원천적으로 차단하는 의미를 가지고 있었다.[72] 다른 하나는 공보의 의미 자체를 보다 적극적으로 해석하고 강화하는 것이었다. 공보를 단순히 정부의 정책을 홍보하는 차원에서 그치는 것이 아니라, 보다 적극적인 국가 선전 활동으로 파악하고 선전 활동을 일종의 '心理戰'으로 본다는 점에서 이전 시기 소극적 의미의 공보 개념과는 차원을 달리한 것이었다.[73] 이를 전제로 공보부 장관은 정부의 모든 여론조사를 관장하는 권한을

---

72) 1950년대 초반 정부직제를 보면, 공보처 아래 공보국, 선전국, 통계국, 방송관리국, 방송국이 있었고 이중 공보국 산하에 보도과, 출판과와 함께 영화과가 있었다. 그러던 것이 후반에 가면 공보실 산하의 공보국, 선전국, 방송관리국으로 나뉘었고 영화과는 선전국으로 옮겨갔다. 4·19혁명 이후에는 공보실을 폐지하고 국무원 사무처로 축소하였다가, 5·16군사정변 직후에는 공보실이 공보부로 승격되어 산하에 공보국과 방송관리국을 두고 영화과를 공보국 산하에 두었다. 『정부직제』, 1952 ; 1956 ; 1961.

73) 심리전에 대해서는 제1차 세계대전 당시 미국과 영국에 의해 이론적으로 개발되어 이후 공산주의 국가에서 정밀히 연구되었으며, 우리나라에서는 6·25전쟁 당시 주로 미군에 의해 이루어졌다(이윤규, 『들리지 않던 총성 종이폭탄 : 6·25전쟁과 심리전』, 지식더미, 2006). 심리활동에 영화매체를 활용한 미공보원의 사례에 대해서는 허은, 「1960년대 미국의 한국 근대화 기획과 추진―주한미공보원의 심리활동과 영화」, 『한국문학연구』 35, 한국문학연구소, 2008년 12월호 참조.

가졌고, 공보부 차관은 국가심리전을 담당하는 '특수선전위원회' 위원장을 맡았다.[74] 특히 1961~63년 사이에 심리전과 선전에 대한 조사와 연구가 활발히 진행되었던 것은 이러한 공보기구의 강화와 맥락을 같이 하는 것이었다.[75]

공보 선전의 중요성은 특히 반공·승공의 구호가 날로 높아져 가면서 더욱 강조되었다. 현대의 전쟁은 무력을 수단으로 하는 것이 아닌 심리적인 침투를 꾀하는 심리전으로서 휴전선을 사이에 두고 북한과 대치하고 있는 남한의 경우에는 심리전이 매우 중요하다는 것이다. 이때 심리전의 典範으로 제시된 것은 아이러니컬하게도 소련이었고, 이는 "적을 알고 나를 알아야 백전백승"이라는 말로 설명되었다. 같은 이유로 북한과의 싸움에서 이기자면 "북한전문가를 양성하는 한편 표면화되지 않는 북한 연구기관을 설치하여 대 북괴자료를 계속적으로 수집하고 선전방책을 구상함과 아울러 주요언론기관에 북한전문가를 배치"할 것이 주장되었다. 이러한 방법으로 북한을 제대로 비판하고 남한의 '발전상'을 홍보하는 대공 선전은 정부의 몫일 뿐만 아니라 국민 전체가 생활화해야 하는 것임이 강조되었고,[76] 이에 자연스럽게 선전의 의미와 방향, 그리고 활동 요령도 함께 제시되었다. 선전 활동은 상대의 마음을 사로잡는 일이므로 상대방의 심리적 동향과 피선전자의 반응이 매우 중요하며, 피선전자에 따라 선전의 방법도 달리하지 않으면 안된다는 것이다.

---

74) 허은, 『미국의 헤게모니와 한국 민족주의 : 냉전시대(1945~1965) 문화적 경계의 구축과 균열의 동반』, 고려대학교 민족문화연구원, 2008, 385쪽.

75) 1961~63년까지 공보부가 발행한 다음과 같은 선전 및 심리전과 관련한 보고서가 참조된다. 공보부, 『전국 홍보 선전매개체 실태조사 총평』, 1961 ; 공보부, 『잡지 종합평가』, 1962 ; 공보부, 『소련 및 공산권의 심리전』, 1962 ; 공보부, 『선전의 이론과 실제』, 1963 ; 공보부, 『심리전의 매체 방법 및 기술』, 1963.

76) 오재경, 「승공이념이 생활화되어야 한다─대공선전의 강화와 그 문제점」, 『국가재건최고회의보』 9, 1962년 6월호.

곧 농촌이나 민도가 낮은 곳에서는 직접적으로 계몽 선전해야 하고(직접
시사), 도시민이나 지식층에게는 간접적인 방법으로 감화를 받도록 해야
하며(간접시사), 군중대회 동원이나 의연금 거출 같은 것을 할 때는
긍정성에 호소해야 하지만(긍정시사) 대적 선전을 할 때는 부정성을
극대화해야 한다(부정시사)는 식이다. 이러한 전략을 바탕으로 직접시사
를 위해서는 기록영화나 뉴스영화 등이, 간접시사를 위해서는 극영화를
이용할 것이 장려되었다.[77] 이로써 대중영화가 선전을 위한 도구로서
이용될 수 있는, 곧 문화활동이 공보활동의 하위개념화되고 종속되는
결과를 초래할 수 있는 논리적 근거가 마련되었다.

　공보 선전의 도구로서 대중매체의 중요성이 강조된 것은 군사정변
직후부터였다. 군사정부는 자신들의 정당성을 선전하기 위해 신문, 잡지,
라디오 등의 여러 대중매체를 통해 공보 선전 활동을 활발히 전개하였
다.[78] 과거에 계몽의 도구로서의 성격이 강했던 영화나 연극 등의 문화예

---

77) 선전에는 ① 민도가 낮은 국가에서 정부의 시책이나 업적을 자극적으로 계몽선전
　　하지 않으면 안될 때 사용하는 직접시사, ② 주로 도시민 특히 지식층과 해외인사
　　에게 필요한 것으로 문화예술 활동을 통해서 그들의 공명심을 획득한다든지,
　　넓은 시야와 수준을 높여서 은연중에 감화를 받도록 한다든지 하는 간접시사,
　　③ 군중대회 동원이나 의연금 거출 같은데 필요한 긍정시사, ④ 주로 대적선전에
　　널리 이용되는 부정시사, ⑤ 심리의 역작용을 사주하고 반대적 표현에 의해
　　목적을 달성하는 반대시사 등이 있다고 한다. 홍천, 「선전의 강화책을 논함」,
　　『국가재건최고회의보』 12, 1962년 9월호.

78) 쿠데타의 성공적 수행을 위해 중점적으로 선전되어야 할 내용이 정리되어 발표되
　　기도 했다. 이에 따르면 "혁명(초기)에 있어서는 혁명 자체에 대한 재빠르고
　　정확한 혁명의 진의, 과업, 목표에 대한 과학적 능동적 신속한 선전작용이 수반"되
　　어야 하고, "혁명의 초창기 과정이 지나서 어느정도 안정과 정상화를 가져왔을
　　때에는 혁명의 충격과 흥분으로부터 냉각되어가는 민심을 방관과 비판의 상대적
　　입장으로부터 혁명의 주체적 입장으로 전환, 유도, 동화시킬 수 있는 강고한
　　선전 작용의 연속과 전국민으로 하여금 공동운명체적 사명감과 민족적 신긍지를
　　심어줄 수 있는 혁명 철학과 민족으로서의 과제, 뚜렷한 희망적 목표를 명확히
　　부단히 선전"해야 한다고 한다. 김형욱, 「민족혁명과 국가공보 선전정책에 대하여

술도 이제는 공보 선전 도구로서의 역할이 더욱 강조되었다.[79] 이를 위해 가장 우선적으로 이루어진 것은 문화 예술인에 대한 장악이었다.[80] 군사정변 당시 계엄사령부는 연극, 영화 등의 사전 검열에 관한 포고령을 발표하였고, 이에 한국영화인단체연합회, 한국무용가협회, 대한국악원 등 전국의 극장문화단체들은 "극장을 중심한 전국 영화, 예술인들도 전국민적 혁명 과업에 뛰어들어 국정쇄신에 매진하는 국가재건최고회의의 시책에 적극 참여 이행하겠다"는 내용의 성명서를 발표하였는데, 이를 당시 공보부장 심흥선에게 전달한 대표자는 윤봉춘, 복혜숙, 이병일 등 3인의 영화인이었다.[81] 이후에도 많은 영화인들이 "혁명의 불가피성"을 알리거나 "혁명정신의 고취"를 위해 수많은 시가행진과 예술축전, 그리고 궐기대회에 동원되었다.[82]

또한 공보부는 영화, 방송, 예술, 언론, 선전, 정보 등의 업무를 보다 능률적으로 수행하기 위해서 각 분과위원회로 구성된 '공보자문위원회'를 설치하였는데, 그 중에서 영화분과위원회는 위원장 이재명(제협회장)을 비롯하여, 이병일(아시아영화연맹 부회장), 윤봉춘, 복혜숙, 전창근, 김소동, 신상옥, 안종화, 양주남 등이 포진하여, 국산영화 진흥과 해외진출, 문화영화에 관한 일, 영화금고의 운영, 우수영화 포상에 대한 참여, 정부제작 영화에 대한 자문 등을 맡았다.[83] 이러한 군사정부의 시책에

─획기적 재검토를 요할 결정적 과제」,『국가재건최고회의보』14, 1962년 11월호.
79) 이어령,「공보선전의 몇가지 문제점」,『국가재건최고회의보』8, 1962년 5월호.
80) 이 책의 2장 참조.
81)「혁명과업 협조」,『조선일보』, 1961년 5월 31일자.
82)「6·25날 여우들 시가행진─국가재건 신생활운동 촉진위해」,『동아일보』, 1961년 6월 24일자 ;「문화예술인들 혁명완수에 궐기」,『경향신문』, 1961년 7월 1일자 ;「재건운동 지부서 시민위안 영화와 군악행진」,『조선일보』, 1961년 7월 18일자 ;「연예인 궐기단」,『동아일보』, 1961년 9월 22일자.
83)「공보활동에 능률적 태세─공보자문위원회 구성을 완료」,『조선일보』, 1962년

232

대한 영화인들의 참여는 한편으로는 정권의 지휘와 감독 하에 문화예술이 정권의 하수인이 될 수 있다는 것을 여실히 증명하는 것이기도 하지만, 또 한편으로는 영화인들의 군사정부에 대한 일말의 기대감을 엿보게 하는 대목이기도 하다. 곧 강력한 정부가 영화산업에 특별한 관심을 가지고 지원과 육성을 아끼지 않을 것이라는 막연한 호의와 기대였다. 실제로 정부 내에서 강화되고 격상된 공보부는 군사정변 후 첫해 동안에 우수영화와 우수영화인을 시상하는 대종상 제정, 영화 및 공연물 사무요강의 고시제정, 국산영화제작업자 및 외화수입업자의 통합, 문화영화(외화) 입장요금의 인하 조치, 영화법 및 공연법 제정 등을 모두 성사시켰다.[84] 이는 5·16군사정변을 일으킨 주체들이 과거 전쟁을 계기로 선전영화를 제작했던 군의 경험을 바탕으로 기본적으로 영화에 대한 높은 관심을 가지고 있었기 때문에 가능한 것이기도 했다.

이처럼 군사정부는 선전매체로서의 영화가 가지는 중요성과 역할을 일찌감치 간파하고 있었다. 재건운동 당시 "영화는 공보행정이나 國民道義를 위한 재건운동의 일환"으로 자리매김되었으며,[85] 영화가 "국가의 정신문화재건에 큰 구실"을 해야 한다는 주장이 제기되었다.[86] 국무회의에서 영화 제작이 논의되기도 했다. 쿠데타 직후 국무회의에서 5·16군사정변의 동기와 의의, 개혁의 실태 등을 기록한 이른바 '혁명계몽영화'를 제작하여 군인들의 사기 앙양과 국민에 대한 선전을 꾀할 것이 논의된 것이다. 이 외에도 국무회의에서는 <선거는 이렇게>라는 교육영화와 <모기를 잡자>라는 보건영화, 그리고 <일지매>라는 극영화를 제작할

2월 20일자.
84) 「혁명정부 1년간 업적 개요」, 『국가재건최고회의보』 8, 1962년 5월호.
85) 복혜숙, 「국산영화의 보호육성책」, 『국가재건최고회의보』 2, 1961년 10월호.
86) 유현목, 「유현목은 말한다」, 『영화세계』, 1962년 1월호.

것 등이 결의되었다.[87) 또한 영화를 이용해 정권의 공보 선전을 보다 효율적으로 하기 위한 제반 조치를 취해 나가는데, 국립영화제작소 설치법을 공포하고, 문화영화 제작자문위원회 규정안을 통과시킨 것은 그 대표적인 예라고 할 수 있다.[88) 곧 영화의 선전성을 가장 극대화할 수 있는 매체로서 문화영화가 지목된 것이다.

② 문화영화 생산의 조직화와 선전영화로서의 부상

1950년대에 문화영화 제작의 메카였던 영화과는 1960년 4·19혁명 후에 공보의 기능이 약화되어 공보실이 국무원 사무처로 흡수됨에 따라 잠시 위축되었다.[89) 군사정부는 영화를 공보 선전의 도구로 적극 활용하기 위해 영화과를 국무원 사무처 소관에서 공보부 산하로 승격시키고 대대적으로 기구를 확장한다.[90) 1961년 6월 22일 공보부 산하에 과거의 영화과에서 영화제작기능을 독립시켜 확대 개편한 국립영화제작소가 탄생한 것이다. 1950년대에는 영화과에서 문화영화의 기획과 제작자 역할을 하고 대한영화사는 촬영 및 후반작업 위주의 기술 지원을 담당했다면, 이 두 가지 기능을 통합하고 체계화한 것이 1960년대의 국립영화제작소라고 할 수 있다. 이는 더욱 강력한 국가를 구현하려는 욕망 속에서 영화의 선전성과 이데올로기성이 극대화될 수 있는 물적 기반이 되었다. 국립영화제작소는 제작과, 기술과, 현상과, 서무과의 4과로 조직되어

---

87) 『국무회의록』 제4회, 1961.

88) 『국무회의록』 제20회, 1961.

89) 1950년대 문화영화 제작에 있어서의 영화과의 역할과 중요성에 대해서는 이하나, 앞의 글, 532~534쪽 참조.

90) 한편 국방부 정훈국은 1957년부터 군의 훈련용 교재영화만을 제작하고 있었는데, 1963년 국방부 안에 국군영화제작소를 설치하고 1966년부터는 <국방뉴스>와 함께 <월남전선>을 제작하여 파월 국군의 활약상을 주로 다루었다. 국군영화제작소는 1981년 국군홍보관리소로 개편된다. 이충직, 앞의 글, 61~62쪽.

수명의 문화영화 감독들을 정식 직원으로 거느렸으며 연간 문화영화 25편, 뉴스 50편, 교육영화 16편, 특보 19편 등 총 110편, 912만 3천 피트를 제작 생산하였다.[91]

국립영화제작소에서 제작한 영화의 종류로는 ① 각종 시사문제 및 전국 각처의 사건, 뉴스가치가 있는 사실 등 미국과 대만에서 제공하는 해외소식 중에서 우리 생활에 관련이 깊고 또 흥미있는 사건을 선택하여 수록한 대한뉴스, ② 특기할 기사나 일반 뉴스에 수록키 어려운 대대적인 기념행사, 곧 국가적인 경축 행사를 위주로 한 대한뉴스 특보, ③ 명랑하고 건전한 국민생활에 이바지할 국민가요 혹은 시기에 알맞은 계몽적인 내용을 가진 5분 내외의 단편영화인 대한뉴스 부록, ④ 한국의 고전, 민속, 예술, 풍속, 명승, 고적, 산업문화의 발전상 등을 소재로 대외선전을 위주로 한 천연색 영문판과 대내적으로 국민계몽을 위주로 한 문화영화, ⑤ USOM과 긴밀한 협조 아래 국가부흥, 교육, 보건, 위생, 농촌진흥, 생활개선을 소재로 하여 제작 배부한 것으로 국민의 사회교육 및 기술교육에 이바지하는 교육영화 ⑥ "국토 재건에 땀흘려 수고하는 모든 국민을 위안하고 민족정서와 정기를 북돋기 위하여" 민요, 무용, 가요, 코미디 등으로 엮은 오락영화 등이 있다.[92] 그러나 이중 뉴스영화를 제외한 나머지 영화들은 내용적으로 모두 문화영화로 통칭한 것으로 보인다.[93]

---

91) 『영화연예연감』, 국제영화사, 1970, 161쪽.

92) 「이것이 동양 제일의 국립영화제작소」, 『영화세계』, 1962년 3월호. 1965년 기사에 의하면 국립영화제작소는 이밖에도 농어촌계몽을 위한 <새소식>(월간 16mm 40벌), 해외공관을 위한 <코리아 투데이>(월간 16mm 37벌), 재일교포를 위한 <한국다요리>(월간 16mm 15벌)를 제작하며, <대한뉴스>(주간 35mm 55벌)를 만들어 시내 개봉극장에만 13벌을 보내고, 16mm 10벌을 만들어 군대에 보냈다고 한다. 「재미있어 가는 문화영화 - 각광받는 국립영화제작소」, 『신아일보』, 1965년 6월 4일자.

93) 「FY63년도 영화제작계획안」, 『각의상정안건철』, 1963에 의하면 국립영화제작소

그런데 영화법에 의하면 문화영화와 별도 조항으로 "국가 또는 공공단체가 공용 또는 공공용의 목적으로 사용하는 영화"를 '관수용영화'라고 칭하여 따로 규정하고 있다.[94] 이는 일종의 정부 PR영화, 선전영화, 그리고 공무원 대상의 교육영화 등으로서 내용적으로는 문화영화와 크게 구분되지 않으며, 정부 각 부처의 필요와 요구에 따라 국립영화제작소의 영화계획이 수립되고 있다는 것을 보여주는 일례이다.

국립영화제작소는 극영화계의 기술 진보에도 큰 기여를 하였다. 당시는 컬러 현상을 주로 일본에 의존하는 형편이었는데, 1963년 서독에서 기계를 수입하고 기계조작 훈련을 받은 기술자 2명을 확보, 최초의 본격적인 컬러 현상시설을 가동하여 35mm 컬러 문화영화를 제작하고 시설을 일반 영화 제작자에게 대여하였다.[95] 1963년에 제작 기획된 컬러 문화영화는 <한국에의 초대>, <우리 고장의 자랑>, <사방산업>, <낙동강을 따라서(다도해)>, <고대 궁중 오락> 등 5편이다. 또한 1960년 <가족계획>(박영일)을 시작으로 <개미와 베짱이>, <우리들이 잘 살 수 있는 길> 등 16편의 애니메이션영화를 만들어 극영화 애니메이션 제작에 견인차 역할을 했다.[96] 국립영화제작소가 앞장서는 영화 기술의

에서 제작한 영화들을, 문화영화, 기록영화, 교육영화, 시보영화, 부록영화, 오락영화, 계몽영화 등으로 분류하고 있으나 내용상 큰 차이를 보이는 것은 아니며 편의상 문화영화로 통칭하고 있다. 국립영상간행물제작소, 『문화영화목록(1950~2004)』, 2005 참조.

94) 「64년도 정부영화 제작계획(안)」, 『각의상정안건철 2-1』, 1964에 의하면 관수용영화는 경제 및 건설, 보건 및 사회, 농림업 관계, 국방 및 반공, 외교 및 관광, 교통 통신, 기타로 구분되어 있으며 관계 부처의 의뢰와 촬영 협조에 의해 제작이 이루어졌다.

95) 「영화계에 기술혁명─국립영화제작소 컬러 현상 시설 끝내」, 『서울신문』, 1963년 10월 23일자.

96) 「천연색 문화영화 8편 새로 제작」, 『동아일보』, 1963년 8월 12일자 ; 「문화, 만화영화 2편을 제작」, 『경향신문』, 1963년 11월 27일자. 우리나라 최초의 애니메

진보는 국가의 근대화 프로젝트에 발맞추는 영화 근대화의 상징이었다.

기술 진보와 함께 인적 구성면에서도 변화가 있었다. 이 시기에는
1950년대까지 남아있던 일제시기와의 연속성은 거의 보이지 않고 새로
운 인물들이 문화영화 전문 감독으로 활동했다. 양종해, 배석인, 강대철,
윤창혁, 라한태 등이 활약했으며 박영일과 같이 애니메이션에 관심을
보이는 감독도 나타났다. 신설된 대종상에 문화영화 부문이 포함됨에
따라 작품의 질적인 면에서도 많은 발전이 있었다. 정부는 영화의 질적
고양으로 상징되는 문화 발전과 이를 지지하는 정권의 이미지를 홍보
선전하기 위해 국제영화제 같은 문화 행사를 적극 활용하였다.97)

〈표 12〉대종상 문화영화 작품상 수상작(1962~1968)

연도	수상자	수상작
1962	김상봉98)	동물원의 하루
1963	국립영화제작소	피어린 육백리
1964	국립영화제작소	열반
1965	국립영화제작소	춘천 땜
1966	국립영화제작소	가야금
1967	세기상사	홍길동
1968	세기상사	손오공

*출전 : 한국영화진흥조합, 『한국영화총서』, 1972, 1485~1487쪽에서 작성.

한편으로는 많은 문화영화들을 국제영화제에 출품하였고, 또 한편으
로는 아시아영화제의 국내 개최에 힘썼다. 1963년작 <열반>(양종해)과

　이션은 1956년의 럭키치약 CF로 알려져 있다. 극장용 장편 애니메이션으로서는
　1967년 <홍길동>(신동헌)이 최초이다.
97) 1962년에는 군사정변 1주년을 기념하는 갖가지 국제적 행사가 이어졌는데
　곧 아시아민족 반공연맹 임시총회, 아주 공관장 회의, 산업박람회, 한일 배구시합,
　국제음악제전, 국제 패션쇼 등이 그것이다.
98) <동물원의 하루>는 국립영화제작소가 설립되기 전에 만들어졌기 때문에 수상
　자가 감독 개인 이름으로 되어 있다.

1965년작 <초혼>(양종해) 등 아시아영화제를 겨냥해 만든 영화들은
그 예술성에 있어서 문화영화의 내용과 수준이 비약적으로 발전했다는
평단의 극찬을 받기도 한다.[99] 1962년 제9회 아시아영화제의 한국개최는
합작영화 제작과 국산영화의 해외수출 문제에 대한 전망을 위해서이기
도 하지만 무엇보다도 대내외를 향한 공보 선전의 차원에서 추진된
것이었다. 아시아영화제는 "우리 영화계의 명예와 민족예술을 영화를
통해서 과시"하는 "찬란한 민족의 향연"이어야 하며,[100] 이를 통해 "5·16
이후 이루어진 국가재건상", 곧 "전화의 자취가 말끔히 가신 부활상과
도시와 농촌에 움트고 있는 의욕적 재건상"을 아시아인에게 알려야
한다는 것이다.[101] 같은 맥락에서 1966년도 제13회 아시아영화제의
한국 유치는 한일회담과 베트남전 파병을 둘러싸고 박정권에 대한 비판
의 목소리가 점차 거세지기 시작하는 시국을 무마하기 위한 강력한
이벤트였다.[102]

---

99) 「재미있어 가는 문화영화―각광받는 국립영화제작소」, 『신아일보』, 1965년 6월
4일자.
100) 성동호, 「한국제작계의 대비책」, 『영화세계』, 1962년 1월호.
101) 이병일, 「아시아영화제의 반성과 대책」, 『영화세계』, 1962년 7월호.
102) 「1966년도 제13회 아세아영화제 한국유치에 대한 국무회의 보고안건 송부」,
『국무회의록』, 1965.

238

<表 13> 아시아영화제에 출품된 문화영화(1959~1967)

연도	회수	개최지	작품명	감독명	수상내역
1959	6회	말레이시아 쿠알라룸프르	제주도 대관령의 겨울	이형표 양종해	
1960	7회	일본 도쿄	뚝	양종해	기획상
1961	8회	필리핀 마닐라	동물원을 찾아서	김상봉	
1962	9회	한국 서울	부락은 밝아오다 화물열차 다시가는 길 새로운 고향	양종해 양종해 양승룡 양종해	흑백촬영상
1963	10회	일본 도쿄	황토길 자라나는 유산 피어린 육백리 모정의 뱃길 건국13년 새길	김상봉 배석인 양종해 배석인	
1964	11회	대만 타이페이	열반 낙동강 사랑방	양종해 미공보원	작품상 참가상
1965	12회	일본 도쿄	초혼 바닷가사람들 한라산	양종해 라한태 미공보원	작품상
1966	13회	한국 서울	비무장지대 월남전선 이상없다 산 홍도	박상호 김묵 양종해 한호기	작품상 특별기록영화공로상
1967	14회	일본 도쿄	가야금	이정실	천연색 촬영상

*출전 :『영화연예연감』, 국제영화사, 1970, 147~149쪽.

국립영화제작소는 외국과의 문화교류에도 힘써 외국의 예술영화를 무료 상영하는 문화공간으로서의 역할을 하였으며,[103] 또한 <의자공과 소년들>(1962) 같은 외국과의 합작 영화도 제작하였다. 이 작품은 한국과 캐나다 사이의 문화영화 교환협정에 의해 제작된 것으로 캐나다에서 촬영하고 국립영화제작소에서 후반작업을 거친 극영화이다. 이 영화는

---

103) 「불 전위영화를 공개-국립영화제작소서」,『경향신문』, 1966년 6월 18일자.

내레이터가 마치 무성영화 시절의 변사처럼 해설과 대사를 겸하여 다큐멘터리와 극영화의 중간적인 형태를 띠고 있다는 점이 특징으로, 당시 문화영화가 점차 극적인 요소가 많아지고 있는 과도적 현상을 반영하고 있다. 이밖에도 <나는 자유를 선택했다>(1961, 양종해), <새길>(1962, 배석인), <나는 간첩이었다>(1962, 임학송), <우리 마을 이야기>(1964, 라한태), <자유의 뱃길>(1965, 김기풍) 등의 영화들이 극영화로 만들어진다. 1960년대 중반 이후 국립영화제작소에서 제작한 문화영화는 소재와 형식 면에서 훨씬 다양해지고 풍부해져, <초혼>(1965, 양종해)과 같은 무용극화, <살짜기 옵서예>(1967, 배석인)와 같은 뮤지컬 영화 등이 만들어졌으며, 이러한 추세를 몰아 <팔도강산>(1967, 배석인)과 <속 팔도강산>(1968, 양종해)과 같은 장편 극영화도 제작된다.

　이러한 현실에 추동되어 본래 "사실 기록 위주로 제작된 영화"만을 지칭했던 문화영화의 개념과 정의에 변화가 일어난다. 1966년 제2차 개정 영화법에서 이전까지 문화영화를 정의했던 '사실 기록 위주'라는 규정이 삭제되고, "특정한 효과를 위해 묘사, 설명하기 위해 제작한 영화"를 모두 문화영화라고 포괄적으로 정의하게 된 것이다. 종래 '극영화'의 정의를 "배우를 출연시켜 연극화한 영화"라고 한 것을 상기해 보면, 배우를 출연시켜 극화한 영화들을 많이 제작했던 국립영화제작소나 국군홍보관리소의 영화들을 모두 문화영화로 포괄한 것이라고 볼 수 있다.[104] 이는 문화영화를 극적 요소와 상관없이 선전영화로 인식하는 것으로서, 문화영화 생산의 조직화, 체계화 과정과 문화영화의 선전영화로서의 부상 과정이 그 궤를 같이 하고 있음을 알 수 있다.

　이제 국립영화제작소는 문화영화 개념의 재정의를 통해 장편 극영화

---

104) 이로 인해 문화영화와 극영화의 구분이 모호해져 문제가 되기도 했다. 「극영화냐 문화영화냐」, 『조선일보』, 1969년 10월 2일자.

에 도전하여 일반 문화영화보다 대중적이고 오락적인 방식으로 일반 상업영화에서 기대하기 어려웠던 강력하고 직접적인 메시지를 전달할 수 있게 되었다. 이를 증명한 것이 <팔도강산>이었다. 이 영화는 1967년 제6대 대통령 선거 홍보용으로 기획되어 선거법 위반 논란에 휩싸이기도 했지만, 상업영화의 인기를 능가하는 기대 이상의 성과를 거두었다. 국도극장 단관 개봉 기준으로 32만 6천명이라는 경이적인 흥행 기록을 세웠고, 이후 시리즈로 제작되어 박정희 정권 내내 정부 선전영화로서 역할을 다하였다.[105] 국립영화제작소는 이후에도 <귀향>, <충무공 이순신> 등의 장편 극영화를 기획하여 선전영화 제작에 더욱 박차를 가하였다.[106] 1960년대 선전영화로서의 문화영화는 정권과 영화의 밀월 관계를 노골화하였던 1970년대 '국책영화'의 前史를 엿볼 수 있게 해준 다.[107]

2) 문화영화와 선전하는 국가

① 문화영화 상영 의무화와 국가 표상

위에서 살펴보았듯이 5·16군사정변은 문화영화의 위상과 역할을 획기적으로 높여 놓았다. 군사정권은 영화라는 강력한 대중매체의 유용성과 중요성을 너무도 잘 알고 있었고, 국가의 정체성을 재확립하고 정권의 정당성을 설파하기 위해 문화영화는 보다 확실한 '선전' 영화가 될 필요가

---

105) 김한상, 『조국근대화를 유람하기』, 한국영상자료원, 2007, 12~17쪽.
106) 이후 국립영화제작소는 1994년에는 국립영상제작소로 개칭하고 1999년 국정홍보처 산하로 편입되면서 국립영상제작소와 정부간행물제작소를 통합하여 국립영상간행물제작소가 되었고, 2004년에는 영상홍보원으로 명칭을 변경하였다.
107) 김세진, 「1970년대 한국 국책영화의 선전형식 연구」, 한양대학교 석사학위논문, 2006.

있었다. 한 영화인은 다큐멘터리(문화영화)는 전쟁 당시의 카메라가
전화를 뚫고 전진했듯이 생산과 건설의 현장에서 재건운동의 교과서가
되어야 한다고 주장하였다.108) 이러한 논리는 5·16군사정변 직후의 정치
사회적 분위기 속에서 나온 것이기도 하지만, 기본적으로 국가가 생산하
는 영화의 성격을 말해준다. 곧 영화는 전쟁시의 무기와 같이 국가를
위협하는 모든 이데올로기를 분쇄하고, 국가 존립을 위한 가치를 수호하
기 위한 '프로파겐다'여야 한다는 것이다. 이를 위해 정부는 대통령 연두교
서, 정부 주요 시책 및 공보지침 등을 종합적으로 문화영화 제작에
반영하고, 효과적으로 홍보 선전을 하기 위한 노력을 경주한다. 이에
따라 공보부는 경제 및 건설, 보건 및 사회, 국방 및 반공, 외교 및
관광, 농림업 관계, 교통·통신, 기타 7개 항목에 맞게 관련 정책 및
사업의 내용을 알리라는 제작 지침과 더불어 다음과 같은 영화 제작
목표를 국립영화제작소에 하달한다.109)

<목표> 1. 반공태세를 강화하고 민주주의 승리를 기함으로써 국토통
일 성업을 성취시키기 위한 국민정신을 뒷받침한다. 2. 정부의 주요경제
시책을 전국민에게 계몽 선전함으로써 난국을 극복하려는 능동적이며
적극적인 참여와 협조의식을 고취시킨다. 3. 종래 국민의 사고를 지배해
온 의타심 내지는 소극성 및 파벌의식을 배제하고 자립성과 적극성을
고취시키는 한편 문화민족으로서의 긍지를 함양하고 청신한 사회기풍을
조성한다. 4. 자유우방을 위시하여 신생국 및 중립국과의 유대를 강화하
고 세계만방에 국위를 선양하려는 정부 외교시책을 뒷받침함은 물론
해외교포의 애국심과 반공사상을 고취시킨다.

---

108) 이청기, 「문화·기록영화를 살리자」, 『한국일보』, 1961년 7월 28일자.
109) 「64년도 정부영화 제작계획(안)」, 『각의상정안건철 2-1』, 1964.

국립영화제작소의 문화영화 제작 지침은 각 분야에 따라 무엇을 전달
해야 하며, 어디에 강조점이 있는지, 이와 연관되는 사업은 무엇인지,
그리고 궁극적 목적은 무엇인지가 상세히 설명되고 있다. 곧 모든 문화영
화는 정부의 사업과 관련되며, 그 목표는 정부의 사업을 뒷받침하기
위해 국민을 계몽 설득하는 데에 있다. 심지어 "국민의 문화수준을 향상하
는 계몽적 소재를 영화화"한다는 기타 항목마저 "정치, 경제, 사회 및
문화에 걸친 광범위한 면을 통하여 혁신운동을 뒷받침"해야 한다는
것이다. 이러한 제작 지침은 1960년대의 문화영화가 이전 시기의 문화영
화에 비해 제작방향과 메시지가 보다 명확한 지향을 가지고 있으며,
계몽이 선전의 하위에 위치하는 한층 강화된 선전성을 보여주고 있다는
점에서 이 시기 문화영화의 특징을 엿볼 수 있다.

주로 지방을 순회하며 상영하던 문화영화의 상영 방식에도 변화가
있었다. 1962년의 영화법 제11조에 의해 극영화 상영시 문화영화를
반드시 동시상영하도록 한 것이다. 이 조처는 문화영화의 위상을 제고시
키고 그 제작 편수를 획기적으로 늘려놓는데 기여했다. 이와 함께 이재명
을 위원장으로 한 '대한문화영화진흥위원회'가 발족되어 미공보원과
내외원조 자금으로 문화영화 제작에 지원이 가능하게 되었다.[110] 문화영
화의 의무상영화에 따라 수요가 높아지자 민간 문화영화 제작사가 설립
되고 극영화 제작사도 문화영화 제작을 병행하는 등 문화영화 제작이
활발해졌으며,[111] KBS에 '텔레비문화영화프로덕션'이 발족하고 문화영
화 제작강습회가 열리는 등 문화영화를 육성하기 위한 움직임이 일었

---

110) 「진흥되는 문화영화」, 『동아일보』, 1962년 8월 5일자 ; 「문화영화 제작 추진—진
   흥위 활동 시작」, 『동아일보』, 1962년 9월 11일자.
111) 1968년 문화영화 제작현황을 보면 민간 문화영화 제작사에서 제작한 문화영화가
   장편이 18편, 중편이 2편, 단편이 83편에 이른다. 『영화연예연감』, 172쪽.

다.[112] 그러나 제작비에 비해 낮은 단가와 협소한 시장, 여기에 당시 극영화계에도 큰 타격을 주었던 생필름 부족 문제 등으로 문화영화는 국가가 제작하지 않고서는 수지균형을 맞출 수 없었고, 이는 질높은 민간제작 문화영화가 육성되기 어려운 현실적 조건이었다.[113]

그럼에도 불구하고 문화영화를 제작하려는 제작사가 늘어난 것은 1963년 제1차 영화법 개정의 영향으로 문화영화 제작업자로 등록할 수 있는 자격 조건이 일반 극영화 제작업자보다는 훨씬 수월했기 때문이었다.[114] 1차 개정 영화법 제3조에 명시되어 있는 국산 극영화 제작업자로 등록하기 위한 요건은 ① 35mm 이상 촬영기 ② 조명기 ③ 건평 200평 이상의 견고한 시설로 된 스튜디오 ④ 녹음기 ⑤ 전속의 영화감독, 배우 및 기술자인데, 이중 문화영화 제작업자는 ①호와 ②호의 요건만으로도 등록이 가능했던 것이다. 게다가 우수국산영화상을 받을 경우에는 외국영화 수입 추천을 받을 수 있었다. 1950년대부터 외국영화의 수입은

---

112) 「문화영화 강습」, 『동아일보』, 1963년 1월 11일자.

113) 10분짜리 문화영화 1편당 최소제작비는 3만원으로 시중에서는 20% 정도 낮은 가격에 거래된다고 한다. 이러한 사정에도 불구하고 1963년도 민간제작 문화영화는 40여편에 달한다. 「애로 속에 자라는 민간 문화영화」, 『동아일보』, 1963년 12월 10일자.

114) 1963년 8월 현재 제1차 개정 영화법 제3조에 의해 등록된 문화영화 제작사는 한국문화영화주식회사, 단편영화제작소, 삼영문화영화제작소, 주식회사 신필름, 한국예술영화사, 스포츠문화영화사, 세기상사주식회사 등이고, 시설 심사중인 제작사도 고려문화영화사, 코리아문화영화사, 흑백문화영화연구소의 3개사라고 한다(「새 궤도에 오르는 문화영화계」, 『경향신문』, 1963년 8월 15일자). 한편 1972년 현재 문화영화제작사는 세기상사주식회사, 공공문화영화사, 남양교육영화사, 대한경찰문제연구소, 배푸로덕숀, 삼성문화재단, 신영필림, 영화제작소, 우리문화영화사, 한국교육영화사, 한국문화영화제작소, 한왕필림, 현대문화영화공사, 삼진영화제작소, 삼화문화영화사, 서울문화푸로모션, 서울신문사 등 17개사이다(『한국영화총서』, 1524쪽). 문화영화 제작사의 어려움은 1963년의 문화영화 제작사가 한두곳을 제외하고는 1972년까지 거의 살아남지 못한 것을 보아도 알 수 있다.

일종의 특혜로 여겨졌는데 1차 개정 영화법에서 외국영화 수입 자격을 등록된 국산영화 제작업자로 제한했기 때문에 상대적으로 등록이 쉬웠던 문화영화 제작은 어찌보면 가장 쉽게 외국영화의 수입 추천을 받을 수 있는 길이기도 했던 것이다.

문화영화를 극영화 상영과 동시에 상영하도록 의무화한 것은 문화영화의 제작편수에만 영향을 준 것은 아니었다. 이는 관객의 태도를 집중시키고 내용 전달을 용이하게 한다는 점에서도 매우 효과적이었다. 극장에서 극영화 상영시 의무적으로 상영되는 문화영화는 집중도가 높았을 뿐만 아니라 함께 상영되는 뉴스영화나 뉴스영화 특보와 함께 시너지 효과를 일으켰다. 예컨대 경제개발 5개년계획에 의해 점촌과 영주 사이의 경북선과, 망우역과 성북역을 연결하는 망우선이 연장 개통되었다는 사실이 뉴스영화를 통해 짤막하게 보도되고 나면,[115] 경제학자 조동필 교수[116]가 삽화를 곁들여 경제개발 5개년계획에 대하여 자세히 해설해 주는 문화영화나, 경제개발 5개년계획의 진척상황을 각 분야별로 정리한 문화영화가 뒤를 잇는 식이었다.[117] 경제개발 5개년계획의 효과를 사실 전달 위주로 보여주고 나서 그것에 대한 상세한 설명을 곁들이면, 긍정적 면모를 보여줌으로써 호기심과 호의가 늘어나면서 그 다음에 오는 해설에 더욱 주의를 기울이게 된다. 이처럼 문화영화는 정부의 정책을 국민에게 주지시키기 위한 체계적인 선전 전략의 구현체였다.

극장에서 문화영화가 동시 상영된 이후에도 지방을 순회하며 영사하

---

115) <확장되는 철도건설>, 대한뉴스 제451호, 1964.
116) 조동필(1919~2001)은 일본 메이지대학 정치경제학부에서 수학하고 1951년부터 고려대학교 경제학과 교수로 있으면서 산업개발위원회의 농림수산 분야 고문으로 일했다. 그의 후진국 경제개발론과 협동조합론은 경제개발 5개년계획에 많은 영향을 주었다. 『대한민국인물연감』, 청운출판사, 1967.
117) <잘 살기 위하여>(1964, 박정근) ; <경제개발 5개년계획>(1964, 임학송).

는 방식이 사라진 것은 아니었다. 오히려 재건국민운동 당시 지역별, 직장별로 이루어지는 문화영화 상영회는 국민동원의 일 수단으로서 활용되면서 더욱 활성화되었다. 1962년 현재 24개조로 편성된 전국 순회영사반에 의한 뉴스영화 및 문화영화의 상영횟수는 총 1,750회이고 총 관람 인원은 약 150만명을 웃돈다.

〈표 14〉 지방 순회 영사 관람 인원(1962) (단위 : 명)

지역	관람인원	지역	관람인원
경기	17만 3천	전남	21만 1천
강원	9만 8천	경북	21만 7천
충북	10만	경남	28만 9천
충남	24만 7천		
전북	18만 2천	합계	151만 7천

*출전 : <성과거둔 지방 순회 영사반>, 대한뉴스 제390호, 1962

1960년대의 순회영사는 1950년대의 그것에 비해 그 규모와 조직성 면에서 차이가 있었다. 후자가 문화원을 거점으로 한 지역적인 행사였다면, 전자는 공보부의 일괄 지도하에 체계적으로 영사가 이루어졌다. 프로그램도 더 다양해져서 낮에는 사진전, 강연회 등을 개최하고 밤에는 극장에서처럼 뉴스영화-문화영화-극영화가 차례로 상영되었는데 이때 영사반이 제공한 극영화는 대개 계몽·선전영화였다. 경제개발 5개년 계획을 다룬 뉴스영화-문화영화 뒤에 <쌀>(1963, 신상옥) 같은 계몽영화나 혹은 보다 노골적인 정책 홍보를 담은 <팔도강산>(1967, 배석인) 같은 극영화가 잇달아 상영되는 식이었다. 또는 늘어나는 취학아동 때문에 아무리 증축을 해도 교실이 모자라고 국고부담이 가중된다는 <문교행정>(대한뉴스 제511호, 1965) 같은 뉴스영화 뒤에, 아들이 없는 한 가정이 가족계획의 필요성에 공감하여 단산하기로 결정한다는 <가족계획-알맞게 훌륭하게>(1965)와 같은 문화영화를 틀고, 그 후에 남성

못지않게 당당하게 살아가는 생활력 강한 여성의 모습이 그려지는 <또순이>(1963, 박상호) 같은 인기 라디오 드라마를 원작으로 한 풍속극이 상영되면 "아들 딸 구별말고 둘만 낳아 잘 기르자"는 가족계획 캠페인의 설득력은 배가되기 마련이었다. 현실-해법-미래의 모습이 차례로 보여지면서 자연스럽게 국가의 정책이 받아들여지게 되는 것이다.

1960년대 문화영화의 주요 내용은 무엇이었는지를 알아보기 위해 몇 개의 키워드를 선정하여 분류해 보면 다음과 같다.

〈표 15〉 문화영화의 내용별 분류(1961~1968)

연도	국토	국민	국가	반공	군사	민족	재건	대통령	정치	경제	문화	생활	체육	국제	기타	총
1961	2	2	1	2	5	2	6		11		3	8	1	1	2	46
1962	2	6	2	6	5	4	11	5	5	14	7	12	1	8	1	89
1963	2	14	1	3	2	1	9	2	3	11	2	6	1	5	5	67
1964	3	3	1	5			4			17	7	2	2	2		46
1965	6	1	1	7	4	2	12	7	7	9	3	3	3	7	2	74
1966	3	3	2	3	7	2	2	1		3	7	2	1	4	6	46
1967	3	7	5	1	7		9	3	2	25	8	5		5		80
1968	2	6	2	9	13	1	6	2		12	6	5	2	4		70
합계	23	42	15	36	43	12	59	20	28	91	43	43	11	36	16	518
%	5	8	3	7	8	2	11	4	6	18	8	8	2	7	3	100

*출전 : 국립영상간행물제작소,『문화영화목록』, 2005 ; 영상역사관(http://film.ktv.go.kr)의 문화·기록영화. 연도는 바로 잡아 계산함.

〈표 16〉 문화영화의 주요 키워드(1961~1968)

시기	주요 키워드
1961~1963	국민, 반공, 민족, 재건, 정치, 경제, 생활
1964~1965	국토, 반공, 재건, 경제
1966~1968	국민, 군사, 경제, 문화

*출전 : 위 표와 같음

1960년대를 주요 키워드의 변화에 따라 세 개의 시기로 나누어보면

① 1기는 1961~63년까지의 시기로서 강력한 반공주의를 기반으로 하면서 경제개발계획을 중심으로 하는 근대화 전략이 모색된 시기이며 재건국민운동이 활발하던 시기이다. '반공', '민족' 뿐만 아니라 '국민'과 '생활', 그리고 '경제'에 관한 것이 많으며 재건국민운동의 영향으로 '재건'에 관련된 문화영화도 상당수 제작되었다. ② 2기는 1964~65년의 시기로서 경제개발계획이 본격화되고 재건국민운동이 서서히 사그러지며 무엇보다도 한일협정과 베트남파병으로 국민의 반대운동이 일어나 정권의 대국민 설득 작업이 절실해진 시기이다. 여전히 '반공' 관련 문화영화가 많으며 특히 1965년에 '국토' 관련 영화가 늘어난 것이 눈에 띈다. ③ 3기는 1966~68년의 시기로 1966년은 전년도에 비해 편수가 줄어들지만 1967년에는 문화영화의 제작이 전년도에 비해 두 배 가까이 늘었다. 이 시기는 '국가재건'의 완성을 선포하고 유신체제로의 이행을 예고하던 시기로 '국민'이 다시 많아지고 문화공보부 발족으로 인한 전통문화 등에 대한 강조로, '문화' 특히 '체육' 관련 분야의 영화들이 많은 것이 특징이다.

1950년대에 비해 비중은 줄었지만 편수로는 오히려 늘어난 '국토' 부문은 1960년대 중반부터는 관광영화를 보는 듯 다양하고 수려한 국토의 볼거리를 제공하고 있다. 제주도, 홍도, 거제도 등 바다와 도서지역을 비롯하여, 산과 강, 그리고 도로, 그곳에 사는 사람들 스케치에 이르기까지 한반도 남쪽의 '금수강산'을 소개함으로써 국토에 대한 자부심과 애향심을 증대시켰다. 특히 '반공'과도 관련된 휴전선 이야기 <피어린 육백리>(1963, 배석인)는 6백리에 달하는 휴전선을 파노라마처럼 보여준다. 박정희의 문화이데올로그 이은상[118]의 작시로 "무수한 격전지에

---

118) 시조시인 이은상(1903~1982)은 국토예찬, 조국분단의 아픔, 통일에의 염원, 우국지사에 대한 추모 등을 노래한 국토순례 기행문과 이순신, 안중근 등 선열의

248

세워진 무수한 전적비와 판문점, 전흔이 아로새겨진 채 가시지 않은 6백리 휴전선, 끊어진 철로, 무성한 잡초, 철마의 잔해, 철조망과 함께 동해의 파도에 씻기는 최후의 말뚝에서 멈춘 채 더 나가질 못한다. 그러나 때마침 창파 위에 둥실 떠오르는 아침해가 민족의 새날을 약속해 주는 듯하다"고 묘사되고 있다.[119] 아름다운 화면과 시가 어우러진 이러한 이미지가 의도하고 있는 것은 국토 분단의 아픔이나 이를 극복하려는 의지겠지만[120] 1960년대의 많은 문화영화들에서 거듭 반복되는 비무장 지대나 휴전선의 이미지는 통일에 대한 희망이나 노력을 불러일으키기 보다는 넘을 수 있는 국경선이라는 상징으로 국민에게 다가간다. 국민들에게 남한이 공산국가와 휴전선을 사이에 둔 대치상황이라는 것을 이보다 더 확실히 이미지화하는 방법이 있을까 싶을 정도이다.[121]

'반공'과 '군사' 분야는 합해서 15%에 이를 정도로 많은 비중을 차지하

전기 등을 많이 써서 1950~70년대 '문화재건'의 일방향을 제시했다고 볼 수 있다. 노산문학회, 『노산문학연구』, 당현사, 1976, 43~85쪽.

119) 「색다른 감명주는 문화영화」, 『경향신문』, 1963년 1월 26일자.

120) <피어린 육백리>는 작품의 완성도와 주제의 선명함으로 1963년도 대종상 문화영화부문 수상작이 되었다. 1962~68년 문화영화로서 대종상을 수상한 영화는 다음과 같다.

연도	1962	1963	1964	1965	1966	1967	1968
문화영화 작품상	동물원의 하루 (김상봉)	피어린 육백리 (국립영화제작소)	열반 (국립영화제작소)	춘천댐 (국립영화제작소)	가야금 (국립영화제작소)	홍길동 (세기상사)	손오공 (세기상사)

*자료 : 한국영화진흥조합, 『한국영화총서』, 1972, 1485~1487쪽에서 작성. 연도는 상을 시상한 연도이므로 수상작은 전년도 작품들이다.

121) 1965년작 <비무장지대>(박상호)는 제13회 아시아영화제에서 非극영화 부문 작품상을 받은 바 있으나 실제로 이 영화는 일정한 드라마를 가지고 연출된 극영화이므로 4장에서 분석하기로 한다. 휴전선이나 비무장지대에 관한 또다른 기록영화로는 「<잃어버린 13년 비무장지대의 오늘> 기록영화 공개」, 『서울신문』, 1966년 8월 24일자 참조.

고 있다. 한국전쟁 기록물이 대부분을 차지했던 전시대[122]와 다르게 군인들이 사회의 중요한 리더임을 자각하는 자부심을 가질 수 있는 문화영화들이 많이 제작되었다. 육해공군 사관학교 생도의 모습이라든지 국군의 날 기념행사 광경이 자주 문화영화의 소재가 되었다. 특히 국군의 날마다 전시되는 현대화된 군사장비의 향연은 북한의 군사퍼레이드와 경쟁적으로 과시되었다. 이를 통해 국방력을 과대포장하여 적에게 경각심을 주고 군대내의 결속을 다지며 국민들에게 "이렇게 막강한 군대가 지키고 있으니 안심해도 좋다. 이제 국민들만 잘하면 된다"는 메시지를 끊임없이 유포시킨다. 뿐만 아니라 월남 파병 부대의 활약상을 통해 이제 국군은 '세계로 뻗어나가고' 있다는 것을 과시한다. 공산주의에 맞서 싸우는 '아시아 자유진영의 맹주'라는 이미지는 이를 통해 더욱 확대재생산된다.

'반공' 부문에서 유독 눈에 띄는 것은 '방첩' 부분이다. 박정희가 내세우는 반공주의는 공산주의와의 대결에서 이기자는 '승공'과 간접침략까지 분쇄하자는 '방첩'으로 요약되는데 문화영화에서는 이를 뒷받침하기 위해 남파 간첩의 다양한 '계략'을 소개하고 있다. <다시는 속지 말자>(1964, 박영일)는 간접침략이 무엇인지를 애니메이션으로 정의하고 있다. 곧 직접침략에 실패한 '북괴'는 간첩을 남파하여 사회 곳곳에 침투시키고 있으며, 이들은 국회에도 침투하여 이간과 중상 모략을 일삼고, 학생 사이에 침투해서 데모를 조장하며, 노동자들의 파업과 태업을 유도하는 등 민심을 교란시키고 사회의 불안과 혼란을 초래하고 있다고

---

122) 1960년대에 한국전쟁 기록물이 전혀 제작되지 않은 것은 아니었지만 1950년대에 비하면 매우 드물었다. 「체계화한 실전 기록 <승리의 전선>」, 『경향신문』, 1965년 7월 31일자 ; 「6·25 전사 필름에 북괴 것도 한데 모은 <승리의 전선>」, 『서울신문』, 1965년 7월 31일자.

하면서, 철저한 방첩으로 간접침략을 막아내야 한다는 것이다. 특히 이 영화에서는 남한 국민들을 선량한 토끼에, 북한 인민들을 간악한 늑대로 묘사하고, 간첩은 토끼의 탈을 쓴 늑대로 묘사한다. 때문에 겉보기에는 늑대와 토끼를 구분할 수 없으며 따라서 우리는 우리 주변에 누가 토끼이고 누가 늑대인지를 잘 살펴야 한다는 것이다. 그런데 여기서 말하는 '간접침략'이란 간첩에 의한 남파만을 의미하는 것이 아니라 그들에게 속아 넘어가거나 부화뇌동한 일부 국회의원, 학생, 노동자 등도 이미 간접침략의 당사자라는 것이다. 민주화에 대한 국민의 열망과 정부에 대한 반대 시위, 심지어는 박정희에 반대하는 야당 국회의원의 존재와 노동자의 정당한 요구까지 모두 간접침략이라고 규정함으로써 이들을 원천적으로 봉쇄하고자 하는 것이다. 곧 反정부=容共=간접침략의 도식이 성립한다고 볼 수 있다. 1960년대 후반이 되면 방첩의 방법이나 간첩 구별법에 대해 구체적으로 가르쳐주고 있다. <수상한 사람>(1968, 황왕수)은 우리 주변에 복장이나 말투, 행동이 수상한 사람이 없는지 잘 살펴야 하며 반드시 신고해야 한다는 것을 계몽하는 영화이다. 특이한 것은 이 영화가 이웃에 이사온 '수상한 사람'이 결국 간첩이었다는 아이의 내레이션과 옆집에 신고하러 가는 아이의 이미지로 끝난다는 점인데 이는 이미 어린이까지 반공전선에 나서야 한다는 것을 보여주고 있다. 1950년대의 '반공'에 관한 문화영화가 주로 한국전쟁 발발시의 남침 이미지를 대표적 이미지로 가지고 있는데 반하여, 1960년대는 간첩의 이미지가 대표적인 반공 이미지이다. 곧 점점 더 반공은 일상생활과 가까워지고 군대가 아닌 국민이 직접 할 수 있는 일, 남성만이 아닌 여성과 어린이가 충분히 할 수 있는 일이라는 인식을 확산시켜 나갔다. 결국 사회에 불신과 불안을 초래한 것은 간첩의 '간접침략'이 아니라 '방첩'과 '승공'을 언설로 어린이까지 반공전선의 최전방에 세우는 박정권 자체였던 것이다.

'반공'과 더불어 '민족' 범주의 영화들도 많이 제작되었다. 이는 주로
충무공 이순신을 중심으로 한 애국선열에 대한 宣揚 작업이나 3·1운동에
관련된 것이 많았다. 3·1절이나 현충일 기념식의 경건함은 국민들에게
정체성과 일체감을 안겨준다. 문화적 방식으로 국민의 통합에 일조하는
가장 좋은 방식이 바로 과거를 기리는 일이다. 그런데 현충일은 말할
것도 없고 3·1절 기념식에서도 항상 빠지지 않는 것은 우리 민족을
이러한 곤란에 빠뜨린 것이 북한 공산주의임을 주지시키는 일이었다.
곧 3·1정신의 계승자는 대한민국만이 적법자임을 천명함으로써 3·1절
기념행사가 '반일'이 아니라 '반공'으로 마무리되는 것이다. 이처럼 민족
담론과 반공담론이 결합하는 양상은 일견 대립적으로 보이는 두 개의
범주가 실상은 교묘한 공생관계에 있음을 보여준다. 1950년대에 '민족'과
'반공'은 적대적 관계에 머물러 마치 민족을 논하면 공산주의자인 것처럼
치부된 것과 비교해 보면 1960년대의 '민족'과 '반공'은 어떤 갈등도
없이 결합할 수 있었다.

민족문화에 관한 것을 '문화' 부문으로 별도로 분류했는데 만일 이것까
지 합하면 '민족' 범주의 영화의 수는 더욱 늘어난다. 박정권은 집권
초기부터 민족주의를 내세웠고 후반으로 갈수록 전통문화에 대한 강조
는 더해간다. 주목할 것은 전통문화에 대한 관심이 1950년대의 사찰이나
탑 등의 건축물 등에 국한된 것이 아니라 국악, 무용, 농악, 탈춤, 민속놀이
에 관한 것으로 확대되었다는 것이다.[123] 국경일, 의례, 과거의 영웅들,
그리고 강강술래나 차전놀이 같은 민속놀이에 대한 발굴과 반복되는

---

123) 1963년작 <한국의 무용>(최봉암)에도 농악과 탈춤이 수록되었고 이때부터
농악이 농촌의 지켜야할 전통으로 자리매김된다. 「농악 소재로 한 문화영화
제작」, 『동아일보』, 1963년 3월 7일자.

기념행위는 전형적으로 근대가 새롭게 과거를 창출하는 방식을 보여준다.124) 곧 '국가재건'이라는 현재의 필요에 의해 과거의 전통과 문화를 발굴해내는 것이며 이것이 이른바 '민족문화의 재건'이라고 할 수 있다. 예컨대 강강술래나 차전놀이 등을 발견하고 발굴한 것은 호국의 의지나 공동체의 협동정신에 대한 강조의 동어반복인 것이다. 같은 '민속'이라고 해도 무속신앙 등은 미신이며 구습을 타파해야 한다며 철저히 억압한 것이 좋은 예이다. 곧 현재에 도움이 되는 과거만이 가치있고 의미있는 것이며, 국가와 국민의 정체성과 통합에 기여하는 민족문화와 민속예술만이 발굴할 가치가 있다는 것이다.

'문화'와 관련하여 언급해야 할 것은 '체육' 부문이다. 전국체전이나 올림픽 관련 기록영화 속에서 체육은 국가를 대표하고 국력을 상징하는 표상이다.125) 1950년대 일본을 제패한 프로레슬러 역도산의 신화와 그 뒤를 잇는 1960년대 프로레슬러 김일에 관한 기록영화가 많이 나왔다. 김일은 역도산의 뒤를 이어 일본에 구겨진 민족적 자존심을 살려준 국민적 영웅으로 대중적인 인기를 누렸고 이 인기와 민족적 자부심에 정치인이 슬쩍 편승하는 것은 당연한 귀결이었다.126) 스포츠는 국가가 국민을 결속시키는 더할 나위 없이 좋은 기제였던 것이다.127)

---

124) 홉스봄에 의하면 "전통을 발명해 낸다는 것은 과거에 준거함을 특징으로 하면서 다만 반복되는 것만으로도 공식화되고 의례화되는 과정"이다. 에릭 홉스봄, 박지향·장문석 역, 『만들어진 전통』, 휴머니스트, 2004, pp.19~43.

125) 「다채론 기록영화의 흥취 <동경올림픽>」, 『신아일보』, 1966년 8월 6일자 ; 「벅찬 감동주는 인간 제전 <동경올림픽>」, 『조선일보』, 1966년 8월 9일자.

126) 실제로 김일 후원회의 회장은 김종필이었으며, 당시 역도산이나 김일은 장관이 직접 예방할 정도로 막강한 대중적 영향력을 갖고 있었다.

127) 스포츠를 국가와 민족의 우월성 과시의 도구로 이용하여 정책적으로 육성하는 것은 권위주의 파시즘 정권의 공통적인 문화정책 중 하나이다. 그 예를 나치즘 치하의 독일이나 1980년대의 한국에서도 볼 수 있다. 역도산과 김일에 관한 문화영화는 <역도산의 일생 - 왕자의 길을 찾아서>(1966, 유심평)과 <역도산

1950년대와 비교하여 눈에 띄게 비중이 늘어난 분야가 '재건', '국민', '산업', '국제' 등이다. 먼저 '재건' 부분을 살펴보면 UNKRA의 활동상을 비롯하여 과거의 舊惡을 일소하고 새로운 건설을 촉구하며 각 영역에 걸친 발전상을 묘사한 것이 많다. <다시는 이래서는 안되겠다>(1962, 강래식)는 5·16군사정변 이전의 정치계의 부패나 사회의 혼란상, 상류층의 사치, 그리고 헐벗고 굶주린 국민들의 이미지를 대비시키고 있다. 이러한 혼란을 틈타 간첩이 침투하고 순진한 학생들까지 선동하는 등 공산주의가 파고들 여지가 생겼다고 하면서 이러한 혼란상을 극복하려는 시대적 요구에 의해 5·16군사정변의 당위성과 재건의 필요성을 역설하고 있다. <우리의 어제와 오늘>(1963, 배석인)은 5·16군사정변 이전과 이후의 거리와 공장의 모습 등을 비교하며 경제개발 5개년계획으로 재건 일로에 있는 사회의 모습을 활기차게 그리고 있다. 과거와의 비교를 통해 5·16군사정변의 당위성을 선전하고 앞으로의 희망을 제시함으로써 국가 정책에 협조를 하는 길만이 후진성을 면하고 자립경제를 달성하는 길이라고 말하고 있다.

재건을 위해 필요한 덕목을 어린이에게 가르치는 <개미와 베짱이>(1962, 박영일)는 국민의 근로정신을 앙양하는 만화영화로서 이솝우화 '개미와 베짱이'를 만화영화로 만든 것이다. 겨울이 오기 전 땀을 흘리며 열심히 일을 하는 개미와 낮잠자고 기타치며 노래만 하는 베짱이와, 겨울이 온 후 따뜻하게 음식을 배불리 먹는 개미와 추운 눈밭을 맨발로 다니며 구걸을 해야 하는 베짱이의 처지가 대비되면서 근면, 성실, 협동의 자세로 일하면 결국 잘 살게 된다는 메시지를 전달하고

의 후계자 김일>(1966) 등이 있다. 「<한국이 낳은 역도산> 기록영화 완성」, 『조선일보』, 1966년 4월 10일자 ; 「건아의 일대기 <역도산의 후계자 김일>」, 『조선일보』, 1966년 4월 24일자.

있다. 이솝우화의 원래 이야기는 마지막에 베짱이가 개미의 집에 음식을 구걸하러 갔을 때 개미들이 비웃으며 음식 주기를 거절한다는 내용인데, 이 영화에서는 개미가 음식을 나누어주는 것으로 나온다. 그런데 음식을 받은 베짱이는 그 자리에서 기타를 버리고 눈밭을 힘겹게 걸어가다가 결국 쓰러져 죽는다. 한국인 특유의 인정이 엿보이는 대목이긴 하지만 베짱이가 반성을 하는 것에서 끝나지 않고 결국 생을 마감하는 것으로 끝나는 것은 어린이들에게 "일하지 않으면 저렇게 된다"는 경각심을 주기에 충분히 위협적이다. 재건사업은 부단히 노력하지 않으면 생존해 나갈 수 없는 절대절명의 사업임을 설파하고 있는 것이다.

'산업' 관련 문화영화가 1962년과 1967년에 급증한 것은 이 해가 각각 제1차, 제2차 경제개발계획이 시작된 해이기 때문이다. 문화영화의 내용도 경제개발계획의 중점 사업과 일치하는데, 1962년에는 에너지와 기간산업, 사회간접자본 확충과 관련된 것이 많았고 1967년에는 고속도로 건설과 산업단지 건설에 관한 것에 주안이 두어졌다. 1950년대 계획경제에 대한 거부감이 존재함에도 불구하고 자립경제 건설의 목표 아래 1956년부터 논의되어 오던 경제개발계획이 1960년대에는 일말의 거부감이나 용공적 혐의를 말끔히 벗고 국가주도의 강력한 정책으로 진행되고 있었던 분위기 속에서, 문화영화는 농촌이 더 이상 빚에 허덕이지 않고 춘궁기를 겪지 않아도 되는 수단이자 경제의 자립을 이룰 수 있는 유일한 방략으로서 경제개발계획을 홍보 선전해 갔던 것이다.

1950년대에 비해 무려 네배 가까운 증가를 보이고 있는 것은 '국민' 부문이다. 이는 '재건국민운동'이 왕성하던 1961~63년 사이에 활발히 제작되었고 그 이후에도 꾸준히 만들어지다가 국가재건의 완성을 선포하며 국가에 대한 국민의 의무와 충성을 강조하게 되는 1960년대 후반에 이르러 제작량이 늘어난다. 1960년대 '국민' 부문의 문화영화를 시기별로 보면 1기에는 수해나 재난에 어려움에 처한 이웃들을 국민들이 도와야 한다는 구호운동을 유도하거나 납세의 의무를 강조하는 등 국민이 해야 할 의무에 대한 영화들이 많았다. 또한 불굴의 의지로 가난과 시련을 딛고 일어선 바람직한 국민상을 제시하기 위해 특정 개인의 실화를 모델로 한 영화가 많이 제작되었다. 2기는 국민의 대대적인 정권 반대운동에 대응한 영화들이 제작되었다. 6·3운동 당시 학생들이 학원으로 돌아갈 것을 촉구하는 <정치문제는 국회로>(1964, 정연구), 한일협정시 학생데모나 시민들의 참여를 '난동'으로 규정하고 데모는 곧 이적행위임을 경고하는 <난동은 이적이다>(1964, 최봉암), <누구를 위한 난동인가>(1965, 한호기) 등이 그것이다.128) 3기에는 다시 바람직한 국민상을 제시하는 영화들이 제작되었는데, 1기와 다른 점은 모범이 될 수 있는 국민들의 사례를 제시함과 동시에 이들이 해외로 나가면 국민을 대표하는 얼굴이 된다고 하면서 해외에서의 행동지침 같은 것을 계몽하는 영화들이 제작되었다는 점이다. 1960년대 차관을 갚기 위해 외화를 벌어들여야 했던 상황에서 독일 등지에 파견된 광부, 간호사, 기술자 등을 위한 영화였다.

1기와 3기에 주로 보이는 이 '바람직한 국민상'을 보여주는 영화 중 대표적인 것이 <자라나는 유산>(1962, 김상봉)과 <모정의 뱃길>(1963, 양종해)이다. 전자는 5·16군사정변 후 원호 혜택을 받고 재생의 길을 간 소년의 수기를 그린 것이고, 후자는 여수의 가장도라는 외딴 섬에서 혼자 학교를 다녀야 하는 딸을 위해 6년을 매일 같이 나룻배를 저어

---

128) 당시 국회에서 박한상 민정당 대변인은 정부의 이러한 태도에 대해 학생살인, 민가방화 등의 죄과를 은폐하고 오히려 이를 애국학생과 국민에게 뒤집어씌울 뿐 아니라 공산간첩과 연결시키려는 낡은 수법이라고 비난하며 영화 상영중지를 요구하기도 했다. 「공보부 영화 <누구를 위한 난동이냐> 상영중지 요구」, 『조선일보』, 1965년 5월 2일자.

딸을 등교시킨 모정을 그리고 있다. 둘 다 실화를 재연한 다큐드라마라고 볼 수 있다. <자라나는 유산>은 한국전쟁 때 태어난 한 어린이가 전란으로 아버지를 잃고 오늘날까지 굳세게 걸어온 쓰라린 삶을 엮은 이야기이고, <모정의 뱃길>은 새싹회[129]에서 표창된 장한 어머니 뱃사공의 실화를 극작가 이서구가 대본을 쓰고 양종해가 감독한 다큐드라마이다. 특히 <모정의 뱃길>에서는 바람직한 국민을 키우기 위한 교육열은 외딴 섬마을도 예외가 아니며 아무리 어려운 상황에서도 교육을 시켜야 하는 것이 부모의 도리이자 국민의 도리임이 강조된다. <새길>(1962, 배석인)은 한 전쟁고아가 유랑과 범죄를 일삼다가 교도소 생활 중에 개과천선하여 새사람이 된다는 내용의 단편 극영화이다. 이 영화에서는 교도소의 소년들이 자신이 왜 교도소에 오게 되었나를 얘기하는 회상 장면이 등장하는데 이 과정에서 이들이 원래 나쁜 사람이 아니라 어떤 계기에 의해 범죄를 저지르게 되었다는 것을 알 수 있다. 재미있는 것은 그 계기라는 것이 라디오, 영화 등과 직간접적으로 연관된다는 것으로, 당시 영화 등의 대중문화가 청소년에게 좋지 않은 영향을 미친다는 부정적 인식이 팽배해 있었음을 다시 한번 확인할 수 있다. 소년 교도소의 훌륭한 재활 프로그램으로 주인공은 새롭고 모범적인 '국민'으로 거듭난다. 특히 자신이 훔친 라디오의 주인인 여대생이 용서의 선물로 보낸 편지와 라디오를 간직하고 여대생을 찾으러 간다는 낭만적인 결말로 끝맺고 있어 이들 불량소년들의 문제를 사회적, 구조적으로 해결하는 것이 아니라 개인의 자각이나 주위의 이해 등 온정주의적 관점에서 접근하고 있다는 특징이 있다. <산의 기적(향토미담 1집)>(1962, 양종해)은 전남 광양의 백운산을 개척하여 농장으로 만든 청장년들의 농촌개척

---

129) 새싹회는 1956년 1월 윤석중을 중심으로 발족되었고, 1957년 방정환을 기리는 소파상을 제정하였으며, 1961년에는 장한 어머니상을 제정하였다.

기로서, 이들 청년들은 근면, 성실하게 일할 뿐만 아니라 점심으로는
빵과 양젖을 먹는 등 식생활 개선에 힘쓰고 삼림 녹화를 위해 집의
난방도 나무로 하지 않고 쇠똥을 이용한다는 등 여러 가지 생활상의
지침들도 제시하고 있다.

3기에서는 이러한 국민상이 더욱 세분화되어 제시되고 있다. 자신이
맡은 일을 열심히 하면 그것이 곧 국가를 위한 일이라는 단순하고도
명확한 기치 아래, 주부, 기능공, 농민, 임업인, 계도하는 젊은이, 구두닦이
소년에 이르기까지 등 다양한 직업을 가진 국민들의 모습을 그리고
있는 것이다. <가시밭을 헤치고>(1966, 박정근), <젊은이의 자
세>(1967, 한호기), <푸른 꿈은 가득히>(1967, 이정실), <주부일
기>(1968, 한탁성), <농촌에 바친 젊음>(1969, 이광수), <젊은 기능
공>(1969, 라한태), <시련과 보람>(1969, 라한태) 등이 그것이다. 이
중에서 <주부일기>는 제1회 '살림 잘하는 주부상'에서 최우수상을 받은
전주시의 한 주부의 수기를 영화화한 극영화이다. 이 영화에서는 저축이
나 보리 혼식, 분식 등의 식생활개선, 부업 등 일상 생활에 대한 정부
시책이 주부의 내레이션으로 자연스럽게 선전되며, 가정과 농사원에서
쉬지 않고 일하는 새로운 여성상이 제시된다. 이제 여성은 집안 살림만
잘하거나 아이만 잘 키우는 어머니이자 주부로서의 역할에 안주해서는
안 된다. 조금이라도 가정 경제에 보탬이 되기 위해 새로운 기술을
배우고 일터에서 누구보다도 열심히 노력하여 일하며 국가의 시책에도
발벗고 나서는 악착스런 여성상은 1960년대 극영화에서 꾸준히 제시되
었지만, 문화영화에서는 理財에 밝거나 남성을 능가하는 적극적인 여성
이 아니라 저축과 절약을 열심히 하는 방법으로 가계를 일으키는 것이
바람직한 국민상인 여성의 모습이었다.

1950년대에는 '생활'에 관한 것은 단순 계몽영화가 많은데 1960년대에

는 이처럼 생활에 관한 정부의 시책을 선전하고 교육하기 위한 영화들이 많아진다.[130] 특히 근면이나 내핍이 잘살기 위한 제일의 조건으로 제시되고, 가정생활도 정부의 시책에 따라 근검 절약하는 것이 생활을 윤택하게 하는 지름길이라고 선전된다. 1960년대 <문화영화>는 그 내용뿐만이 아니라 화면의 구성이나 편집 효과에 의해서 의미생산이 가능한 영화의 특장점을 매우 잘 구사하고 있으며, 선전성이 강화되어 가는 것과 발맞추어 화면의 세련됨과 대중성도 점차 향상되어 갔다. 특히 애니메이션이나 극영화의 기법을 활용하여 메시지를 재미있게 표현, 전달하고자 한 점은 1960년대 문화영화의 오락성 증가의 의미를 생각하게 한다.[131] 그러나 1950~60년대 초만 해도 해외영화제에 출품하기 위한 다큐멘터리성이 강한 문화영화도 생산할 수 있었던 국립영화제작소는 이제 구체적인 제작지침까지 간섭받는 정권의 '나팔수'로서의 역할을 강요받게 되었다. 이러한 상황은 1969년작 <산업시찰>의 제작과정에서 대표적으로 드러나고 있다.

기획 당시 원제가 <의지의 승리>[132]였던 이 영화는 문공부가 "조국근

---

130) 문화영화의 이러한 선전성을 비판하는 여론도 있었지만 1960년대 문화영화의 선전영화화는 보편적인 현상이었다. "문화영화가 문화적으로 계몽성을 띠지 못하고 때로는 무슨 행정 업적의 과시와 같은 일종의 억지 선전영화가 되어 있는 점이다. 문화영화는 어디까지나 문화적 계몽을 사명으로 하고 있어야지 그것이 선전용으로 이용되면 타락을 의미한다. 물론 계몽과 선전 사이에는 한계가 애매할 적이 있지만……" 「행정업적 과시 느낌-문화영화 제작에 신중을」, 『신아일보』, 1966년 7월 2일자.

131) 주제가 강력할수록 더 오락이고 예술적으로 만들어야 한다는 것은 1970년대에 접어들면 더욱 노골적인 지침이 된다. 「반공영화의 시대적 사명」, 『코리아시네마』, 1972년 3월호.

132) <의지의 승리>라는 제목은 레니 리펜슈탈 감독의 나치 선전 다큐멘터리인 <의지의 승리(Triumph des Willens)>(1934)에서 따온 것으로 보인다. 이 영화는 나치 전당대회에서 연설하는 히틀러와 이에 열광하는 군중들을 담고 있는데, 이 제목을 붙인 것 자체가 독재자에 대한 대중적 지지를 이끌어내야 할 필요성과

대화를 지향하여 힘차게 전진하는 오늘의 보람찬 현실을 전국민에게
보여주어 국민 모두가 이 대열에 참여토록 촉구하기 위하여" 기획한
것이었다.[133] 1967년 <팔도강산>(배석인)의 다큐멘터리 버전이라 할
수 있는 이 영화는 <팔도강산>이 극영화라는 '한계' 때문에 충분히
보여줄 수 없었던 산업의 현장을 생생하게 보여주며, 이제 국가재건은
완성단계에 접어들었노라고 공표하고자 했던 것이다. <산업시찰>의
제작 취지 및 제작방침은 다음과 같다.

　　<제작취지> ①산업시찰의 영화화를 통해 '조국근대화의 신앙'과 '민
족중흥의 비전'을 가시적이며 구체적인 영향으로 제시하여, ②낡은 조국
이 새로운 조국으로 바뀌어지는 생생하고도 우렁찬 모습을 피부로 느끼
게 하여 '자립에의 힘찬 의지'를 계발하고, ③기적으로서가 아니고 위대한
지도력을 중심으로 하여 민족 전체가 다같이 잘 살 수 있는 슬기에
차고 번영을 누릴 내일의 조국을 건설하는데 전민족이 주체적으로 전진
하는 국민의식을 다짐하는, ④상징적이며 기념비적인 조국근대화 작업
의 종합 업적보고로서 정리하고, ⑤중단을 불허하는 영도자를 정점으로
대열을 강화하여 이 위대한 사업에 대한 사명감과 참여의식을 절감케
하며, ⑥조국근대화 작업의 성공적인 모습을 해외에 널리 소개한다.

　　<방침> ①제1차, 제2차 경제개발 5개년계획의 성공적인 수행으로
이룩된 각 분야를 종합적으로 묘사하는 순수기록영화 제작 ②무에서
유가 창조되고 원시 그대로의 강산이 계발되고 어제의 낡은 모습이
오늘의 근대화로 변모한 양상에 촬영의 초점을 둔다. ③경제건설의
진전이 국민의 생활에 직결된 밀착감과 합리성을 강조한다. ④파급효과

당위성을 역설하고 있다. 그러나 은연중 파시즘에 대한 경계를 드러내곤 했던
박정희정권은 이 영화의 제목을 바꾸지 않을 수 없었을 것이다. 윤근식, 「박대통
령 연두회견과 70년대 정치」, 『세대』 67, 1969, 77~85쪽.
133) 「장편기록영화 <의지의 승리> 제작계획」, 『국무회의록』 제47회, 1969.

가 큰 사업을 다양하게 묘사하여 내일의 비전을 제시한다. ⑤그 사업의 미래상을 모형이나 동화로서 나타낸다. ⑥관중에게 지루함을 피하기 위하여 아름다운 풍경 묘사에도 주력한다.

이제 화면구성에 대한 지침까지 내려오는 상황은 물론 문화영화에만 국한된 것은 아니었다. 방송의 보도지침, 편성지침이나 잡지의 편집과 내용에 대한 검열 역시 1960년대 말이 될수록 강화되어 갔다. 이 영화가 얼마나 대대적인 것이었나 하는 것은 각 정부 부처가 지원해 주어야 할 것을 명시한 협조사항을 보면 알 수 있다.

〈표 17〉〈산업시찰〉 제작을 위한 정부 각 부처의 협조사항

기관명	협조사항	비고
1. 국무총리 기획조정실	1. 1, 2차 경제개발계획 기간중 상과와 계획에 대한 자료 협조	
2. 경제기획원	1. 예비비의 조속한 조치(본영화 제작비) 2. 자료협조 : 호남 개발의 비전 　　　　　　한국 경제의 비전	
3. 내무부	1. 각도, 시, 군 등 내무과 산하 행정기관이 본영화제작에 적극 참여토록 지시 2. 방위지구 촬영에 따른 사전 연락 3. 공중촬영에 따른 항공기 지원 4. 경비전화를 지휘본부인 국립영화제작소에 가설 5. 현지 촬영반 야간 운행에 따른 조처(차량통행) 6. 촬영차량 교통안내 및 촬영장 인원 정리 7. 촬영팀에 대한 신변 보호 및 촬영반의 이동사항 파악	
4. 재무부	1. 영화제작 자금의 조속한 배정	
5. 국방부	1. 방위시설 촬영에 따른 협조 2. 휴전선 및 귀농 저지선구의 재건촌 촬영에 따른 출입 및 촬영허가 3. 공중촬영시에 수반하는 항공기 차출 4. 촬영에 수반되는 군장비 활용	차량, 발전기 등
6. 농림부	1. 안성천 개발계획 2. 영산강 개발계획	

6. 농림부	3. 농업 한국의 비전 4. 농어민 소득증대 특별사업의 현황과 전망 5. 수산 한국의 비전 6. 지하수 개발의 비전 7. 모범촌에 대한 자료 제출 8. 농공병진 시책에 관한 구체적 추진현황과 계획자료 제출	농협 농어촌 개발공사
7. 상공부	1. 수출의 현황과 전망 2. 공업 한국의 비전 3. 종합제철 계획 4. 중소기업 현황과 과거의 대비 5. 기계공업의 현황과 전망 6. 경인지구 주요공장 7. 충청, 강원지구의 주요공장 8. 호남지구 주요공장 9. 영남지구 주요공장	
8. 건설부	1. 호남, 강릉, 기타 고속도로 건설 전망 2. 어업전진기지 3. 간척사업 4. 공업단지계획 5. 댐계획	
9. 교통부	철도구내 및 철도시설에 따르는 협조제공 인천공작창 부산군작창 등	
10. 체신부	1. 체신 시설 촬영에 따르는 협조제공 2. 촬영기간 중 지휘본부에 긴급 전화 가설 또는 사회전화 소통	
11. 각시도	1. 각시도에서 중앙정부가 행한 업적과 추진사업 현황 자료 제출 2. 각 시도가 자체적으로 행한 업적과 추진사업 자료제출 및 브리핑 3. 농업단지나 공업단지에 촬영반이 도착 즉시 촬영할 수 있도록 다음 사항을 협조해 주실 것 　가. 군수 또는 면장 혹은 공장 책임자의 브리핑 　나. 브리핑 내용은 사업내용과 그 특징을 소개하고 정부 시책의 목표와 방향을 중점적으로 다룰 것 　다. 촬영반과 대화할 수 있도록 농민, 공장근로자, 동리민을 준비할 것 　라. 촬영대상은 공장의 경우 움직이는 모습, 생산하는 모습이 주가 될 것이며 농장의 경우도 동일함	

11. 각시도	마. 브리핑이 길어지는 경우는 국민들에게 알리고 싶은 점을 요령있게 정리하여 브리핑차트를 만들것	
중앙정보부 협조사항	가. 각지구 대공분실로 하여금 촬영대상지에 대한 사전 통고 나. 촬영반 이동상의 제반 애로점 해결 협조	

*자료 : 「장편기록영화 <의지의 승리> 제작계획」, 『국무회의록』 제47회, 1969.

위 표에서 보이듯이 매우 조직적이고 세밀한 부분까지 지원계획이
세워진 이 영화는 전 대통령공보수석비서관이자 당시 문화공보부 장관
인 신범식의 총지휘로 김경옥, 신일철 등의 대학교수들에게 기획자문을
받았으며 감독도 지역별로 다르게 편성하였다. 곧 서울, 경기 지역은
유현목, 전라남북도와 제주도는 이용민, 경상남북도는 양종해, 충청남북
도와 강원도는 강대철 등이 맡는 등 당시 활발하게 활동하던 민간 극영화
감독과 국립영화제작소의 문화영화 감독을 특별 선임하고 있다.

② 문화영화의 선전 전략

문화영화의 선전 전략을 보다 자세히 들여다보기 위해 5·16군사정변
당시 공표된 '혁명공약'을 국민에게 알기 쉽게 설명하기 위해 만들어진
<혁명공약>과 <혁명공약 종합판>을 분석해 볼 필요가 있다. 이는
1기를 대표하는 문화영화이면서 동시에 이후 문화영화들의 典範이 되었
다. 다음은 '혁명공약'의 항목과 문화영화 <혁명공약>의 화면 및 내레이
션 내용을 정리한 것이다.

〈표 18〉 문화영화 〈혁명공약〉의 내러티브 분석

'혁명공약' 항목	화면 및 내레이션 내용
1. 반공을 국시의 제일의로 삼고 지금까지 형식적인 구호에만 그친 반공태세를 재정비 강화한다.	한국전쟁의 참상. 피난가는 사람들. 폐허가 된 나라. 처참하게 죽어있는 시체들. 국제행위 석상에서의 공산당의 만행. 소련의 침략으로 점차 적화되어 가는 세계지도.

2. UN 헌장을 준수하고 국제 협약을 충실히 이행할 것이며 미국을 위시한 자유우방과의 유대강화를 더욱 공고히 한다.	재건에 도움을 준 UN. 국제협약 준수의 의미로 국군의 작전권을 유엔군에 복귀시킴. 주한우방국의 외교사절단이 박정희 의장을 방문해서 혁명에 대한 지지와 협조 표명. 자유우방과의 관계가 더욱 굳어져 가고 있음.
3. 이 나라 사회의 모든 부패와 구악을 일소하고 퇴폐한 국민도의와 민족정기를 다시 바로잡기 위하여 청신한 기풍을 진작시킨다.	5·16군사정변 전 사회상. 부패와 폭력 등을 보도한 신문기사들. 권력다툼에만 급급한 정치인들. 집권당의 횡포. 국민의 도덕심과 근면정신마저 희미해짐. 5·16군사정변 이후 정부 시책과 더불어 사회개조 단행. 교통질서, 경박한 풍조, 사치 등을 단속. 재건국민운동 전개.
4. 절망과 기아선상에서 허덕이는 민생고를 시급히 해결하고 국가 자주 경제재건에 총력을 경주한다.	공장의 부도로 인한 실업자. 외래 사치품. 굶주림과 빚에 떠나야만 했던 국민들. 혁명정부의 과감한 수술. 농촌재건을 위해 고리채의 부담을 덜어주고 영농자금을 방출시킴. 국토건설사업 시작. 혁명후 2개월간 목표의 50%를 달성. 운영자금 방출로 다시 문을 연 공장들. 기아와 빈곤 몰아내고 경제개혁 완수. 자주경제 재건에 총력을 다함.
5. 민족적 숙원인 국토통일을 위하여 공산주의와 대결할 수 있는 실력 배양에 전력을 집중한다.	해방후 38선이 그어짐. 이후 한국전쟁 발발로 휴전선으로 남북이 갈라짐. 한반도 지도와 38선. 남북통일의 민족적 과제를 완수하기 위해 근로정신을 북한보다 우월하게 하여 경제 안정과 번영에 전력하는 것이 승공의 터전임. 농민은 농촌에서, 산업전사는 일터와 공장에서, 사무원은 사무실에서, 상인은 상점에서, 어부는 바다에서 모두가 각자 맡은 바를 완수해야 함. 155마일 휴전선을 사이에 두고 대치하는 군인들뿐만 아니라 국민 모두가 공산주의와 맞설 수 있는 실력을 배양해야 민족의 숙원인 남북통일 이룩.
6. 이와 같은 우리의 과업을 조속히 성취하고 새로운 민주공화국의 굳건한 토대를 이룩하기 위하여 우리는 몸과 마음을 바쳐 최선의 노력을 경주한다.	청소하는 사람들. 공무원. 학생 어린이 모두 한마음. 군인들도 총대신 삽자루를 들고 건설대열의 우렁찬 발걸음을 내딛음. 혁명정부가 조속한 시일내에 민간에게 정부를 이양하기 위해 노력하는 것처럼 국민들도 최대의 노력을 해야 함.

그 자체가 쿠데타 세력의 이미지 전략을 농축하여 보여주고 있는 '혁명공약'의 특징은 다음과 같다. 첫째, 제1공화국과 제2공화국의 반공주의가 형식적인 구호에만 그쳤다고 판단하고 제대로 된 반공태세를

강화한다는 것이다. 이는 재건국민운동 실천요강에서 보이는 '용공중립 사상의 배격'과 궤를 같이 하는 것으로서, 철저한 반공주의와 함께 방첩태 세를 갖출 것, 그리고 남파 간첩에게 이용당하는 '불순한' 세력을 배격할 것 등을 포함하고 있는 내용이었다.[134] 둘째, 경제재건은 민생고 해결을 위해서이기도 하지만 북한과 맞서기 위한 실력 배양을 위해서이기도 하다는 것이다. 근대화주의와 반공주의가 결합한 전형적인 예라고 볼 수 있다. 셋째, 소박한 차원의 민족주의를 주장하고 있지만 그것은 어디까 지나 반공주의의 하위개념에 불과하다는 것이다. 곧 '민족정기'를 바로잡 아야 하고 '민족적 숙원인 국토통일'을 해야 하지만 그 어떤 것도 '國是'인 반공에 우선하지는 않는다는 것이다.[135] 넷째, 미국으로 대표되는 UN과 의 유대강화를 통해 자유세계의 일원임을 강조함으로써 국민에게 정당 성을 인정받고 북한을 압박하는 전략을 구사하고 있다는 점이다. 특히 반공주의의 최전선에서 싸우는 자유주의의 첨병이라는 이미지를 구사하 고 있음은 1950년대 각종 반공대회를 통해 같은 이미지를 대내외적으로 과시하고자 했던 이승만 정권에서도 공통된 것이다. 다섯째, 자유세계와 의 결속과 국가재건의 토대를 이룩하기 위해서는 국민 모두가 '맡은 바 임무'를 다해야 한다는 것이다. 이는 박정희 자신과 재건국민운동에서

---

134) 「재건국민운동실천요강」, 『국가재건최고회의보』 1, 1961년 8월호.

135) 박정희는 "자유민주주의는 건전한 민족주의의 바탕 위에서만 존재해야 하며, 이번 선거(1963년 대통령선거를 말함-필자)는 민족적 이념을 망각한 가식의 자유민주주의사상과 강력한 민족적 이념을 바탕으로 한 자유민주주의사상과의 대결"이라고 하여 자신이 생각하는 민주주의가 민족주의에 있음을 천명하였다 (박정희연설문, 1963.9, 「진정한 자유민주주의」, 『조국근대화의 지표』, 38쪽). 이후에도 박정권은 민족주의적 언술을 이용하여 반대세력을 무마하고 체제를 정당화했다. 예컨대 한일국교정상화나 국군의 월남파병 등도 모두 민족주의로 포장했으며, 특히 교육과 문화부문에서의 민족주의의 강조는 더더욱 그러하였 다. 박정희의 민족주의 강조에 대해서는 전재호, 『박정희체제의 민족주의 연구-담론과 정책을 중심으로』, 서강대 박사학위논문, 1998 참조.

가장 중요시한 '인간성 개조'가 국가재건의 토대임을 강조한 것이었다. 인간성 개조라는 국민재건 프로젝트를 통해 사회재건과 국가재건을 달성한다는 기본 방향은 문화영화의 재현 전략에서 매우 중요한 의미를 담지하고 있다. 이는 곧 국민으로 재탄생된 개인에 대한 국가의 절대 우위성의 강조로서, '유신체제'에 들어서면서부터 더욱 노골화되는 이러한 국가주의 전략이 이미 박정희 정권의 초창기 '혁명공약'에서부터 그 단초가 드러난다고 볼 수 있다.[136]

　문화영화 <혁명공약>은 이러한 '혁명공약'의 특징을 정교하게 시각화하고 있다. 이 영화의 연출상의 특징은 다음과 같다. 첫째, 철저한 반공주의를 선언하기 위해 한국전쟁이 불법 남침임을 주지시키고 전쟁 중 죽은 시체들의 참혹한 모습을 여과 없이 보여줌으로써 공산주의와 북한에 대한 증오와 적개심을 불러일으키고 있다. 또한 소련이 약소국을 침략하여 공산화시키고 있다고 하면서 점차 붉은 색으로 물들어 가는(공산화지역이 늘어가는) 세계지도를 제시하여 시각적으로 남한이 조금이라도 방심하면 금방 공산화가 될 것 같은 암시를 던지고 있다. 흑백화면임에도 불구하고 매우 잔인하게 묘사된 시체의 일부분이라든지 "미친개처럼 날뛰고 있다", "공산 이리떼"와 같은 생경하고 자극적인 언어를 사용함으로써 나치즘 시기의 독일 선전영화들을 연상시킨다.[137] 둘째, 과거 정부의 부패와 사회혼란상을 보여주고 5·16군사정변을 옹호하기 위해

---

136) 다음과 같은 박정희의 언술에서 대표적으로 국가주의를 읽을 수 있다. "물론 민주주의국가에 있어서도 국민은 국가의 명령에 복종하지 않으면 안된다. 민주주의국가에 있어서 모든 권력은 공적인 통제에 복종하지 않을 수 없다. 전체의 이익이 특수한 이익에 우선하지 않으면 안된다. 자기의 사리가 전체의 이익이나 국가의 이익보다 앞선다면 그 나라는 망할 것이요, 그 국민은 멸할 것이다." 박정희, 『우리민족의 나아갈 길』, 동아출판사, 1962, 242쪽.

137) 나치즘 시기 독일의 영화를 비롯한 대중매체의 상징조작에 관해서는 데이비드 웰시, 최용찬 역, 『독일 제3제국의 선전정책』, 혜안, 2001, 69~82쪽 참조.

군사정변을 지지하는 헤드라인이 선명한 신문을 클로즈업해서 보여줌으로써 이 영화의 내용이 공신력 있고 객관적인 것임을 증명하려고 하고 있다. 셋째, 박정희가 국제사회는 물론 국민으로부터 대대적인 지지를 받고 있음을 보여주기 위해 박정희를 방문하는 UN 인사라든지 박정희를 지지하며 시가행진을 하고 있는 국민들의 모습을 보여줌으로써 집권의 정당성을 주장하고 있다. 넷째, 배를 곯는 극빈자의 모습과 상류층의 사치품을 교차편집으로 보여줌으로써 경제재건과 道義재건의 문제가 동떨어진 것이 아니라 하나로 연결된 것임을 보여주고 있다. 이를 통해 그간의 사회제반의 문제가 '무능한 정부'로부터 기인했다는 것을 재차 강조하여 이러한 문제를 해결하기 위한 '유능한 정부'로서의 군사정권의 리더십을 은연중에 강조하고 있다. 다섯째, 공장의 굴뚝에서 쉼없이 나오는 연기나 힘차게 돌아가는 기계 등의 이미지를 과거의 참혹한 전쟁터나 허영이 넘치는 거리, 그리고 가난한 농촌 등의 이미지와 대비시키고, 열심히 일하는 사람들의 활기찬 모습을 통해 근면하고 성실하게 소임을 다하는 국민이 결국 '국가재건'의 주인공임을 부각시키고 있다. 극단적인 시각적 대비를 통해 위기와 공포를 조장하며 이러한 상황을 극복할 유일한 방안으로서 정권의 리더십을 강조하고 있는 것이다.

<혁명공약>은 이후 만들어질 1960년대 문화영화의 재현 방식과 선전의 전략을 압축적으로 보여준다. 곧 첫째, 볼거리(spectacle)를 통한 시각적 쾌감 제공, 둘째, 자극적인 화면과 언어를 통한 위기와 공포 암시, 셋째, 시각적 대비와 극적 요소를 통한 감정의 고조 유발이 그것이다. 이는 1950년대의 문화영화에 비해 연출 기법상 세련되고 진일보한 것일 뿐만 아니라 정확히 선전 전략의 논리적 단계로서 작동하고 있다는 점에서 주목할 만하다. 우선, 첫 번째 특징이자 기본적 단계인 볼거리 제공의 예를 '국토'에 관한 문화영화에서 찾아볼 수 있다. 1950년대에도

간헐적으로 제작되었던 '국토' 관련 문화영화는 1960년대 중반부터는
관광영화를 보는 듯 다양하고 수려한 국토의 볼거리를 제공하고 있다.
제주도, 홍도, 거제도 등 바다와 도서지역을 비롯하여, 산과 강, 그리고
도로, 그곳에 사는 사람들 스케치에 이르기까지 한반도 남쪽의 '금수강산'
을 소개함으로써 국토에 대한 자부심과 애향심을 증대시키고 있다.
특히 '반공'과도 관련된 휴전선 이야기 <피어린 육백리>(1962, 배석인)
는 1963년도 대종상 문화영화 작품상 수상작으로 6백리에 달하는 휴전선
을 파노라마처럼 보여준다. 이는 박정희의 문화이데올로그 이은상[138]의
작시로 "무수한 격전지에 세워진 무수한 전적비와 판문점, 전흔이 아로새
겨진 채 가시지 않은 6백리 휴전선, 끊어진 철로, 무성한 잡초, 철마의
잔해, 철조망과 함께 동해의 파도에 씻기는 최후의 말뚝에서 멈춘 채
더 나가질 못한다. 그러나 때마침 창파 위에 둥실 떠오르는 아침 해가
민족의 새날을 약속해 주는 듯하다"고 묘사되고 있다.[139] 아름다운 화면
과 시가 어우러진 이러한 이미지는 일견 국토의 아름다움과 분단의
아픔을 묘사하는 듯 보이지만, 거듭 반복되는 비무장지대나 휴전선의
이미지는 통일에 대한 희망이나 노력을 불러일으키기보다는 공산주의와
대치하고 있는 국경선이라는 상징으로 국민에게 다가간다.[140] 더욱이

---

138) 시조시인 이은상(1903~1982)은 국토예찬, 조국분단의 아픔, 통일에의 염원,
　　우국지사에 대한 추모 등을 노래한 국토순례 기행문과 이순신, 안중근 등 선열의
　　전기 등을 많이 써서 1950~70년대 '문화재건'의 일방향을 제시했다. 노산문학회,
　　『노산문학연구』, 당현사, 1976, 43~85쪽.
139) 「색다른 감명주는 문화영화」, 『경향신문』, 1963년 1월 26일자.
140) 1965년작 <비무장지대>(박상호)는 제13회 아시아영화제에서 非극영화 부문
　　작품상을 받은 바 있다. 그러나 <비무장지대>는 각본과 연출과 배우의 연기에
　　의해 만들어진 극영화라고 할 수 있다. 휴전선이나 비무장지대에 관한 또다른
　　기록영화로는 「<잃어버린 13년 비무장지대의 오늘> 기록영화 공개」, 『서울신
　　문』, 1966년 8월 24일자 참조.

268

'국토'의 향연 사이사이에 보여지는 태극기, 무궁화 등의 이미지나 그
위에 울려퍼지는 애국가 등은 국가의 숭고함과 경외심을 더욱 극대화시
킨다.[141]

그런데 볼거리로서의 풍경에는 자연으로서의 '국토'뿐만 아니라 산업
화되고 근대화되고 있는 '국토' 역시 포함된다. 근대화라는 이름으로
진행되고 있는 몇몇 지역의 도시화와 공장, 빌딩들의 건설 풍경은 근대화
의 '결과'로 누릴 수 있는 '여가'라는 형태를 통해 드러난다. <경제개발
5개년계획>(임학송)을 비롯하여 <자립경제를 위하여>(박정근), <잘
살기 위하여>(박정근), <춘천댐>(황왕수) 등 2기를 대표하는 문화영화
들은 주로 '경제개발 5개년계획'과 직·간접적으로 연관되어 있었으며,
이들은 산업화, 근대화 자체를 볼거리 삼아 제작되었다. 또한 3기의
대표적인 문화영화인 <팔도강산>(1967, 배석인)은 효도관광이라는 가
족주의문화와 여가문화의 합작품을 통해 국토의 풍경을 자연풍경, 문화
풍경, 그리고 산업풍경으로 나누어 보여주고 있다. 카메라는 우선 국토의
자연환경을 스케치하고, 다음으로 역사 문화유산을 보여주며,[142] 하이라
이트로서 각 지역의 산업, 대개는 공장으로 상징되는 2차 중공업을

141) TV 방송 시작과 끝을 알리는 애국가 화면은 전형적인 문화영화의 국가 표상
방식을 따르고 있다. 1961년 KBS의 개국으로 본격적인 출범을 맞은 TV 방송은
동아방송(DBS, 1963), 동양방송(TBC, 1964), 문화방송(MBC, 1969) 등 잇단 방송국
의 설립과 시청자층의 저변 확대 속에서 문화영화의 재현 방식을 안방으로
그대로 옮겨 놓았다.

142) 3기의 문화영화들이 전통문화에 대해 관심을 기울이고 있는 것은 박정희가
민족문화, 전통문화의 수호자로서 자리매김되고 있는 것과 맥락을 같이한다.
항일 지도자임을 강조했던 이승만과 달리 친일경력을 가지고 있었고 한일협정을
추진했던 박정희로서는 항일 여부가 중요한 것이 아니라 누가 '민족정신'과
'민족문화'의 계승자인가가 더 중요한 문제라고 강조하지 않을 수 없었던 것이다.
전통문화에 대한 빈번한 노출은 국민을 민족문화 공동체로 재규정하려는 시도라
고 할 수 있다.

전시한다. 그 속에서 열심히 일하는 국민들이야말로 문화영화의 관객 대중이 본받아야할 모범적 국민상이다. 이러한 규범적 풍경과 인간상의 재현을 통해 문화영화는 과거와는 다르게 변모하고 있는 근대화된 국가의 모습 그 자체를 볼거리로서 제공하고 있다.

문화영화가 제공하는 시각적 쾌감은 군사물에서 절정에 달한다. 이 시기 군사 관련 문화영화의 특징은 한국전쟁 기록물이 대부분을 차지했던 전시대[143]와 다르게 군인들이 사회의 중요한 리더임을 자각하고 자부심을 가질 수 있게 하는 문화영화들이 많이 제작되었다는 점이다. 육해공군 사관학교 생도의 모습이라든지 국군의 날 기념행사 광경이 자주 문화영화의 소재가 되었다. 특히 국군의 날마다 전시되는 현대화된 군사장비의 향연은 북한의 군사퍼레이드와 경쟁적으로 전시되는 공격적 호전적인 시각 기제였다.[144] 반복적으로 노출되는 이러한 이미지를 통해 국방력을 과대포장하여 적에게 경각심을 주고 군대내의 결속을 다지며 국민들에게 안도감과 자부심을 선사한다. 뿐만 아니라 <맹호와 청룡>(1966, 강대철), <무적의 백마>(1966, 이정실), <베트남에 흐르는 별>(1967, 이정실) 등 월남 파병 부대의 활약상을 통해 '세계로 뻗어나가고' 있는 국군의 활약상을 보여준다. 이로써 공산주의에 맞서 싸우는 '아시아 자유진영의 맹주'라는 이미지는 더욱 확대재생산된다. 외국에 파견된 현대화, 기계화된 강한 군대의 이미지는 근대화의 지표이자 국가 위상의 제고로서 받아들여진다. 이처럼 국가의 위상 자체가 볼거리

143) 1960년대에 한국전쟁 기록물이 전혀 제작되지 않은 것은 아니었지만 1950년대에 비하면 매우 드물었다. 「체계화한 실전 기록 <승리의 전선>」, 『경향신문』, 1965년 7월 31일자 ; 「6·25 전사 필름에 북괴 것도 한데 모은 <승리의 전선>」, 『서울신문』, 1965년 7월 31일자.

144) 1956년 제정된 국군의 날은 6·25전쟁 당시 국군이 최초로 38선을 넘어 북진한 것을 기념하는 날이다. 뉴스영화, <제1회 국군의 날>(1956) 참조.

로서 변환되는 바로 그 지점에서 문화영화의 기능과 역할 역시 제고되고 있는 것이다.

관객에게 시각적 쾌감을 제공함으로써 흥미와 관심을 유발한 문화영화는 이제 두 번째 단계에서 위기와 공포를 반복적으로 암시함으로써 불안감을 조성한다. 언제 다시 침략할지 모른다는 북한에 대한 공포와 그에 따른 위기감은 내 옆의 바로 이 사람이 나의 존립을 위협하는 간첩일지 모른다는 불안감을 확산시키는데 기여한다. 공포의 암시와 불안감의 조성이야말로 국민 대중을 관객으로 하는 문화영화가 가장 즐겨 사용하는 간접 시사의 대표적인 예로서, 선전의 효과를 극대화하기 위해 전략적으로 취해졌다고 보아야 한다. 마찬가지로 애니메이션과 같은 새로운 장르의 문화영화가 등장하는 것 역시 문화영화의 표현 기법의 다양화에 의미가 있다기보다는 고도로 세련되어 가는 선전전, 심리전의 자기 진화와 대상 확대라는 차원에서 더욱 의미가 있다고 할 수 있다.[145] 곧 애니메이션의 이용은 문화영화가 포괄하고 있는 관객 대중에 어린이가 포함되고 있음을 보여준다. 간접침략이 무엇인지를 애니메이션으로 쉽고 재미있게 정의하고 있는 <다시는 속지 말자>(1964, 박영일)에 의하면 직접침략에 실패한 '북괴'는 간첩을 남파하여 사회 곳곳에 침투시키고 있다. 이들은 국회에도 침투하여 이간과 중상모략을 일삼고, 학생 사이에 침투해서 데모를 조장하며, 노동자들의 파업과 태업을 유도하는 등 민심을 교란시키고 사회의 불안과 혼란을 초래하고 있기 때문에 철저한 방첩으로 간접침략을 막아내야 한다. 특히 이 영화에서는 남한 국민들을 선량한 토끼에, 북한 인민들을 간악한 늑대에 비유하여, 간첩은 토끼의 탈을 쓴 늑대로 묘사한다. 때문에 겉보기

---

145) 공보부, 『선전의 이론과 실제』, 1963, 122~124쪽.

에는 늑대와 토끼를 구분할 수 없으며 따라서 우리는 우리 주변에서 누가 토끼이고 누가 늑대인지를 잘 살펴야 한다는 것이다. 이는 정부의 정책에 대한 반대 시위나 박정희와 대립하는 야당 국회의원의 존재, 그리고 노동자의 정당한 요구까지 모두 '간접침략'이라고 규정함으로써 정부에 대한 비판은 물론 민주화에 대한 국민의 열망까지도 원천적으로 봉쇄하려는 의도를 드러낸다.146) 곧 反정부=容共=간접침략이라는 도식 속에서 국민의 위기감과 불안감은 증대하며, 불안한 국민을 대상으로 하는 조직적인 회유가 문화영화를 통해 벌어지고 있는 것이다.

이러한 불안의 원인이 모두 북한 공산주의와 그에 동조하는 남한의 비판세력에서 유래한다는 직간접적인 암시를 바탕으로, 1960년대 후반 문화영화는 그에 대처하는 행동지침, 곧 방첩의 방법이나 간첩 구별법을 구체적으로 제시하고 있다. <수상한 사람>(1968, 황왕수)은 우리 주변에 복장이나 말투, 행동이 수상한 사람이 없는지 잘 살펴야 하며 반드시 신고해야 한다는 것을 계몽하는 영화이다. 이웃에 이사온 '수상한 사람'이 결국 간첩이었다는 아이의 내레이션과 옆집에 신고하러 가는 아이의 이미지로 끝나는 이 영화는 어린이까지도 반공전선에 적극적으로 나서야 한다는 것을 보여주고 있다. 1950년대의 '반공'에 관한 문화영화가

---

146) 국민의 대대적인 정권 반대운동에 대응한 문화영화들은 이러한 의도를 잘 보여주고 있다. 6·3운동 당시 학생들이 학원으로 돌아갈 것을 촉구하는 <정치문제는 국회로>(1964, 정연구), 한일협정시 학생데모나 시민들의 참여를 '난동'으로 규정하고 데모는 곧 '이적행위'임을 경고하는 <난동은 이적이다>(1964, 최봉암), <누구를 위한 난동인가>(1965, 한호기) 등이 그것이다. 이에 대해 박한상 민정당 대변인은 정부의 이러한 태도에 대해 학생살인, 민가방화 등의 죄과를 은폐하고 오히려 이를 애국학생과 국민에게 뒤집어씌울 뿐 아니라 공산간첩과 연결시키려는 낡은 수법이라고 비난하며 영화 상영중지를 요구하기도 했다. 「공보부 영화 <누구를 위한 난동이냐> 상영중지 요구」, 『조선일보』, 1965년 5월 2일자.

주로 한국전쟁 발발시의 남침 이미지를 대표적 이미지로 가지고 있는데 반하여, 1960년대의 대표적인 반공 이미지는 바로 간첩이다. 곧 점점 더 '반공'은 일상생활과 가까워지고 군대가 아닌 국민이 직접 할 수 있는 일, 남성만이 아닌 여성과 어린이가 충분히 할 수 있는 일이라는 인식을 확산시켜 나갔다. 이는 1960년대 반공주의의 구호가 '승공'이 되고, 이것이 '방첩'과 더불어 국민 개개인의 행동강령화된 것과 같은 맥락이라고 볼 수 있다. 이처럼 문화영화는 한편으로는 공포와 불안을 지속적으로 확대재생산하고 또 한편으로는 철저히 '방첩'하고 '승공'하는 것만이 불안을 극복하는 길임을 설파하면서 어린이까지 반공전선의 최전방에 세우고 있는 정권의 모습을 고스란히 드러내고 있다.

문화영화의 선전 전략의 세 번째 특징이자 최고조의 단계는 감정의 고조를 유도하기 위한 선명한 시각적 대비와 드라마 장치의 사용이다. 시각적 대비가 가장 효과적으로 사용되고 있는 문화영화의 예를 <다시는 이래서는 안되겠다>(1962, 강래식)에서 볼 수 있다. 이는 UNKRA의 활동상을 비롯하여 과거의 舊惡을 일소하고 새로운 건설을 촉구하며 각 영역에 걸친 발전상을 묘사한 '재건' 관련 영화로서, 5·16군사정변 이전의 정치계의 부패나 사회의 혼란상, 상류층의 사치와 더불어 헐벗고 굶주린 국민들의 이미지를 대비시키고 있다. 과거의 혼란을 틈타 간첩이 침투하고 순진한 학생들까지 선동하는 등 공산주의가 파고들 여지가 생겼다고 하면서 이러한 혼란상을 극복하려는 시대적 요구에 의해 5·16 군사정변이 일어난 것이라고 주장한다. <우리의 어제와 오늘>(1963, 배석인)에서도 5·16군사정변 이전과 이후에 달라진 거리와 공장의 모습 등을 비교하며 과거의 침체되고 낙후한 모습과 경제개발 5개년계획으로 '재건 일로'에 있는 사회의 모습을 활기차게 그리고 있다. 과거와의 대비를 통해 5·16군사정변의 당위성을 선전하고 앞으로의 희망을 제시함으로써 국가 정책에 협조를 하는 길만이 후진성을 면하고 자립경제를 달성하는 길이라고 말하고 있다. 군사정변 이전의 과거와 이후의 현재를 낙후와 진보, 전근대와 근대, 침체와 활기, 가난과 풍요 등의 대립되는 이미지로 대비시킴으로써 관객은 현재의 우리가 올바른 방향으로 가고 있다는 안도와 확신을 얻게 되는 것이다. 이는 같은 '경제'를 소재로 한 문화영화 라고 하더라도 1950년대의 문화영화가 경제를 국민의 실생활과 그다지 연결시키지 못하고 있었던 반면에,[147] 1960년대의 문화영화에서 '경제' 란 국민이 체감하는 실생활의 개선과 직결시키고 있었다는 것을 보여준 다.

이러한 대비를 '대통령' 관련 영화에서도 확인할 수 있다. 곧 군림하고 지도하는 이미지를 형성했던 이승만과 달리 박정희는 근대화의 일선에 서 '일하는 대통령'으로서의 친근한 이미지를 추구하였다. 대통령의 지방 시찰에 관한 문화영화도 이승만은 사찰 등 문화재를 둘러보는 영화가 많았던 반면에 박정희는 힘차게 돌아가는 기계 등의 산업현장 시찰이 많았던 것도 근대적 리더로서 스스로를 이미지화하려 했던 정권의 선전 전략이었다. 또한 귀족적 엘리트적 서구(미국)적이었던 이승만과 달리 직접 밀짚모자를 쓰고 모내기를 하거나 선로에 망치질을 하는 장면 등을 통해 국민 대다수를 차지하는 '농민의 벗'이자 한국적이고 서민적이 며 항상 일하고 있는 대통령으로서 보여지길 원했다. 농촌과 농민의 희생을 통해 경제개발을 추진했던 박정희였기에, 한국인이라기보다는 미국인에 가까웠고 각하(대통령)보다는 박사(엘리트)로 불려지길 원했던 이승만과는 확실히 차별화된 이미지 메이킹 전략을 구사하였던 것이다.

---

147) 이러한 점에서 제2공화국 시기의 문화영화는 1950년대의 그것에 비해 국민의 실생활에 밀착된 소재들이 많아 1960년대로 넘어가는 과도적 경향을 보인다. 이하나, 앞의 글, 550~551쪽.

이처럼 문화영화의 시각적 대비는 주로 전시대와의 대비를 무기로 하는 경우가 많았다.

앞에서도 살펴보았듯이 문화영화에 극적 요소를 적극적으로 도입하고 활용하는 것은 1960년대 문화영화의 큰 특징 중의 하나이다. 드라마는 캐릭터에 감정을 이입시켜 메시지를 보다 쉽고 명확하면서도 설득력있게 전달할 수 있다는 장점이 있다. <개미와 베짱이>(1962, 박영일)는 어린이에게 재건의 덕목을 가르치고 국민의 근로정신을 앙양하는 애니메이션으로서 이솝우화 '개미와 베짱이'를 만화영화로 만든 것이다. 겨울이 오기 전 땀을 흘리며 열심히 일을 하는 개미와 낮잠자고 기타치며 노래만 하는 베짱이, 그리고 겨울이 온 후 따뜻하게 음식을 배불리 먹는 개미와 추운 눈밭을 맨발로 다니며 구걸을 해야 하는 베짱이의 처지가 대비되면서 근면, 성실, 협동의 자세로 일하면 결국 잘 살게 된다는 메시지를 전달하고 있다. 이솝우화의 원래 이야기는 마지막에 베짱이가 개미의 집에 음식을 구걸하러 갔을 때 개미들이 비웃으며 음식 주기를 거절한다는 내용인데, 이 영화에서는 개미가 베짱이에게 음식을 나누어주는 것으로 나온다. 그런데 음식을 받은 베짱이는 그 자리에서 기타를 버리고 눈밭을 힘겹게 걸어가다가 결국 쓰러져 죽는다. 한국인 특유의 인정이 엿보이는 대목이긴 하지만 베짱이가 반성을 하는 것에서 끝나지 않고 결국 생을 마감하는 것으로 끝나는 것은 어린이들에게 "일하지 않으면 저렇게 된다"는 경각심을 주기에 충분히 위협적이다. 어린이들이 베짱이보다는 개미를 닮고 싶다는 욕구가 생기도록 우화라는 극적 요소를 사용함으로써 재건사업의 필요성과 당위성을 설파하고 있다. 설득과 회유, 강압과 격려가 적절히 혼합된 문화영화의 선전 전략을 여기서도 볼 수 있다.

이밖에도 <우리 마을 이야기>(1964, 라한태)나 <자유의 뱃길>(1965,

김기풍), <가족계획>(1966) 등의 영화들은 농가 부업에 성공한 농민이나 북한에서 귀순한 군인, 그리고 가족계획을 실천하는 가족들의 이야기를 드라마틱하게 재연함으로써 감정의 고조를 유발시켜 주제를 효과적으로 전달하고 설득력을 배가시키고 있다. 고난과 역경을 딛고 일어나 스스로 노력하는 바람직한 국민상의 제시는 '이적'으로 요약되는 非국민의 이미지와 대비되면서 드라마를 더욱 설득력있게 만들고, 체제의 우월성을 효과적으로 선전하고 과시하는 데에 기여했다. 그러나 드라마의 차용과 감정의 고조가 최고점에 달한 <팔도강산>에서 역설적으로 증명하듯이 1960년대 후반으로 갈수록 문화영화가 제시하는 국민상은 더욱 규범화, 이상화되고 있다고 할 수 있다.

이처럼 1960년대 문화영화는 그 소재 선택 면에서만이 아니라 화면의 구성이나 편집 효과에 의해서 의미생산이 가능한 영화의 특장점을 효과적으로 구사하고 있으며, 점차 선전성이 강화되어 가는 것과 발맞추어 화면의 세련됨과 대중성도 점차 향상되어 갔다. 특히 애니메이션이나 극영화의 기법을 활용하여 메시지를 재미있게 표현, 전달하고자 한 점은 1960년대 문화영화의 오락성 증가의 의미를 생각하게 한다.[148] 그러나 1950년대 말에서 1960년대 초만 해도 해외영화제에 출품하기 위한 작품성 높은 문화영화를 생산할 수 있었던 국립영화제작소는 1960년대 후반으로 갈수록 구체적인 제작지침까지 하달받고 오락적 요소까지 간섭받음에 따라 더욱 노골적인 선전성을 드높이며 정권의 나팔수로서의 역할을 수행하게 된다.

위에서 살펴본 바와 같이 1960년대 공보의 역할과 위상이 높아진

---

148) 주제가 강력할수록 더 오락적이고 예술적으로 만들어야 한다는 것은 1970년대에 접어들면 더욱 노골적인 지침이 된다. 「반공영화의 시대적 사명」, 『코리아시네마』, 1972년 3월호.

것은 취약한 정당성을 가진 군사정권이 당연히 취할 수밖에 없는 선택이었다. 영화의 선전성을 잘 이해하고 있던 정권은 선전영화 제작을 위한 독립된 기구를 설치하여 이전 시기와는 차별화된 국가의 상을 새롭게 제시하고자 하였다. 국립영화제작소는 1950년대 공보처와 공보실 산하에 있던 영화과와 대한영화사의 기획 제작 기능이 통합된, 명실공히 문화영화의 산실로서 국가의 이데올로기를 시각화, 가시화하는 역할을 맡았다. 문화영화의 제작과 상영이 더욱 조직화 체계화된 1960년대의 후반으로 갈수록 선전의 역할은 그만큼 중요해지고 선전매체로서의 영화의 도구성은 극대화되었다. 문화영화는 구체적인 정책, 이를 실행하는 정권, 그리고 그것이 대표하는 국가의 다층적 이미지를 긍정적으로 시각화함으로써 국가의 지배 이데올로기를 국민에게 유포시키는 강력한 시스템에 의해 생산되고 상영되었던 것이다.

1960년대 문화영화가 보여준 선전의 내용 및 전략상의 특징을 정리하면 다음과 같다. 첫째, 제1공화국과 제2공화국 시기의 부정적인 이미지들을 반복 강조함으로써 1950년대식 국가를 부정하고 1960년대 국가의 재건 방향은 이제까지와는 다른 새로운 방향임을 강조하고 있다는 점이다. 1960년대의 문화영화에서 1950년대는 계승해야 할 것이 아니라 극복 대상에 불과하다. 4·19정신을 계승한다는 것은 5·16군사정변 초기뿐만 아니라 1969년과 심지어는 1972년 개정 헌법에도 등장하는 문구이지만 이는 수사에 지나지 않는 것이었고, 실제로는 제1공화국과 제2공화국을 부패와 무능, 혼란과 무질서의 상징으로 뒤섞어 이미지화하고 군사정변 이후의 '정돈되고 안정된' 사회의 모습과 대비시킴으로써 5·16군사정변과 박정희 정권의 정당성을 시각적으로 설파하고 있다. 이는 간접적이면서 부정적인 시사의 대표적인 예라고 할 수 있다.

둘째, '승공'을 위해 근대화를 해야 하며 근대화를 위해 '승공', '방첩'을

해야 한다는 논리를 구체적으로 시각화함으로써 국가의 정체성을 드러
내고 있다. 곧 국군의 날 기념행진이나 공중쇼 같은 것들, 첨단 무기를
활용한 각 군부대들의 훈련 상황 등의 이미지화, 그리고 대한민국 국민의
일원으로서 자부심을 보여주는 군인들의 이미지화가 대표적이다. 이는
'국민될 자격이 있는 국민'은 이른바 간접침략에 흔들리지 않고 근대화의
일익을 담당하는 국민이기도 하다는 것을 주지시키는 것으로서, 반공담
론과 근대화담론이 강고히 결합하고 있는 대한민국의 정체성을 드러내
고 있다. 이는 직접적이면서 긍정적 시사의 예이다.

셋째, 한편으로는 고난과 역경을 딛고 스스로의 의지로 일어서는
국민상을 제시하고 있는 반면, 다른 한편으로는 정부를 비판하고 반대하
는 국민들을 '이적'으로 규정함으로써 바람직한 국민상으로부터 非국민
을 구별하고 배제하는 전략을 구사했다는 점이다. 고난 극복의 의지는
다름아닌 국가의 시책에 부응함으로써 생겨나는 것으로서 아무리 어려
운 일이 있어도 좌절하지 않고 각자의 책임과 역할에 충실할 때 모든
역경이 극복되며, 국가의 시책에 사사건건 반대하면서 국민으로서의
본분을 다하지 않는 것은 반역행위와 다름없다는 메시지가 전달된다.
이때 국민 개개인의 자각을 이끌어 내는 주체는 바로 국가이며, 국민은
어디까지나 국가의 하위에 있는 존재로서 국가에 반하는 행동을 할
때는 이미 국민으로서의 자격을 박탈당한다는 것이다. 문화영화가 긍정
시사와 부정시사의 적절한 결합을 통해 모범적 국민상을 제시함으로써
국민 주체의 형성을 꾀하고 있음을 알 수 있다. 1960년대 후반으로
갈수록 영화에서 제시하고 있는 국민상이 더욱 규범적이고 이상화되는
것은 문화영화만이 아니라 상업영화에서도 나타나는 현상이라고 할
수 있다.

이처럼 1960년대 문화영화는 1950년대의 문화영화에 비해 기본적으

로 계몽보다는 선전의 의미가 강한 선전영화로서의 위상을 분명히 했다. 예컨대 양잠법, 어로법 등 생산성을 증대시키는 효율적인 '방법'을 교육시키는 것이 1950년대 산업에 관한 문화영화였다면, 1960년대의 그것은 정부의 경제정책을 옹호하고 산업의 발전상을 홍보하는 것에 주목적이 있었던 것이다. 1950년대에 자본주의 근대화는 우리가 선택하고 익혀야 할 하나의 '방법'이었다면, 1960년대의 그것은 선택의 문제가 아니라 그렇게 하지 않으면 북한과의 경쟁에서 패배하여 남한까지 赤化될지도 모른다는 두려움을 동반한 '당위'였다는 것을 문화영화는 보여주고 있다. 문화영화의 재현 방식의 세 가지 특징인 볼거리 제공, 위기와 불안 조성, 그리고 드라마를 통한 감정의 고조 유발은 이러한 선전영화로서의 문화영화가 취한 세심한 전략이라 할 수 있다.

요컨대 1960년대 문화영화는 국가가 체계적이고 공식적으로 생산해낸 대국민 시청각 교육 프로그램임과 동시에 국가가 국민을 상대로 고도의 심리전과 선전전을 수행하는 무기로서 영화라는 매체를 인식하고 활용했음을 가장 잘 보여주고 있는 일종의 이데올로기적 국가기구라고 할 수 있다. 문화영화가 국가의 정체성과 정권의 정당성 확보를 위해 반드시 필요했던 이유는 정체성과 정당성이라는 것이 정부나 정권의 일방적 의도에 의해 형성되는 것이 아니라 국민을 설득하고 국민과의 합의를 통해 이끌어내야 하는 것이기 때문이다. 문화영화에서 국가는 정권과 동일시되고 국가의 신성함은 정권의 당위성과 등치되어 국민들에게 전달되지만, 이러한 선전 전략이 근본적으로 성공을 거두었다고 평가하기는 어렵다. 문화영화가 대중에게 구체적으로 어떻게 받아들여졌는지에 대해서는 이 책의 범위를 벗어난 것이지만, 1960년대 후반의 문화영화에서 보이듯이 국민의 민주적 열망을 무시하고 국민과 스스로 괴리된 정권이 외치는 국가라는 것이 국민의 마음에 와닿지 못하고

이상화, 규범화되고 있는 현상이 이를 뒷받침하고 있기 때문이다. 선전이
강화된다는 것은 그만큼 정권이 국민과 멀어지고 있다는 것을 의미했다.
1960년대 말 박정희 정권이 국가재건의 완성을 선포하고 維新을 위한
전사회적인 준비기에 들어갔을 때 문화영화는 독재정권의 정권유지
선전도구로서의 면목을 더욱 노골화해 간다고 볼 수 있다.

제5장 국가 장려 영화와 서사의 재건

1. '우수영화' 선정과 국가 재건의 키워드

1) 1950년대 문화재건과 '우수영화'

① '우수영화'의 선정기준

문화영화가 국가가 비영리적 목적으로 직접 생산한 영화라면, 이른바 '우수영화'는 영화인들이 제작한 상업영화들 중에서 국가가 인정한 영화라고 이해할 수 있다. 영화 재건을 영화 산업의 재건과 영화 서사의 재건으로 나누어 볼 때, '우수영화'를 선정한 것은 영화 서사를 재건하기 위한 전략에 속하는 것으로 볼 수 있다. 검열이 국민에게 보여주면 안 될 것을 규정하고 감시하며 처벌하는 기제라면, 국가가 장려하는 영화의 전범을 보여주는 '우수영화'는 국가가 영화에 대해 직접 시상을 행하는 선택과 보상 기제라고 할 수 있다. 그러나 '우수영화'는 일제 말기 내선일체와 징병제를 선전하기 위해 만들어진 선전영화와는 달리 이미 만든 영화에 대해 선택하고 보상을 해주는 방식이었기 때문에 제작단계에서 행해지는 강제성은 약한 편이었다.[1] 그러나 정부가 정권의

---

1) 일제 말기의 파시즘 선전영화는 제작부터 상영, 관람에 이르기까지 모두 높은 수준의 강제성을 띠었다는 점에서 폭력적이었다. 특히 단체관람이나 이동영사

유지나 국가의 재건 방향을 홍보하는 데 유리하거나 국민의 정서 순화에 도움이 된다고 판단한 영화들에 대해서 문교부의 협조를 얻어 각급 학교 학생들을 대상으로 단체관람을 실시하거나 지방에 순회영사를 하는 등의 방법으로 관람을 강제하는 방식은 유사했다고 볼 수 있다. 곧 '우수영화'는 국가가 국민에게 '보여주고 싶은' 영화였고, 이 때문에 '우수영화'는 당대의 이슈들을 직간접적으로 표출하며 국가 재건의 방향과 시대를 이해하는데 도움을 준다.

이렇게 보았을 때 1950년대 후반부터 시행된 정부의 '우수영화' 선정은 단지 정부의 대중문화에 대한 장악이라는 차원만이 아니라, 문화재건 과정에서 영화의 계몽성을 어떻게 활용할 것인가의 문제, 민족문화 발전을 위해 영화가 어떻게 기여할 것인가의 맥락과 닿아있다. '우수영화' 선정은 전쟁 막바지인 1953년 5월, 국방부장관이 <성불사>(1952, 윤봉춘)에 우수영화상을 표창한 사례가 최초이다. <성불사>는 징병을 기피하기 위해 병을 앓는 것처럼 가장하여 성불사에 들어간 청년이 주지승의 설법으로 회개하고 자진 입대한다는 내용이다.[2] 이 영화가 제작된 1952년은 징병제가 실시된 지 불과 1년 정도밖에 되지 않아 병역기피자가 많을 수밖에 없었다.[3] 전쟁 중에는 軍이 영화제작의 주체가 되기도

등 조직적으로 이루어진 관객 동원은 감수성이 예민한 학생, 청소년이나 문화와 교육의 기회가 적은 농촌 지역의 농민들을 대상으로 했다는 점에서 농민을 대상으로 이루어졌다는 점에서 더욱 그러하였다. 이준식, 앞의 글, 728~738쪽.

2) <성불사>는 현재 필름이나 각본이 남아있지 않고『한국영화총서』에 줄거리만 남아있다.

3) 징병제는 일제말기에 잠시 실시되었다가 정부수립 후 1949년 8월 법률 41호 병역법의 공포로 부활하였으며, 국군의 증원을 원치 않은 미국의 의사에 따라 1950년 3월에 징병제가 폐지되고 지원병제가 되었다가 1951년 5월부터 병역법을 개정함으로써 전격 실시된다. 「징병실시와 국민의 각오」,『週報』36, 1949년 12월 7일호, 12~17쪽 ;「병역법의 중점적 해설」,『週報』47, 1950년 3월 1일자.

했기 때문에,[4] '우수영화'를 국방부 주관으로 선정했다는 것은 자연스러운 일이었다. 그러나 전쟁이 끝나고 대중영화에 대한 업무를 문교부가 주관하게 되자, 문교부는 대국민 계몽의 도구로서 영화의 위상을 확립하고자 했다. 1956년 최재유 문교부장관은 '우수한' 국산영화에 특혜를 주어 국산영화를 진흥할 것을 밝히는 담화문에서 "국산영화 제작의 목적은 진정한 민족문화예술의 발전에 있음"을 천명하였다.[5] 이는 1954년 국산영화의 입장세 면세조치가 단행된 이래 강조된 국산영화의 진흥 정책이 민족문화의 발전에 있음을 명시한 것으로 주목된다.

이러한 논리에 따라 1957년부터 '우수영화' 표창이 시작되었다. 심사위원장 안종화를 비롯해 오영진, 유두연, 조풍연, 유치진, 이헌구, 오종식, 성인기, 이상선 등 9명의 심사위원이 참여한 심사위원회[6]에서는 다음과 같이 심사기준에 대해 언급하였다.

우선 심사위원회는 작품 심사에 앞서 심사기준을 설정할 필요가 있었다. 왜냐하면 이번 행사의 주체가 영화단체도 아니고 신문사도 아니고 비평가의 회합실도 아닌 문교부이기 때문이다. 즉 영화는 예술적인 동시에 매스커뮤니케이션의 분야이며 교화수단이기도 하기 때문에 관점에 따라 예술지상주의적 견지에서 또는 여러 가지 대사회적 효용성에

---

4) 전쟁기 軍의 영화제작에 관해서는 이하나, 「정부수립기~1950년대 문화영화와 국가정체성」, 『역사와 현실』 74, 한국역사연구회, 2009, 524~531쪽.

5) 「우수한 작품 표창-문교부, 국산영화 질향상 위해」, 『조선일보』, 1956년 9월 16일자.

6) '우수영화' 선정 심사위원회는 매년 구성을 약간씩 달리하였다. 1960년도 심사위원은 이어령, 박계주, 최정희, 강영수, 현제명, 김환기, 김수현, 오영진, 유치진, 송지영, 윤태림, 조풍연, 김은우, 오연석, 이청기 등 15명이다. 학계, 언론계, 작가, 음악가, 화가를 비롯하여 문교부 문화국장, 동 예술과장, 문교부 편수관 등이 참여하였다. 이청기, 「우수국산영화 심사후기, 괄목되는 비약의 척도」, 『조선일보』, 1960년 9월 7일자.

비추어 각기 다른 기준이 예상되기 때문이다. 그래서 이번 심사기준은 문교부가 행사의 주체라는 점을 고려하고 강조하게 되었던 것이다. 즉 문교부적인 심사기준 밑에서 다음과 같은 심사세칙과 채점방안을 채택하기로 하였다. ①작품내용(제작의도, 주제, 줄거리) 200점 ②연출 100점 ③연기 100점 ④촬영 및 기타 기술 100점 ⑤음악 미술 각 50점, 계 600점 총점.[7] (밑줄은 인용자)

심사위원들이 작품 선정 기준을 놓고 고심한 흔적이 보이는 이 기사에서 '문교부적인 심사기준'이란 다름 아닌 해당 영화가 민족문화의 발전과 국민계몽에 얼마나 기여할 수 있는 것인가를 의미했다. 이 때문에 심사위원들은 문교부가 '국산영화의 육성을 위한 권장 및 보도책'으로 '우수영화'를 선정하는 것에 대해 늘 상찬하는 것도 잊지 않았다.[8] 심사세칙과 채점 방안을 통해서도 알 수 있듯이 '우수영화'의 '우수함'의 기준은 연출이나 연기, 기술 부분보다는 작품의 제작의도와 주제, 줄거리 등 내용적인 측면에 강조점이 있었다. '우수영화'에 대한 보상으로는 외화수입 특혜가 주어졌다.[9] 이듬해인 1958년 4월 문교부는 국산영화를 진흥시키기 위해 선정된 '우수영화'에 대하여 보상정책을 펼 것을 정식으로 발표한다. 곧 문교부 고시 제53호로 공포된 '국산영화 제작장려 및 영화오락순화를 위한 보상특혜조치'에서 우수 국산영화 제작자에 대하여 외국영화 1편을 수입할 수 있는 특혜를 부여할 것을 명시한 것이다.[10] 이

---

7) 「작년도 우수국산영화 심사 소감」, 『조선일보』, 1957년 10월 17일자.
8) 이청기, 앞의 글.
9) 「국산 우수영화에 외화 수입의 특혜」, 『조선일보』, 1957년 9월 7일자.
10) 당시 외화의 수입은 막대한 이익을 불러왔기 때문에 특혜로 인식되었다. 이 외에도 외국영화 1편을 수입할 수 있는 특혜는 ①국산영화를 외국에 수출하여 10일 이상 공연하였거나 2500달러 이상의 외화를 획득한 자 ②국제영화제에 정식으로 초청받아 응분의 성적을 얻은 자 ③4천피트 이상의 문화영화 3편 이상을 수입하거나 및 뉴스영화를 매주 1편씩 계속 수입 배급하는 자 등에게도

284

해부터는 최고 우수영화 5편 이외에도 감독상, 각본상, 연기상, 촬영상, 미술상 등 부문상이 시상되었다.

1959년 문교부는 정식으로 '문교부 우수 국산영화상'이라는 명칭하에 '우수영화'를 시상하기 시작하였다. 또한 그 기준을 보다 명확하게 제시하기 위해 다음과 같은 국산영화 제작에 대한 지시사항을 하달하였다.[11]

1. 일본 작품을 모작 또는 표절함은 물론 민족정기를 앙양하기 위한 만부득이한 경우를 제외하고는 왜색의 영화화를 금한 동시에 민족정기를 앙양하기 위한 경우에도 한 구절 이상의 일본어 사용과 일본의 의상과 풍속의 영화화를 삼갈 것.
2. 자유진영국가 작품의 극히 부분적인 인용 또는 모작은 당분간 부득이하되 이를 우리나라 사회실정과 이탈된 묘사를 하지 않을 것.
3. 범죄자에 대한 법적처리를 분명히 밝힐 것.
4. 빈민굴의 극단적인 표현 묘사를 피할 것이며 사창굴의 이면묘사를 하지 않을 것.
5. 일반 시민이 권총 또는 무기 등을 불법 휴대 사용할 때에는 그의 위법성을 명확히 처리할 것.
6. 살인을 목적으로 한 마약의 사용 장면을 피하며 환자의 수술 국면과 참혹한 시체의 정면 촬영을 하지 않을 것.
7. 타인 명의의 우편물 등의 수취와 도견으로 인한 사건의 묘사를 피할 것.
8. 방뇨 등의 불결한 장면과 과도한 안면유혈의 묘사를 삼갈 것.
9. 과격하고 저속한 비애를 표현하는 장면의 묘사나 지루한 낙루 또는 통곡을 묘사하지 않을 것.
10. 각 기관의 건물이나 명칭 또는 저명인사의 실명 등을 사용했을 때는 반드시 해당기관 또는 당사자의 동의서를 제출하되 가급 실존

주어졌다. 한국영화진흥조합, 『한국영화총서』, 1972, 380~381쪽.
11) 「우수국산영화 심사를 마치고」, 『문교월보』 47, 1959년 8월호, 25~26쪽.

공공단체 사회단체 등의 명칭을 사용하지 않을 것.

11. 비난 조소적인 세태의 묘사를 피하며 불가피한 경우 이외엔 격루, 구타의 묘사를 삼갈 것.

12. 인물 사건에 적합한 생활양식과 실내 장식을 연출할 것.

13. 영화를 통한 언어, 습성의 정화를 지향할 것이며 저속하고 특수한 용어와 행동을 묘사하지 않을 것.

14. 이혼 낙태 등을 소홀히 취급하거나 부당하게 정당화시키지 않을 것.12)

이 지시사항을 통해 다음과 같은 특징들을 알 수 있다. 첫째, 외국영화의 모방을 지양하는 문제에서 일본영화와 기타 외국영화를 구분하는 이중성이다. 당시의 반일정서와 반일정책을 고려한다고 하더라도 '민족정기의 앙양을 위한 영화'의 경우에도 일본어 사용이나 일본의상을 보여주는 것을 금지하는 것과 같은 엄격한 제한은 다소 히스테리컬한 규제이다. 또한 여기서 주목할 것은 "자유진영국가 작품의 극히 부분적인 인용 또는 모작은 당분간 부득이"하다는 대목이다. 이는 일본영화를 제외한 기타 외국영화, 말하자면 미국영화를 포함한 서구영화의 영향력을 자조적이면서도 적극적으로 인정하고 있음을 보여준다. 이는 낙후된 국산영화의 사정상 어쩔 수 없다는 인식과 함께 민족문화란 세계문화와 교류하면서 창조된다고 하는 민족문화론에도 부합하는 것이었다.

둘째, 살인, 범죄, 마약, 시체, 빈민굴, 사창굴, 방뇨, 유혈, 격루, 구타, 낙태, 비난, 조소 등 사회의 어두운 면을 직간접적으로 드러낼 수 있는 모든 것에 대해 금지할 것을 종용하고 있다. 이는 한마디로 대한민국을 부정적으로 그리는 것을 금지한 것이며, 재건의 과정에서 발생하는

---

12) 신종성, 「한국적 한국영화 제작을 위하여」, 『문교월보』 45, 1959년 6월호, 65~68쪽.

사회의 부조리나 모순에 대해 일체 함구할 것을 요구하고 있다는 점에서 이러한 부정적 묘사를 피해나간 '우수영화'의 성격을 잘 보여준다. 뿐만 아니라 이는 영화에서 보여주어서는 안 될 것에 대한 세세한 묘사까지 적시하는 등 구체적인 연출의 문제까지 간여하고 있다는 점에서 국가가 문화를 대하는 태도의 일면을 알 수 있다. 이 지시사항은 장려보다는 금지 사항을 부정 명령문의 형식으로 제시하고 있다는 점에서 영화라는 대중문화에 대한 국가의 절대적 우위를 드러내며, 영화를 독립된 예술이자 문화로 보지 못하고 도구적으로만 파악하는 인식의 한계를 드러내고 있다.

셋째, "영화를 통해 언어와 습성의 정화를 지향"해야 한다면서 계몽 도구로서의 영화의 역할을 다시 한번 강조하고 있다. 특히 이 항목에는 "예술적이며 문화적인 가치를 구비한 영화는 마땅히 교양적이며 교훈적이어야"한다는 설명이 붙어 있는데, 이는 예술적인 것은 곧 교훈적인 것이라는 1950년대식 예술관, 영화관을 피력한 것이다. 요컨대 '우수영화'란 서구 자본주의국가의 영화에 일정정도 영향을 받으면서도 새로운 창조를 이룩한 문화재건의 표상이자, 민족문화=국민문화의 주체인 국민의 계몽에 기여하는 임무를 수행했다고 여겨지는 영화들이었다.

이렇게 해서 선정된 '우수영화'에는 한국적, 동양적인 작품들도 있었지만 서구문화의 세례를 반영한 현대적 작품들도 많았다. 1950년대 문화재건의 주요 과제들이 영화에서 어떻게 표현되고 있으며, 그것이 효율적으로 대중들에게 전달되고 있는가? 1957~60년까지 선정된 '우수영화' 목록에는 이러한 고민이 잘 드러나 있다.

〈표 19〉 문교부 우수국산영화 작품상 수상작(1957~1960)

연도	수상작(개봉년도)	감독	제작사	관객수13)
1957	단종애사(1956)	전창근	삼일영화사	10만
	백치 아다다(1956)	이강천	경양영화사	?
	자유부인(1956)	한형모	삼성영화사	15만
	포화속의 십자가(1956)	이용민	공립영화사	?
	배뱅이굿(1957)	양주남	고려영화사	?
1958	시집가는 날(1956)	이병일	동아영화사	15만
	아리랑(1957)	김소동	남양영화사	?
	실낙원의 별(1957)	홍성기	동도영화사	10만
	사랑(1957)	이강천	신광영화사	5만
	순애보(1957)14)	한형모	한형모 푸로덕슌	10만
1959	종각(1958)	양주남	8월 푸로덕션	?
	곰(1959)	조긍하	아카데미영화사	?
	자유결혼(1958)	이병일	동아영화사	4만2천
	별아 내 가슴에(1958)	홍성기	한국영배사	13만7천
	사랑하는 까닭에(1958)15)	한형모	한국연예주식회사	5만
1960	구름은 흘러도(1959)	유현목	유한영화사	10만
	십대의 반항(1959)	김기영	협이영화사	5만
	이름없는 별들(1959)	김강윤	아세아영화사	?
	비극은 없다(1959)	홍성기	선민영화사	5만
	고종황제와 의사 안중근(1959)16)	전창근	태백영화사	15만

*자료 : 국제영화사, 『영화연예연감』, 1970, 156쪽 ; 신문 각년도판 ; KMDB에서 작성.

---

13) 관객수는 개봉관 관객수이다.

14) 이 해부터 우수영화상이 개인수상자에게도 시상되었는데, 수상자는 감독상 이병일, 시나리오상 오영진, 연기상 김승호/주증녀, 촬영상 이용민, 미술상 임명선, 음악상 김성태 등이다. 「우수 국산영화 19일 시상」, 『서울신문』, 1958년 7월 21일자.

15) 이 밖에도 연출상 조긍하, 주연상 김진규/최은희, 조연상 최남현/황정순, 촬영상 김형근, 미술상 박석인, 음악상 김대현, 우수외국영화작품상 <전쟁과 평화>(불이무역), <우리 생애 최고의 해>(동양물산), <해저2만리>(동양물산), 최고납세영화상 <애정의 꽃피는 나무>(세기상사), <진기스칸>(한국예술영화사) 등이 수상하였다. 「91년도 우수영화 시상식 성대」, 『한국일보』, 1959년 8월 20일자.

16) <비극은 없다>와 <고종황제와 의사 안중근>은 우수작품 장려상이다. 이밖에도 감독상 유현목(구름은 흘러도), 시나리오상 오영진(십대의 반항), 음악상 김동진(이름없는 별들), 미술상 박석인(고종황제와 의사 안중근), 촬영상 한형모(여사장), 개인장려상으로 주연남우연기상 황해남(십대의 반항), 주연여우연기상 최은희(동심초), 조연남우상 최남현(이름없는 별들), 조연여우상 조미령(십대

288

이 작품들은 위의 '문교부적인 심사기준'에 부합하면서도 작품의 완성도도 높은 영화들로 인정받았다. 1957년 우수영화상 수상작들의 선정 이유를 보면 심사위원들은 영화의 주제에 많은 비중을 두고 수상작을 선정하였음을 알 수 있다. 곧 <단종애사>는 "忠君의 정신을 고취하고 있기 때문"이며, <백치 아다다>는 "인간의 행복은 반드시 물질에 있는 것이 아니라는 주제"에 인간의 본질적 자세를 탐구했기 때문이라는 것이다. <자유부인>은 "현대 도시에 살고 있는 각종 인간들의 생태를 리얼하게 묘사하여 대중의 호흡과 가장 근접한 세계를 그려냈으며, 이 영화를 계기로 현대극 영화의 가능성이 보장된 것"이라고 높게 평가하고 있다. 또한 <포화속의 십자가>는 "동란중에 생긴 몇가지 삽화를 소재로 반공정신과 자유를 따르는 인간성의 고귀함을 강조"하고 있으며 "소재에서 받는 민족적 공감이 이 작품에 특수한 가치를 부여"한다고 하고 있다. <배뱅이굿>은 "민도에 전승되어 있는 이야기를 로칼 칼라로 통일시켜 한국영화의 장르를 개척하고 있다"고 평가하였다.[17]

이처럼 우수영화상의 선정기준이 단지 영화의 작품성, 예술성에 국한되지 않고 영화의 내용과 주제에 더욱 치중하여 시상되었다는 것은 당시 영화를 보는 정부와 지식인들뿐만 아니라 영화를 만드는 제작진들에게 영화가 어떤 위상과 의미를 갖고 있었는지를 엿보게 해준다. 오히려 '우수영화'로 선정된 영화들 중 몇몇 작품은 작품성 미달로 선정과정에서 물의를 일으켰음은 '우수영화'의 '우수'의 의미가 작품성 여부에만 있는 것이 아님을 명시적으로 보여준다. 또한 관객수 10만명 이상의 흥행에

의 반항), 소년소녀특별상으로 소년연기상 안성기(십대의 반항), 소녀연기상 김영옥(구름은 흘러도)이 수상하였다. 「우수영화상 결정, <구름은 흘러도> 등 세 작품」, 『경향신문』, 1960년 9월 6일자.
17) 「작년도 우수국산영화 심사 소감」, 『조선일보』, 1957년 10월 17일자.

성공한 영화만이 아니라 5만명 이하의 저조한 흥행 실적을 가진 영화도 포함되어 있어 '우수영화'의 우수함에 흥행 성적은 그다지 큰 영향을 미치지 못했다는 것을 알 수 있다. 단적으로 말해 '우수영화'의 우수함이란 이 영화들이 민족문화=국민문화의 정체성을 만들어나가는 데 기여하고 있다는 것을 의미하였다.

이때 민족문화=국민문화를 형성한다는 것은 단지 한국사회 내부에서의 평가에 관련된 문제만은 아니었다. 곧 세계문화에 기여하는 것이 '진정한 민족문화'라는 문화재건의 지향은 우수영화상 시상에도 그대로 적용되었다. 수상작들 몇몇의 해외영화제 출품과 그 결과를 둘러싸고 벌어진 갑론을박은 '세계문화에 기여하는 한국문화'를 수립한다는 문화재건의 차원에서 재해석될 필요가 있다.

처음부터 해외영화제 출품을 목적으로 기획, 제작된 <백치 아다다> 나 <종각>의 경우는 당시 해외영화제 출품이 한국영화계, 나아가 한국사회와 문화에서 어떤 의미였는지 보여주는 예이다. 1957년 동경에서 개최된 제4회 아시아영화제에서 수상을 기대했던 <백치 아다다>는 입선을 하지 못하였는데, 대신 국내에서 그다지 호평을 받지 못했던 <시집가는 날>은 아시아영화제에서 최우수 희극작품상을 수상하고 베를린 영화제와 에딘버러 영화제에도 초청되는 등 한국영화의 국제무대 데뷔전을 화려하게 장식하였다.[18] 그러자 <백치 아다다>는 국내 평단에서 비판적 평가를 받게 되고 <시집가는 날>이 오리지널 시나리오의 중요성과 더불어 그 가치를 뒤늦게 인정받는 형국이 되었다.[19] 위 표에서 다른 영화들은 모두 개봉한 지 1년이 안된 영화들에게 우수영화상을 시상한 것과 달리 <시집가는 날>은 이례적으로 개봉한 지 2년이

---

18) 아시아영화제 참가 이력(1954~1967)은 다음과 같다.

다 되어 뒤늦게 상을 받게 된 것은 이 때문이다.

이는 '세계문화에 기여하는 한국문화'라는 문화재건 본래의 과제가 구체적으로 영화계로 들어와서는 '세계로부터 인정받는 한국영화'라는 의미로 치환되었다는 것을 의미한다. 1960년대까지도 영화계에서 즐겨 운위되었던 '로칼 칼라' 담론은 과거 일제시기에 식민지 조선을 스스로 '로칼'로 명명했듯이, 이제 자유진영의 첨병으로서 대한민국 스스로를 세계의 '로칼'로 자리매김하려는 후진국의 변방적 감수성을 바탕으로 하고 있는 것이 사실이다. 그러나 이것은 또한 세계문화 속에 한국문화의 존재감을 알리고 상호 영향을 주고받을 수 있는 '세계와의 관계 맺기'가 문화재건의 중요한 화두였음을 보여준다는 점에서 이해될 필요가 있다. '우수영화'의 우수함의 기준이란 이처럼 재건과 문화재건의 방향과 일치 하는지의 여부에 놓여 있었다. 따라서 '우수영화'로 선정된 영화들은

연도	개최국	한국의 참가	출품
1, 1954. 4	동경 (창설)	불참	
2. 1955. 3	싱가폴	옵서버로 참가	
3. 1956. 4	홍콩	옵서버로 참가	
4. 1957. 5	동경	참가 (회원으로 가입)	시집가는 날 외 1편
5. 1958. 4	마닐라	참가	그대와 영원히 외 1편
6. 1959. 5	쿠알라룸푸르	참가	자유결혼 외 4편
7. 1960. 4	동경	참가	흙 외 4편
8. 1961. 3	마닐라	참가	성춘향 외 5편
9. 1962. 5	서울	주최	연산군 외 8편
10. 1963. 4	동경	참가	무정 외 9편
11. 1964. 6	대북	참가	혈맥 외 6편
12. 1965. 5	경도	참가	벙어리 삼룡 외 7편
13. 1966. 5	서울	주최	비무장지대 외 9편
14. 1967. 9	동경	참가	귀로 외 6편

*자료 : 「1966년도 제13회 아세아영화제 한국유치에 대한 국무회의 보고안건 송부」, 『국무회의록』, 1965.

19) 백문임, 「1950년대 후반 '문예'로서의 시나리오의 의미」, 김소연 외, 『매혹과 혼돈의 시대-50년대의 한국영화』, 소도, 2003, 219~224쪽.

재건 담론과 더욱 밀착된 관계를 보여주고 있다.

② '우수영화'와 재건 담론의 관계

'우수영화'에 선정한 영화들이 재건 담론과 어떠한 관련을 맺고 있는지를 보다 구체적으로 알아보기 위해 1957~1960년까지 '우수영화'로 선정된 작품들을 재건과 문화재건의 주제에 따라 분류하면 다음과 같다.

〈표 20〉 1950년대 '우수영화'의 주제별 분류

주제	작품명
민족 (역사/전통/문화)	단종애사, 배뱅이굿, 아리랑, 종각, 고종황제와 의사 안중근, 이름없는 별들
반공	포화속의 십자가
근대화 (전근대와 근대의 갈등)	백치 아다다, 시집가는 날, 자유결혼, 사랑하는 까닭에
국민 도의	자유부인, 실낙원의 별, 사랑, 순애보, 곰, 별아 내 가슴에, 구름은 흘러도, 십대의 반항, 비극은 없다

물론 두 가지 이상의 주제를 포괄하고 있는 영화들도 있겠으나 편의상 가장 두드러진 주제로 분류하였다. <백치 아다다>나 <시집가는 날>과 같은 시대극을 '민족'에 넣지 않은 이유는 이 분류기 소재니 배경 보다는 주제를 중심으로 되어있기 때문이다. 의외로 반공 관련 영화는 적고 국민 도의의 재건과 관련한 영화들이 가장 많았으며, 그 다음으로 민족의 역사와 전통을 소재/주제로 한 영화들과 전근대와 근대의 갈등을 다룬 영화들이 뒤를 이었다. 이 주제들이 재건의 키워드와 일치한다는 것은 이들이 모두 대한민국의 정체성을 어떻게 규정하고 보여줄 것이냐 하는 문제와 긴밀히 연관되어 있다는 것을 의미한다.

그 중에서도 '민족'의 역사나 전통, 문화를 주제로 삼은 영화들은 정체성과 직접적으로 관련이 있다. 우선 <단종애사>(1956, 전창근)의 경우 당시 이승만이 '國父'로 불리며 전근대적인 군주의 이미지를 가지고 있었던 것을 상기하면 1950년대 사극에서 '왕'이 차지하고 있는 비중과 의미는 남다른 것이었다. 이광수가 1928년에 『동아일보』에 연재했던 『단종애사』는 조카의 왕위를 무력으로 빼앗은 세조의 부도덕성과 포악함에 나약한 단종에 대한 연민이 겹쳐져 일제시기 일본과 조선에 대한 은유로 작용했고, 이러한 그의 시각에 김동인은 세조 중심의 『대수양』으로 다른 평가를 내렸다는 것은 주지의 사실이다. 그런데 1950년대의 <단종애사>는 어린 단종에 대한 연민이나 세조에 대한 평가보다는 왕을 섬기는 신하의 입장, 곧 '한번 임금은 영원한 임금'이라는 조선시기 '忠'의 논리에서 목숨을 걸고 단종을 복위시키려 죽어간 신하들의 모습이 비극적으로 그려진다는 점에서 위와 같은 심사평이 가능했던 것이다. 중요한 것은 영화 자체보다 그 영화를 그렇게 해석하고 싶어했다는 점에서 당시 '忠君'이 가지는 정서를 읽을 수 있는데, 곧 단종은 나약하고 수난으로 가득찬 '민족'의 은유이며,[20] 충성스러운 신하들은 이러한 '민족'을 기반으로 한 국가에 충성을 다하는 국민들을 비유하고 있다.

<배뱅이굿>(1957, 양주남)은 <백치 아다다>와 함께 향토적이며 한국적이라는 평가를 받은 작품이다. 특히 <배뱅이굿>은 "황당한 잡가적 영화"라는 비난도 받았지만, "배뱅이굿의 춤과 노래를 중심으로 '로칼'하게 예술성을 추구"하고 있다는 평을 받았다.[21][22] 문교부가 이 영화를 선정한 이유 역시 '로칼'하다는 것이다. 여기서 로칼의 의미는 토속적, 향토적이라는 뜻으로 이 용어는 원래 1930년대에 식민지 조선의 영화가

---

20) 권명아는 민족사를 '수난의 역사'로 규정하는 것은 위기담론이 지배적인 1910년대, 1930년대, 그리고 1950~60년대에 공통된 것이라고 지적한다. 권명아, 「여성·수난사 이야기의 역사적 층위」, 『상허학보』 10, 2003, 151쪽.

21) 「<배뱅이굿>-민속적인 로칼」, 『조선일보』, 1957년 3월 23일자.

22) 「잡가적인 작품 <배뱅이굿>」, 『한국일보』, 1957년 3월 24일자.

일본영화를 비롯한 외화의 틈바구니에서 살아남기 위한 방편의 하나로서 제기되고 추구된 것이다.[23] 1950년대 로칼의 의미 역시 이러한 맥락에서 사용되었으며 '한국적'인 것은 '농촌적'이나 '민속적'인 것, 혹은 '민족적'인 것과 동일시되었다. 향토와 민속의 영화화는 내수시장에서의 우리의 정체성을 확인해줄 뿐만 아니라 세계시장에서 한국의 존재를 드러내며 경쟁력을 확보한다는 면에서도 장려되어야 할 것으로 이해되었다.

영화윤리위원회가 창립된 직후인 1960년 9월에 선정된 '우수영화' 중에서는 근대사를 다룬 역사극이 두 편이나 있어 주목된다. 역사, 그중에서도 근대사에 대한 이해 방식은 '민족'사의 '바람직한' 귀결로서의 대한민국의 직접적 기원을 설명하는 좋은 수단이었다. 특히 <고종황제와 의사 안중근>(1959, 전창근)은 1946년 작품 <안중근 史記>(이구영)에 이어 안중근을 다룬 두 번째 영화로서 이승만의 정치적 의도와 관련이 깊다. 이승만은 1953년에 이순신 동상, 1957년에 맥아더 동상에 이어 1959년에는 안중근 동상을 건립함으로써 자신이 호국영웅들의 계보를 잇는 민족의 지도자임을 뚜렷하게 부각시키고자 했다. 이는 장기집권의 야심 속에 선거에서 유리한 국면을 점하기 위한 절차이기도 했다. 그런데 이순신 동상이 충무에, 맥아더 동상이 인천에 세워진 반면에 안중근 동상은 수도의 심장부인 남산에 세워짐으로써 다른 어떤 인물들보다 민족사에서 더 중요한 인물로 안중근을 부각시켰다. 이러한 분위기에서 나온 이 영화는 비록 민간회사에 의해 만들어졌지만 같은 해 말 정부가

---

23) '로컬 컬러'에 대한 논의는 1930년대 후반 영화 엘리트들을 중심으로 '조선적인 것'의 재현을 통해 일본영화 등과의 경쟁력을 확보하려는 전략으로서 시작되었는데, 이후 시기의 '로컬리즘' 역시 '한국적인 것'에의 추구를 세계시장에서의 유일한 경쟁력으로 삼는다는 점에 있어서 근본적 발상은 다르지 않다. 이화진, 『조선영화-소리의 도입에서 친일영화까지』, 책세상, 2005, 73~91쪽 ; 강성률, 「1930년대 로칼 칼라 담론 연구」, 『영화연구』 33, 2007 참조.

기획 제작한 <독립협회와 청년 이승만>(1959, 신상옥)이 태동하는 분위기를 만드는데 일조했다고 볼 수 있다.

같은 해 제작된 시대극 <이름없는 별들>(1959, 김강윤)은 1929년의 광주학생운동을 다룬 영화로서 규모면에서나 작품성 면에서 높은 완성도를 보여주고 있다. 당시로서는 상상하기 어려운 대규모 세트와 수많은 엑스트라가 동원되어 볼거리가 풍성할 뿐만 아니라, 특히 당시의 사극들이 왕이나 민족의 영웅, 혹은 역사상 이름을 남긴 위인들의 전기였던 것에서 벗어나 이름 없는 민초들이 역사를 움직인 원동력이었음을 웅변하고 있다는 점에서 한국영화의 걸작 중 하나라 할 만하다. 광주학생운동 30주년을 맞아 중앙학도호국단, 광주학생독립운동희생자동지회, 전라남도, 광주시, 광주소재 10개 중고등학교, 전남일보, 광주신보, 호남신문 등 광주지역의 대규모 후원과 협조를 받은 이 영화는 성장하는 민중의식과 더불어 이승만 정권의 지지기반 약화를 역설적으로 드러내고 있다. 또한 1950년대말 새롭게 부상하는 학생과 청년층의 존재를 일깨워준다는 면에서도 4·19혁명 이후의 영화들에서 빈번히 보이는 세대교체와의 관련성도 보여준다. 결국 이 영화는 그 작품성을 인정받은 것은 물론 일제에 항거하는 민중봉기, 시대를 앞서나가며 시대의 변화를 주도하고 견인하는 학생과 청년들의 열정을 형상화했다는 점에서 독재에 항거한 학생운동으로 시작된 4·19혁명과 겹쳐지면서 1960년도의 우수영화로 선택되었다.[24] 이들 역사극은 모두 정체성의 핵심으로서의 '민족'의 연원과 특수성을 이해하는 데 기여하는 것으로 이해된 것이다.

다음으로 '반공'을 키워드로 하는 영화로는 <포화속의 십자가>(1956, 이용민)가 선정되었다. 반공군사극 <포화속의 십자가>는 한국전쟁을

---

24) 이청기, 「우수 국산영화 심사후기, 괄목되는 비약의 척도」, 『조선일보』, 1960년 9월 7일자.

국군과 북한 인민군의 대결이 아니라 중공군과의 대결로 묘사하고 있으며, 특히 한국과 미국 간의 혈맹관계를 중심으로 한 자유주의 진영의 단결을 강조한다는 점에서 1950년대 전쟁영화의 전형을 보여준다.[25] 우수영화상 수상작 중에서 '반공'에 관련된 영화가 적다고 해서 '반공'이라는 키워드가 재건에 있어서 덜 중요했다는 의미는 아니다. 오히려 '반공'을 주제로 하는 영화들이 대개 전쟁영화이거나 간첩영화여서 아직 이들 영화들이 장르로서 확립되지 못한 것과도 연관이 있다. 전쟁영화가 장르화된 것은 1960년대가 되어서이다. 1950년대에 '반공' 관련 영화로서 화제성을 띠었던 것은 <운명의 손>(1954, 한형모), <피아골>(1955, 이강천) 등인데, 이때는 아직 우수영화를 선정하기 전인데다가, 설령 시상했더라도 전자는 키스신과 관련하여 고소를 당하는 일이 있었고, 후자는 반공영화냐 아니냐를 두고 논란이 되었기 때문에 어차피 '우수영화'로 선정되기는 어려웠을 것이다. '반공'의 문제가 자유주의 반공진영의 맹주이자 선봉으로 대한민국을 자리매김하고자 하는 문제와 밀접한 관련을 가지고 있었던 당시의 눈으로 보았을 때, <포화속의 십자가>는 이를 가장 명료하게 드러내는 영화로 받아들여졌을 것으로 추측된다.

전근대와 근대의 갈등을 다루는 '근대화'를 키워드로 하는 '우수영화'들로 <시집가는 날>(1956, 이병일)과 <자유결혼>(1958, 이병일)이 대표적이다. 이 두 영화는 모두 결혼을 둘러싸고 전근대적인 결혼관과 근대적인 결혼관이 대립하는 이야기이지만 결국은 근대적 결혼=낭만적 사랑이 승리를 거두는 것으로 끝난다. <시집가는 날>은 <배뱅이굿>과 <백치 아다다>의 시나리오를 쓴 오영진의 오리지널 희곡을 원작자가 직접 각색한 작품이다.[26] <배뱅이굿>과 마찬가지로 민속적이고 풍자적인

---

25) <포화속의 십자가>는 현재 필름이나 시나리오가 전해지지 않아 『한국영화총서』의 줄거리를 참조하였다.

소재로 아이러니와 희극성을 불러일으키는 수작으로 평가되어 제4회
아시아영화제에서 좋은 성적을 거두고 뒤늦게 '우수영화'로 선정되었다.
<시집가는 날>은 '신의를 지키는 사랑의 승리'라는 매우 근대적인 가치
관을 보여주고 있는데, 이러한 주제 의식은 같은 해에 우수영화상을
수상한 <실락원의 별>, <사랑>, <순애보>에서도 드러나는 주제이다.
그러나 <시집가는 날>에서는 전근대와 근대의 가치관의 대립이 명시적
으로 드러나며 결국 낭만적인 연애가 결혼으로 이어지는 근대적 가치를
재확인한다. <자유결혼>에서 중매결혼을 고집하는 부모세대와 연애결
혼을 주장하는 자식세대는 대립하지만 결국 이 대립의 승리자는 근대적
가치관의 수호자인 자식세대가 된다.

　정체성과 가치의 문제는 '국민 道義'와 관련된 영화들에서도 줄곧
제기된다. <자유부인>(1956, 한형모)은 범람하는 서구문화와 빠르게
진행되는 근대화의 물결에서 국민의 도의를 어떻게 재건할 것인가와
관계가 깊다. 도시문명과 '사교댄스'라는 대중문화가 만나 당시 유행의
최첨단을 보여주는 이 영화는 1950년대 한국의 풍속도를 보여주고 있기
도 하지만 무엇보다 논쟁을 몰고 다녔다는 점에서 이 영화의 생산 자체가
하나의 '당대 풍속'이기도 하였다. 서울대 법대 교수인 황산덕이 <자유부
인>을 "교수를 모욕하는 소설"이라고 성토한 것을 시작으로 한 황산덕과
정비석의 논쟁에 변호사 홍순엽과 문학평론가 백철이 가세한 <자유부
인> 논쟁은 영화화된 후에는 문교당국의 러브씬 삭제 요구를 둘러싼
논쟁으로 옮아갔다. 그런데 문교부는 아이러니컬하게도 그 이듬해 이

---

26) <시집가는 날>은 오영진이 1943년 친일문학지 『국민문학』에 日文으로 발표한
　　희곡 「맹진사댁 경사」를 영화화한 것이다. 친일문학 <시집가는 날>이 전통으로
　　오인되었다는 지적에 대해서는 이영재, 『제국 일본의 조선영화』, 현실문화연구,
　　2008, 208~249쪽 참조.

영화를 1956년도 '우수영화'로 표창했다. 그것은 작가 정비석이나 감독 한형모가 이 작품의 주제는 "일탈하던 가정주부가 잘못을 뉘우치고 가정으로 돌아가는" 것에 있다고 말한 것과 관련이 있다. 곧 일시적인 일탈이나 방종에 대한 가족중심의 근대 윤리의 승리를 그린 것이다.[27] 그런 점에서 이 영화는 '비록' 당대의 풍속이 '과도하게' 묘사되어 있기는 하지만 주제 면에서 문교당국을 흡족하게 하는 바가 있었다. 곧 영화의 계몽성을 중시했던 당시의 문화재건 담론에서 국민 계몽의 주체인 지식인과 지식인의 가정은 사회의 모범을 보여야 했다. 대표적인 지식인이라 할 수 있는 대학교수의 부인이 일탈을 맛본다는 선정성과 그럼에도 불구하고 재건되는 가정[28]의 모습은 대중에게 충분히 호소력이 있었을 것이다.

국민의 道義가 반드시 지식인의 설교에 의해 재건되는 것은 아니다. 사랑의 신뢰를 지키는 연인의 모습을 통해서도 道義는 재건될 수 있다. <실락원의 별>(1957, 홍성기)에서 '아프레걸'[29]과 도피행각을 벌이던 소설가는 결국 양심의 가책을 받아 가정으로 돌아오고, <사랑>(1957, 이강천)에서 병에 걸려 죽은 아내를 못잊어 하는 병원장은 간호원의 구애에도 마음을 변치 않는다. <순애보>(1957, 한형모)에서 바닷가에

---

27) 정비석 소설 <자유부인>을 국가재건 윤리와 연결하여 설명한 연구로는 이시은, 「전후 국가재건 윤리와 자유의 문제」,『현대문학의 연구』26, 2005 ; 김은경, 「한국전쟁 후 재건 윤리로서의 '전통론'과 여성」,『아시아여성연구』45-2, 숙명여자대학교 아시아여성연구소, 2006이 있다.

28) 가정의 재건은 사회재건의 기본 바탕임이 강조되었다. "오늘 우리가 크게 걱정하는 사회의 여러 문제, 곧 경제문제를 비롯하여 사회 도덕의 문제, 곧 성적 문란, 불량소년, 전쟁과부, 고아문제 등 거의 전부가 가정문제와 깊이 관련을 가지고 있다." 강원용, 「한국가정의 재건」,『기독교사상』, 1958년 3월호, 42쪽.

29) 전후세대(aprs-guerre)의 여성을 뜻하는 신조어. 아프레걸과 근대화와의 관계에 대해서는 김은하, 「전후 국가 근대화와 '아프레 걸(전후여성)' 표상의 의미 : 여성잡지『여성계』,『여원』,『주부생활』을 대상으로」,『여성문학연구』16, 2006 참조.

홀로 살던 화가는 자신이 구해준 미모의 스튜어디스의 구애에도 흔들림 없는 모습을 보여주는데, 이 화가의 동료는 병든 아내를 두고 여러 여자에게 추근거리는 캐릭터로 나중엔 살인까지 함으로써 두 인물을 대비시킨다. 곧 이 세 영화에서 새로운 사랑이란 자유로운 개인이 낭만적 사랑을 하는 것에는 거리낌이 없지만 그렇다고 한번 사랑한 사람을 배신하거나 신의를 저버리는 일은 결코 하지 않는다. 전근대적인 남성상은 오히려 조강지처를 두고도 첩을 두거나 바람을 피우는 것이 상례이지만 이들 영화에서 모럴을 지키는 것은 오히려 남성들이며, 이는 당시의 주요 관객층이 부녀자층이라는 것을 생각하면 관객층의 요구에 더할 나위 없이 부응하는 것이었다.

당시 남녀평등의 문제는 이승만의 '일민주의'의 4대 강령 마지막 항목에 "남녀동등의 주의를 실천해서 우리의 禍福安危의 책임을 삼천만이 동일히 분담케 할 것"이 등장할 정도로 사회의 중요한 이슈였다.[30] 그런데 여기서 간과해서는 안되는 것은 '남녀동등'이라는 문구가 아니라 오히려 "화복안위의 책임을 삼천만이 동일하게 분담한다"는 대목이다. 곧 남녀평등의 가치관이 같은 인간에 대한 존중의 의미라기보다는 '책임과 의무의 균등 분배'라는 차원에서 운위되고 있다는 것이다. 여성도 남성과 똑같은 권리를 누리기 위해서는 그에 따르는 의무와 책임 역시 분담해야 하는데, 당시의 멜로드라마는 대중이 원하는 것을 보여줌과 동시에 이러한 이데올로기를 대중에게 효과적으로 설득하는 중요한 수단이기도 했다. 여성들은 자신의 본분을 지켜 가정에 충실함으로써 사회(의 화복안위)에 동참해야 하는데 그 보답으로서 남성은 이러한 여성을 배신해서는 안되는 것이다.

---

30) 이승만, 「일민주의란 무엇? : 헤치면 죽고, 뭉치면 산다」, 공보처, 『週報』 3, 1949년 4월, 5쪽.

국민 道義가 재건되는 모습이 가장 잘 드러나는 것은 전근대적인 가부장의 회개를 통해서이다. <곰>(1959, 조긍하)에서도 반복된다.[31] 이 영화는 선정 후 우수영화상의 공정성에 대한 논란을 일으키기도 했다. 완성도와 작품성 면에서 당대 평단으로부터 그리 좋은 평가를 받지 못했다는 뜻이다. 그럼에도 불구하고 문교부가 이 영화에 '우수영화' 라는 칭호를 붙여준 것은 <곰>이 과거로부터 결별한 새로운 인간형에 대해 칭송하고 있기 때문이다. 이 영화에서 '곰'은 아내 없이 홀로 딸을 키우는 무식한 목수인데 술로 세월을 보내며 딸을 학대하다가 연모하던 딸의 담임선생의 권유로 제대로 살아보려고 떠난다. 그가 돌아왔을 때 여선생은 이미 병으로 죽고, 그는 그녀의 무덤 앞에서 참된 인간이 될 것을 다짐한다. '인간성의 개조'라는 주제가 본격적으로 한국영화에 등장하는 것은 1960년대이지만 <곰>은 1950년대식의 소박한 차원에서 인간성 개조를 주장한다. 1950년대 지식인들이 주장했던 '道義의 재건'은 이렇듯 나태하고 무능하고 천륜까지 무너진 각박한 인간 군상들이 교사로 대표되는 지식인의 인도로 계몽되는 것을 의미하였다. 당시 지식인들에게 道義의 회복이란 "국민의 의식을 자각하여 正心 성의로써 책무를 완수하고 주관과 私意를 초극하여 조국의 흥륭을 기하는 것"이었다.[32] 이를 위해 과거의 舊態와 결별하고 윤리를 회복하는 것이 '국민'된 도리인 것이다.[33]

---

31) 이 영화는 필름과 시나리오가 현존하지 않아 『한국영화총서』의 줄거리를 참조하였다.

32) 김두헌, 「道義韓國再建論」, 『학술계』 1, 1958년 7월호, 240쪽.

33) 이러한 의식은 4·19혁명 이후 증가된 범죄율과 파괴행위 등으로 도의가 땅에 떨어졌으므로, 정치지도자들이 도의관념을 바로잡아야 국민들도 이에 따라가 국민도의심을 회복할 수 있다는 사설에서 대표적으로 나타난다. 이 사설에서는 또한 張내각이 국민윤리의 재교육에 관심을 갖지 않는다고 비판한 후, "난세일수록 위대한 인격과 정치역량을 겸비한 지도자가 갈망되는 것이며 더욱이 우리나라

이처럼 1950년대에 문교부가 선정한 '우수영화'들은 국가가 국민을
계몽의 대상으로 보고 그 가장 적절한 수단으로서의 영화를 어떻게
장려하고 육성하려 했는지, 어떤 영화들을 '바람직'한 것으로 선택했는지
를 보여주고 있다. 곧 국가가 생각하는 '우수한' 영화들은 국가의 재건과
문화재건의 방향에 일치하는 주제를 가지고 있는 영화들이었다. 이는
1960년대식 우수영화상인 대종상 수상작들을 살펴보아도 마찬가지였
다.

2) 1960년대 '우수영화'와 국가 재건의 키워드

① 대종상 시상의 추이와 특성

한국영화를 문화재건의 방향에 발맞추도록 육성하기 위한 영화 재건
은 한편으로는 감시와 처벌 기제로서의 검열이라는 억압적 정책을,
다른 한편으로는 선택과 보상 기제로서 '우수영화' 선정과 보상정책이라
는 장려책을 두 축으로 이루어졌다. 특히 영화 육성책으로서 1950년대
국산영화에 대한 면세정책과 보상특혜정책은 한국영화의 호황에 견인차
역할을 하였다. 국산영화 보상제도는 '우수영화'로 선정되거나 해외영화
제에 출품하는 경우에 외화 한 편을 수입할 권리를 부여하는 것이 핵심이
었다. 또한 최근 3년 이내 제작된 국산영화를 2,500달러 이상으로 해외에
수출한 경우, 혹은 수출해서 현지에서 10일 이상 상영하고 2,500달러
이상의 외화를 획득한 경우 등에 프린트 제작 실비를 제공하는 내용도
있었다.

같이 문화수준이 얕은 나라에서 절대 필요로 하는 이유가 여기에 있다"고 하여,
5·16군사정변 후 군사정권에 보여준 지지의 논리적 근거를 미리 준비하고
있었던 것 같은 인상을 준다. 「사설 : 정치도의 반성에서 국민도의심 재생에」,
『동아일보』, 1961년 4월 12일자.

'우수영화'에 대한 시상은 1961년 군사정부가 들어선 후 문교부에서 공보부로 주무부서가 이동하면서 '공보부 우수국산영화상'이라는 명칭으로 시행되었고, 이는 이듬해 대종상으로 개칭된다.[34] '우수국산영화상'에서 '대종상'으로의 변화는 단지 명칭 변경에 그친 것만은 아니었다. 우선 대종상 시상은 전례 없는 화려한 시상식을 수반하는 의식(ceremony)이자 매년 반복적으로 진행되는 축제(festival)이며 이벤트로 시작하였다. 제1회 대종상 시상식이 열렸던 1962년에는 역대 가장 화려하고 성대한 시상식이 열렸다. 이후 대종상은 명실공히 '한국의 오스카상'으로 불리며 1960년대 내내 최고의 권위를 누렸다. 대종상에 많은 영화인들의 관심이 집중된 것은 한국영화를 진흥시킨다는 확실한 명분이 있었고, 작품상 수상자의 경우 외화 수입권이라는 실질적인 특혜를 기대했기 때문이었다.[35]

---

34) 대종상은 예총이 주최하고 영화인협회가 주관하며 문공부가 후원하는 행사였다. 5·16군사정변 직후 만들어진 어용적 성격의 예총이 대종상을 주최했다는 것은 대종상의 성격과 한계를 규정하는 것이었다.

35) 1960년대에 '우수영화'에 대한 외화 수입권 부여는 1963년 영화법 1차 개정시에 명문화되었다(법률 제1305호, 1963.3.12). 그러나 그 이전 우수영화상의 관례로 보아 1962년에도 외화수입권에 대한 기대는 높았을 것이다. 군사정권이 집권한 후 '우수영화'에 대한 보상정책으로 논의된 것은 애초에는 '영화금고'의 신설이었다. 처음부터 영화인들과 밀착된 관계를 가졌던 군사정권은 '영화금고' 설립에 대한 많은 영화인들의 요구를 외면할 수 없었다(「혁명정부의 새해 영화정책」, 『영화세계』, 1962년 2월호). 이는 외국영화 협회 회원 7개사로부터 현금 3백만원을 보조받아 이를 공보부 산하 대한영화사의 제작 지원 자금으로 충당하도록 하며, 이를 영화금고 기금으로 융자해주는 방안이었다. 그러나 그 첫 번째 사례로 제작비 전액을 지원하였던 <성웅 이순신>(1962, 유현목)의 흥행 부진으로 제작비가 회수되지 않자 영화금고안은 실패로 귀결되었고, 결국 이것이 구실이 되어 제작자금을 현금으로 지원하는 것보다는 외화수입권을 제작자에게 배정하는 것이 더 효과적이라는 결론을 내리게 되었다. 한국영화진흥공사, 『한국영화자료편람』, 1977, 243~244쪽.

〈표 21〉 역대 대종상 수상 작품(1961~1968) (1961년은 우수국산영화상)

연도	1961	1962	1963	1964	1965	1966	1967	1968
작품상	로맨스 빠빠 (신필름)	연산군 (신필름)	열녀문 (신필름)	혈맥 (한양영화사)	벙어리삼룡 (신필름)	갯마을 (대양)	귀로 (세기상사)	대원군 (신필름)
감독상	김기영 (하녀)	신상옥 (사랑방 손님과 어머니)	유현목 (아낌없이 주련다)	이만희 (돌아오지 않는 해병)	신상옥 (병어리삼룡)	유현목 (순교자)	김수용 (안개)	신상옥 (대원군)
각본상	최금동 (흙)	임희재 (사랑방 손님과 어머니)	김강윤 (열녀문)	임희재 (혈맥)	한운사 (남과 북)	김지헌 (태양은 다시 뜬다)	이형우 (愛河)	김승옥 (장군의 수염)
남우 주연상	김승호 (박서방)	신영균 (연산군)	신영균 (열녀문)	김승호 (혈맥)	신영균 (달기)	김진규 (태양은 다시뜬다)	박노식 (고발)	신성일 (이상의 날개)
여우 주연상	최은희 (이생명 다하도록)	최은희 (상록수)	도금봉 (새댁)	황정순 (혈맥)	최은희 (청일전쟁과 여걸민비)	최은희 (민며느리)	문정숙 (귀로)	문희 (카인의 후예)
특별 장려상		전영선 (사랑방 손님과 어머니)	해성영화사 (지옥문)	신필름 (쌀)		김용연 (저하늘에도 슬픔이)	연방영화(잃어 버린 사람들)	연방영화 (화산댁)
공로상		상록수 (신필름)	황토길 (미공보원)		벙어리삼룡 (신필름)			
제작상						연방영화 (유정)	태창흥업 (까치소리)	태창흥업 (장군의 수염)
우수 반공 영화상						8240K.L.O. (제일영화)	돌무지 (대양영화)	카인의 후예 (한국영화)
반공 영화 각본상						한우정 (군번없는 용사)	조문진 (고발)	김동현 (제3지대)

*자료 : 한국영화진흥조합, 『한국영화총서』, 1972, 1485~1487쪽에서 작성. 대종상에는 이외에도 남녀조연상, 신인상과 촬영상, 조명상, 음악상, 미술상, 편집상, 녹음상 등 기술관련 상이 있으나 생략했다. 문화영화작품상에 대해서는 4장 참조. 연도는 상을 시상한 연도이다.

따라서 명예와 이권을 동시에 부여하는 대종상은 해마다 치열한 경쟁이 수반되는 권위 있는 상으로 자리매김할 수 있었다. 그러나 대종상은 오래지 않아 여러 문제점과 한계를 노정하였다. 수상 작품들의 면면은 이를 잘 보여준다. 위의 표는 1961~68년까지의 우수국산영화상 및 대종상 수상작이다.

우수국산영화상이 대종상으로 개칭된 첫 해인 1962년에 대종상을 수상한 작품들은 모두 신필름에서 제작한 작품들이었다. 당시 신필름은 명실상부한 최고의 영화기업으로서 1962년 제정된 영화법의 최고 수혜자이기도 했다.[36) 1961~68년 대종상(우수영화상) 작품상을 수상한 영화들 8편 중 반수가 신상옥 감독 영화였는데, 이를 다른 영화상의 작품상과 비교해 보면 대종상이 유독 신필름의 영화들에 후한 점수를 주고 있다는 것을 알 수 있다.[37) 1960년대에는 대종상 이외에도 서울시문화상 영화부문상(1949~), 부산일보가 제정한 부일영화상(1958~), 조선일보가 제정한 청룡상(1963~), 한국일보사가 제정한 한국연극영화예술상(1965~) 등이 있었다.[38) 이중 개인상인 서울시문화상을 제외한 나머지 상들과 대종상을 작품상을 중심으로 비교해 보면 다음과 같다.

---

36) 신필름이 한국영화사에서 차지하는 위치에 대해서는 조준형, 『영화기업 신필름』, 한국영상자료원, 2009 참조.

37) 당시 영화계에는 신필름이 정권의 특혜를 받았다는 소문이 파다하였다. 훗날 신상옥 감독은 이를 부인하였지만 편중된 대종상 시상은 이러한 소문에 신빙성을 부여하였다. 신상옥, 『난, 영화였다』, 랜덤하우스, 2007, 70~75쪽.

38) 우리나라 최초의 영화제 및 영화상은 1938년 조선일보사에 의해 개최되었지만, 규모를 갖춘 첫 번째 영화상은 1955년 영화인들이 자발적으로 만든 '금룡상'이었다. 이 밖에도 국제영화사 주관의 '블루리본상'(1956), 한국영화평론가협회의 '영평상'(1958), 영화예술사 주관의 '영화예술상'(1959), 영화세계사 주관의 '영화세계 No.1 인기상'(1959), 아리랑사의 '독수리상', 산업신문경제사 주최의 '한국영화상'(1962), 대전 중도일보사의 '백마상'(1966), 대구매일신문사의 '대일상'(1966), 전남매일신문사의 '남도영화제'(1967), 서울신문사 주관의 '한국문화대상'(1968) 등이 있었으나 대개는 얼마 못가 중지되었다. ( )는 창립 연도. 영화진흥공사, 『한국영화자료편람』, 1977, 185~186쪽.

<표 22> 각종 영화상의 작품상 선정

연도	대종상 (우수영화상)	부일영화상	청룡상	한국연극영화예술상
1961	연산군	사랑방손님과 어머니		
1962	열녀문	아낌없이 주련다		
1963	혈맥	고려장	혈맥	
1964	벙어리삼룡	잉여인간	잉여인간	벙어리삼룡
1965	갯마을	갯마을	저하늘에도 슬픔이	갯마을
1966	귀로	만추	시장	만추
1967	대원군	산불	산불	싸리골의 신화 / 사격장의 아이들
1968		카인의 후예	카인의 후예	

*자료 : 『한국영화총서』, 1972, 1488~1503쪽에서 작성. 상에 따라 시상시기가 다르므로 통일성을 위해 연도는 시상연도가 아닌 작품연도로 작성.

사실 대종상의 문제는 더 근본적이고 태생적인 한계에서 비롯되었다. 그것은 바로 수상작들이 대종상을 주관하는 공보부의 시책, 곧 정부의 시책에 부응하는 영화들로 채워졌다는 것이었다. 1950년대 우수국산영화상 시절에는 '우수영화'의 선정이 밀실에서 이루어지고 언론에 그 결과만 발표되는 정도였지만 대종상은 명실공히 영화인들의 축제로서 포장되고 홍보되었기 때문에, 정부 시책에 부응하는 영화들만을 노골적으로 선택하기가 어려운 부분이 있었다. 대종상에 '공로상'이나 '특별장려상'과 같은 부문이 신설된 것도 이와 무관하지 않아 보인다. 또한 위 표에서도 보이듯이 대종상과 민간에서 주는 상, 특히 청룡상 같은 경우는 수상작이 거의 일치하지 않았다. 1966년의 경우만 해도 대종상 18개 부문과 청룡상 15개 부문이 하나도 일치하는 영화가 없었던 것이다. 이 때문에 상의 제정 초기에 보여주었던 열띤 분위기는 제2회가 열린 1963년에 벌써 "영화인의 잔치에 영화인이 푸대접 받는 풍경"이라는 힐책을 받을 정도로 한 풀 꺾인다.[39] 대종상 심사위원단이 영화전문가보다는 비전문가 위주로 구성되었고,[40] 졸속 심사라는 비판이 뒤를 이었으며,[41] 시상식 진행도 "開式 선언에서 인사, 축사에 이르기까지 전원 공무원들만 하고 주인공인 영화인들은 상이나 받고 웃기만" 하는 식으로 이루어졌기 때문이었다.[42] 이후에도 심사위원의 자격 문제나 심사의 공정성이 문제가 되어 대종상은 1960년대 중반이 되면 상을 수상하지 못한 배우들의 시상식 불참이 이어지면서 열기가 수그러들었다. 이는 곧 대종상의 권위가 추락하고 있음을 의미하였다.[43]

그러나 대종상의 이상은 어디까지나 작품성 면에서나 흥행 면에서 명실상부하게 대한민국을 대표하는 작품과 영화인에게 시상하는 데에 있었다. 앞의 3장에서도 살펴본 것처럼 1960년대는 한 해 영화 제작편수가 평균 150편을 웃돌 정도로 한국영화의 전성기였다. 이는 영화의 양적 증가를 추동시키는 영화법 등의 제반 여건이 작용한 것도 있었지만, 그만큼 한국영화가 기술적으로나 질적으로 수준이 향상되고 관객층도

---

39) 「제2회 대종상 시상」, 『서울신문』, 1963년 3월 9일자.
40) 제2회 대종상 심사위원은 유건호(조선일보 편집국장), 강영수(대한일보 논설위원), 김정환(서울 미대 교수), 신용성(경향신문 사회부장), 남응우(고대 교수), 김대현(영화인협회), 이진섭(영화인협회), 유석진(정신병학자), 최정희(여류소설가), 심태진(교육자), 이용상(공보국장) 등이다(「심사위원 명단」, 『한국일보』, 1963년 3월 9일자). 실질적인 좌장이었던 공보국장을 비롯하여 영화인 3명, 과거 문교부와 공보부에서 '우수영화' 심사를 해왔던 인사들이 4명, 언론인 3명으로, 전체 11명 중에 영화인은 3명에 불과하다. 이에 대해 심사위원장을 맡은 평론가 이진섭은 "영화전문가로 심사위원을 구성하지 않았다고 해서 심사가 흔들린다면 가장 민주주의적인 재판으로 알려진 배심원 제도도 배심원이 전문적인 법률가가 아니므로 민주주의적 재판이 흔들린다는 논리와 같다고 반박하였다."(이진섭, 「대종상 결정을 앞두고」, 『한국일보』, 1963년 3월 8일자) 이러한 논리는 대종상 심사가 영화인들의 여론과 거리가 있었음을 보여주는 반증이다.
41) 「졸속 면치 못한 듯」, 『한국일보』, 1963년 3월 9일자.
42) 「영광과 실의 교차, 밀봉 심사의 스릴 주효」, 『한국일보』, 1963년 3월 9일자.
43) 「시상식 스케치, 질 향상이나 뛰어난 것 없고」, 『경향신문』, 1966년 10월 26일자.

넓어졌음을 의미하는 것이었다. 대중적 이야기 매체의 핵심이 라디오에
서 TV로 넘어가는 중간 단계에서 영화는 가장 재미있고 '유익한' 이야기
를 대중들에게 전달하는 오락거리였다. 문제는 그 '재미있고 유익한'
이야기에 대한 수요가 넘치는데 비해 공급자인 영화제작자들은 항상
영화 콘텐츠의 수급에 곤란을 겪고 있다는 것이었다. 앞에서 살펴본
외국영화의 모방, 표절이나 같은 소재를 같은 시기에 경쟁적으로 영화화
하는 競作 사태가 속출한 것도 그 때문이었다.[44]

대종상 수상작들을 콘텐츠 수급이라는 차원에서 살펴보면 영화의
원작에 따라 ① 문학작품 ② 희곡이나 방송극 ③ 오리지널 시나리오로
대별해 볼 수 있다. 연기상과 기술상을 제외한 나머지 수상작들을 이러한
구분에 따라 나누면 다음과 같다.

〈표 23〉 대종상(우수국산영화상) 수상작의 원작 여부(1961~1968)

원작	영화명
문학작품	흙, 연산군, 열녀문, 벙어리삼룡, 사랑방 손님과 어머니, 갯마을, 상록수, 순교자, 까치소리, 잃어버린 사람들, 유정, 안개, 카인의 후예, 장군의 수염
희곡/방송극	혈맥, 로맨스빠빠, 아낌없이 주련다, 愛河, 8240 K.L.O., 돌무지, 제3지대
오리지널 시나리오	하녀, 지옥문, 쌀, 돌아오지 않는 해병, 대원군, 남과 북, 군번없는 용사 귀로, 고발, 태양은 다시 뜬다, 화산댁, 저 하늘에도 슬픔이, 황토길

또한 대종상 수상작들은 내용에 따라 ① 문예물 ② 반공물 ③ 계몽물로
나누어지는데 이것은 정부가 '우수영화'로 선정할 때 고려하는 3대 부문
이기도 했다.

---

44) 競作 사태의 대표적인 사례는 1961년 홍성기 감독의 <춘향전>과 신상옥 감독의
    <성춘향>의 과다경쟁이었다.

〈표 24〉대종상(우수국산영화상) 수상작의 내용별 분류(1961~1968)

유형	영화명
문예물	흙, 연산군, 열녀문, 벙어리삼룡, 사랑방 손님과 어머니, 갯마을, 유정, 잃어버린 사람들, 안개, 장군의 수염, 까치소리(순교자, 상록수, 카인의 후예)
반공물	돌아오지 않는 해병, 남과 북, 순교자, 군번없는 용사, 8240 K.L.O., 돌무지, 고발, 제3지대, 카인의 후예
계몽물	혈맥, 로맨스빠빠, 하녀, 지옥문, 상록수, 쌀, 대원군, 아낌없이 주련다, 귀로, 태양은 다시 뜬다, 愛河, 화산댁, 저 하늘에도 슬픔이, 황토길

*비고 : 밑줄 친 것은 문예물이면서 동시에 반공물이거나 계몽물인 영화들이다.

이 중에서도 가장 많은 비중을 차지한 것은 문학작품을 영화화한 이른바 '문예영화'들이었다. 1962년 대종상 수상작들은 모두 문예물이었다. 또한 1961~68년 대종상(우수국산영화상) 작품상과 감독상을 받은 15개 작품 중에서 순수 문학작품을 원작으로 삼지 않은 것은 <로맨스빠빠>(1960, 신상옥), <하녀>(1960, 김기영), <아낌없이 주련다>(1962, 유현목), <혈맥>(1963, 김수용), <돌아오지 않는 해병>(1963, 이만희), <대원군>(1968, 신상옥) 등 여섯 편뿐이다. 이 중에서 <혈맥>은 희곡을, <로맨스빠빠>와 <아낌없이 주련다>는 라디오 방송극을 각색한 것으로[45] 온전한 오리지널 시나리오는 세 편에 불과하다. 1962~68년 대종상

---

45) <혈맥>은 김영수의 동명 희곡을, <로맨스빠빠>와 <아낌없이 주련다>는 각각 한운사와 김희창 원작의 라디오 연속극을 원작으로 하였다. 라디오 방송극은 1927년 경성방송국(JODK)이 개국한 해에 방송된 <인형의 집>이 최초이며, 라디오 방송극이 영화화된 최초의 사례는 <똘똘이의 모험>(1946, 이규환)이다. 1956년 조남사의 <청실홍실>이 크게 히트하면서 라디오 방송극의 전성시대가 시작되고 영화의 소재로도 인기를 끌기 시작했다. <8240 K.L.O.>(1966, 정진우), <돌무지>(1967, 정창화), <제3지대>(1968, 최무룡)는 KBS-TV의 <실화극장>을 원작으로 하였다. <애하>(1967, 이형표) 역시 박수복의 TV 드라마 <어떤 죽음>이 원작이다. <실화극장>은 1964년 11월 단막극으로 출발하여 1967년 8월 14일 현재 141회에 단막극 30여편과 연속극 11편을 방영한 반공 드라마 프로그램이다. 「KBS-TV 인기 프로-실화극장의 실화」, 『서울신문』, 1967년 8월 19일자.

작품상을 수상한 영화 7편 중 <연산군>(1961, 신상옥), <열녀문>(1962, 신상옥), <벙어리삼룡>(1964. 신상옥), <갯마을>(1965, 김수용) 등 4편이 문예물이다.

　이 중 나도향의 1925년작 소설을 영화화한 <벙어리삼룡>은 대종상뿐만 아니라 부일영화상, 한국연극영화예술상, 아시아영화제 남우주연상(김진규) 등을 수상했다. 말 못하는 벙어리의 충직과 사랑이 이른바 '향토색(로컬 컬러)'을 잘 구현한 것으로 평가받아 제12회 아시아영화제에서 남우주연상을 수상하였고, 베니스, 샌프란시스코, 시드니 등의 국제영화제와 아카데미영화제 외국어영화상 부문에도 출품되었다.46) 세계 속에 한국의 문화를 세우고 알린다는 문화재건의 취지와 부합했다고 볼 수 있다. <갯마을>(1965, 김수용) 역시 오영수의 1956년작 단편소설이 원작인데 다른 '로컬 컬러'의 작품들이 대개 농촌을 다루고 있는데 비하여 이 작품은 어촌이 배경이라는 점과 여성의 성적 욕망을 자연스럽게 묘사했다는 점에서 수작으로 꼽힌다. <벙어리 삼룡>과 <갯마을>은 대종상뿐만 아니라 부일영화상, 한국연극영화예술상 등에서 연기상 및 기술상 등을 수상하였으며, 특히 <갯마을>은 <사랑방 손님과 어머니>(1961, 신상옥)의 흥행 성공 이후 문예영화로는 드물게 흥행에 크게 성공하여 영화계에서의 문예영화의 입지를 굳히는 데에 기여하였다.47)

　이처럼 문예영화는 전근대에서 근대로 넘어가는 시기의 한국 농촌을 배경으로 하는 '순수' 문학작품을 원작으로 함으로써 한국적이면서 토속적인 정서와 분위기를 담은 이중의 '로컬 컬러'를 보여줄 수 있었을 뿐만 아니라48) 현실의 문제에 직접 발언하지 않아도 되는 장점이 있었으

---

46) 「향토색 물신한 문예작품 <벙어리삼룡>」, 『조선일보』, 1964년 11월 26일자.
47) 「낭만과 서정의 문예물, <갯마을>」, 『경향신문』, 1965년 11월 22일자.
48) 문예영화의 원작이 되었던 소설은 대개 1920~30년대 농촌을 그린 소설이

며, 대중적인 취향보다 엘리트적 취향에 부합함으로써 고급스러운 이미
지를 유지할 수 있었다. 이것이 바로 '문예영화'가 '우수영화'로서 선택될
수 있는 보증수표로 인식된 배경이 되었다고 할 수 있다. 그런데 바로
여기에서 '문예영화'가 한국영화사에서 차지하는 독특한 지위가 포착된
다.[49] '문예영화'라는 용어가 문학작품을 원작으로 한 영화만을 지칭하는
것이 아니라 예술성이 높은 작품을 통칭하는 용어로 사용되었기 때문이
다. 이 때문에 문예영화가 곧 예술영화라는 식의 그릇된 관념이 생겨났다.
이는 문학작품 자체의 예술성과 영화작품의 예술성을 혼돈한 결과였으
며 그 자체가 한국의 문화적 후진성을 드러낸 것이기도 했다.[50] 이는

많았다. 이 때문에 '문예영화'라는 명칭을 동시대의 소설을 원작으로 한 영화에는
사용하지 않기도 한다. 다음 표는 대종상 수상작 중에서 문학작품을 원작으로
한 영화들과 그 원작이다.

〈표 25〉 대종상(우수국산영화상) 수상작 중 문예영화와 원작(연기상, 기술상 제외)

제작년도	감독명	영화명	원작명	원작자	발표연도
1960	권영순	흙	흙	이광수	1932
1961	신상옥	연산군	금삼의 피	박종화	1935
1961	신상옥	상록수	상록수	심훈	1935
1961	신상옥	사랑방 손님과 어머니	사랑 손님과 어머니	주요섭	1935
1962	신상옥	열녀문	과부	황순원	1952
1964	신상옥	벙어리삼룡	벙어리삼룡	나도향	1925
1965	김수용	갯마을	갯마을	오영수	1953
1965	유현목	순교자	순교자	김은국	1964
1966	김수용	유정	유정	이광수	1933
1967	전조명	잃어버린 사람들	잃어버린 사람들	황순원	1956
1967	김수용	안개	무진기행	김승옥	1964
1967	김수용	까치소리	까치소리	김동리	1966
1968	유현목	카인의 후예	카인의 후예	황순원	1954
1968	이성구	장군의 수염	장군의 수염	이어령	1966

49) 1960~70년대에 '문예영화'라는 명칭이 가지고 있는 의미에 대해서는 박유
희, 「'文藝映畵'의 함의」, 『영화연구』 44, 2010 ; 정영권, 「<갯마을>과 한국
문예영화의 장르적 형성 - 1965~69년을 중심으로 -」, 『대중서사연구』 26, 2011
참조.

무엇보다도 '우수영화'에 선정되어 외화쿼터를 받기 위한 가장 손쉬운 방법이 문예물의 제작이었던 현실에서 빚어진 것이었다.[51]

이처럼 '문예영화'는 원작 여부와 상관없이 예술성이 높은 영화를 지칭함으로써 영화의 상업성과 예술성을 분리하고 예술영화를 특권화하는 용어이기도 했다.[52] 오리지널 시나리오를 영화화한 <만추>(1966, 이만희)나 <귀로>(1967, 이만희)를 '문예영화'로 분류했던 것을 통해서도 알 수 있듯이 '문예영화'라는 용어는 원작의 유무와 상관없이 작품의 예술성이 높은 것을 지칭하는 말로 통용되었다.[53] 같은 맥락에서 당시 평단에서 어떤 영화를 "상업성에 치우쳤다"라고 말한다면 그것은 "재미는 있으나 예술적이지는 않다"는 것을 뜻했고, 이는 해당 영화를 비판 내지 비하하는 의미로 쓰였다. 따라서 '우수영화'가 되기 위해서는 상업성을 의도적으로 배제해야 했고, 이는 때때로 문예영화를 대중으로부터 멀어지게 하는 원인이 되었다. 이러한 당시의 예술영화 편향적인 비평은 1950~60년대 유럽의 예술영화로부터 지대한 영향을 받은 한국 영화평론계의 하나의 특성을 반영하는 것이기도 했다.

그러나 1960년대 후반 영화계의 '문예영화'로의 경도는 순수하게 예술영화에의 관심에서 나온 것이 아니라 정부의 정책에 좌지우지되는 부자연스러운 것이었다. 당시 신문기사에서 졸작들조차 "너도나도 문예영화

---

50) 이영일, 『증보판 한국영화전사』, 소도, 2004, 396~397쪽.

51) 김종원은 문예영화를 세 개의 하위범주로 구분하였다. ① 인습과 토속 사회의 애환을 그린 향토물, ② 현실의 단면과 모럴을 제시한 사회성 드라마, ③ 분단비극과 전쟁의 상흔을 부각한 이데올로기 영화가 그것이다. 김종원, 「한국의 문예영화 -그 출발과 형태」, 『영상시대의 우화』, 제삼기획, 1985, 58~63쪽.

52) 당시의 문예물이 비판의식 없이 전근대적인 내용을 무조건 영화화하고 있다고 비판받은 것도 이러한 맥락이었다. 이영일, 「문예영화는 우수작품인가, 개념 자체를 부정한다」, 『동아일보』, 1967년 5월 20일자.

53) 이길성, 「문예영화에 나타난 전쟁의 기억」, 『대중서사연구』 24, 2010, 315쪽.

라고 내세우는 풍토"를 강력히 비판한 것도 이러한 맥락에서였다.[54]
문예영화는 1969년에는 제작이 크게 줄어들었는데 이는 1968년부터
'우수영화'의 보상이 줄어들고 외화 한 편의 수입권을 주는 보상이 점수제
로 감소된 데다가, 하반기에는 '문예영화' 부문이 '우수영화'의 보상 장려
대상에서 제외되었기 때문이었다.[55] 이는 점차 마구잡이식이 되었던
문예영화 제작붐에 대한 여론이 좋지 않은 데다가, 문예영화의 탈정치적
서사 전략이 더 이상 정부의 정책 방향과 맞지 않았기 때문으로 해석된다.
또한 문예영화에서 다루고 있는 근대화 과정에서의 전근대적 유제에
대한 비판 등이 근대화가 상당히 진척된 1960년대 후반 상황에서는
이미 시대에 뒤떨어진 것으로 여겨졌을 수도 있다.

　1960년대 말 국가는 예술영화에 지원하기보다는 정부의 시책에 더
적극적으로 부응하는 보다 '현실적인' 영화들에 직접적으로 지원할 필요
를 느꼈다. 1966년 대종상에 제작상, 우수반공영화상, 반공영화각본상
등을 신설한 것은 대종상이 순수하게 영화의 작품성 여부로 시상하지
않는다는 것을 노골적으로 드러내면서 반공영화에 대한 관심을 촉발시
키기 위한 의도가 있었다. 또한 이 해부터 최우수작품상, 제작상, 우수반
공영화상에 각각 하나의 외화쿼터를 수여하였다.[56] 지원을 통해서 특정
장르에 대한 관심을 유지시킬 수밖에 없다는 것은 영화적 기준보다는

---

54) 「인터뷰 : 영화연극평론가 황운헌씨」, 『경향신문』, 1967년 12월 21일자.

55) 이영일, 앞의 책, 397~411쪽. 1966년까지만 해도 수상작 중에서 최우수작품상
　및 제작상, 장려상, 반공작품상 등에 외화수입권 1편을 보상하였으나, 1967년
　수상작부터는 이러한 보상이 최우수작품상 1편에 한해 실시되었다. 문예영화,
　계몽영화, 반공영화에 한해 A급 100점, B급 80점, C급 60점이라는 평점제 역시
　문예영화가 제외되면서 조정되었다. 『한국영화자료편람』, 245쪽.

56) 외화쿼터는 1967년에는 네 개로 되었다가 1968년에는 다시 두 개로 축소되는
　등 시행과정에 변화가 있었다. 박승현, 「대중매체의 정치적 기제화－한국영화와
　건전성 고양(1966~1979)」, 『언론과 사회』 13-1, 2005, 56쪽.

국가 시책과의 적부성을 더 우선시 한 대종상의 태생적 한계이기도 했다. 이후 대종상이 애초에 표방했던 명실상부한 '우수영화'에 대한 상찬이나 영화인들의 축제와는 더욱 거리가 멀어지게 된 것도 이러한 한계에 기인하였다.[57]

1968년 정부는 문교부가 담당하던 예술분야와 공보부가 맡고 있던 대중문화 분야를 문화공보부 산하로 통폐합하고 이듬해부터 영화, 연극, 미술, 음악 등 총 12종 66분야의 시상을 하나로 통합한다. 이에 따라 대종상은 1969년 대한민국문화예술상 영화부문으로 변경되었다. 각 부문의 심사위원이 5명으로 구성되어 있었던 반면 영화부문만 17명이었다는 것은 모든 문화예술 분야를 통틀어 영화가 차지하는 비중과 위상이 현저히 컸다는 것을 의미한다.[58] 그럼에도 불구하고 1회 때에는 영화뿐만 아니라 방송과 미술을 제외한 전 분야에 수상자가 없었고, 2회 때인 1970년에도 영화부문은 최금동의 시나리오상 수상이 전부였다. 1971년부터는 다시 대종상이 되었지만 그 권위와 명성은 이미 빛을 바래게 되었다.

② 대종상 수상작과 재건 담론의 관계

1961년 공보부가 주관한 우수국산영화상 작품상은 신필름의 <로맨스 빠빠>(1960, 신상옥)에게 돌아갔으며 김기영이 <하녀>(1960)로 감독상

---

57) 그런데 1968년 신문기사에 의하면 정부는 대종상과는 별도로 해마다 두 번(상하반기)씩 반공부문과 계몽부문으로 나누어 우수영화를 선정하고 외화수입 쿼터(시가 5백여 만원)를 주었다고 한다. 그러나 이 역시 시상의 기준을 납득하기 어렵다는 비판론이 중론이었다. 「땅에 떨어진 우수영화 권위」, 『신아일보』, 1968년 10월 1일자.

58) 「벌집 쑤신 "해당자 없음", 1회 문화예술상 수상자 선정 갈팡질팡」, 『서울신문』, 1969년 11월 6일자.

을, 최금동이 <흙>(1960, 권영순)으로 각본상을 받았다. <로맨스빠빠>
는 당시 영화로서는 보기드문 세련된 화면에 민주적이면서도 화목한
가정 분위기를 묘사하고 있다. 아버지의 권위는 사회적으로는 무너졌지
만 가족들의 이해와 사랑 속에 더 굳건히 재건된다. 자식들은 그 전까지는
부모로부터 보호받던 존재였지만 이제는 아버지의 금시계를 스스로
찾아줄 만큼 성장했다. 젊은 세대와 대등한 대화를 하는 아버지의 모습은
민주주의의 성장을 보여준다. 이렇듯 영화는 이미 4·19혁명의 기본
정신인 민주와 자유를 반영하고 있다. 5·16군사정변 초기에 4·19정신을
계승한다는 것이 강조되었기 때문에 공보부는 이를 우수국산영화상
시상에도 반영할 필요가 있었다. 제2공화국의 자유로운 분위기가 녹아있
는 영화를 '우수영화'로 선정한 것은 이 때문이다.

  그런데 1961년 제작된 영화들의 분위기는 사뭇 달라진다. 1960년作인
<로맨스빠빠>와 <하녀>는 모두 이미 근대화의 수혜를 입은 중산층
가정의 모습을 그렸는데 반해, 5·16군사정변 이후에 '우수영화'로 뽑힌
영화들은 주로 전근대와 근대가 교차되는 일제시기 농촌사회를 그린
문예영화들이 많았다. 이는 아직 사회에 남아있는 전근대성을 비판하고
근대사회로의 적극적 전환을 역설하려는 시대 분위기와 맞아떨어졌기
때문이기도 하다.

  1960년대 '우수영화'로 선정된 영화들과 재건 담론의 관계를 알아보기
위해 대종상 수상작들을 재건의 키워드에 상응하는 주제별 시기별로
정리해 보면, 이것이 다음과 같이 특정 장르와도 연관된다는 것을 알
수 있다. 곧 ① 역사극 ② 반공영화 ③ 문예영화/풍속극 ④ 계몽영화/모더니
즘 영화가 그것이다.

〈표 26〉 1960년대 '우수영화'의 주제별 시기별 분류

키워드 (주제의식)	작품명/제작시기				장르
	1960	1961~1963	1964~1965	1966~1968	
민족 (역사)		연산군		대원군	역사극
반공 (전쟁)		돌아오지 않는 해병	남과 북, 순교자	군번없는 용사, 8240 K.L.O., 까치소리, 돌무지, 고발, 카인의 후예, 제3지대	반공영화 전쟁영화
근대화 (전근대성 비판)	로맨스 빠빠, 하녀	사랑방 손님과 어머니, 열녀문, 아낌없이 주련다, 황토길	갯마을, 벙어리삼룡	유정, 애하, 잃어버린 사람들	문예영화 풍속극 멜로 드라마
국민 (인간 개조)	흙	상록수, 쌀, 지옥문, 혈맥	저 하늘에도 슬픔이	태양은 다시 뜬다, 화산댁, 귀로, 안개, 장군의 수염	계몽영화 모더니즘 영화

*자료 : 1961년 우수국산영화상과 1962~1968년 대종상 수상작 중에서 연기상과 기술상을 제외한 나머지 수상작을 대상으로 한 것임.

우선 '민족'을 다루고 있는 역사극 중에서도 궁중 사극에 속하는 영화 두 편이 수상작에 올라있다. <연산군>(1961, 신상옥)과 <대원군>(1968, 신상옥)이 그것으로 두 편 모두 신상옥 감독의 작품이다. 한국영화계에서 가장 상업적인 감독으로 정평이 나있던 신상옥 감독이 대중성과 예술성을 결합할 수 있는 장르로서 선택한 것이 바로 역사극이었다. 신상옥 감독은 자신이 역사극을 선호하는 이유가 "검열을 피해하고 싶은 이야기를 할 수 있기 때문"이라고 하기도 했다.[59] 또한 역사극은 많은 물량과 제작비를 필요로 하는 대형 영화이기 때문에 신필름 정도의 재력과 신상옥 정도의 흥행성 있는 감독이 아니면 도전하기

---

59) 1960년대 신상옥 감독과 유현목 감독은 각각 상업성과 예술성을 대표하는 라이벌로 지칭되었다. 신상옥 감독은 역사극을 통해 상업성을 예술성으로 승화시킨 감독이라는 평을 이끌어냈다. 「신상옥감독·유현목감독, 상업성과 예술성」, 『동아일보』, 1962년 8월 20일자.

어려운 장르이기도 했다. <연산군(長恨思母편)>은 그 후편인 <폭군연
산(복수쾌거편)>(1962, 신상옥)과 함께 연산군 연작으로서 한국 역사극
의 장르와 서사 관습의 형성에 지대한 영향을 미쳤다.[60] 1935년『매일신
보』에 연재되었던 박종화의『금삼의 피』가 원작으로, 연산군은 이후에도
영화와 TV 드라마에서 계속 사랑받는 드라마틱한 소재가 되었다. 본격적
인 궁중사극으로서 의상이나 소품, 미술 등에 크게 신경을 썼고 수많은
엑스트라를 동원했으며, 무엇보다 <성춘향>(1961, 신상옥)으로 컬러
시네마스코프 경쟁에서 홍성기 감독의 <춘향전>(1961)을 이긴 자신감
속에서 기술적으로 당시 국내의 최고 수준을 보여준 것만은 틀림없다.[61]
이 영화는 기술적 혁신에 기여했다는 점에서도 문화의 근대화를 추구하
던 정부의 재건방향에 부응하는 영화였다.

　<대원군>은 1959년작 <대원군과 민비>(유진식)와 1965년작 <청일
전쟁과 여걸 민비>(임원식, 나봉한) 등과 함께 대원군을 소재로 한 3대
영화이다. 이 세 작품을 비교해보면 1968년도 作 <대원군>의 특징이
드러난다. <대원군과 민비>와 <청일전쟁과 여걸 민비>는 모두 대원군
과 민비의 정치적 갈등을 그린 작품으로 전자는 대원군에 보다 초점을
맞추었다면 후자는 민비를 주인공으로 한 영화이다. 그런데 두 작품
모두 대원군의 실각을 다루고 있는데 비하여 1968년작 <대원군>은
정치적 야심가이자 동시에 국운이 쇠퇴하는 시대의 한줄기 희망으로서

---

60) 박유희, 「한국 사극영화 장르 관습의 형성에 관한 일 고찰 : '신필름'의 <연산군>
　　　연작을 중심으로」, 『문학과 영상』 9-2, 2008.
61) 영화진흥위원회, 『한국영화기술사연구』, 42~43쪽. 한편 17만명이라는 대단한
　　　관객을 동원하여 흥행 베스트에 오른 <연산군> 전후편에 대해 신상옥 감독
　　　자신은 '졸작 중의 졸작'이라고 평가했는데, 후에 북한에 있을 때 남한의 형님에게
　　　몰래 편지를 보내 <연산군> 원판을 찾아서 불살라 버리라는 부탁을 했다고
　　　한다. 신상옥, 앞의 책, 82쪽.

대원군을 묘사하고 있다는 점에서, 절대 군주를 다루는 방식의 변화를 보여준다. 이는 1960년대 후반 영화들에서 유난히 대통령이나 리더십에 대한 문제가 자주 등장하는 것과 무관하지 않다. 1968년을 국가의 재건이 완성되었음이 선포되는 것과 발맞춰 대통령이 국가와 동일시되는 현상이 나타나고 있는 것이다.

반공물 역시 '우수영화'로 선정되기 위한 방편이었다. 그러나 반공영화상이 제정된 1966년 이전의 영화들과 이후의 영화들 사이에는 어떤 간극이 존재한다. <돌아오지 않는 해병>(1963, 이만희)과 <남과 북>(1965, 김기덕)처럼 직접적인 '반공'보다는 전쟁의 비극을 고발함으로써 '반전'이라는 주제에 더 밀착되어 있거나 <순교자>와 같이 형식적 실험에 더 강조점이 있는 반면에, 1966년 이후의 영화들에는 '반공'적 요소가 더 농후해지고 직접적이 되었다. 그런데 <남과 북>이나 <군번 없는 용사>(1966, 이만희)와 같은 영화들에서 반공주의적 요소보다는 오히려 남북은 한 형제, 한 가족이라는 민족주의 정서가 강화되는 것이 눈에 띈다. 가장 반공적인 영화에서 반공주의가 변주되고 반공주의와 갈등을 일으키는 하나의 양상을 볼 수 있다. 특히 본격 전쟁영화인 <8240 K.L.O.>(1966, 정진우)는 한 부대원들이 임무를 수행하고 장렬히 전사한다는 동일한 플롯을 가진 <돌아오지 않는 해병>과 여러모로 비교된다. 후자에 비해 전자에서는 반전적 메시지는 완전히 사라지고 오직 적에 맞서 싸우는 전우애의 감정적 동질성이 우선시된다. 이 시기 반공영화의 특징은 한편으로는 전쟁이 초래한 공동체 파괴의 참상을 웅변하는 영화들이 많다는 점과 간첩을 소재로 한 간첩·첩보영화들이 많았다는 것인데, 이는 대종상 수상작에서도 그대로 드러난다. 전자로는 <까치소리>(1967, 김수용), <돌무지>(1967, 정창화), <카인의 후예>(1968, 유현목) 등이 있고, 후자로는 <고발>(1967, 김수용), <제3지

대>(1968, 최무룡) 등이 있다.

이 중에서도 <까치소리>나 <카인의 후예>는 각각 김동리와 황순원의 1966년작과 1954년작 동명 소설을 영화화한 문예영화로서 "반공영화도 예술적이어야 한다"는 당대의 요구에 가장 부합하는 영화로 인식되었다. <까치소리>는 직접 '반공'을 부르짖는 영화는 아니지만 전쟁이 낳은 비극이 개인과 공동체를 어떻게 무너뜨리는지를 보여줌으로써 간접적으로 반공적 정서에 기여한다. <돌무지>(1967, 정창화)와 <제3지대>(1968, 최무룡)는 모두 김동현 원작의 KBS-TV 드라마 <실화극장>의 단막극을 영화화한 것이며 <8240 K.L.O.> 역시 <실화극장>이 연속극화되면서 방송된 TV 드라마가 원작이다.[62] 곧 1966년 이후의 대종상 수상작 반공영화들에서 보이는 한국전쟁 시기 북한지역에 대한 묘사나 간첩 묘사 등은 영화로 만들어지기 이전에 이미 TV 드라마로 선보인 것이다. 더구나 작가 김동현은 특이하게도 실제로 중앙정보부에서 일한 적이 있었기 때문에 이 작품들의 반공적 성향에 대해서는 의심할 바가 없었다. 이는 '우수영화'로 선정되기 위해 반공영화를 급조하게 된 영화인의 입장에서는 TV 드라마가 매우 안정적인 소재 공급처가 되어주었다는 것을 의미하기도 한다.

한편 1960년대 '반공영화'의 새로운 경향은 간첩/첩보영화의 성행이었다. 이는 1950년대 '반공'의 지형이 1960년대에 '방첩'이라는 구체적 행동 지침을 수반하면서 변화하고 있는 사정을 반영한다. 또한 <007 시리즈> 같은 할리우드의 첩보영화가 큰 인기를 끈 것도 '간첩영화'가 장르적으로 안정화되는 데에 큰 기여를 하였다. 대종상 수상작 중에서 실화를 기반으로 한 간첩영화 <고발>이나 조총련을 소재로 한 <제3지대> 등은

---

62) 「KBS-TV 인기 프로-실화극장의 실화」, 『서울신문』, 1967년 8월 19일자.

'반공영화'가 실화, 혹은 장르적 상상력과 만나 어떻게 대중성을 확보해 나가는지를 보여준다는 점에서 시사적이다.

다음으로 '근대화'를 키워드로 한 영화들은 근대화의 과정에서 일어나는 현상들을 비판적으로 바라보거나 전근대성을 비판한 것들이 많다. 그중 <사랑방 손님과 어머니>(1961, 신상옥), <열녀문>(1962, 신상옥), <벙어리삼룡>(1964, 신상옥)은 모두 신상옥·최은희 콤비가 제대로 빛을 발한 영화들이다. 이 영화들은 모두 미망인들의 '수절잔혹사'를 다루었지만 근대 이행기를 배경으로 하고 있다는 점에서 같은 신상옥 감독의 <이조여인잔혹사>(1969)와는 결을 달리 한다. 인습에 사로잡힌 조선시기 여인들의 고생담보다는 근대화의 과정에서 유제로 남아있는 봉건성에 괴로워하는 여인들의 희생이 더욱 문제적으로 다가오기 때문이다. <열녀문>은 봉건 여성에게 가해진 가혹한 현실을 통해 전근대적 인습을 비판함으로써 근대화의 화두를 거꾸로 부각시킨 효과를 거두었다는 점에서 다른 두 편에 비해 주제의식이 뚜렷하다고 볼 수 있다. 1929년 나운규의 <벙어리삼룡>에 이어 나운규 28주기 추모 작품으로 만든 <벙어리삼룡> 역시 봉건적 인물을 '악'으로 묘사함으로써 전근대성의 불합리를 정서적으로 전달하고 있다.

<아낌없이 주련다>(1962, 유현목), <유정>(1966, 김수용), <잃어버린 사람들>(1967, 전조명)은 계급과 신분의 간극, 편견에 사로잡힌 현실의 장벽을 넘어서지 못해 이루어질 수 없는 사랑을 다루고 있다. <아낌없이 주련다>는 방송극을, <유정>과 <잃어버린 사람들>은 각각 1933년과 1956년에 발표된 이광수와 황순원의 소설을 원작으로 하였다. 이 영화들 속에서 남녀 주인공의 사랑을 가로막는 장벽은 전근대성을 벗어나지 못한 공동체의 억압과 편견이다. 근대적 가치가 내면화되는 근대화의 과정에서 잔존하는 과거의 인습은 더욱 억압적으로 받아들여지고

1960년대의 현실, 특히 여성의 현실이 이와 크게 다르지 않다는 점에서 이들 영화들이 국가 재건의 키워드와 관계맺는 방식은 자명하다.

근대화를 키워드로 한 영화들 중에서 <애하>(1967, 이형표)와 <황토길>(1962, 양승룡)은 둘 다 의학을 소재로 하는 영화들이라는 점에서 특이하다. 전자는 방송극이 원작이며, 후자는 주한 미공보원(USIS)이 만든 극영화이다. 이 영화에서 나타나는 서양의학과 의사에 대한 신뢰와 믿음은 1950~60년대 영화에서 서양 의학과 의사가 근대성의 표상으로서 등장하는 것과 같은 맥락에서 이해된다.

그런데 대종상 수상작들이 국가의 재건 방향과 일치하는 영화들이라고 해서 그것이 항상 단일한 어떤 국민상만을 제시하고 있다고 생각할 수는 없다. '국민'을 키워드로 하는 영화들 가운데에는 뚜렷하게 구별되는 두 개의 계열이 있기 때문이다. 하나는 <상록수>(1961, 신상옥), <쌀>(1963, 신상옥), <혈맥>(1963, 김수용), <태양은 다시 뜬다>(1966, 유현목), <화산댁>(1968, 장일호)과 같은 계몽영화이고, 다른 하나는 <귀로>(1967, 이만희), <안개>(1967, 김수용), <장군의 수염>(1968, 이성구)과 같은 이른바 '모더니즘영화'들이 그것이었다. 대체로 계몽영화는 1960년대 초반과 후반에 나뉘어 분포하고, 도시적 감수성을 표출하는 모더니즘영화들은 1960년대 후반이 되어서야 등장하기 시작한다.

계몽영화에서 재현되는 국민상은 근대화의 주체로서 성실과 근면, 그리고 스스로 노력하는(自助) 생활태도를 가지며 이러한 국민들의 노력으로 근대화는 달성되고 국가의 재건은 제 방향을 찾아간다. 1930년대 농촌 계몽소설 『상록수』와 1960년대 계몽영화 <상록수>는 그것이 배경으로 하고 있는 농촌의 현실이나 주인공의 사람됨, 그리고 주인공이 주변을 설득하는 진정성 등 많은 부분 오버랩된다. <상록수>는 1930년대의 조선 농촌에서 뿐만 아니라 1960년대 '대한민국'의 농촌 현실에서도 채영신과 같은 모범적인 국민상이 필요함을 역설한다. <쌀>에서 농촌으로 돌아온 청년 역시 저수지를 만들기 위해 전근대적 미신, 자포자기하는 이웃들, 도움이 되지 않는 정부 등의 온갖 어려움을 헤치고 나가면서 신념과 확신으로 마을 사람들을 설득한다. <혈맥>이나 <태양은 다시 뜬다>에서 보여지는 전근대적 부모 세대와 근대적 자식 세대의 갈등, 근대화의 과정에서 분열된 공동체와 그 재건 등은 왜 이들 영화들이 국가의 재건 방향에 부합하는 '우수영화'로서 선택되었는지를 보여준다. 계몽영화의 국민들은 이미 근대화의 주체로서 최적화된 일꾼들이다. 1960년대 군사정변 직후 새로운 시대가 도래할 것이라는 선전과 기대감이 교차될 때 계몽영화는 근대적 인간으로 개조된 '모범적'이고 '이상적'인 국민들을 전시한다. 전근대적이지만 인간미가 있는 부모 세대는 근대적으로 세련되게 정제되어 있는 자식 세대에게 근대화의 주체 자리를 물려줌으로써 드라마는 화해하고 공동체는 재건된다.

한편, 1960년대 후반에 등장한 일련의 모더니즘영화들에서는 또다른 모습의 '국민'이 모습을 드러낸다. 계몽영화는 농촌이나 도시의 변두리에서 근대화의 과정에서 소외되거나 근대화의 주체로서 아직 나서지 못한 농민과 노동자들의 모습을 주로 그리는 반면에 이들 모더니즘영화들에서 주인공은 유약한 도시의 중산층이다. 이들 두 계열의 영화들이 보여주는 국민상은 비록 다르지만 이는 모두 1960년대 후반 근대화의 과정에서 파생된 두 개의 인간형을 보여주고 있다는 점에서 주목된다. 전자는 국가의 시책에 순응하고 동조하며 동원의 대상이 되는 '국민'이고, 후자는 근대화의 대열에 동참하지만 그 과정에서 점차 근대적으로 각성된 자아를 발견하고 나아가 국가의 시책에 비판적 시선을 보내는 '시민'이다. 정부가 시상하고 장려한 영화들인 '우수영화'에 이 두 가지 상이하지만 겹치는 존재들이 모두 등장한다는 것은 매우 흥미롭다.

1968년 문교부와 공보부로 이원화되었던 영화 업무가 문화공보부라는 이름 아래 통합되면서 이제 영화를 비롯한 문화의 영역은 '공보'적 차원에서 다시 재규정되었다. '우수영화' 역시 정부가 원하는 영화들을 장려하기 위한 기제로서의 위상을 보다 명확히 할 필요가 있었다. 대종상이 1969년부터 대한민국문화예술상 영화부문으로 축소되고 그나마 수상작이 없었던 것은 한때 밀월 관계에 있었던 영화계와 정부 간의 진통을 보여준다. 어디까지나 '우수영화'는 영화적으로 우수한 영화가 아니라 정권 차원에서 '보기 좋은' 영화로 국한되었기 때문이다.

이처럼 '우수영화'는 1950~60년대 국가가 어떤 영화들을 제작하도록 유도하고 장려했는지를 보여주는 바로미터였으며, 영화 선정의 방향은 곧 문화재건의 방향을 제시하고 있다. 국가의 재건이 '완성'되어감에 따라 '대한민국'이 공고화되어 가는 과정에서 '우수영화'는 현실과 유리된 문예영화나 북한을 더욱 의식하는 '반공영화'로 국한되어 갔으며, 이는 1970년대 이른바 '국책영화'로 가는 징검다리가 되었다. 1960년대 후반, 국가가 경직되면 될수록 영화는 이를 회피하기 위해 더욱 오락화, 신파화되는데, 이는 국가의 재건 방향에 모순이 있음을 감지한 대중의 감수성이 영화를 통해 반응하는 방식이었다. 이로써 국가재건의 틀 속에서 문화를 재건하고 영화 서사의 내용적 재건을 꾀하던 정권의 욕망은 대중의 열망과 점점 더 괴리되어 갔다. 이로써 강대해진 국가와 대비되는 위축된 영화의 기획과 제작은 결국 대중으로부터도 유리되는 현상을 보이게 되면서 국가는 직접 '국책영화'를 만들지 않고는 대중영화로부터 원하는 것을 얻지 못하게 된다.

다음 장에서 분석하는 네 편의 영화는 1950년대와 1960년대에 네 개의 키워드가 영화의 내용에 어떻게 관철되고 있는지를 잘 보여주는 영화들이다. 특히 이 영화들은 생산과 유통의 과정에서도 문화재건의 여러 문제들을 드러내고 있어 영화가 갖고 있는 내적 서사뿐만 아니라 영화를 둘러싼 여러 논의들이 보여주는 외적 서사도 살펴볼 수 있다.

2. '우수영화'의 서사 전략

1) 1950년대 '우수영화'에서의 '민족'과 '국민'

① 〈종각〉에 나타난 '민족'과 '민족문화'

'우수영화'의 서사 전략을 알아보기 위해 '우수영화'에서 네 개의 키워드가 어떻게 작동하고 의미화되고 있는지를 보다 자세히 살펴볼 필요가 있다. 우선 '우수영화'에서 '우리는 누구인가?'라는 물음에 화답할 '민족'이라는 키워드가 어떻게 재현되고 형상화되는지를 역사극[63])을 중심으로 살펴보고자 한다. 그 중에서도 영화 <종각 : 또 하나의 새벽을 그리며>(1958, 양주남)은 1950년대에 '우수영화'가 어떠한 맥락에서 선정되었으며 문화재건이란 어떤 의미였는지를 잘 보여주는 텍스트이다. <종각>은 1948년 10월에 발표된 강노향[64])의 단편소설, 「鍾匠－또 하나

---

63) 여기서 역사극(historical drama)은 사극이나 시대극을 통칭해서 사용하였다. '사극'이나 '시대극'이라는 명칭 역시 혼용되나 일반적으로 사극은 전근대의 역사를 시대극은 근대 이후의 역사를 다룬다. <종각>을 역사극으로 보아야 할 것인지에 대해서는 이견이 있을 수 있다. 대략 일제시기부터 해방 직후 무렵까지를 다루고 있는 이 영화는 제작 당시를 기준으로 보면 매우 가까운 과거를 다룬 것이기 때문이다. 그러나 이 책에서는 이 영화가 과거 회상 형식으로 되어 있으면서 역사성을 띤 점에서 시대극의 일종으로 보았다.

64) 강노향(?~?)의 본명은 강성구로 영화계에는 청남, 혹은 강청남이라는 이름으로 알려져 있다. 1935년 3월 『開闢』에 수필 「잃어버린 요람」에 이어 그해 7월 『中央』에 소설 「만가의 집」을 발표하면서 창작 생활을 시작하였다. 대표작으로는 일제시기의 「백일몽과 船歌」(『朝光』 2-6, 1936), 「안식」, 「처녀지」 등과 해방후의 「鍾匠」, 「歲月」(『白民』 20, 1950), 「火印」(『사상계』 18, 1970), 『山麓』(석암사, 1976) 등이 있다(현길언, 『소설에서 만나는 한국인의 얼굴 : 해방기』, 태학사, 2008).

다른 明日을 위하야」(『白民』16)를 원작으로 한 일종의 문예영화이다.65) <종각>은 샌프란시스코 국제영화제 출품을 염두에 두고 제작되었다고 알려진만큼66) 개봉 당시 이를 지나치게 의식한 나머지 "한국적인 풍물을 고의로 묘사하려한 흔적"이 있다는 비판도 있었으나 대체로 "동양적인 낭만과 동양적인 인생관"을 잘 표현했다는 평가를 받았다.67) 특히 "한국 영화가 지향해야 할 하나의 길을 제시한 의욕적인 작품"이라거나 "한국영화가 취해야 할 하나의 자세를 표시"하고 있다는 평가68)는 당시의 영화

그의 생몰연대나 행적은 알려진 바가 거의 없으나 <종각>에 관한 당시의 신문기사들은 그가 외교관 생활을 했다는 것과 이 영화를 직접 각색, 제작했음을 언급하고 있다. "이 영화(<鍾匠>-필자)는 강노향 필명의 원작자가 9년여 간의 해외 외교관 생활 끝에 직접 각색을 하여 제작한 영화이다." (「인간 탐구의 진지한 의욕-문예영화 <종각>」, 『한국일보』, 1958년 8월 31일자) ; "제작가 강노향씨는 작가로서 붓을 끊고 다년간 외교계에 진출하였다가 이번 자기의 작품을 자기가 제작가로서 또 8월 푸로덕숀이라는 제작회사를 만들고 처음으로 이 <종각>을 만든 만큼 처녀작으로서의 用意를 깊이 마련한 자취가 영화면에 나타나고 있었다."(김광섭, 「신영화, 종각-눈물을 억제하는 비극」, 『서울신문』, 1958년 9월 4일자).

65) 백문임에 의하면 문예영화란 ① 대중영화와 구별되는 의미에서 '예술영화', ② 정부의 '우수 국산영화' 포상제도 하에서 지원과 보상의 대상이 될 수 있는 작품, 곧 순수문학 작품을 원작으로 하여 각색한 영화를 가리키며, ①이 한국영화 사 초창기부터 1960년대 중반까지 영화의 예술적 지향을 담고 있다면, ②는 1960년대 후반 국가의 지원을 받기 위해 만들어진 일련의 영화들을 비판적으로 일컫는 말이라고 한다(백문임, 앞의 글, 204쪽). 이에 의하면 1950년대 말에는 아직 문예영화라는 개념이 정립되지 않았다고 보아야 한다. 박유희도 문예영화 를 1960~70년대 영화 근대화 정책과 유착되며 장르화한 것으로 정의한다. 박유희, 「'文藝映畵'의 함의」, 『영화연구』44, 2010, 119쪽.

66) 미국 캘리포니아 샌프란시스코에서 1957년 설립되어 현재까지도 매년 보름동안 열리고 있는 영화제로서, 미국에서 가장 오래된 역사를 자랑하는 국제 영화제이 다. 외국 사정에 밝았던 제작자가 이미 일본영화가 각광을 받고 있던 유럽의 전통적인 국제영화제와 비교하여 한국영화를 출품해 볼 만한 서구권의 신생 국제영화제라고 판단했던 것 같다.

67) 황영빈, 「8월의 한국영화-태작 투성이 속에서도 걸작」, 『조선일보』, 1958년 9월 5일자.

엘리트[69]들이 이 영화를 문화재건의 지향과 가장 부합하는 영화로 인정 했음을 보여준다.

그런데 이처럼 높은 평가를 받은 <종각>은 '우수영화'로 선정되기 몇 개월 전인 1959년 3월, 제6회 아시아영화제에 출품할 작품을 선정하는 과정에서 논란을 겪게 된다. <종각>의 제작자는 아시아영화제 출품에 대비하기 위해 평단에서 지적한 몇 가지 장면을 삭제하거나 수정하고 대대적인 보충촬영과 재편집을 감행하였는데,[70] 이러한 제작자의 노력 에도 불구하고 출품작으로 선정되기가 쉽지 않았다. 아시아영화제에 작품을 출품하기 위해서는 영화제작가협회에서 9명의 심사위원들이 우선 선정한 후 문교부에 승인을 요청하는 절차를 밟도록 되어 있었는데, 애초에 영화제작가협회에서 승인 요청을 한 것은 <자유결혼>(1958, 이병일), <인생차압>(1958, 유현목), <사랑하는 까닭에>(1958, 한형모), <오 내 고향>(1959, 김소동) 등 4편이었다. 그런데 문교부에서는 이 가운데 <오 내 고향>을 제외하는 대신 <종각>을 추가하여 출품작을 최종 결정하여 제작가협회에 통고했고, 이에 제작가협회에서는 심사위 원회를 재소집하고 문교부의 일방적인 처사에 항의하기에 이른다. 제작 가협회의 주장은 <종각>은 "영화 구성이 되어있지 않고 어느 모로 보아서도 도저히 출품할만한 수준에 이르지 못한다는 이유"로서 8대 1로 부결되었다는 것이다.[71]

---

68) 「인간 탐구의 진지한 의욕-문예영화 <종각>」, 『한국일보』, 1958년 8월 31일자.
69) 여기서 영화 엘리트란 당시 영화 담론을 이끌었던 영화평론가, 문학평론가를 비롯하여 신문이나 잡지에 영화에 관한 자신의 견해를 글로 피력하여 지식인 및 대중에게 영향력을 미칠 수 있었던 일부 영화감독이나 제작자를 포함한 일종의 오피니언 리더를 의미한다.
70) 「영화 <종각> 결정판-천척의 보충촬영도」, 『한국일보』 1959년 2월 26일자.
71) 「문교부 선정에 말썽-아주영화제 출품작」, 『동아일보』, 1959년 3월 18일자.

이에 문교부는 추가로 자문위원을 위촉하여 다시 심사하도록 했는데, 그 중 한 사람인 문학평론가 백철은 오히려 문교부가 <종각>을 추가 선정한 것은 "명백하게 공평정대한 것"이며, 문교부가 제작가협회의 추천을 무시하고 일방적으로 따로 선정하여 강요한 것처럼 보도된 것은 잘못이라고 강하게 주장하였다. 그에 따르면 <종각>은 "대중에게는 그리 지지받지 못하였지만 지식인들에게는 지지를 받았던 작품"으로, "다른 작품보다 예술적으로 비교할 수 없이 우수하다"는 것이다.[72] 또한 "한국의 칼라를 지나치게 보이기 위하여 조작화되었다······는 지적과 달리 그 로칼리티도 비교적 자연스럽게 묘사되었다"고 평가하면서, 해외 영화제에 작품을 내보낸다는 것은 "민족, 국가의 체면에 관계"되는 일이라고 일갈하였다. 그러나 매년 끊이지 않고 아시아영화제 출품을 둘러싼 잡음이 발생하는 것에 부담을 느낀 문교부는 결국 <종각>과 <오 내 고향>을 제외한 나머지 3편의 출품을 최종 결정하였고, 이를 제작가협회가 받아들임으로써 사태는 일단락되었다. 비록 아시아영화제 참가는 좌절되었지만 <종각>은 그해 제9회 베를린영화제에 출품되었고, 5개월 후에는 <곰>, <자유결혼>, <별아 내 가슴에>, <사랑하는 까닭에>와 함께 '우수국산영화' 작품상을 수상하면서 명예를 회복하게 된다.[73]

그런데 같은 영화를 두고 이처럼 극단적인 상반된 평가가 나올 수 있는 근거와 이유는 무엇일까? 여기에는 무엇보다도 영화를 바라보는 시각의 차이가 있었다고 볼 수 있다. 영화제작가협회 회원들, 곧 제작자들은 영화를 영화적 관점에서 바라보기 때문에 영화의 주제에 대해서는

---

72) 백철, 「아세아 영화제 작품 선정에 이의─동 심사위원회에 공개토의를 요구하며 (상)」, 『경향신문』, 1959년 3월 24일자.
73) 「올해 우수영화·개인연기상─어제 저녁 원각사서 시상식 거행」, 『동아일보』, 1959년 8월 20일자.

상대적으로 덜 중요하게 생각했을 가능성이 있다. 그러나 문학평론가나 문교부의 관리, 그리고 문교부가 위촉한 자문위원들에게는 영화의 제작 의도나 주제가 영화의 연출, 연기 등 미학적인 완성도보다 훨씬 더 중요했음은, 앞에서 살펴본 '우수영화'의 선정기준에서도 나타난 바와 같다. 곧 영화란 작가 정신이 구현된 주제 의식으로 대변되며, 이것이 '우수'할 때 영화 전체가 '우수'한 것이 된다는 것이다.

그렇다면 영화 <종각>의 제작의도나 주제의식이 어떤 면에서 '우수' 하고, 나아가 한국영화의 나아갈 방향을 제시하고 있다는 것일까? 영화 <종각>을 분석하기 전에 우선 원작이 된 소설 「鍾匠」의 내용을 살펴볼 필요가 있다. 소설 「종장」은 일제말기 금속회수령이 내린 태평양전쟁 당시를 배경으로 한 늙은 종장 석숭의 삶과 그의 종에 대한 집념이 시대의 억압에 어떻게 좌절되어 갔는지에 초점을 맞추고 있다. 소설의 내용은 약 한달 전에 종장 생활 40년의 심혈과 정열을 기울여 A寺의 名鐘을 완성한 석숭이 새로운 종을 부탁받지만 완성하지 못하고, 일제의 무자비한 공출이 사찰의 범종까지 넘보자 종에 머리를 부딪혀 죽음을 맞이한다는 이야기이다. 이 영화의 주요 등장인물은 40년 동안 떠돌이 종장 생활 끝에 명종을 만들어내고 A寺에 머물고 있는 석숭, 소설가지만 일제의 폭압 앞에서 양심을 간직하기 위해 붓을 꺾고 A사에 머물고 있는 남훈, 일본군 위안소에 팔려가 3년 동안 매춘생활을 하다가 탈출한 후 중국 山西 지대의 八路軍과 함께 생활하였고 지금은 A사에서 폐를 요양중인 영실, 그리고 석숭의 회상 속에 등장하는 15년전의 아내, 아내가 죽은 후 홀로 키워온 아들 진동, 이렇게 5명이다. 이들은 일제시기 억압받 던 조선인을 대표하는 전형적 인물들이다.

소설의 배경은 일제말기이지만 소설이 써진 것은 1948년이기 때문에, 소설 속 인물들의 의식은 일제시기의 그것이라기보다는 해방후의 그것에 가깝다. 정부수립 직후에 발표된 소설인데도 중국공산당의 팔로군을 긍정적으로 묘사한 점이 눈에 띄며, 소설가 남훈이 일제 말기에 붓을 꺾고 만주로 가려한다는 설정 속에 일제 말기에 실제로 작품 활동을 하지 않았던 작가 본인의 자아의식과 비판의식이 느껴진다. 그러나 이 소설의 초점은 시대의 억압과 장인의 집념 사이의 갈등이며, 석숭이 죽어가면서 아들 진동을 떠올리며 소설의 부제처럼 "또 하나 다른 明日"을 희망한다는 것에 있다. 이 明日은 "종의 약탈자도 평화의 교란자도 없는 명일, 이민족이 채운 압제의 쇠사슬이 풀리는 명일, 자유와 희망이 넘쳐흐르고 우렁찬 민족의 개가가 드높은 명일"[74]이라는 묘사를 통해, 해방의 기쁨과 더불어 앞으로 다가올 시대에 대한 무한한 희망과 기대를 표출하고 있다.

그런데 제목을 <종각 : 또 하나의 새벽을 그리며>로 바꾼 영화는 원작을 상당부분 각색하고 있다.[75] 영화는 고령사의 명종을 만든 늙은 종장 석숭(허장강)이 영실(문정숙)에게 종이 만들어지기까지의 이야기를 들려주는 형식으로서, 석숭의 내레이션에 따라 과거와 현재를 오가는 구성으로 되어 있다. 영화는 석숭과 영실의 서사에 집중하기 위해 원작상의 인물 두 사람을 과감히 삭제해 버리는데, 바로 남훈과 진동이다.

---

74) 강노향, 「鍾匠 – 또 하나 다른 明日을 위하야」, 『白民』 16, 1948년 10월호, 21쪽.
75) <종각>의 연출을 맡은 양주남 감독은 1936년 경성 촬영소가 제작한 여섯 번째 발성영화 <迷夢>으로 데뷔하였다. 이후 20년 동안 연출을 하지 않고 <수업료>(1940, 최인규), <집 없는 천사>(1941, 최인규), <풍년가>(1942, 방한준), <자유만세>(1946, 최인규)등의 영화에 편집과 녹음으로 참여하였다. 6·25전쟁 시기 국군영화제작소에서 <정의의 진격>(1951)등 기록영화의 촬영을 맡은 이래 국군영화제작소에 근무하였고, 1963년 퇴직한 이후 1966년 경까지 여러 영화의 편집을 담당하였다. 그 사이의 연출작으로는 <배뱅이굿>(1957), <종각>(1958), <모정>(1958), <대지의 어머니>(1960), <밀양 아리랑>(1961) 등이 있다. 김종원 외, 『한국영화감독사전』, 국학자료원, 2004 참조.

남훈을 대신하여 영실의 회상 속에 애인으로 등장하는 경준(장민호)은 탄광촌에 팔려가 매춘을 강요당하다가 일본군 위안소에 팔릴 위기에 처한 영실과 도망치기로 하지만 끝내 약속 장소에 나타나지 못한다. 또한 원작에서 아들 진동은 석숭이 죽어가면서도 희망을 놓지 않았던 '또 다른 내일'을 상징하는데, 영화에서는 아들의 존재는 없어지고 대신 영실이 어쩌면 석숭의 딸일지도 모른다는 암시를 남긴다. 문정숙이 1인 3역을 소화하고 있는 세 여인, 곧 석숭의 40여년에 걸친 회상 가운데 머슴살이 시절의 첫사랑 옥분, 딸을 낳다가 죽은 아내, 그리고 현재의 영실은 석숭이 종장이 되는 각 단계의 정체성과 예술혼을 상징하는 인물이다.

석숭은 종장으로서의 정체성을 세 단계에 걸쳐 형성하는데, 그것은 모두 세 여인에 대한 고백의 형식으로 되어 있다. 곧 젊은 시절 할아버지가 유명한 종장이었다는 말을 들은 석숭은 첫사랑 옥분에게 "나도 종쟁이가 되어 볼까?"하고 말하는데, 이는 곧 "천하 제일의 종쟁이가 돼야지"라는 다짐으로 바뀐다. 이것이 종장으로서의 석숭의 정체성의 출발이다. 옥분이 죽고 나서 만난 아내와의 행복한 결혼 생활 가운데 석숭은 종장으로서의 정체성 형성에 결정적인 영향을 미치는 이야기를 듣게 되는데 그것이 바로 할아버지 경산의 죽음에 얽힌 사연이다. 홍륜사 종의 시주는 이진사의 조부로서 그는 운보와 경산 두 종장에게 종만들기 경쟁을 시켰는데, 종을 만드는 과정에서 경산의 종이 깨짐으로써 운보의 종이 선택된다. 실의에 빠진 경산은 자살을 하고 깨진 종은 경산과 함께 묻었다는 말을 들은 석숭은 할아버지의 원수를 갚는다는 의미에서 홍륜사의 종을 훔쳐 달아나 할아버지의 깨진 종과 함께 묻는다. 붙잡혀 모진 매를 맞은 석숭은 아내와 함께 밤을 보내며 자신의 잘못을 뉘우치면서도 "다른 종쟁이들이 흉내내지 못하는 새로운 길을 지향하고 싶은 의욕이 용솟음

친다"고 하면서 "우리 할아버지의 깨어진 종과 홍륜사 종의 정체를 속속들이 파헤쳐서 두 종을 합하여 천하 제일의 명종을 만들고야 말 것"이라고 맹세한다. 이것이 종장으로서의 석숭의 두 번째 정체성이다.

마지막은 아내가 죽고 나서 산천을 떠돌아다니며 종을 만들던 시절 이야기를 영실에게 들려주는 장면에서 나온다. 곧 "단순히 명종을 만들어 보겠다는 것보다도 명종을 어떻게 만드느냐 하는 독창적인 면"이 중요하다는 것을 깨달은 것이다. 이는 예술가로서 석숭이 "확실히 새로운 경지"에 다다랐음을 보여주는 것이며, 명종을 만든다는 것에 대한 인식전환이 일어났음을 의미한다. 그리고 그 방법으로서 택한 것은 바로 "10년전에 묻은 할아버지의 종과 홍륜사의 종을 함께 녹여서 그야말로 독창적인 종을 만드는 것"이었다. 그 '독창적인 종'의 내용은 다음과 같은 석숭의 독백에서 짐작할 수 있다.

어느날 아침 난 이번엔 이러한 종을 만들어보겠다는 제법 독창적인 마음의 준비를 가지게 되었오. 그것은 저 햇님과 같이 위대한 생명력이 약동하고 자애스럽고 평화스럽고 희망이 넘쳐흐르고 맑은 감동이 샘처럼 우러난 듯한 그러한 종소리를 온 세상 사람들의 가슴 속을 울려줄 수 있는 거룩한 종을 지향하게 된 것이오.

요컨대 종장으로서의 석숭의 정체성과 예술혼의 성장 과정은 다음의 세 단계를 거친다. ① 천하 제일의 종장이 되기로 결심 ② 다른 종장들이 흉내내지 못하는 새로운 길을 지향. 할아버지의 깨진 종과 홍륜사 종의 정체를 파헤쳐 두 종을 합하여 명종을 만들기로 다짐 ③ 두 종을 녹여 온 세상 사람들의 가슴 속을 울려주는 거룩하고 독창적인 종을 만듦.

이 영화에서 명종은 우리가 앞으로 만들어 나가야할 '민족문화'를 일컬으며, 세 단계에 걸쳐 형성되는 종장의 정체성은 바로 '민족문화'의 내용과 지향에 대한 은유이다. 할아버지의 깨진 종은 과거 경쟁에 밀려 식민지로 전락했던 아픈 역사와 전통문화를 가리키는데, 석숭이 명종을 만들기 위해 필요한 것은 '무덤 속의 깨진 종'을 꺼내는 것만이 다가 아니다. 바로 경쟁에 이겨 현재 홍륜사에 걸려있는 명종, 그것을 같이 녹여야 한다는 것이다. 여기서 홍륜사의 종은 당연히 일본, 혹은 일본 문화를 가리키는 것이 아니라, 바로 근대화의 경쟁에서 동양을 이긴 문화, 곧 서구 열강의 세계문화를 의미한다. 민족문화의 재건이 '죽은 할아버지의 종'을 꺼내는 전통론에 그치는 것이 아니라 세계문화의 좋은 점을 "속속들이 정체를 파헤쳐" 연구하여 함께 녹여냄으로써 전혀 새로운 문화를 창조하는 데에 있음을 효과적으로 웅변하고 있다. 게다가 그렇게 해서 만들어진 문화는 "자애와 평화와 감동"이 우러나와 "온 세상 사람들의 가슴 속을 울려줄 수 있는 거룩한" 문화라는 대목에서는 결국 민족문화 재건의 최종 목표는 세계 인류 보편의 가치에 기여할 수 있는 '민족문화'를 창조하는 것에 있다는 점을 명료하게 드러내고 있다.[76]

석숭은 자신이 평생을 바쳐 만들어낸 고령사의 종마저 공출될 위기에 처하자 종을 지키려다 낭떠러지에 떨어져 죽고 만다. 석숭이 영실의 품에서 "닮았어, 닮았어"를 되뇌이며 죽는 장면에서 영실은 누굴 닮았는지 대답을 듣지는 못했지만 그 순간 석숭도, 영실도, 관객들도 영실이 석숭의 딸임을, 유전적인 의미의 자식이라기보다는 정신적인 의미에서 영혼의 자식임을 알게 된다. 식민지 시기 고통받은 민중을 상징하는

---

76) 제작자 강노향이 한국의 '로컬리티'를 지나치게 강조하는 것을 지양하고 아시아의 일원으로서의 한국을 자각해야 한다고 주장한 것 역시 이러한 맥락에서이다. 「'로칼 칼라'를 지양하라, 아세아영화제 출품에의 일언」, 『한국일보』, 1959년 3월 1일자.

여성 영실은 비로소 석숭의 혼을 이어받은 진정한 자식이 되는데, 이는
상처받은 민족사를 회피하기보다는 그대로 정체성으로 받아들이려는
행위이다.[77] 마지막 장면에서 빈 종각에 선 영실의 내레이션은 1950년대
후반의 한국, 그리고 한국문화가 처한 현실을 보여주는 듯하다.

> 나는 오늘도 종각에 섰습니다. 종도 없고 종쟁이 아저씨도 안 계시는
> 이 종각이 내 인생의 전부인양, 내 고독한 혼의 안식처로 삼고 서보고
> 있는 것입니다. 그리고 괴로운 이 세상을 멀리 피해가며 이 종각에서
> 새로운 인생의 새벽을 기다려보겠어요. 오늘과 같은 연속이 아닌 또
> 하나의 다른 인생의 새벽을 기다려보겠어요.

종각에서 종의 부재는 아직 우리가 민족문화를 재건하지 못했고 여전
히 석숭의 과제가 후손에게 남겨져 있음을 의미한다. 말하자면 1950년대
민족문화란 결국 빈 종각처럼 부재한 것이다. 민족문화의 이상은 석숭이
명종을 향해 예술혼과 집념을 불태우듯이 얼마든지 꽃피울 수 있는
것이지만 현실은 빈 종각처럼 텅 빈 무엇이다. 그러나 '또 하나의 새벽'을
희망한다는 영실의 메시지는 미래형으로서의 민족문화의 재건에 영화의
제작진이나 혹은 이 영화에 공감했던 지식인들이 공감대를 형성하고
있음을 보여준다. 이는 '한국적인 것'에 대한 발견과 발명이 본격화되는
1960년대 이후의 민족문화론을 상기할 때,[78] 미래지향으로서의 민족문
화론이 어떠한 前史를 갖는가를 보여준다.

---

77) 여성의 수난을 민족의 수난으로 전유하려는 국가의 전략에 대해서는 권명아,
「여성 수난사 이야기, 민족국가 만들기와 여성성의 동원」, 『여성문학연구』 7,
한국여성문학회, 2002 참조.

78) 김주현, 「1960년대 '한국적인 것'의 담론 지형과 신세대 의식」, 『상허학보』
16, 2006 ; 「'한국적인 것'의 전유를 둘러싼 경쟁-민족중흥, 내재적 발전, 그리고
대중문화의 흔적」, 『사회와 역사』 93, 한국사회사학회, 2012.

이처럼 1950년대 후반의 '우수영화' 표창은 영화를 어떻게 민족문화 재건과 국민 계몽에 기여하도록 유도할 것인가 하는 문화재건의 맥락에서 파악할 수 있다. 이 때문에 '우수영화'가 영화적으로 작품성이 뛰어난 영화였다고 보기 어려운 것처럼, 반대로 국가의 영화 길들이기라는 차원에서만 바라보는 것도 무리이다. '우수영화'는 전후 문화재건의 지향과 화두들을 주제적으로 충실히 옮기고 있는 영화들이 주류를 이루었으며, 그 중에서도 <종각>은 전후 지식인들의 '민족문화' 논의를 영상화한 메타텍스트(meta-text)라고 보아도 무리가 없을 듯하다. 1950년대 민족문화의 재건, 이것은 결국 남한 국가의 국민문화가 어떻게 전근대와 결별하면서 북한과 확연히 구분되며 세계문화 속에서 확실하게 존재감을 인정받는 문화가 될 것이냐 하는 방법론과 지향에 대한 하나의 질문이라고 할 수 있다.

② <구름은 흘러도>에 나타난 '국민'과 '국민 도의'

재건의 키워드에서 '국민' 담론은 '우리는 무엇이 되어야 하는가?'라는 정체성 형성의 중요한 질문에 대한 대답이다. 1950년대의 '국민' 형성은 '국민 道義의 재건'이라는 과제로 표출되었다. 1950년대의 '우수영화' 중에서 '국민'의 도의 재건과 관련이 깊은 영화들은 생생한 민중들의 생활을 리얼하게 재현하면서 교훈을 남기는 영화들이었다. 그 중에서도 1960년에 '우수영화'로 선정된 <구름은 흘러도>(1959, 유현목)는 그 조건에 부합하는 영화였지만 한편으로는 1950년대 문화재건 이슈들이 어떻게 현실에서 힘을 발휘하며 영향을 주는지를 엿볼 수 있다는 점에서 주목할 만한 텍스트이기도 하다. <구름은 흘러도>는 야스모토 스에코(安本末子)라는 제일교포 소녀(한국 이름 안소임)가 1953년에 쓴 일기를 영화화한 것이다. 일본 출판계에 선풍적인 인기를 불러일으킨 원작

『니안짱(にあんちゃん)』[79]은 한국에서도 『구름은 흘러도 : 재일 10세 한국 소녀의 수기』라는 제목으로 출판되었다.[80] 한국에서 이 영화가 제작된 지 얼마 지나지 않아 같은 해 일본 니카츠(日活) 영화사에서도 이마무라 쇼헤이(今村昌平) 감독이 원작과 같은 제목인 <니안짱(にあんちゃん)>으로 영화화하였다.[81] 그런데 일본 원작을 한국에서 영화화하는 과정에서 발생한 우여곡절은 문화재건의 지향과 관련한 시사점을 준다.

하나는 외국 문화 수용에 관련된 문제였고, 다른 하나는 문화의 근대화와 관련된 문제였다. 우선 이 영화는 일본 원작이었기 때문에 영화화 과정이 순탄치 않았다. 판권 문제가 복잡한 일본 원작을 영화화하는 것에 대하여 문교부는 영화화 불가 판정을 내렸다. 곧 1959년 3월 18일 문교부 문화국장실에서 소집된 국산영화 자문위원회에서 문교부, 법무부, 기타 관계 기관이 모여 협의한 결과 이 책을 영화로 제작할 수 없다는 결론을 내린 것이다. 그 이유는 첫째, 이 작품을 영화화하려면 배경, 풍속 등이 일본 땅이어야 한다는 점, 둘째, 용어를 우리말로 하면 실감이 안 날 것이라는 점, 셋째, 아무리 최선의 준비를 갖춘다고 해도 영화로는 우리나라에서 소개될 수 없다는 점 때문이었다.[82] 이는 일본을 배경으로 영화화하는 것에 대해서는 아예 배제한 것일 뿐만 아니라, 번안과 각색을 거치는 영화의 특성을 전혀 고려하지 않은 것이었다. 여기에는 반일 정서와 동시에 한국영화의 역량에 대한 회의의 시선도

79) 安本末子, 『にあんちゃん : 十歳の少女の日記』, 東京 : 光文社, 1958. 이 책은 초판이 발행된 지 1년만에 57쇄가 발행되는 공전의 히트를 기록하였다.

80) 安本末子, 유주현 역, 『구름은 흘러도 : 在日 10歳 韓國 少女의 手記』, 신태양사, 1959.

81) KMDB에는 <にあんちゃん>을 <형>으로 소개하고 있는데, 일기의 주인공이 소녀이므로 <오빠>로 번역하는 것이 더 정확할 것이다.

82) 「『구름은 흘러도』 영화화는 부적당, 국산영화자문위서 결론」, 『조선일보』, 1959년 3월 19일자.

포함되어 있었다. 앞에서 살펴본 것처럼 당시에는 일본영화의 수입은
물론이고 조금이라도 일본색이 들어가는 한국영화조차 제작할 수 없을
정도로 정부는 반일주의를 고수하고 있었다.[83]

당시 정부나 지식인들이 일본 문화의 수입에 대해 단호한 입장을
취한 것은 일제의 잔재 청산이 문화재건의 중요한 과제였다는 점에서
알 수 있듯이 국민생활과 대중문화 면에서는 일본문화가 그만큼 만연해
있었기 때문이었다. 당시 일부 영화인들은 일본 가곡이 하루 종일 다방에
서 흘러나올 정도로 대중들이 일본문화에 대해 동경을 갖고 있다고
보았으며, 따라서 일본영화를 수입하면 큰 이익을 볼 것으로 기대하고
있었다. 4·19혁명 직전 동경에서 열렸던 제7회 아시아영화제 때 이미
한일 양국 영화인들은 기초교섭을 끝냈으며, 4·19 이후의 민주화된
분위기 속에서 일본영화 수입을 정식으로 거론하기 시작하였다. 일본영
화의 수입은 시기상조이며 스포츠 등에서부터 천천히 일본문화와 교류
해야 한다는 의견이 지배적이었음에도 불구하고,[84] 일본영화가 불법으
로 극장에서 상영되어 물의를 빚기도 했다.[85] 일본 국가 기미가요가
전곡으로 연주되는 문화영화가 아시아 올림픽 기록영화라는 교육적
명분으로 상영되어 관객들의 항의를 받은 적도 있었다.[86] 1950년대
말부터 조금씩 수면위로 올라왔던 일본영화 수입에 대한 영화계의 기대
는 4·19 이후에는 민주화의 기대감 속에 영화계의 민주화가 현안으로
떠오른 분위기에서 외화수입 규제에 대한 전면적인 재검토를 요구하여
급기야 영배(대한영화배급협회)와 제협(한국영화제작자협회) 간의 갈등

---

83) 「우수국산영화 심사를 마치고」, 『문교월보』 47, 1959년 8월호, 25쪽.
84) 유한철, 「일본계 영화 등장은 시기상조」, 『조선일보』, 1960년 8월 17일자.
85) 「일본영화 聖火 상영에 말썽, 수입경로 알송달송, 당국·업자 서로 책임 밀어」,
    『서울신문』, 1960년 9월 27일자.
86) 「日 선전 치중한 영화」, 『서울신문』, 1960년 9월 27일자.

을 유발시키는 데에까지 나아간다.[87]

이처럼 일본영화를 수입하거나 혹은 일본 원작의 영화를 제작함으로써 일본문화와 교류하길 원하는 영화인들과 달리 일본영화는 물론이고 영화에 일본 옷이 등장하는 것까지 금지할 정도로 반일이 철저했던 1950년대 말의 정부는 아무리 재일교포 소녀라지만 일본색이 들어있는 일본어 원작을 영화화한다는 것 자체에 거부감을 느꼈던 것이다. 그러나 영화사는 당시 예술영화 감독으로 연출력을 인정받고 있던 유현목을 연출자로 끌어들이고 시나리오 작가로서 연타를 치고 있던 김지헌[88]에게 각색을 맡기는 한편, 당대 최고의 배우들인 김승호, 주선태, 최남현 등을 합류시켜 무사히 영화화에 성공하였다.

그런데 이 영화가 국내에서 흥행과 비평에 성공하면서 1960년 우수영화 작품상 1위를 차지하고 나아가 국제영화제에 출품하면서 문제가

---

87) 제협이 과거의 영화정책을 두고 "외화에 편중하여 국산영화에 대한 제작자의 수혜권리를 박탈했다"고 당국에 항의하면서 "국산영화 제작편수에 기초를 두고 외화 쿼터를 할당해야 한다"고 주장한 것이 발단이었다. 이에 영배는 즉시 진정서를 내고 "쿼터를 특전으로 삼아 국산영화 장려를 위한 보상용으로 사용하는 것이야말로 비정상적"이라고 반박하였다. 이러한 양측의 갈등의 이면에는 일본영화 수입에 대한 권리를 어느 쪽이 선점할 것인가 하는 문제가 놓여있었다. 「벌써 일화 수입권 노리고, 혼미하는 영화계, '제협'·'영배'가 충돌」, 『한국일보』, 1960년 6월 1일자.

88) 김지헌(1930~ , 본명 김최연)은 평안남도 진남포 출생으로 먼저 시인으로 데뷔해 활동하다가 1958년 조선일보 신춘문예에 시나리오 「종점에서 피는 미소」가 당선되어 시나리오 작가로 데뷔하였다. <자유결혼>(1958), <구름은 흘러도>(1959), <젊은 표정>(1960) 등의 예술적이고 시적인 시나리오를 써서 한국의 대표적인 시나리오 작가로 주목받았다(「GO, STOP」, 『조선일보』, 1960년 8월 17일자). 1966년 대종상 각본상을 받은 <태양은 다시 뜬다>, <만추> 등을 비롯하여 2000년 <침향>에 이르기까지 40여년 동안 멜로물, 사회물, 문예물 등 많은 오리지널 작품을 집필하여, 오영진, 최금동과 함께 3대 시나리오 작가로 꼽힌다. 박상찬, 「감성의 언어를 만드는 작가 김지헌」, 2000, http://www.kmdb.or.kr/vod 참조.

발생하였다. 1960년도 제7회 아시아영화제와 제10회 베를린영화제에 일본의 <니안짱> 역시 출품되어 같은 원작의 영화가 동시에 상영된 것이다. 일본 니카츠(日活) 측에서는 <구름은 흘러도>가 정식으로 영화화 판권을 사서 영화화한 것이 아니라는 문제를 제기하였다. 곧 원작자인 스에코(末子)가 일본측 출판사인 광문사와 독점으로 출판권과 2차 판권 일체(영화, 연극, 라디오, 텔레비전 등으로 만들 권리)를 계약하였다는 것이다. 이에 한국측에서는 末子의 오빠인 안동석으로부터 한국내의 저작권 및 이에 따르는 일체의 권리를 전남 보성의 6촌 오빠에게 위임하였고, 그가 다시 서울의 평진산업 대표자 고재원에게 제작 권리를 넘겼다는 문서를 제출하면서 이러한 주장을 일축하였다. 한국쪽 참가자들은 베를린영화제에서 이마무라 쇼헤이 감독의 <니안짱>보다 유현목 감독의 <구름은 흘러도>가 더 나은 평가를 받자 시기심에서 일본측이 터무니없는 주장을 한다는 식의 반응을 보였다.[89]

그러나 여기에는 뭔가 석연치 않은 구석이 있다. 원작자의 6촌 오빠가 위임받았다는 것이 사실이라고 할지라도 그것이 책을 번역 출판하는 권리인지 아니면 영화화 권리까지 포함한 것인지가 명확하지 않았기 때문이다. 아마도 저작권 개념이 분명치 않았던 당시로서는 책의 출판권을 영화화권으로 확대 해석했을 가능성도 배제할 수는 없다. 1950년대 후반 급격하게 늘어난 한국영화 제작편수를 생각할 때 오리지널 시나리오로는 그 수요를 다 충족시키지 못했을 것이며, 따라서 외국영화와 외국의 원작이 한국영화 콘텐츠의 공급처가 되었다는 추측이 가능하다. 말하자면 한국영화계의 영화 제작 시스템이 아직 산업화=표준화=체계화되지 못한 상황에서 양적인 팽창이 앞설 때 이런 논란은 불거질 수밖에

---

89) 「<구름은 흘러도>의 영화권은? 한·일 양국서 영화화」, 『서울신문』, 1960년 9월 28일자.

없는 문제였다.

1950~60년대 한국영화계는 일본영화의 영향을 적지 않게 받았고 소재가 같은 경우도 있어 표절 논란이 끊이지 않았다.[90] 특히 일본영화 수입 금지로 대중들은 일본영화를 접할 수 없는데 비하여, 영화인들은 일본에 현상을 하러간다든지 하는 왕래가 있었기 때문에『키네마준보(キ ネマ旬報)』[91] 등을 통해 일본영화계 소식을 쉽게 접할 수 있었다. 일본영화 의 수입금지가 오히려 영화인들이 그다지 어려움 없이 일본영화를 모방 할 수 있는 환경을 제공했던 셈이다. 그러나 <구름은 흘러도>가 <고려 장>과 함께 1963년 제10회 아시아영화제에 출품되어 일본 관객에게 선을 보여 호평을 이끌어냈다는 점을 고려하면 이러한 현상들은 문화의 민간 교류 차원에서 자연스러운 현상이라고 할 수 있다. 결과적으로 이러한 우여곡절 끝에 완성된 <구름은 흘러도>가 보여주는 선의에 가득한 인간상과 가난의 극복에 대한 순박한 희망은 '우수영화'가 되기에 충분한 감수성을 보여주었다.

이처럼 <구름은 흘러도>는 이상적인 국민상의 전시를 통해 '국민'된 도리의 마음가짐을 설파하는 영화이다. 앞에서 살펴본 대로 재일교포

---

90) 대표적으로 기노시타 게이스케(木下惠介) 감독의 <나라야마 부시코(楢山節 考)>(1958)로부터 영향을 받은 <고려장>(1963, 김기영)이나 일본 영화 <진흙투 성이의 순정(泥だらけの純情)>(1963, 中平康)을 리메이크했다고 알려진 <맨발의 청춘>(1964, 김기덕)을 들 수 있다. <고려장>은 독창적인 부분이 많아 제10회 아시아영화제에 출품되었을 때에도 표절 시비가 없었던 반면, <맨발의 순정>은 표절 논란이 있었다. 후자는 때때로 리메이크로 보도되기도 했다(「신·엄 컴비의 순애보-김기덕 감독 <맨발의 청춘>」, 『서울신문』, 1964년 3월 4일자). 영화에 판권(저작권) 개념이 도입된 것은 1967년 스톡홀름에서 열린 국제지적재산회의 에서 74개국 대표들이 모여 영화에 판권을 부여하기로 결정하고부터이다. 「영화 에도 판권 부여」, 『서울신문』, 1967년 7월 15일자.

91) 1919년 창간되어 일본에서 가장 오래되고 최고의 권위를 자랑하는 영화 전문지이 다.

소녀의 일기 『니안짱(にあんちゃん)』을 영화화한 것인데, 같은 원작을 토대로 만든 이마무라 쇼헤이(今村昌平) 감독이 연출한 영화 <니안짱(にあんちゃん)>(1959)과는 적잖은 차이가 있었다.[92] 당시의 기사들은 <구름은 흘러도>의 내용이 원작이나 이를 토대로 만든 일본영화 <니안짱>과는 전체적인 분위기와 결말, 주제 등에서 차이가 있다고 보도하였다. 곧 <니안짱>은 '무겁고 음영이 짙은 좌경색채'의 사회극인 반면에 <구름은 흘러도>는 '동양적인 인정미가 포근히 서린 아름다운' 영화라는 것이다. 결말도 <구름은 흘러도>가 해피엔딩인데 비하여 <니안짱>은 고생담이 계속되는 가운데 끝이 난다고 한다.[93] 같은 원작을 두고 왜 이러한 차이가 생겨났던 것일까?

바닷가 광산촌의 쓸쓸한 풍경을 스케치하며 시작하는 <니안짱>과 달리 <구름은 흘러도>의 이야기는 광산촌을 배경으로 '고향의 봄' 노래를 부르며 줄지어 가는 아이들로 시작된다. 어머니에 이어 아버지마저 돌아가시고 어렵게 살아가는 네 남매는 큰 오빠 동석(박성대)이 광산에서 해고당하자 더욱 살기가 어려워지고, 막내 말숙(김영옥)은 책값이 없어 학교를 결석하고 만다. 동석과 언니 양숙(엄앵란)이 돈을 벌러 떠나자, 작은 오빠 동일(박광수)과 말숙은 이웃집에서 구박을 받으며 살게 되지만 말숙은 일기를 쓰면서 마음을 달랜다. 광업소 소장 딸인 친구네 집에서 실수로 조각상을 깬 말숙은 사과의 뜻으로 일기를 선물하고, 그 일기를 읽은 소장네 식구들은 그 꿋꿋하고 맑은 마음씨에 감동받는다. 친구의 언니인 선희(조미령)의 도움으로 출판된 말숙의 일기가 베스트셀러가

92) KMDB에는 <にあんちゃん>을 <형>으로 소개하고 있는데, 일기의 주인공이 소녀라는 점에서 <작은 오빠> 정도가 적절하다고 생각된다. <にあんちゃん>의 영어 제목 역시 <My Second Brother>이다.

93) 유희대, 「제10회 백림영화제 참가기」, 『경향신문』, 1960년 7월 23일자.

되자 동석은 광산에 다시 취직되고 흩어졌던 남매들도 다시 모여 살게 된다.

일기는 1953년 일본에서 쓰여진 것이지만 <구름은 흘러도>의 배경이 되는 것은 1950년대 후반 강원도의 한 탄광촌이다. 실제로 1950년대 후반 광산노동자들은 대개 전쟁으로 피폐해진 농촌 출신으로, 전국에서 모여든 광산 노동자들은 언제든 돈을 벌면 고향으로 돌아갈 생각을 하고 있었기 때문에 광산에 대한 애착이 적었다.[94] 1950년대 국영탄광을 중심으로 한 광산노동자들의 노동운동은 1954년 대한석탄광노조연합회의 대대적인 파업 단행 이후 활발히 이루어졌으며, 4·19 이후에는 이러한 불만이 한꺼번에 표출되면서 노동자들에 의해 사무소가 습격당하는 일도 빈번히 일어났다.[95] <니안짱>의 배경인 1953년의 일본 큐슈지방의 탄광촌[96] 역시 이러한 노동쟁의의 한 가운데 서있었다. 특히 당시 큐슈지방에는 징용으로 끌려온 조선인들이 많았기 때문에 말숙의 부모 역시 강제 징용으로 일본으로 오게 된 경우라고 추측된다. 영화에는 자세히 나오지 않지만 동석이 정식 직원으로 채용된 것이 아니라 돌아가신 아버지의 자리를 메우는 임시직이었던 것 역시 재일교포에 대한 차별에서 비롯된 것일 가능성이 크다. 동석은 일당을 받는 임시식이었기 때문에 정규 고용직 위주의 파업에 동참해도 그 혜택을 보지 못한 것은 물론, 오히려 일을 못하기 때문에 수입이 줄어들었고 경기가 어려울

---

94) 김원, 「광산공동체 노동자의 일상과 경험 ─ 1950년대 광산노동자를 중심으로」, 이종구 외, 『1950년대 한국 노동자의 생활세계』, 한울, 2010, 121쪽.

95) 이흥석, 「1960년대 전반 탄광촌의 현실과 탄광노동자들의 대응」, 연세대학교 석사학위논문, 2008, 41쪽.

96) 일본 큐슈(九州)지방 북서부의 佐賀縣 東松浦郡 入野村 오오쓰루(大鶴) 광업소라는 인구 4천명의 조그마한 마을이 원작의 배경이 된 곳이다. 安本末子, 유주현 역, 앞의 책, 11쪽.

때면 가장 우선적으로 해고 대상이 되었다. 동석이 동료들의 파업 동참 요청을 뿌리칠 수밖에 없었던 것에는 이러한 사정이 있었다.97) <니안 짱>은 이러한 재일교포 광산 노동자 가족의 분위기를 어린이의 시선으로 순진하지만 고스란히 전달하면서 어두운 현실을 리얼하게 묘사했다고 볼 수 있다.

또한 <니안짱>은 네 남매가 뿔뿔이 흩어져 사는 슬픈 현실 속에 집을 떠났다가 스에코에게로 돌아온 작은 오빠의 희망적인 내레이션으로 끝이 나지만 현실이 변한 것은 아무것도 없다. 이에 반해 <구름은 흘러도>는 광산 노동자들의 현실을 리얼하게 묘사하는 것에는 애초에 별 관심을 보이지 않다가, 일기가 출판되면서 가족이 다시 모여 살게 되고 마을에서도 크게 축하해주는 해피엔딩으로 끝을 맺는다. 곧 <구름은 흘러도>는 한 탄광촌 소녀가 쓴 일기를 내용으로 한 영화라기보다는 이 일기를 출간하게 된 배경과 후일담까지 포함한 전체 이야기를 하나의 '美談'으로 보고 이를 영화화한 것이라고 볼 수 있다. 이것이 일본판 영화 <니안짱>과 한국판 영화 <구름은 흘러도>의 다른 점이다. 그렇다면 <구름은 흘러도>는 왜 이러한 서사 전략을 선택한 것일까?

그것은 <구름은 흘러도>의 기획의도 자체가 어려운 현실에서도 순수한 마음을 잃지 않는 한 소녀를 부각하는 것보다는 이를 둘러싼 사회의 반응과 대응에 더 관심을 두었기 때문이다. 이 영화의 등장인물들은 어색하리만큼 모두 선하게 묘사된다. <니안짱>이 스에코 아버지의 장례식에서조차 자기 몫을 챙기는 인정머리 없는 이웃집 노파가 반복적

---

97) 말숙은 '파업은 나의 원수'라는 말로 이러한 상태를 묘사하고 있다. 安本末子, 유주현 역, 앞의 책, 106~107쪽. <구름은 흘러도> 시나리오에는 파업 참여를 거부하는 동석의 심정이 잘 드러나 있다. 『한국시나리오걸작선 005 - 구름은 흘러도』, 커뮤니케이션북스, 2005, 11쪽.

으로 나오는 것과는 대조적이다. 이 노파는 조선인으로 설정되어 가끔 "아이구", "이 병신아" 등의 조선말을 내뱉으며 온갖 이기적인 행동을 서슴지 않는다. 반면 <구름은 흘러도>에서 이 같은 역할을 하는 이를 굳이 찾자면 말숙과 동일을 떠맡은 이웃집 아주머니인데, 원작에서는 말숙에게 직접 잔소리를 하지만, 영화에서는 이나마 그 잔소리가 남편을 향해 있다. 유일한 갈등은 동석에게 파업 참여를 강권하는 광산 동료들과 파업에 참여하지 않겠다는 의사를 표명하다 동료들로부터 뭇매를 맞은 동석 사이에서 나온다. 오히려 갈등의 상대여야 할 석탄공사 광업소 소장은 동석의 식구들에게 한없는 자비와 아량을 베푸는 존재로 나온다. 소장은 동석의 해고로 살림이 더욱 어려워진 말숙에게 돈을 쥐어주며 "언제든지 어려울 땐 나한테 오라"며 인자한 미소를 짓는다. 동석을 해고시킨 장본인이었을 소장이 동정의 발로로 한 행동이라고 하기엔 일관되게 '선량한 어른'으로 등장하는 소장의 모습은 원작에는 없는 것으로 무척 작위적인 느낌을 지울 수 없다.

책값이 없어 학교에 가지 못하는 말숙의 가난은 다른 아이들에게는 전혀 해당되지 않고 마치 말숙의 가족에게 국한되는 것 같이 묘사되고 있나. 말숙의 가족이 가난한 이유는 단지 부모님이 안계시기 때문이고 오빠마저 직장을 잃었기 때문이다. 빈곤의 문제가 개인의 문제로 축소되면서 빈곤을 구제하는 것은 어려운 상황에서도 순수함을 잃지 않는 마음이며 이에 부응하는 선한 이웃들의 온정으로 곡해된다. 여기서 빈곤은 착한 사람들의 性情에 전혀 악영향을 미치지 못한다. 특히 주인공 말숙의 내레이션으로 이어지는 일기는 너무 순수해서 성스러운 느낌마저 든다. 말숙은 선희의 표현대로 "마음이 건강해서 더 슬픈" 목소리로 "구름이 많이 모이면 비가 된다. 구름처럼 우리도 흐른다. (우리도) 비가 되고 개면 좋겠다"고 하는데, 말숙의 일기가 출판되어 유명해지자 정말이 가족은 개인 날을 맞이하게 된다. 유현목 감독이 2년 후에 <오발탄>이라는 걸출한 리얼리즘영화를 발표한 것을 상기해 보면 유독 이 영화에서 사회의 구조적 문제를 도외시하고 빈곤과 소외의 문제를 철저히 개인의 문제로 왜소화시킨 데에는 감독의 세계관을 넘어선 다른 이유가 있는 것으로 보인다. 영화는 사회 하층민들은 불평불만보다는 순수한 마음과 희망을 잃지 않아야 하며, 현실을 타개하고 가난을 극복하는 것은 사회 지도층의 소외계층에 대한 온정이라고 말한다. 곧 1950년대 전쟁으로 각박해지고 땅에 떨어진 국민 도의를 재건하기 위해서는 어려운 이웃에게 온정의 손길을 내밀 수 있는 惻隱之心의 회복이 필요하다고 말하고 있는 것이다. 이것이 바로 이 영화가 위에서 살펴본 여러 우여곡절과 논란을 거치면서도 영화화되어야 했던 이유이며 '우수영화'로 꼽힌 이유이기도 하다.

이 같은 '가난한 자의 순수한 마음'과 이에 감동한 사회 상류층의 온정주의는 이후에도 계속 영화의 소재로 즐겨 사용된다. 그러나 1960년대에는 이러한 영화들이 1950년대 국민 도의 재건과는 다소 다른 차원에서 논의된다. 말숙의 일기처럼 베스트셀러가 된 어린이의 수기를 영화화한 <저 하늘에도 슬픔이>(1965, 김수용) 역시 1966년 대종상 특별장려상을 받은 '우수영화'이다. 이 영화에도 국민학생인 윤복(김천만)의 가족들은 엄동설한에 집세가 없어 움막집으로 이사를 가야 할 정도로 어려운 생활을 하고 있다. 노름에 빠진 아버지와 아버지의 학대에 못이겨 집을 나간 어머니는 윤복이를 더욱 어려운 지경으로 몰아간다. 그러나 교사인 동식(신영균)은 윤복의 일기에 감동하여 동생을 시켜 출판사에 찾아가도록 하고, 출판된 윤복의 일기가 인기를 얻자 아버지는 뉘우치고 어머니도 집으로 돌아온다. 이 영화에서도 가난은 사회의 구조적인 문제에서 시작된 것이 아니라 게으르고 비합리적인 아버지에서 비롯되는 것으로

묘사된다. <구름은 흘러도>가 1950년대식 도의로 가득찬 어른들의
세상이었다면 1960년대의 어른들은 전근대적 비합리적이고 무엇보다
노동을 하지 않는 무책임한 인간들로서 이들이 근대적 합리적 인간으로
개조될 때에만이 행복은 찾아올 수 있다. 물론 여기에서도 이들을 가엾게
여기고 이들을 구제할 방법을 제시하는 엘리트의 역할은 중요하다.
국민 도의를 먼저 획득한 계몽적인 어른에 의해 도의가 확립될 수 있음을
보여주는 <구름은 흘러도>와 달리 그 1960년대 버전인 <저 하늘에도
슬픔이>는 '국민'으로 거듭나기 위해서는 어른들의 인간성 개조를 좀더
강조하고 있다는 점에서 차이가 있다.

2) 1960년대 '우수영화'에 나타난 '반공'과 '근대화'

① 〈제3지대〉에 나타난 '반공'의 의미 변화

1960년대 재건의 키워드 중에서도 가장 문제적인 것은 '반공'이다.
그것은 반공의 의미가 더욱 정치해지고 그 함의가 다변화됨을 의미하기
때문이다. 1966년 대종상 반공영화 각본상을 받은 <제3지대>(1968,
최무룡)는 '반공영화'로 생산되고 소비된 영화들이 1960년대 후반에
어떤 변화를 거치는지를 잘 보여준다.[98] 특히 이 영화는 '반공'의 메시지를
강조하다가 대중성을 잃은 다른 '반공영화'들과 달리 흥행에도 성공하였

---

98) '반공영화'가 개봉 당시부터 반드시 '반공영화'로 지칭된 것은 아니다. 한국
   최초의 '반공영화'라고 평가되는 <전우>(1949, 홍개명)나 <성벽을 뚫고>(1949,
   한형모)는 개봉 당시에는 '반공영화'로 불리지 않았다. '반공영화'가 범주적으로
   설정된 것은 <주검의 상자>(1955, 김기영)와 <피아골>(1955, 이강천) 등을
   둘러싼 논쟁이 일어난 1950년대 중반 무렵부터이며, 이것이 하나의 장르처럼
   인식되기 시작한 것은 1950년대 후반이라고 생각된다. '반공영화'의 의미와
   범주화에 대해서는 정영권, 『한국 반공영화의 제도화 연구 : 1946~1968 전쟁영
   화의 접합 과정을 중심으로』, 동국대학교 박사학위논문, 2010 참조.

기 때문에 대중들의 '반공'에 관한 감수성을 엿볼 수 있다. 성공한 '반공영
화'로서 이 영화가 가진 '반공'의 맥락 변화를 두 가지 차원에서 이해할
수 있다. 첫째는 '반공'이 내포하는 메시지가 '반북'으로 명확히 예각화되
었다는 점이고, 둘째는 '반공'의 외연이 국내에서만이 아니라 국제적으로
확대되었다는 점이다. 1960년대 후반의 '반공영화'들이 가지는 '반공'의
의미 변화를 1966년 신설된 대종상 반공영화상을 수상한 작품들을 통해
살펴보면 다음과 같다.

〈표 27〉 대종상 반공영화상 수상작(1966~1968)

연도 상명칭	1966	1967	1968
우수반공영화상	8240 K.L.O. (제일영화)	돌무지 (대양영화)	카인의 후예 (한국영화)
반공영화 각본상	한우정 (군번없는 용사)	조문진 (고발)	김동현 (제3지대)

*자료 : 한국영화진흥조합, 『한국영화총서』, 1972, 1487쪽.

이 영화들을 원작 여부와 장르, 주제에 따라 분류하면 다음과 같다.

〈표 28〉 대종상 반공영화상 수상작의 장르와 주제

연도	작품명	원작 여부	분류	주제
1966	8240 K.L.O.	KBS 실화극장	전쟁, 군사	임무 완수, 전우애
	군번없는 용사	오리지널 시나리오	전쟁, 군사	가족을 파괴하는 공산주의
1967	돌무지	KBS 실화극장	전쟁, 북한	가족/공동체 파괴하는 공산주의
	고발	실화	간첩, 북한	북한 사회의 학정
1968	카인의 후예	황순원 소설	북한	토지개혁 과정의 비인간화
	제3지대	KBS 실화극장	첩보, 북한(조총련)	가족을 파괴하는 공산주의

위 표에서 눈에 띄는 공통점은 <제3지대>를 제외한 다섯편의 영화들이 모두 전쟁 전이나 전쟁 중의 북한 사회를 직접적으로 묘사하거나 배경으로 하고 있다는 점이다. <제3지대> 역시 직접적으로는 재일교포 사회를 그리고 있지만 조총련을 소재로 함으로써 간접적으로 북한사회를 묘사하고 있다. 이러한 경향은 1965년까지 대종상을 받은 영화들 중 반공영화라 불리는 <돌아오지 않는 해병>(1963, 이만희), <남과 북>(1965, 김기덕)과 비교해 보면 잘 알 수 있다. <돌아오지 않는 해병>이나 <남과 북>은 전쟁이 한창인 시점에 군인들의 전투를 다루거나 군인이 주인공이 되는 이야기로서 북한 지역이 주요 배경이 되지는 않는다. 그런데 1966년도 수상작들인 <8240 K.L.O.>(1966, 정진우)와 <군번없는 용사>(1966, 이만희)는 북한 지역이 영화의 배경이 되기는 하지만 본격적으로 '북한 사회'를 다루고 있지는 않다. <8240 K.L.O.>는 전쟁 중 대규모 화약공장이 건설되고 있는 북한 지역에 침투하여 공장 폭파 작전을 수행하는 부대원들의 이야기이고, <군번없는 용사>는 마식령 산맥 일대에서 반공유격대로 활동하고 있는 큰 아들을 지원하고 있는 아버지의 이야기로서 북한 지역이긴 하지만 중앙의 지배력이 말단까지 채 미치지 못한 모습을 보여주고 있기 때문이다. 반면 1967~1968년 수상작들은 전쟁 전이나 전쟁 중, 그리고 전쟁 후의 북한 사회를 적나라하게 해부하고 그 모순을 비판하고 있는 내용이다.

1966년작과 1967~68년작 사이에 보이는 이러한 차이는 영화 제작자들이 반공영화상을 의식하고 영화를 만들었느냐 아니냐에서 발생한다. 곧 반공영화상이 처음으로 수여된 1966년의 수상작들은 상이 신설되기 전에 제작, 개봉된 영화들로서[99] 정부의 시책으로부터 상대적으로 자유

---

99) <군번없는 용사>는 1966년 3월에, <8240 K.L.O.>는 동년 5월에 개봉되었다. 대종상 시상은 매년 10월경에 열린다.

로운 1965년까지의 '반공영화'들과 친화성을 갖지만, 반공영화상이 신설된 후 제작된 1967년부터의 수상작들에서는 '반공'을 강화하려는 정부의 시책을 의식하고 있었다는 의미이다. 그렇다면 정면으로 북한을 다루는 것이 왜 더 '반공적'으로 인식되었던 것일까? 그 이유를 알아보기 위해서 1950~60년대 '반공영화'가 가지는 대체의 경향을 간단히 살펴보자.

1950년대에 '반공'이란 전세계의 적화를 꾀하는 공산진영에 맞서는 자유진영의 최전선이자, 아시아 자유진영의 맹주로서의 대한민국의 위치를 재확인하는 키워드였으며, 국민과 非국민의 경계를 구분짓는 배제의 전략이었다. 1960년대 '반공'이 '근대화'의 키워드와 결합하여 '승공'이 되는 과정은 이러한 배제의 전략이 어떻게 남한의 국민만을 대상으로 하는 통합 전략에 효과적으로 이용되는지를 보여준다. '승공' 논리의 주요 과제로 제시되었던 '방첩'은 이른바 간접침략으로서의 간첩 침투를 막는다는 의미와 더불어, 모든 중립적 사상들과 남한 내부의 反정부적 활동을 '용공'이라 규정하고 배척하기 위한 기제로 이용된 측면이 크다. 이처럼 1950년대 전쟁영화들에서 보이는 미국과의 혈맹 관계 강조라든가 1960년대에 활발히 제작되기 시작한 간첩/첩보영화들에서 보이는 '승공' 논리 등은 '반공영화'가 '반공'이라는 이데올로기를 충실히 반영하기 위해 애쓴 흔적을 드러내고 있다.

그런데 1950년대 <피아골>(1955, 이강천)이나 1960년대 <7인의 여포로>(1965, 이만희)가 각각 국가보안법과 반공법 위반으로 상영이 순조롭지 못했던 것에서 알 수 있듯이,[100] 영화의 생산자들이 스스로 '반공영화'

---

100) <피아골>은 영화에 남한의 군인이나 경찰이 전혀 등장하지 않는다는 점과 빨치산을 인간적으로 묘사했다는 점 때문에 국가보안법 위반으로 상영이 금지되었다(「상영중지 받은 영화 <피아골>」, 『경향신문』, 1955년 8월 26일자). <피아골>을 둘러싼 논쟁에 대해서는 김소연, 「전후 한국의 영화담론에서 '리얼리즘'의 의미에 관하여-<피아골>의 메타비평을 통한 접근」, 김소연 외, 『매혹과 혼돈의

를 제작한다는 의식을 하고 자신들의 영화에 반공 이데올로기를 반영한
다고 해도 그것이 국가가 원하는 '반공'이 아니거나 그에 못 미치는
경우가 많았다는 것은 아이러니컬한 일이다. <피아골>이나 <7인의
여포로>에서 가장 문제시되었던 것은 공산주의자를 '인간적으로' 그렸
다는 점이다. '반공'의 맥락에서 공산주의자는 제대로 된 인간성을 담지한
존재가 아니기 때문이다. <피아골>에서 "반동분자의 창자를 씹어먹는"
대장의 존재는 이를 단적으로 묘사하는 대목이다. 그러나 이 두 영화에서
'인간적으로' 묘사되었다는 공산주의자들은 모두 영화의 주인공들이고
따라서 인간적인 변모를 뜻하는 캐릭터의 변화는 관객이 감정이입하는
대상인 주인공들의 필연적인 운명일 수밖에 없다. 공산주의자인 주인공
들이 처음엔 공산주의를 맹신하다가 나중엔 회의를 느끼고 남한에 귀순
하는 과정이 검열 당국이 보기에는 '인간적'으로 보였던 것이다. 또한
<7인의 여포로>에서 보이듯이 북한군이 같은 민족인 남한의 여장교들
을 구하기 위해 중공군에 맞서 싸운다는 설정은 북한을 여전히 같은
민족으로 포용하고 있는 대중영화의 감수성을 보여준다. '반공영화'가
오히려 '민족' 정서를 자극함으로써 대중성을 획득하고 있는 것이다.

이때 '반공'이냐 아니냐를 가려내는 당국의 검열 감각과 해당 영화가
'반공영화'임을 주장하는 영화인들의 '반공' 감각은 영화의 예술성과
오락성을 두고 서로 충돌한다. 곧 영화인들은 반공영화가 관객들에게
'반공'의 메시지를 제대로 전해주기 위해서는 영화의 예술성이나 작품성
도 높아야 하지만 어느 정도 오락적이어야 한다고 주장하고 있는데

시대-50년대의 한국영화』, 소도, 2003 참조. 한편, <7인의 여포로>를 연출한
이만희 감독은 반공법 위반으로 구속되었는데 그 이유는 북한을 독립된 국가로
보았다는 점과 북한 역시 한민족이라는 것을 드러냈다는 점이었다(「영화계에
계엄-이만희 감독 구속의 안팎」, 『조선일보』, 1965년 2월 6일자). <7인의 여포
로> 사건에 대해서는 정영권, 앞의 글, 140~145쪽.

반해, 검열 당국은 예술성과 오락성이 오히려 '반공' 의식 저하의 이유가 된다고 여겼다. 예술에 대한 무지와 몰이해를 드러내는 이러한 검열 당국의 아집은 그러나 일면 타당한 면도 있었다. 대중의 감수성은 가장 '반공적'인 영화에서조차도 '반공'과 완전히 일치되지 않는 어떤 흔적을 내포하고 있으며, 그것이 오락성과 예술성을 빌미로 발현될 수 있기 때문이다. 검열 당국의 신경증적 과민반응이 거꾸로 '반공' 전선의 미세한 균열마저 포착해내는 예리함을 표출했다는 것은 역설적이다. 이처럼 1960년대 중반 '민족' 정서에 충만한 '반공영화'들은 '반공'의 의미가 어떻게 변주되고 다른 의미를 포함할 수도 있는지를 잘 보여준다. 북한 사람들도 같은 민족이기 때문에 이념은 미워해도 사람은 미워할 수 없으며 한 민족으로 포용해야 한다는 메시지는 말 그대로 '반공' 논리의 불철저함으로 연결될 수 있는 정서였다.

그렇다면 정부의 시각에서도 만족할 수 있는 반공영화는 '민족'으로부터 북한을 배제하는 영화들일 것이다. 소련을 조국이라 부르는 '反민족적인 괴뢰집단'으로서의 북한을 부각시키고 북한 주민들을 연민의 눈으로 보기보다는 그들의 어리석음과 비인간성을 폭로함으로써 북한의 지배층에 대한 비판만이 아니라 북한 주민 모두를 비판의 테두리에 넣는 것이다. 곧 1960년대 후반의 '반공영화'들이 더욱 '반공적'이기 위해 취한 전략은 북한 사회 전체를 정면으로 묘사하는 것이었다. "反인권적인 북한의 虐政"에 대한 기사가 반공잡지에 의해 빈번하게 노출된 것도 같은 맥락이었다.[101] 1966년 대종상 반공영화상 부문에서 상을 받았거나 외화쿼터를 받기 위해 이 상을 수상하고자 기획했던 영화들에 유독 '반북적'인 내용이 많은 것은 이 때문이었다.

---

101) 「북한의 사회분석 ─ 북한의 가족제도는 어떠한가」, 『자유의 증언』 1, 1966.

한편, '반공'의 외연은 훨씬 확장되었다. 1960년대의 '반공'은 근대화론과 결합하여 북한을 이기자는 '승공'으로 구호화되는데, 이를 위한 실천 방략 중 하나로 제시된 것이 '방첩'이었다. '방첩'은 단순히 간첩을 막는 것에 그치는 것이 아니라 정부에 반대하는 시민, 학생, 야당 국회의원, 저항적 지식인을 포함하여 중립적인 사상을 수용하려는 모든 이들에 대한 경계와 감시를 의미했다. 반공법의 성립은 '반공'의 범주에 '반정부'를 포함시켰다. 모든 중립사상을 '容共'이라는 혐의로 배척하고 정부에 반대하는 것 자체를 체제에 대한 중대한 도전으로 여겨 반공법으로 처벌할 수 있었던 것이다. 한일회담 반대 시위를 다룬 문화영화 <난동은 이적이다>(1964, 최봉암), <누구를 위한 난동인가>(1965, 한호기) 등에서 보이듯이, 정부의 정책에 반대하는 학생과 시민들의 요구를 '난동'이자 '利敵 행위'로 규정하는 것은 반공법과 '방첩' 구호 아래에서 상시적으로 정당화되었다.

'방첩' 구호가 높아져가는 것과 발맞춰 나온 '반공영화'들은 간첩/첩보 영화들이었다. 특히 1965년에 수입되어 흥행에 크게 성공한 '007시리즈'의 영향으로 제3국을 배경으로 하는 첩보 오락영화들이 활발하게 제작되었다. 이 영화들은 국제사회에서 암약하고 있는 북한의 간첩들을 다루고 있는데, 이들 간첩들은 모두 겉으로 보아서는 '순한 양의 탈'을 쓰고 있어 민간인과 쉽게 구별하기 어렵지만 곧 본색을 드러내고 저항하다가 뒤늦게 후회하면서 죽어가는 것으로 묘사된다. 주로 일본이나 대만, 홍콩 등을 배경으로, 현지에서 살고 있는 교포들을 포섭하는 간첩이 등장하며 중앙정보부 요원이 이들을 일망타진하는 내용이 대부분이다. 외국을 배경으로 하는 첩보영화는 1960년대 들어 왕성해진 합작영화의 영향으로 해외 로케이션 촬영이 비교적 수월해진 상황에서 가능한 것이었다.102) 또한 당시 한국영화계에서는 컬러 현상을 일본에서 해왔기 때문에 영화인들의 일본 왕래는 그리 어렵지 않았다. 곧 국제적 배경을 가진 당시의 첩보영화들은 '방첩'에 대한 드높은 구호, 제3국이라는 '중립지대'가 공산주의의 온상이 될 수 있다는 중립주의 배격의 분위기, 거기에 활발한 해외 촬영과 오락성의 증진이라는 영화계의 조건과 과제가 덧붙여져 있었다.

이러한 점에서 볼 때 <제3지대>(1968, 최무룡)는 1960년대 후반 '반공'이 가지는 의미 변화와 함께, '반공영화'에서 주제와 오락성을 어떻게 결합시킬 것인지에 대한 고민이 집약적으로 드러난 영화라고 볼 수 있으며, 이는 이 시기 문화재건이 어떠한 현실적 과제에 직면해 있었는지를 보여주는 것이기도 했다. <제3지대>의 내용은 다음과 같다. 일본에서 가난하게 살아가는 재일교포인 어머니(황정순)에게는 상반된 성향을 가진 두 아들이 있다. 큰 아들 주석(박노식)이 조총련과 관련 있는 야쿠자 조직인 가와구찌 구미(川口組)에 들어가 폭력 세계에 입문한 데 반해, 둘째 아들 의석(최무룡)은 착실히 돈을 벌어 동경대에 다니는 학생이다. 주석은 조직의 명령대로 거류민단 고문인 김동춘(김동원)을 칼로 폭행하는데 그 자리에 우연히 있던 의석이 주석 대신 누명을 쓴다. 살인미수죄로 복역하고 나온 의석은 지도부장이 된 주석과 김동춘의 아내가 된 정자와 만나게 된다. 정자는 김동춘이 조총련의 하수인임을 알게 되고 그 집에서 나오고, 의석은 조총련에 붙잡힌 어머니를 구하기 위해 가와구찌 구미로 들어가 자신의 충성심을 들키지 않기 위해 어머니를 부정하고 폭행까지 한 주석을 목격한다. 조총련 책임비서인 구월서방(정혜선)은 의석의

---

102) 최초의 합작영화는 홍콩의 소씨부자영화사(邵氏父子映畵公司, 쇼브라더스의 전신)와 한국연예사가 합작한 <이국정원>(1957, 전창근)인데 1960년대 들어 홍콩 쇼브라더스와 한국의 신필름이 합작을 논의하면서 합작영화 제작이 활발해졌다. 김미현,『한국영화사—改化期에서 開花期까지』, 커뮤니케이션북스, 2006, 191~193쪽.

목숨을 담보로 정자에게 김동춘에게로 돌아갈 것을 종용하는데, 정자가 돌아가 보니 이미 김동춘은 자살한 상태였다. 가와구찌 구미의 야쿠자들은 의석의 어머니를 죽이고 의석에게 조직으로 들어오라고 협박하지만 의석은 결투를 택한다. 형사(미카미)의 도움으로 야쿠자들을 제압한 의석은 어머니의 묘 앞에서 주석을 만나지만 이미 돌아올 수 없는 강을 건넌 형제는 쓸쓸히 지나친다.

이 영화에서 '제3지대'란 말 그대로 남한도 북한도 아닌 땅, 일본을 지칭하는데[103] 영화의 배경이 일본인만큼 일부 야외촬영이 일본 동경에서 진행되었다. 그런데 이 영화는 당시 해외에서 촬영된 '반공영화'들과는 내용이 좀 달랐다. 당시 해외를 무대로 하는 간첩 첩보영화들은 대개 외국에서 암약하는 북한의 간첩들과 이를 제압하려는 한국 정보원과의 대결을 주로 그린데 반해 이 영화에서는 정보원은 나오지 않고 대신 "사상의 존엄성과 자유에의 의지를 굽히지 않는"[104] 재일교포 청년을 중심으로 분열된 재일교포 사회를 묘사하고 있다. 이 청년은 조총련의 행동부대로 묘사된 일본 야쿠자 조직에 들어간 형과는 달리 홀로 된 어머니를 모시고 일도 열심히 하는 '건실한' 학생이면서 형을 위해 그의 죄를 내신 뒤집어쓰고 감옥까지 갖다 온다. 그러나 이러한 동생과 딜리 형은 별다른 이유도 없이 야쿠자 조직의 명령에 따르는 인물로 조직과 조총련의 눈밖에 날까봐 어머니에게 직접 폭행을 가하기까지 하는 냉혈한으로 묘사된다.

영화는 조총련(在日本朝鮮人總聯合會)과 민단(在日本大韓民國居留民團)으로 양분된 재일교포 사회를 적나라하게 묘사하고 있는데,[105] 그 배경에

---

103) 당시 신문에서는 '제3지대'라는 말이 '반공법이 없는 지역'을 의미한다고 해설하고 있다. 「잘 살린 단역의 연기-제3지대」, 『경향신문』, 1968년 3월 9일자.
104) 「강렬한 반공 드라마-제3지대」, 『대한일보』, 1968년 3월 9일자.

352

는 '재일동포북송사업'이라는 재일교포에 대한 귀환사업이 자리하고
있다.[106] 이를 통해 영화가 노리고 있는 '반공' 메시지는 다음과 같다.
첫째는 북한의 교포귀환사업의 허구성을 폭로하는 것이고, 둘째는 '반공
법이 없는' 중립지대인 일본의 교포들이 조총련에 이용당하듯이 만일
남한 역시 반공법이 없다면 공산주의자와 폭력조직이 판치는 곳이 될
것이라는 경고이다. 영화에서 조총련은 마치 폭력조직의 우두머리처럼
묘사되고 있으며, 거류민단 고문이 실상은 조총련의 하수인이었다는
설정을 통해 '무능하고 순진한 민단'과 '교활한 조총련'이라는 이미지를
대비시키고 있다. 이는 해외의 중립지대와 그곳에서 일어나는 친정부적
이지 않은 모든 활동을 '용공'으로 규정하고 '방첩'의 차원에서 원천봉쇄
하려는 박정희 정권의 '반공' 전략과 맞아떨어진다.

　게다가 이 영화는 '반공영화'가 작품성/예술성 및 오락성과 적절히
결합된 전범으로서 칭송되었다. 당시 이 영화는 10만명에 가까운 관객을
동원하는 데 성공하였으며, 평단은 이 영화를 "재미있고도 차원 높은
반공물"로 극찬하였다.[107] 이러한 흥행 성공은 당시의 반공물이 대개는
'반공'이라는 주제의식에 경도된 나머지 흥행과는 인연이 없었던 것과

---

105) 해방 직후 1945년 10월 재일동포들이 결성한 재일조선인연맹(조련)은 국내에서
　　좌우익 대립이 격화되자 반공적 청년들이 조련을 탈퇴하여 조선건국촉진청년동
　　맹(건청)을 결성함으로써 좌우익으로 양분되었다. 건청은 신조선건설동맹(건동)
　　과 연합하여 재일본조선거류민단을 결성하였고 이는 1948년 남한 정부 수립후에
　　는 재일본대한민국거류민단으로 개칭하였다. 한편 조련은 한때 일본정부에
　　의해 해산당했지만 이후 조선인단체협의회로 재결성되고 이후 조국통일전선실
　　행위원회와 조선민주전선(민전)을 거쳐 1955년 재일본조선인총연합회가 된다.
　　李瑜煥, 『在日朝鮮人60万 : 民團·朝總聯の分裂史と動向』, 東京, 洋社, 1971.
106) 재일교포 귀환사업은 1959년 북한과 일본 사이에 체결된 협정에 의해 조총련계
　　재일교포들이 북한으로 돌아간 사업을 말하며 180여회에 걸쳐 거의 10만명
　　가까운 수의 재일교포들이 북한으로 귀환하였다.
107) 「잘 살린 단역의 연기-제3지대」, 『경향신문』, 1968년 3월 9일자.

비교하면 거의 이례적이라 할 수 있다. 여기서 "재미있고도 차원 높다"는 오락성과 작품성을 갖추었다는 것을 의미한다. 검열 당국에게 있어서 '반공영화'의 오락성은 주제의식과 결합될 수 없는 것이었다. 곧 '반공'이라는 신성한 주제를 구현할 때 '저급한' 오락성이 개입되어서는 안된다는 것이다. 반면에 영화인들은 '반공영화'가 진정으로 '반공'을 구현하려면 오락성이 필수적으로 결합되어야 한다고 주장하였는데, 실은 장르적으로 오락화된 '반공영화'가 반공주의라는 주제를 성공적으로 구현하기는 매우 어려웠다.108) 그럼에도 불구하고 관객과의 공감대 형성이 흥행의 관건임을 잘 알고 있는 영화인들은 끊임없이 오락성과 작품성을 결합시키고 거기에 '반공'의 주제의식이 살아있는 영화를 만들고자 했다. <제3지대>는 그것이 불가능한 것이 아님을 증명할 수 있는 모범답안과도 같은 영화였다.

그러나 이 영화의 '오락성'은 단지 흥미를 자극한다는 의미만은 아니었다. 오히려 그것은 이 영화의 독특한 엔딩이 던져주는 정서가 관객들에게 긴 여운을 주며 인상적으로 받아들여졌다는 것을 의미한다. 이 영화가 보여준 것은 가족간의 갈등으로 표상된 민족간의 갈등이다. 다른 영화들이 대개 이념이 다른 형제가 싸우다가 결국은 남한을 상징하는 인물이 승리하고 북한을 상징하는 인물은 뉘우치고 참회하는 것으로 끝나면서 민족의 화합을 주장하는 데에 반해, 이 영화의 엔딩에서 의석과 주석은 어머니의 무덤 앞에서 조우하지만 결코 부둥켜안고 눈물을 흘리는 따위의 감상적인 화해는 하지 않는다. 서로 쓸쓸히 지나쳐가는 형제를 보며 "앞으로 두 형제의 대결이 볼만 하겠군"이라고 읊조리는 형사의 내레이션은 남과 북이 결코 화해할 수 없으며 앞으로 이들의 대결은 계속될

---

108) 이하나, 「반공주의 감성 기획, '반공영화'의 딜레마」, 『동방학지』 159호, 연세대학교 국학연구원, 2012 참조.

것임을 의미한다. 이미 영화를 통해 남한을 상징하는 인물인 의석이 도덕적 정당성을 획득한 상황에서 형제의 대립은 선과 악의 대결에 다름 아니다. 전면적인, 그리고 영원한 '반북'을 의미하는 이 마지막 장면은 1960년대 후반 경직되고 예각화된 반공주의의 단면을 보여주고 있는 것이다.

이처럼 '반공'의 외연 확대와 '반북'이라는 명확한 '반공' 노선은 종래 '민족'과 갈등관계에 있었던 '반공'을 결절 없이 봉합할 수 있었다. 그러나 <제3지대>에 쏟아진 당대 언론의 찬사는 오히려 당시의 '반공영화'가 점차 대중성을 잃어가면서 오락성 강화가 강조되고 이것이 다시 '반공영화'의 반공주의 전략을 와해시키고 있는 아이러니컬한 현실을 반증하는 것이라고 할 수 있다.

② 〈열녀문〉에 나타난 '근대화'의 이중적 의미

대종상 수상작들 중에서 '근대화'의 키워드로 분류된 영화들은 대개 전근대와 근대의 경계를 배경으로 하고 있는 문예영화이거나 근대화 과정에서 나타나는 여러 문제를 다룬 풍속극이다. 이 영화들을 원작에 따라 분류하면 다음과 같다.

〈표 29〉 대종상 수상작 중 '근대화' 관련 영화의 원작(1961~1968)

원작	영화명
문예물	사랑방 손님과 어머니, 열녀문, 벙어리삼룡, 갯마을, 유정, 잃어버린 사람들
방송극	로맨스빠빠, 愛河, 아낌없이 주련다
오리지널 시나리오	하녀
실화	황토길

이 영화들은 미공보원에서 제작한 문화영화 <황토길>(1962)을 제외

하면 모두 멜로드라마에 속하며, 가족멜로드라마라 할 수 있는 <로맨스빠빠>(1960, 신상옥)를 제외하면 모두 남녀간의 사랑의 문제를 다루고 있다.[109] 멜로드라마의 기원이 근대성에 있음을 상기한다면[110] 대종상 수상작들 중에서 '근대화'를 키워드로 한 영화들이 모두 멜로드라마적 형태를 띠고 있다는 것은 자연스러운 일이다. 전근대적 윤리와 개인의 욕망 사이의 갈등이 가장 극대화된 형태로 나타나는 것이 바로 남녀간의 이룰 수 없는 사랑이고, 그들의 사랑을 가로막는 한계는 바로 전근대적 가치관에서 아직도 벗어나지 못한 시대의 한계이기 때문이다.

그런데 다른 영화들이 대개 남녀 간의 사랑 그 자체에 집중하고 있는 반면에, 1963년에 대종상 작품상을 받은 <열녀문>(1962, 신상옥)은 전근대적 인습을 정면에서 비판하고 있다는 점에서 특기할 만하다. <열녀문>은 황순원의 단편 「과부」를 조긍하 감독의 <과부>(1960)에 이어 두 번째로 영화화한 것으로, 당시 언론에서는 "봉건윤리에 대한 비판의식을 주제로 삼아 격조 높은 드라마를 완성"시킨 것으로 높은 평가를 받았다.[111] 뿐만 아니라 '향토색(로컬 컬러)'을 제대로 보여주는 작품으로 인식되어 제13회 베를린영화제에 출품되었다. 이처럼 작품성 면에서 높은 점수를 받은 <열녀문>이 해외영화제에 출품되는 과정과 출품된 이후의 여러 해프닝들은 '근대화'의 키워드가 어떻게 영화의 내용만이 아니라 영화를 둘러싼 산업적 욕망까지 규정하고 있는지를

---

109) <황토길>은 나병을 극복하고 시인이 된 한하운의 실화에 기반하였다. 허은, 「냉전시대 미국의 민족국가 형성 개입과 헤게모니 구축의 최전선 : 주한미공보원 영화」, 『한국사연구』 155, 2011, 162~164쪽.

110) 벤 싱어 저, 이위정 역, 『멜로드라마와 모더니티』, 문학동네, 2009(Ben Singer, *Melodrama and Modernity : Early Sensational Cinema and its Contexts*, Colombia University Press, 2001) 참조.

111) 「열녀문, 비판된 봉건윤리」, 『동아일보』, 1962년 12월 14일자.

잘 보여준다.

  우선 영화의 내용을 살펴보면, <열녀문>은 군더더기 없이 잘 짜여진 시나리오가 돋보이는 영화이다. 이 영화에서 가장 특이한 것은 冒頭의 자막에서부터 노골적으로 주제를 전달하고 있다는 점이다.

> 때는 1920년. 여기…… 오랜 歲月을 두고 이 땅을 支配해온 思想의 象徵이 있다. 이름지어 烈女門이라고 한다. 臣 不事二君이요, 女 不事二夫라는 儒敎的 刑律의 遺蹟이다. 그리 멀지 않은 옛날까지도 사람들은 죽음보다도 무서운 이 刑律에 얽매어 살아왔으며, 忠臣이나 烈女가 태어난 마을과 집에는 나라에서 홍살문을 내리어 그 德을 높이 讚揚했다. 그러나 이 땅에도 새로운 思潮가 밀려들어 사람들은 人間을 찾기 始作하였다. 이 作品은 바로 그러한 時代의 낡은 因習과 새 時代의 呼吸이 부딪히는 地點에 서게 되었던 어떤 男女를 그린 것이다.

  영화의 배경이 되는 1920년은 근대의 문물이 농촌사회에까지 영향력을 미치기 시작한 시기이다. 그러나 이 영화에서 일본인은 한 명도 나오지 않으며 일제의 지배가 느껴지는 대목도 없다. 남녀 주인공의 사랑을 가로막는 장애물이 일제의 지배가 아니라 한국의 전근대적 인습이라는 것을 부각시키기 위해 식민지라는 시대성을 일부러 탈각시킨 것으로 보인다. 곧 이 영화에서 1920년은 근대로 가는 길목에서 근대화의 발목을 잡고 그 이행을 가로막고 있는 봉건적 유제가 아직 많이 남아있는 시대이며, 이는 주자학적 질서가 지방 말단에까지 영향력을 행사하는 19세기의 조선사회와 크게 다를 바 없는 시대로 나타난다. 이 영화의 공간적 배경인 시골 마을은 이제 막 신작로가 생기고 마을 유지였던 김진사마저 '상투를 내릴' 정도로 근대의 기운이 몰려들기 시작하는 곳이다. 이 영화에서 인상적으로 등장하는 열녀문은 마을을 드나드는 사람 누구나가 지나가게 되는 마을 어귀의 길목에 자리한다. 열녀문이 영화 속에 실제로 등장하는 것은 오프닝에서 성칠(신영균)이 소달구지를 타고 마을에 들어올 때와 엔딩에서 여주인공(최은희)이 그녀의 아들과 함께 마을을 걸어 나갈 때 두 번뿐이다. 곧 열녀문은 이 마을의 입구이자 출구인 셈이며, 이는 열녀문이 김진사 가문의 상징에 그치는 것이 아니라 봉건적인 이 마을 전체를 상징하고 있다는 것을 보여준다.

성칠을 마을로 데리고 오는 소달구지 주인은 오랜만에 고향을 찾아오는 성칠에게 그동안 김진사(김동원) 집안의 가세가 점차 기울어 김진사의 부인도 죽고 아들도 철들기 전에 죽어 며느리가 청상과부가 되었다는 중요한 정보를 전달한다. 그가 이 마을의 변화의 주요 증거로 드는 것이 바로 김진사가 상투를 내렸다는 것인데, 이는 김진사가 변화하는 시대에 그나마 적응하려고 노력하는 인물임을 뜻한다. 그는 젊어서 과부가 된 며느리가 안쓰러워 그녀의 친정 아버지에게 딸을 데려가라고 하는가 하면, 임신한 며느리를 위해 저고리감을 사다 주기도 하는 나름 자상한 시아버지이다. 그녀를 인습에 가두는 이는 다름 아닌 시할머니(한은진)로 그녀 역시 수절 과부로서 마을 입구에 서 있는 열녀문을 하사받은 장본인이다. 그녀는 욕망이 생길 때마다 송곳으로 허벅지를 찔러 그 피를 닦은 솜이 장롱 가득이라고 말하며 수절 과부로 살아가는 노하우를 손자며느리에게 전수한다. 그것은 성적 억압이 여성 스스로에 의해 자행되도록 만드는 봉건적 체제유지 시스템의 본질을 드러낸다.

시할머니는 손자며느리에게 "그렇게 분칠을 곱게 하고서야 어떻게 수절을 하겠느냐"고 나무라는데, 이때 그녀의 그로테스크한 분장이 말해주듯이 그녀는 여성성을 잃어버리고 인간성마저도 잃어버린, 그 자체로 폐기되어야 할 봉건성을 상징한다. 반면에 손자며느리는 젊고 여성성이 충만하며 동네의 남정네들이 호시탐탐 욕정의 대상으로서 바라보는 인물이기도 하다. 주변 남성의 시선으로 바라보는 그녀의 섹슈얼리티는 네 번에 걸쳐 드러나게 된다. 우선 영화의 초반에 성칠에게 점심을 가져다주기 위해 논으로 나간 그녀를 음흉함과 기대가 섞인 눈빛으로 바라보던 동네의 한 사내가 있다. 그는 속으로 그녀를 좋아하거나 관심이 있지만 겉으로 드러내거나 접근하는 타입은 아니다. 두 번째는 그녀를 범하려고 시도하는 사내인데 그는 순전한 욕정으로 그녀를 대한다. 세 번째는 바로 그녀의 시동생이다. 꼬마 신랑에게 시집와 신랑이 철도 들기 전에 죽음으로써 과부가 된 형수를 시동생은 어려서부터 흠모하였는데, 이때 시동생이 형수를 보는 시선은 형수라기보다는 엄마나 연인에 가깝다. 형수가 성칠의 아이를 임신하자 질투에 사로잡힌 젊은 시동생은 그 누구보다 앞장서 그녀를 힐책하고 비난하며 급기야 집을 나가 노름에 빠지더니 집마저 날려버린다. 곧 그는 형수를 가족이라는 이름으로 곁에 붙들어 두고자 했지만, 실상은 형수를 여자로서 사랑하고 소유하고 싶었던 것이라 생각된다.

마지막으로 그녀를 이 질곡으로 구원해 줄 것이라 기대되었던 성칠이 있다. 영화에는 자세히 나오지 않지만 성칠은 그녀가 이 마을로 시집오던 날부터 그녀를 좋아한 것으로 보이며, 유부녀에 대한 이룰 수 없는 사랑으로 마음을 잡지 못하고 타지를 떠돌다 10년이 지나서야 마을로 돌아온 인물이다. 그가 피붙이가 하나도 없다고 하면서도 이곳을 고향이라고 부르며 애틋하게 생각하는 것도 그녀의 존재 때문이 아닌가 한다. 그렇지 않고서야 그가 그녀와 그녀 집안의 농사일에만 헌신적이고 마을 공동체에 대해서는 그토록 무심하고 냉정하기까지 한 것이 설명되지 않는다. 그는 가뭄이 들어 갈라진 논에 물을 대기 위해 마을의 다른 논들로 들어가는 물길까지 막아가며 그녀의 집안 논을 지키려고 했던 것이다. 급기야 마을의 청년들은 성칠에게 몰려가 항의하다 몸싸움까지하게 된다. 공동체를 생각하지 않고 이기적으로 행동한 성칠이 오히려 마을 청년들에게 사과해야 하는 것이 아닌가 싶은 데도 오히려 마을 청년들이 성칠에게 사과함으로써 갑작스런 화해가 이루어진다.

이런 부자연스러운 화해가 왜 필요한 것인가? 그것은 성칠이 바로 봉건적이고 무지몽매한 전근대적 인간들을 계몽할 근대적 인간을 상징하기 때문이다. 그는 전근대적인 마을을 떠나 여러 곳을 다니며 근대의 문물을 접한 인물이다. 그가 마을로 들어올 때 그의 신식 모자와 개량된 옷차림이 그것을 말해준다. 그는 '머슴'이라 불리지만 그것이 전근대 사회에서처럼 양반 가문에 인신이 속박된 노비를 의미하는 것은 아니다. 그는 노동한 만큼 대가를 받는 근대적인 임금노동자에 가까우며,[112] 따라서 그의 노동은 대등한 계약관계가 바탕이 된 근대적 노동이다. 오히려 그의 노동이 김진사의 간곡한 부탁에 의해 실행된다는 점에서 전근대적 신분제를 역전시킨 근대적 인간관계를 보여주고 있다. 또한 그는 마른 논에 기껏 물지게를 지어 나르는 마을 사람들과는 달리, 둑을 막아 물길을 보전하고 발로 돌리는 물레방아질로 물을 대는 합리적 방법을 쓴다.[113] 곧 그가 물길을 막은 것은 그렇게 하지 않아도 마을 사람들의 방식대로는 어차피 물부족 문제를 해결할 수 없기 때문에

---

112) <열녀문>을 열녀에 대한 수정주의 서사로 명명한 김소영도 이를 지적하였다. 김소영, 『한국영화 최고의 10경』, 현실문화, 239~254쪽.

113) 성칠 역을 맡은 신영균은 <열녀문>으로 전 해 <연산군>(1961, 신상옥)에 이어 두 번 연속 대종상 남우주연상을 수상하였다. 그는 <열녀문>이 대종상을 받던 해에 제작된 <쌀>(1963, 신상옥)에서도 마을 논에 물을 대기 위해 산을 뚫어 수로를 만들며 전근대적 인습에 저항하는 청년 역할을 한다. 이밖에도 <상록수>(1961, 신상옥)나 <산>(1967, 신상옥) 등에서처럼 근대화의 주체로서의 계몽적 청년은 그가 연기한 대표적 캐릭터이다. 또한 이들 작품이 모두 신상옥 감독에 의해 만들어졌다는 것은 '근대화'에 무한 지지를 보내는 감독의 입장을 대변한다.

김진사 논만이라도 살리기 위한 어쩔 수 없는 선택이라는 것이다. 근대적 청년은 전근대적 마을사람들을 반성하게 하는 역할을 담당하는 존재이다. 성칠이 자신의 아기를 안고 마을을 나갈 때 봉건적 마을과 근대적 청년, 전근대성과 근대성의 대립과 갈등은 일단 전자의 승리로 끝나는 것처럼 보인다. 그러나 수년후 장성한 성칠의 아들이 다시 김진사댁을 찾아왔을 때, 봉건성을 상징하는 시할머니의 병들고 쇠약한 모습은 이제 수명이 다한 전근대성을 명시적으로 보여준다. 자기 자식마저 부정하려는 손자며느리를 보다 못한 시할머니가 뛰쳐나와 진실을 말하고 쓰러지는 장면은 결국 봉건적 유제의 몰락을 당위적으로 보여주고 있다. 마지막에 아들의 손을 잡고 열녀문이 세워져 있는 마을을 빠져나오는 여주인공은 그간의 억압된 삶 자체를 위로받고 보상받는 듯한 모습이다.

그러나 이러한 결말의 이면에는 두 가지 함의가 있다. 하나는 이 영화가 '여성의 가장 큰 적은 여성'이라는 고전적 편견에 일조하고 있다는 것이다. 김진사 며느리의 질곡과 억압은 봉건적 가부장제에서 나오는 것이지만 그녀의 안타고니스트는 시아버지도, 시동생도 아닌 시할머니이다. 왜 시어머니가 아닌 시할머니일까? 최은희와 한은진이 역시 며느리와 시어머니로 나오는 <사랑방 손님과 어머니>(1961, 신상옥)에서도 이러한 대립은 나타나지만 농촌 지역을 배경으로 한 <열녀문>에 나타나는 억압성이 훨씬 봉건적으로 보인다. 곧 시할머니는 이미 살아있는 인물이 아니라 진작에 수명을 다한 봉건적 억압의 화신 같은 존재이며, 며느리에게 부여된 천형과도 같은 질곡은 훨씬 더 배가된다. 이때 살아있는 남성들의 폭력성은 상대적으로 희석되는데 그것은 전근대성을 비판하는 <열녀문>의 '근대화'의 시선이 어디까지나 남성 주체의 그것임을 보여준다.

다른 하나는 이러한 결말이 곧 여주인공의 승리라고 볼 수는 없다는 점이다. 젊고 건장한 머슴과 주인집 아씨의 위험한 사랑, 물레방앗간에서의 정사 등 1970~80년대 풍속에로극의 원형이 되는 이러한 설정들은 여기서는 '근대적 낭만적 사랑과 연애'의 표상처럼 구현되는데 이때 여주인공은 여전히 성적 자기결정권이 없는 수동적 객체로서만 존재한다. 얼굴에 흙칠을 하여 남성들의 선택을 받지 않도록 하는 정도가 여주인공이 할 수 있는 전부인 것이다. 결말 역시 근대성이 전근대성에 대항하고 투쟁한 결과 쟁취된 것이 아니라 시대의 흐름에 뒤처진 봉건적 윤리가 스스로 한계에 부딪혀 무너진 뒤에 얻은 수동적인 것이라는 점에서 그녀의 미래는 아들이라는 또다른 근대적 남성에 의해 의탁된다. <열녀문>의 전근대성 비판은 봉건적 가부장제를 유지시켰던 시스템으로서 신분제나 토지제도, 그밖의 여러 봉건적 제도가 이미 무너진 상황에서 유제로 남은 전근대적 가치관을 붙들고 아직도 살아가고 있는 동시대, 바로 영화가 생산된 1960년대 초의 대중들에게로 향하고 있으며 동시에 이 시대의 한계 속에 머문다.

대종상 수상작 중 '근대화'라는 키워드로 묶일 수 있는 다른 영화들에서도 남녀간의 사랑이 이루어지는 데에 가장 방해가 되는 것은 전근대적 가치관이었다. 1963년에 대종상 작품상을 두고 <열녀문>과 함께 경합을 벌이다 감독상을 받은 유현목의 <아낌없이 주련다>(1962)에서 술집을 운영하는 연상의 과부(이민자)와 연하 총각(신성일)의 사랑이 이루어지지 못하는 것도 역시 이러한 전근대적 가치관에 사로잡힌 세상의 편견이다. 그러나 <아낌없이 주련다>가 여주인공의 죽음으로 결론을 맺는 것과 비교했을 때 <열녀문>의 여주인공은 나름 해피엔딩의 모양새를 갖춘다. 전근대성에 대한 강력한 비판이라는 점에서는 <열녀문>의 주제의식이 더 강하지만, 그럼에도 불구하고 시할머니의 죽음으로 모든

362

질곡이 사라졌다고 보는 것이야말로 단순하고 순진한 것이다. 어쩌면 열녀문이 세워져 있는 마을을 빠져나온 여주인공은 도시로 가서 <아낌없이 주련다>의 여주인공처럼 살아야 할지도 모르기 때문이다.

<열녀문>은 단지 전근대성 극복을 통해 근대화의 당위성을 설파하는 영화만은 아니다. 이 영화의 조선시대관은 조선시대를 봉건적 유교적 인습과 규율에 사로잡혀 합리적인 판단이 결여되어 있는 부정적인 시대로 보았던 1960년대 초의 시대 분위기와 궤를 같이한다.[114] 1960년대 중후반 이후 사학계에서 조선시대에 대한 재조명이 일어나고 실학의 강조, 자본주의 맹아론 등이 등장한 것을 상기하면 1960년대 초의 분위기에서 <열녀문>과 같이 식민지를 연상시키는 이미지가 탈각되고 조선시대의 유제만이 남아있는 전근대적 시대 배경을 노출하는 것은 바로 한국의 전통사회 자체에 대한 심상을 떠올리게 한다. 그것은 바로 전근대성이 곧 한국의 전통과 등치되고 이것이 '한국적인 것'으로 받아들여지는 의미의 연쇄를 일으킨다는 점에서 특히 주의해야 한다.[115]

그것은 전근대적 유제에 대한 강한 비판을 주제로 하는 <열녀문>이 제13회 베를린국제영화제에 출품작으로 결정되는 과정에서 이러한 전근대성이 '향토색'으로 비춰졌다는 것에서도 알 수 있다. 대종상 심사는 아시아영화제 출품작 및 베를린영화제 출품작 선정과 동시에 이루어졌

---

114) 박정희, 『우리 민족의 나아갈 길』, 1962.

115) '한국적인 것'은 멀리는 1930년대 '조선적인 것'에 대한 탐구에서 시작하여 1960년대 후반 문화공보부의 발족과 함께 민족문화 선양 작업이 체계적으로 이루어지는 시기부터 본격화되었고, 1990년대에는 "가장 한국적인 것이 가장 세계적인 것"이라는 세계화 담론의 경구로, 최근에는 한류 현상의 분석 도구에 이르기까지 다양하게 변주되었다. '한국적인 것' 담론에 대해서는 김주현, 「1960년대 '한국적인 것' 담론 지형과 신세대 의식」, 『상허학보』 16, 2006 ; 김원, 「'한국적인 것'의 전유를 둘러싼 경쟁-민족중흥, 내재적 발전, 그리고 대중문화의 흔적」, 『사회와 역사』 93, 2012 등 참조.

는데, 베를린영화제 출품을 놓고 <열녀문>과 경합을 벌인 영화는 <아 낌없이 주련다>와 <고려장>(1963, 김기영)이었다. <열녀문>은 근소 한 차이로 <아낌없이 주련다>를 제치고 대종상 작품상을 받았으며,[116] 베를린영화제 출품작 선정시에는 <고려장>을 역시 근소한 차이로 제치고 출품이 결정되었다. <고려장>은 <로맨스 그레이>(1963, 신상 옥), <또순이>(1963, 박상호), <무정>(1962, 이강천)과 함께 그 해 아시 아영화제 출품작으로 결정되었는데, 언론에서는 문제작인 <고려장>이 베를린영화제에 출품되지 못한 것을 못내 아쉬워하였다.[117] <고려장> 은 개봉 전부터 <열녀문>과 홍보 문제로 예민하게 경쟁했던 작품인 데,[118] 감독 특유의 스타일이 '향토색'보다는 작가적 취향으로 받아들여 져 베를린영화제에 출품되지 못했던 것으로 보인다. 아마도 1961년 베를린국제영화제에서 <마부>(1960, 강대진)가 은곰상을 수상한 것을 경험삼아 다시 한번 수상의 가능성을 높이기 위한 출품 전략이 <열녀문> 을 선정하게 된 배경으로 보인다.

이러한 사례로부터 국내상인 대종상과 해외영화제 출품작의 선정기준

---

116) <아낌없이 주련다>는 같은 해 제6회 부일영화상 작품상과 여우주연상을 받은 데 비해, <열녀문>은 한은진이 조연여우상을 수상한 것 이외에는 거의 상을 받지 못했다. 「작품상, "아낌없이 주련다", 부일영화상」, 『동아일보』, 1963년 2월 22일자.

117) 「대종상 주변」, 『동아일보』, 1963년 3월 9일자.

118) 며느리가 시할머니를 지게에 지고 가는 장면을 주요 이미지로 내세운 <열녀문> 의 포스터와 예고편이 <고려장>의 소재인 '고려장'을 연상시킨다고 하여 김기 영 감독이 소재 도용으로 진정을 내며 이의를 제기하였다(「영화계에 고려장 시비」, 『경향신문』, 1962년 11월 29일자). 이에 신상옥 감독은 해당 장면이 이사가는 장면이지 고려장과는 무관하다고 해명하면서 선전을 노린 것이라는 사실이 구체적으로 해명되지 않으면 그 책임은 김기영 감독에게 있다고 항의하였 다(「의미가 다른 장면, 영화 <고려장> 문제로 해명 公翰」, 『경향신문』, 1962년 12월 4일자).

이 달랐으며, 해외영화제도 아시아권 영화제와 서양권 영화제 출품작의 선정기준에는 차이가 있었음을 알 수 있다. 곧 아시아권의 영화들 사이에서 한국의 '향토색'이라는 것은 크게 부각되지 않을 수 있지만, 서양권 영화들 사이에서 한국의 '향토색'은 상대적으로 눈에 띄기 쉽기 때문이다. 더구나 당시 일본영화가 세계 영화계의 주목을 받고 있던 시기였기 때문에 이에 대한 라이벌 의식도 작용하였다.[119] <열녀문>은 개봉 직후부터 영화의 짙은 '향토색'이 해외영화제 출품을 의도한 것이 아니냐는 시선을 받았으며, 베를린국제영화제에서 이 작품이 상영될 때 이것이 홍보 문구로 작용했다. 그러나 정작 '향토색'에 더 주목하는 것은 베를린영화제 측이 아니라 영화제를 취재하는 국내 언론이었다. <열녀문>의 주인공 최은희는 '베를린에 방문한 최초의 한국예술인'으로 불리며, 국내 언론의 집중적인 관심을 받았다.[120] 언론은 연일 영화제 개막식을 비롯하여 베를린에서의 그녀의 일정을 대서특필하였고, 특히 영화제 관계자의 영화에 대한 코멘트에 관심을 집중시켰다. <열녀문>에 대한 해외 언론의 보도는 영화제에 출품된 다른 영화들과 마찬가지로 장단점에 대한 논평으로 이루어져 있었다. 국내 언론의 보도에 따르면 독일의 유명 일간지인 『타게스 스피겔(Tages Spigel)』, 『모르겐 포스트(Morgen Post)』,

---

119) 일본영화는 1950년 구로자와 아키라 감독의 <라쇼몽>이 아시아영화에 관심을 갖고 있던 베니스국제영화제에서 대상을 수상한 이래 1950년대 세계 영화계에 일본영화 돌풍을 일으키며 각종 세계영화제에서 수상하였다. 제13회 베를린국제영화제의 일본 출품작은 <무사도 잔혹이야기(武士道殘酷物語)>(1963, 이마이 타다시)였는데, 이 작품에 대해 한국의 언론은 "별로 특이할 것도 없다"는 반응이 었다. 최은희도 베를린영화제에 참가한 소감에서 이 영화에 대한 관객들의 반응이 별로 좋지 않았으며, "밤낮 사무라이 얘기나 들고 나와 약삭빠르게 상이나 노린다"는 빈축을 샀다고 전하였다(최은희, 「보고 느끼고 여로 50일」, 『서울신문』, 1963년 8월 7일자). 그러나 이러한 한국 언론의 평가와 달리 이 영화는 그 해 베를린영화제 금곰상을 수상하였다.

120) 「최은희양 백림시 구경」, 『조선일보』, 1963년 6월 19일자.

『디 웰트(Die Welt)』 등이 <열녀문>에 대해 언급한 것을 간추리면 다음과 같다.

> 한국은 1961년 <마부>로 베를린영화제에서 수상한 '신진 영화국'으로 해마다 새로운 작품을 보여주고 있다. <열녀문>은 억센 박력과 소박하고 신선한 맛이 장점이다. 특히 최은희의 연기는 변화있는 인간의 아름다운 요소를 보여주어…… 관중으로부터 큰 박수갈채를 받게 한 원인이 되었다. 낡은 전통에 대한 저항적 정신을 관람자에게 고취시켰으나 화면의 표현은 오히려 효과적이지 못했다. 눈물이 너무 많고, 녹음이 소란하고, 斜촬영이 지나치다는 것이 단점이다. 결론적으로 자기 고유의 양식을 조성하려는 의욕이 지나쳐 연기와 양식화된 화면이 조화를 잃었다.121)

국내 언론들은 이러한 코멘트를 한국영화를 발전시킬 조언으로서 새겨들어야 한다고 입을 모았다. 또한 외국 언론이 한복의 아름다움에 감탄했다는 것을 매우 강조하였는데, 이러한 '한국적'인 아름다움의 중심에는 여배우 최은희가 있었다. 그녀는 단지 여배우가 아닌 '민간 문화 사절단'으로서 사명감을 느꼈다면서,122) 베를린에서 시작하여 이태리, 프랑스, 미국 등의 영화계를 돌아보고 귀국한 후 서구 영화계 탐방기를 편집자의 해설과 함께 신문에 연재하였다. 『동아일보』에 1963년 8월 6일자부터 8월 23일까지 총 12회에 걸쳐 연재된 탐방기에는 한국영화가 '근대화'되어야 한다는 것과 함께 한국 자체가 하루 빨리 근대화되어야 하고 선진국이 되어야 한다는 열망으로 가득하다. 귀국 인터뷰에서 그녀는 중국이나 일본에 비해 "서구에 우리나라가 너무 안 알려져 실망을

---

121) 이종수, 「서독에 비친 우리 영화」, 『동아일보』, 1963년 7월 16일자.
122) 최은희, 「구미를 돌아보고 ①」, 『동아일보』, 1963년 8월 6일자.

넘어 고독을 느꼈다"고 실망감을 내비치면서 낙후된 한국의 현실을 새삼 깨달았으며, "자신에게 주어진 일에 충실할 것"을 교훈으로 얻었다고 말했다.[123] 그녀의 탐방기에는 두 가지의 욕망이 내재해 있었다. 한 가지는 한국을 세계에 알리고 싶다는 것이고, 다른 하나는 이를 위해서는 영화산업에 국가의 지원이 있어야 한다는 것이다. 한국이 "절대로 동란과 혁명과 빈곤의 나라만이 아니"라는 것을 알리기 위해서는 "산업으로서의 영화에 국가의 절대적 뒷받침이 있어야 한다"는 것이다.[124] 언론에서는 이를 절대적으로 지지하면서 "순한국적인 것, 서구인들에게 어필할 수 있는 신비한 것을 보여주는 데는 눈물과 슬픈 생활이야기 이외에도 다른 것이 얼마든지 있을 것"이라며 '한국적인 것'의 개발과 그것이 국가적 차원에서 이루어져야 함을 시사하였다.[125]

이처럼 <열녀문>은 한국의 전근대성을 고발한다는 주제의식을 전면에 내세웠지만 정작 영화가 소비되고 특히 해외영화제를 통해 유통될 때는 그러한 전근대성이 극복되어야 할 것이라기보다는 '한국적인 전통'으로 포장되어 상품화되었다. 곧 작품의 내적 서사와 작품을 둘러싼 외적 서사가 정면으로 배치되는 아이러니가 드러난 것이다. 그런데 이를 다시 한국 언론이 보도할 때는 세계 속에서 한국이 인정받기 위해서는 하루빨리 근대화되어야 한다는 식으로 결론이 났다. 곧 근대화를 위한 전근대성 고발이라는 주제가 한국의 전통으로 포장되고, 이것이 다시 근대화론으로 회귀한 것이다. 세계 시장에서 한국의 존재감을 알리기 위해 한국은 한편으로는 근대화되어야 하지만 또 한편으로는 '한국적'이며 '전통적'인 것으로 포장된 전근대성을 강조해야 하는 이율배

---

123) 「백림영화제 갔던 최은희 양 귀국」, 『조선일보』, 1963년 8월 4일자.
124) 최은희, 「구미를 돌아보고 ⑤」, 『동아일보』, 1963년 8월 12일자.
125) 김혜영, 「백림영화제에 다녀와서(완)」, 『조선일보』, 1963년 8월 23일자.

반적 상황이 연출되었다. 1960년대 '근대화'의 키워드는 이처럼 영화의 내적 서사와 외적 서사에 모두 영향을 주었다. 그것은 재건의 키워드이자 동시에 문화재건의 키워드인 구호로서의 '근대화'가 한국영화의 열망을 규정짓는 과정이기도 했다. 이러한 문화재건의 핵심 키워드로서의 '근대화', '근대화'의 한 축으로서의 문화재건은 1960년대 말 문화공보부의 출범과 함께 본격화된 전통문화의 발견과 '한국적인 것'의 발명을 통해 이후 유신체제를 뒷받침하는 '민족문화' 정책론과 그에 기반한 문화정책으로 이어진다.126)

---

126) 김주현, 앞의 글 ; 김원, 앞의 글 ; 이하나, 「유신체제기 '민족문화' 담론의 변화와 갈등」, 『역사문제연구』 28, 2012.

제6장 결론

　이상에서 1950~60년대의 재건 담론과 이에 조응하는 문화재건 구상, 그 중에서도 가장 대중적인 매체로 각광받았던 영화에 대한 재건 노력, 그리고 국가에서 직접 생산했거나 국가에 의해 '우수'하다고 인정된 영화들에 이러한 재건 논리가 어떻게 반영되고 있는지를 살펴보았다. 재건 담론과 영화의 관계는 곧 국가만들기와 영화만들기의 유사성을 보여준다. 곧 '재건'이 국가의 정체성을 만들어 나가는 과정이었다면 영화는 이러한 국가의 정체성 형성을 대중의 감수성 차원에서 지지하고 지원하는 것이었다.

　'재건'이 문제가 되는 것은 해방과 분단이 스스로의 의지와 의도에 의해서만 이루어진 것이 아니라 제2차 세계대전의 전후 처리 과정에서 냉전적 세계질서의 한 축으로서 성립된 남한 국가의 향방을 스스로의 논리에 의해 구축해 나가야 하는 현실에서 기본적으로 기인한다. 해방후 자주적인 통일 국가를 수립하기 위한 열망과 노력에도 불구하고 1948년 남북한 정부 수립으로 한반도에 두 개의 국가가 탄생한 것이다. 그러나 단독 선거와 정부수립을 전후해서 남한에서 일어난 민중 봉기와 반대운동은 대한민국의 정통성에 의문을 제기했고 나아가 남한 정부로 하여금 국민에게 자신의 정체성과 정당성을 빠른 시일 내에 구축하고 홍보하지 않으면 안 될 과제를 남겼다. 헌법의 공포와 정부의 수립으로 국가는 건설되었지만 국민들은 아직 '대한민국 국민'이라는 자각이 없었으며, 심지어는 정부의 요인들도 '대한민국'을 어떤 나라로 만들어 나갈 것인지에 대한 구상이 일치한 것은 아니었다. 통일에 대한 정부의 각종 언설과 천명에도 불구하고 한반도의 남쪽만을 국토로 하고 남쪽 주민만을 국민으로 하는 대한민국의 像이 점차 현실화, 구체화되어 갔다. '재건'은 이처럼 이미 외양을 갖추고 건설된 국가를 다시 만들어 나가는 과정과 지향의 용어였다. '재건'은 남한의 정체성 구축을 관심의 초점으로 두면서 어떻게 국가를 만들어나갈 것인가를 고민한 논리이기 때문에 통일 논의 등을 반드시 포함하거나 배제하는 것은 아니다. 그러나 현실적으로 '재건'이 점차 정부와 정권의 전유물이 되어가면서 '재건'의 의미가 명확해진다는 것은 그 자체로 분단의 고착화를 의미했다.

1950년대와 1960년대를 통틀어 '재건'의 의미는 결국 '국가의 재건', 곧 대한민국이라는 국가를 다시 정의 내림으로써 정체성을 확립하는 문제였다. 정체성을 확립하기 위해서는 다음과 같은 질문들에 답해야 한다. 곧 "우리는 누구인가?", "우리가 아닌 것은 누구인가?", 그리고 "우리는 무엇을 원하는가?" 혹은 "우리는 무엇이 되고 싶은가?"라는 질문이 그것이다. 이는 재건의 실질적인 내용을 구성하는 네 가지 키워드인 '민족', '반공', '자본주의 근대화', '국민'이라는 키워드에 각각 조응한다. 이 키워드들은 때로는 결합하고 때로는 갈등을 일으키기도 하면서 대한민국을 새롭게 재규정해 나갔다. 國土, 國民, 國旗, 國歌, 國史 등 국가를 구성하는 요소에 대한 대국민 홍보작업과 함께, 1950년대 중후반에 걸쳐 자립경제 달성을 위한 경제개발계획을 수립하고 중간파적 색채를 제거하는 등의 작업을 통해 대한민국이 명확히 자본주의적 방식으로,

그리고 철저한 반공적 방식으로 근대화를 이룩하려는 재건의 방향이 점차 명확해졌다. 4·19혁명은 재건론을 '민주주의'라는 키워드를 중심으로 재구축할 수 있는 계기를 제공했지만 곧이어 일어난 군사정변에 의해 좌절되었고, 군사 정권의 민정 이양을 전후하여 제기된 '민족적 민주주의'나 이후의 '한국적 민주주의' 등 '민주주의' 앞에 붙는 수식어는 그 본래의 의미와 관계없이 '민주주의'를 호도하는 방편으로 변질되었다. 이는 '민주주의'가 국가의 입장에서는 재건의 키워드가 되지 못하고 오직 저항담론 속에서만 존재함을 의미하였다. 1960년대의 '국가재건'은 재건론의 분명한 방향을 제시함과 동시에 제1, 2공화국의 재건론을 철저히 부정하는 것에서부터 시작되었다. 그것은 박정희 정권이 과거의 정부를 부패와 무능력의 상징으로 몰아세우며 스스로를 차별화하고자 했던 이미지 전략이었으며, '재건'을 '국가재건'으로 보다 확실히 규정지음으로써 과거의 모호하지만 다양한 논의들을 차단하고 논의의 주체를 국가로 일원화하고자 한 것이었다. 그 결과 1960년대 중반의 한일회담이나 베트남 파병 문제 등을 둘러싼 반대여론을 무마하고, 1960년대 후반에는 재건의 완성을 선포하기에 이른다. 이는 대한민국의 像이 더 이상 흔들림이 없다는 것을 과시하면서 모든 국민을 이러한 像에 걸맞는 '바람직하고 모범적인' 국민으로 재규정하려는 것이었으며, 이는 4·19혁명을 계기로 성장하고 있는 시민의 존재와 시민의식을 매우 불안하고 위험한 것으로 치부하는 강압적 권위주의체제, 곧 국가주의로의 이행을 뜻했다.

문화재건은 이러한 재건의 방향을 문화면에서 혹은 문화적으로 지지한다는 의미였다. 문화재건은 재건의 키워드들의 조합에 의해 세 가지 과제를 갖고 있었다. 첫째, 세계 질서 속에서 독립국가로서의 한국의 주체적 문화를 어떻게 재건할 것인가. 둘째, 남북 대결 속에서 어떻게 남한의 국민들에게 단합된 정체성을 부여하는 문화를 재건할 것인가. 셋째, 일제의 잔재와 전근대성이 강하게 남아있는 한국의 문화를 어떻게 근대화시킬 것인가. 이러한 세 가지 문화재건의 방향은 국가 재건이라는 큰 흐름에 조응하여 서로 결합하고 갈등하면서 시기별로 새로운 이슈와 정책들을 만들어내고 있었다. 해방 이후 분단과 전쟁 등을 거치면서 문화는 그 자체를 진흥 부흥하여 민족문화건설에 이바지하도록 하는 것과 함께 문화의 도구성이 중요시되었다. 곧 문화를 대중을 계몽, 지도, 교화하기 위해 보호 육성해야 하고 국가가 원하는 범위를 벗어나지 않도록 통제해야 하는 계몽과 선전의 도구로서 보는 것이었다. 영화 역시 민족문화를 건설하기 위한 가장 효율적인 이데올로기적 국가기구의 하나로서 국가의 재건 방향에 기여하고 협력하도록 위치지워졌다. 이를 위해 영화재건은 영화의 내용을 재건 방향에 일치하도록 유도하는 것과 영화산업의 틀거리를 만드는 것, 두 방향에서 이루어졌다. 외국영화 수입에 대한 보호주의적 태도는 영화의 산업적 측면과 내용적 측면에서 외국영화가 미치는 영향력이 지대함을 보여주었다. 영화의 주제 및 정서가 국가 재건의 방향과 일치하는지를 감시하고 그렇지 않을 경우 처벌을 가하는 검열이라는 제도적 장치는 영화에 대한 국가주의적 시각을 보여준다. 곧 대외적인 보호주의와 대내적인 국가주의는 서로 맞물려 영화 정책의 큰 방향을 설정하고 있었다. 또한 영화산업의 구조적 재건은 외국영화의 수입을 적절히 통제함으로써 국산영화를 진흥하려는 노력과, 할리우드의 영화산업 시스템을 전범으로 하는 영화산업의 체계화를 이루려는 영화기업화의 방향으로 진행되었지만, 결국 국가가 이 모든 것을 주도해야 한다는 강박과 강압 속에서 영화법으로 귀결되어 많은 찬반론을 불러일으켰다.

국가가 '재건'의 이데올로기와 지향을 직접적으로 국민에게 전달하는 수단으로서 국가가 직접 생산하는 문화영화가 제작되었는데, 1962년 영화법으로 영화 상영시 문화영화를 반드시 동시 상영하도록 한 규정이 생기기 전까지 문화영화는 주로 지방을 순회하며 계몽과 교육의 이름으로 정책을 홍보하고 이데올로기를 전파하기 위해 대중을 동원하는 형태로 상영되었다. 1950년대 문화영화는 國土, 國旗, 國歌, 國花 등 국가를 구성하는 요소들에 대한 시각화, 이미지화가 적극적으로 이루어졌다는 점에서 특징적이며, 한반도 전체를 국토로 한다는 헌법의 조항이나 대한민국이 UN의 승인을 받은 한반도의 유일한 국가임을 선전한 정부의 주장과는 달리 실제로는 한반도의 남쪽만을 국토로 하는 대한민국의 이미지가 지속적으로 노출되었다. 또한 자유세계의 일원으로서 아시아 반공국가의 맹주가 되고자 하는 국가의 욕망이 문화영화를 통해 표출되었으며, 이승만은 이러한 욕망의 구심점으로 '반공'과 '민족'의 결합서사의 정점에서 국가의 정통성과 정당성을 체현하는 상징적 존재로서 부각되었다. 이러한 이승만의 이미지와 상반되는 '우매한 국민'은 계몽과 교육을 통해 근대적 국가의 구성원으로서 재탄생시켜야 했는데 문화영화가 바로 이러한 국민계몽의 도구로서의 기능과 역할을 수행하였다. 제2공화국 시기의 문화영화는 1950년대 문화영화가 가지는 계몽성에 치중하면서도 국민의 생활 방면에 보다 초점을 맞춤으로써 1960년대로 넘어가는 과도적 특성을 여실히 보여준다. 5·16군사정변 이후의 문화영화는 부패와 무능, 혼란과 무질서의 상징으로 제1, 2공화국을 규정하는 가운데 군사정권을 전 시기의 안티테제로서 자리매김하는데 더욱 유효한 수단이 되었다. 박정희는 민족문화의 수호자이자 철저한 반공주의자이며 근대화의 일선에서 국민과 함께 하는 대통령이라는 이미지로 문화영화에 노출되었다. 국군의 날 행진이나 첨단 무기를 활용한 군부대의 훈련상황, 경제개발계획의 성과 등은 문화영화의 주요 소재로서 승공과 방첩, 그리고 근대화의 연관성을 끊임없이 국민에게 주지시켰으며, 근대화의 '역군'이면서 동시에 승공 정신에 투철한 인간상이 바람직한 국민상으로 제시되었다. 1950년대에는 순수하게 국민을 계몽하고 교육하는 문화영화가 만들어졌던 것에 비해 1960년대에 문화영화는 국가의 시책을 국민에게 선전하는 기능에 보다 초점이 맞춰졌다. 이미지로서 대중을 설득한다는 점에서 문화영화는 국가의 미디어 전략에서 매우 중요한 위치를 차지한다고 볼 수 있다.

한편, 영화를 국가 재건의 도구로서 충분히 활용하기 위해서 흥행을 목적으로 한 상업영화인 대중영화 중에서 일부는 정부가 '우수영화'라는 이름으로 장려하고 시상함으로써 영화의 진흥과 서사의 재건을 꾀하였다. 1950년대 우수국산영화상과 1960년대 대종상으로 대별되는 '우수영화상'은 각 시기 문화재건의 이슈들과 연동되어 제정되고 시행되었다. 1950년대에 국가로부터 '우수'하다고 인정된 영화들은 작품성보다는 영화가 전달하려는 주제 의식이 얼마나 재건의 키워드에 잘 부합하느냐 하는 점이 가장 중시되었다. 1950년대 후반 영화의 양적인 팽창에 이어 장르영화의 정착과 영화인력의 전문화로 이어지는 '영화계'의 성립은 대종상이 영화인들의 축제라는 명목으로 시작되는 데에 자양분이 되었다. 그러나 특정 영화사에 대한 특혜 논란, 정부의 시각에 의존하는 심사기준, 여타 민간 영화상의 제정 등으로 인해 대종상의 열기와 권위는 식어가고 있었다. 이전 시기 '우수영화'들과 마찬가지로 대종상 수상작들 역시 '민족', '반공', '자본주의 근대화', 그리고 '국민'이라는 재건의 키워드와 서로 유기적으로 반응하며 대한민국이라는 국가의 像을 표출하고 있었다.

우선 '민족'을 키워드로 하는 역사극은 과거의 시대를 배경으로 하거나 실제 있었던 역사적 史實 및 인물을 내세우고 있지만 실은 그 영화가 생산된 당대의 역사인식과 현실인식을 드러내는 장르였다. 민족의 정체성을 명료하게 설명해주는 역사극은 식민지를 겪으면서 무너졌던 자존감과 자긍심을 회복하는데 기여하고, 억압의 기억을 공동화하여 우리가 역사적으로 단일한 공동체임을 상기시켰다. '우수영화' <종각>에서 보여주듯이 역사극은 과거의 재현이 아니라 아직 오지 않은 미래를 희구하는 형태로도 나타난다. 이상적 '민족문화'를 꽃피우리라는 '민족'의 다짐과 열망이 역사극을 통해 구현되고 있는 것이다. '국민'을 키워드로 하는 '우수영화' <구름은 흘러도>에서 알 수 있듯이 1950년대 '국민'을 키워드로 하는 '우수영화'들은 道義로 가득한 상층 계급의 어른들이 가난하고 순수한 이웃에게 베푸는 온정이 가난에 찌든 고단한 현실을 이기는 방법으로 제시된다. 국민의 도의가 바로 설 때 사회는 재건될 수 있다는 것이다. 1960년대 계몽영화에서는 도의의 재건이 보다 적극적이고 조직화된 계몽에 의해 일어나고, 이는 인간성 개조를 통한 국민성의 창출로 이어진다. 먼저 각성된 '국민'에 의한 농촌 재건과 공동체 재건의 서사는 근대화에 동참하는 것이 곧 바람직한 '국민'이 되는 길임을 설파한다. '우수영화' 중에서 '반공'을 키워드로 하는 영화들은 대부분 직접적인 체제대결을 묘사하는 전쟁영화이거나 내부의 적을 색출하는 간첩·첩보영화들이다. 이 영화들은 겉보기에는 '반공'을 외치는 '반공영화'로 분류되지만 실제로는 민족담론과 끊임없이 갈등을 일으키며 다른 의미를 생산했다. 이때 '반공영화'는 반공 이데올로기 재생산에만 기여한 것이 아니라 대중들의 민족 감수성을 자극하여 감동을 전달함으로써 오히려 민족주의 강화에 기여하였다. 1960년대 후반이 되면 증오의 대상을 북한 전체로 확대시켜 북한을 '민족'으로부터 배제시킴으로써 '반공'과 '민족'을 모순없이 결합시킨 '반북적'인 영화가 가장 '반공적'인 영화로 칭송받기에 이른다. 이러한 맥락에서 '우수영화' <제3지대>는 남북의

체제대결을 형제간의 갈등과 대립으로 유비하면서 어설픈 화해와 감동
을 주기 보다는 앞으로도 이 둘이 팽팽히 맞설 것임을 암시하는 결말을
보여준다. '자본주의 근대화'를 키워드로 하는 영화들은 보다 일상과
밀착된 삶의 문제로서의 '근대화'의 다양한 의미망을 포착하게 해준다.
1950년대 '근대화'를 키워드로 하는 '우수영화'는 근대와 전근대의 갈등
자체가 이슈가 되지만, 1960년대 '근대화'를 키워드로 한 '우수영화'는
근대화를 가로막는 봉건적인 요소들에 대해 신랄한 비판을 가하면서
모든 전근대적 요소를 부정하려는 경향이 강하다. 이는 종종 구세대에
대한 부정으로 나타나며 특히 가부장적 억압과 편견에 갇힌 봉건적
여성의 피폐한 삶을 재현함으로써 당시 주요 관객층이었던 중장년의
여성 관객들에게 어필하고자 했다. 우수영화 <열녀문>은 '근대화'의
문제가 일상의 삶을 어떻게 규정하고 있는지를 근대와 전근대의 대결이
라는 관점에서 살펴보며, 이를 통해 전근대적 봉건적 잔재를 타파하고
'근대'의 가치를 달성해야 한다는 시대적 과제가 천명된다. 이처럼
1950~60년대 '우수영화'는 예술성, 계몽성, 대중성이라는 옷을 입고
당대의 지배적 가치들을 설파하는 국가의 문화재건의 중요한 도구이자
표상이었다. 그러나 '우수영화'라고 해서 반드시 국가의 이데올로기를
그대로 흡수만 한 것은 아니었다. 특히 1960년대 후반으로 갈수록 국가가
제시하는 '바람직한', '모범적인' 국민상과는 결을 달리하는 대중의 심성
이 표출되기 때문이다.

　요컨대 새로 건설된 대한민국이라는 국가를 어떤 국가로 만들어 나갈
것인가에 대한 논의인 재건론은 국가의 정체성을 국민에게 심어주기
위한 설득 기제로서 문화를 필요로 했다. 그 중에서 영화는 당시 국가의
對국민 홍보의 내용은 어떠한 것인지, 그리고 그에 대해 대중은 어떤
생각을 가지고 있는지를 가장 잘 보여주는 대중매체이다. 이 책에서

살펴본 문화영화, '우수영화'들은 모두 국가가 대중에게 보여주고 싶거나 대중이 보기를 원하는 영화들에 치중되어 있다. 국가가 직접 생산한 문화영화와 달리 '우수영화'는 본질적으로 상업영화이기 때문에 대중이 보고 싶어하는 것을 기본적으로 반영하지만, 이때 관객 대중 역시 이러한 시대의 분위기 속에 살아가고 있는 존재들이다. 국가가 바람직하다고 생각하는 영화들과 대중이 원하는 영화 사이에 어쩔 수없이 발생하는 격차는 재건의 완성이 선포되는 1960년대 말이 되면 더욱 커지며 그것은 1970년대 대중에게서 외면받는 국책영화가 아니면 국가가 원하는 것을 얻지 못하는 시대로까지 나아간다. 국가가 경직되면 될수록 영화 역시 경직되는 것은 이 때문이다.

1950~60년대의 정권들은 끊임없이 국민들이 재건 과정의 대한민국에 애국심과 존엄함, 그리고 자부심을 갖기를 원했지만 이는 자주적이고 민주적인 정부와 리더가 부재한 상태에서는 달성되기 어려운 것이었다. 재건이 결국 '국가 재건'으로 귀착되고, 국가와 국민 사이의 괴리가 점차 커져갔다는 것은 재건의 완성이 유신체제를 준비하는 서막으로 귀결될 수밖에 없었던 이유를 말해준다. 그런데 한편으로 재건론은 국가의 욕망과 대중의 욕망이 맞닿는 지점에서 일정부분 성과를 올릴 수 있었다. 곧 빈곤 탈출과 자립으로 응축되는 재건의 중요한 축은 더 잘살고, 더 발전하고자 하는 대중의 열망과 쉽게 결합할 수 있었던 것이다. 이러한 관점에서 1950~60년대 영화의 서사 역시 국가와 대중의 욕망이 만나는 지점에서 생산되고 소비된 역사적 문화적 구성체로 볼 수 있다. 영화는 이러한 대중의 열망과 만나는 지점에서 때로는 충실하게 국가의 이데올로기를 전달하고 유포하지만 때로는 그것만으로는 채울 수 없는 대중의 목마름과 그로부터 이탈하고 어긋나기 시작하는 대중의 심성을 포착한다. 영화인은 지식인의 역할도 하지만 그들 자체가 이미 대중이며,

대중의 대리인이기도 하다. 자본과 권력에 늘 좌우되는 영화인은 국가의 요구에 굴복할 수밖에 없지만 국가의 대리인이 미처 알아보지 못하는 사이에 자신의 의도를 관철시키기도 한다. 이는 시대의 요구에 부응하면서 비판적 관점을 유지해야 하는 문화지식인으로서, 그리고 대중의 대리인이자 대중의 일부로서 영화인들은 점차 국가와 대중의 간극을 포착해 내는 방향으로 스스로가 성장과 진화를 계속해 왔다는 점을 기억할 필요가 있다.

또한 1950~60년대에 영화의 주관객층이 중년 여성에서 점차 청년층으로 이동중이었다는 점 역시 특별한 의미가 있다. 당시의 중년 여성은 국가의 이데올로기를 매우 잘 흡수할 수 있는 보수적인 계층이었음과 동시에 또한 가장 희생적이면서 역설적으로 가장 진보적일 수 있는 이중적인 정서가 내재한 계층이었다. 또한 청년과 학생층은 국가 재건의 주체로 설정됨과 동시에 가장 저항과 비판의 주체가 될 수 있는 계층이었다. 4·19혁명 이후 지식인 사이에서 논의되어 온 서구 시민사회론과 '시민'에 대한 관심은 1960년대 후반에 가면 유럽 모더니즘 영화의 형식을 빌어 영화에서도 그 존재를 서서히 드러내기 시작한다. 이어진 1970년대는 흔히 시대도 영화도 모두 암흑기라고 불리지만, 이들 청년, 시민, 기층민중의 성장이 꾸준히 이루어졌을 뿐만 아니라 보다 투쟁적인 형태로 분출된 시기라는 점을 생각할 때 그 前史로서 1960년대의 소극적이고 분절적이었던 이들의 존재가 가지는 의미에 주목할 필요가 있다. 이런 점에서 보면 대중은 '국민화' 되는 것만이 아니라 다른 그 무엇도 되고 싶어한다는 것, 또한 영화가 사회의 현실과 더불어 열망과 지향도 반영한다는 것이 다시 한번 드러난다. 결국 대중문화의 두 가지 성격, 곧 체제의 내면화 과정으로서의 대중문화와 저항의 간접 표출로서의 대중문화의 특징은 영화를 통해 동전의 양면처럼 1950~60년대의 국면마다 자리하며

당시의 시대상을 웅변하고 있다. 영화의 서사를 통해 보았을 때 1950~60
년대는 재건의 시대였으며, 동시에 열망의 시대였다.

　이 책은 두 가지 문제제기를 담고 있다. 그 하나는 대한민국이라는
국가의 정체성을 다시 성찰해 볼 필요성이다. 역사가 마치 '오늘의 대한민
국'을 최종 목표로 하여 움직여 온 것처럼 이해하는 것은 비역사적
사고방식이다. 국가의 정체성이란 부단히 변화할 뿐만 아니라 도전과
경쟁을 통해 형성되는 '과정'으로서의 개념이기 때문이다. '재건'이라는
말에는 이러한 과정과 지향에 대한 고민이 응축되어 있다. 그런데 재건이
'국가의 재건'에서 '국가재건'으로 고정화되면서, 곧 '국가'가 목적어에서
주어로 전이되면서 고민의 주체가 국가로 단일화되고 많은 지식인들과
대중들의 열망과 고뇌는 배제되어 갔다. 1970~80년대 이러한 열망과
고뇌가 기층민중과 시민, 그리고 지식인, 학생들에 의해 분출된 것은
어쩌면 재건의 주어를 되찾기 위한 과정이었을지 모른다. 1950~60년대
'민족', '반공', '자본주의', 그리고 '국민'이라는 재건론의 네 가지 키워드는
1960년대말 국가가 재건의 완성을 선포함으로써 그 의미와 역할이 강고
하게 정착된 듯 보였지만 실은 그 이후에도 이들은 도전과 경쟁과 변화를
거치지 않으면 안되었다. 이 키워드들이 작동하고 관계 맺는 방식에
따라 같은 언어로 구성되어 있는 국가의 상이 사실상 다른 의미로 상상될
여지가 있었다. 이러한 가능성은 대중들의 심성에 서로 다른 국가의
상을 그리는 것이 가능했던 여지를 만들어냈으며, 이는 '우리나라'나
'대한민국'이 지칭하는 '상상의 네이션'이 항상 균일하거나 단일한 대상을
지칭하지 않음을 짐작케 한다. 이들 키워드 각각에 대한 깊이 있는
분석은 이 책의 범위와 역량을 벗어나는 것이지만, 이후 민주화와 세계화
라는 흐름 속에서 이 개념들이 겪게 되는 변화의 과정이야말로 대한민국
의 역동성을 그대로 보여주고 있다. 어떤 면에서는 우리는 아직도 재건의

시대에 살고 있으며, 그 키워드를 어떻게 재구성하느냐에 따라 대한민국
의 정체성은 달라질 수 있다. 지난 세기에 '민족'이 그랬듯이 '국가'라는
틀도 고정 불변의 것은 아니며, 이러한 시각에서 보았을 때 20세기
후반에 국가의 정체성을 확립하고자 했던 노력과 시도들에 대한 평가도
온전히 내릴 수 있을 것으로 생각된다.

또 다른 하나는 역사학이 대중문화를 어떻게 파악하고 이해할 수
있는지에 대한 방법론적 고민이다. 대중문화 중에서도 영화는 서사(이야
기)와 이미지를 통해 전달되는 메시지의 다의성으로 인해 역사학이
포용하기에 쉽지 않은 대상임은 분명하다. 그러나 시대가 어떤 이야기들
을 만들어냈고 그 이야기들이 대중들에게 얼마만큼 공감을 주었는가
하는 것은 시대상을 구성하는 중요한 일부분이다. 시대가 만들어낸
이야기들은 시대의 반영물이자 생산물로서 때로는 역사를 대체하기도
한다. 그런 점에서 역사는 일종의 이야기이다. 이 이야기들은 생산의
주체에 따라 같은 史實에 대해 다른 방식으로 이해하고 기억하기 때문에
이들은 서로 경합하고 투쟁하며, 이때 승리한 이야기가 지배적 이야기로
등극함으로써 역사화된다. 역사의 전환기마다 새로운 역사서술이 필요
했던 이유 역시 지배계급의 정통성과 정당성 확보에 유리한 이야기늘을
자기 시대의 지배적 역사로 확립해야 했기 때문이었다. 근대 이후 역사학
이 일개 분과학문으로서 체계화되고 정립되며, 이야기의 생산, 유통,
소비가 대량으로 이루어지기 시작하면서 역사와 이야기는 분리되지만,
그 본질은 같은 것이다. 소설이나 영화, 드라마와 같은 대중 서사는
그것이 비록 작가의 상상력에 기반한 허구일지라도 대중이 당대의 감수
성에 근거해 역사와 현실을 이해하고 소비하는 하나의 방식을 제시한다.
대중문화를 통한 역사상 추출이 가능하고 필요한 이유는 그것이 대중의
감성과 정서를 담고 있기 때문이며, 이는 지식인들의 논리적 사상 못지않

게, 아니 그 이상으로 역사의 중요한 변수이자 동력으로서의 의미를 지니고 있다고 할 수 있다.

　이 책이 그 중에서도 특히 영화에 주목하는 까닭은 그것이 근대 이후 가장 대중적인 이야기 형식의 하나일 뿐만 아니라 이야기를 가장 효과적으로 전달하는 매체이기 때문이다. 특히 TV라는 더욱 대중적인 매체가 등장하여 전국적 네트워크를 갖기 전인 1950~60년대에 영화가 가진 대중적 영향력은 실로 대단한 것이었으며, 영화는 당대 대중의 감수성을 가장 명확하게 보여주는 매체로 등극하였다. 따라서 같은 시대에 생산된 영화들의 플롯이나 주제가 상반되는 경우가 많다는 것은 생산자의 가치관에 좌우되기도 하지만 무엇보다 당대 대중들의 가치관과 정서가 균질적이지 않다는 것을 보여준다. 영화라는 이야기 형식은 소설 등 다른 이야기와 생산방식의 차이에서 오는 특수성이 존재한다. 영화가 기획되고 투자되는 과정, 그리고 제작되고 배급되며 상영되는 전과정에서 몇 단계의 의사소통과 합의 및 검증 작업을 거침으로써 소비주체들의 의식과 정서가 이미 개입된다. 생산의 주체가 생산단계에서 이미 대중과 호흡함으로써 스스로 대중성을 높이는 노력을 기울인다는 점에서 영화는 감독이나 제작자의 예술적, 혹은 지적 관심의 투영으로만 해석될 수 있는 것이 아니라 오히려 이러한 예술적, 지적 관심이 대중과 의사소통하는 메커니즘으로서 해석되어야 한다. 대중예술이 이른바 순수예술에 비해 훨씬 복잡한 공정과 많은 사람들의 의사가 반영된 것이라는 점을 이해할 때 비로소 영화가 대중의 생각과 정서를 반영하고 있다는 것의 의미를 깨닫게 된다. 근현대사 연구에 있어서 대중문화 연구는 대중매체라는 프리즘을 통과한 대중의 생각과 정서를 이해하고 시대정신을 읽어내는데 핵심적인 관문이다.

　그럼에도 불구하고 이 책은 1950~60년대 재건의 키워드 각각에 대한

깊이 있는 분석과 키워드 간의 상호관계에 대한 보다 정밀한 분석은
물론이고, 당시의 영화에 대한 많은 중요한 논의들을 간과하거나 생략하
였다. 그 중에서도 영화생산의 주체, 곧 감독이나 제작자의 입장과 생각에
대한 분석이나 영화산업의 시스템, 외국영화의 영향, 다른 대중문화와의
관계 등 영화 서사의 구축에 중요한 매개 변수들을 연구의 시야에 넣지
못했다는 한계를 가진다. 특히 이 책에서는 대중영화를 '우수영화'에
한정하여 분석하였기 때문에 보다 풍부한 논의를 할 수는 없었다. 대중영
화 전반이 재건론과 맺고 있는 관계 및 이것이 의미하는 국가에 대한
대중의 심상에 대해서는 별도의 책에서 다룰 예정이다.

참고문헌

1. 자료

1) 정부/대통령

공보부,『국가재건최고회의의장 담화집 제1집』, 1961.

공보부,『선전의 이론과 실제』, 1963.

공보부,『심리전의 매체 방법 및 기술』, 1963.

공보부,『일하는 우리 정부』, 1966.

공보부,『잡지종합평가』, 1962.

공보부,『전국 홍보 선전매개체 실태조사 총평』, 1961.

공보부,『정부업적』, 1961.

공보부 조사국,『매스컴과 선전기술』, 1962.

공보부 조사국,『주간 국내정세 신문분석』, 1965.

공보부 조사국,『주간 신문분석 1, 2』, 1965.

공보부,『(정부시책에 대한) 전국 국민여론조사결과 : 1966년 10월 실시』, 1966.

공보실,『박정희의장 방미연설문집』, 국가재건최고회의, 1961.

공보처,『대통령 이승만박사 담화집 2』, 1952.

공보처,『대한민국 官報』1~5.

공보처,『대한민국정부 4개년의 치적』, 1960.

공보처,『週報』, 1948~1956.

국가재건최고회의,『국가재건최고회의 법령집』, 1961.

국가재건최고회의,『국가재건최고회의보』, 1961~1963.

국민운동본부,『우리가 잘 살 수 있는 길-종합판』, 1964.

국회도서관 입법조사국,『농촌개발계획론』, 1974.

대통령 비서실,『박정희대통령연설문집』1, 1964.

대통령 비서실,『박정희대통령연설문집』2, 1966.

대통령 비서실,『박정희대통령 새마을운동 연설문집』, 1978.
문교부,『문교개관』, 1958.
문교부,『문교행정개황』, 1946.
문교부,『문교행정업적』, 1958.
문화공보부,『1969년 12월 현재 각시도 문화공보실 현황』, 1969.
문화공보부,『문화공보 30년』, 1979.
재건국민운동본부,『재건국민운동 2주년의 발자취』, 1963.
『각의상정안건철』, 1963, 1964.
『국무회의록』, 1956, 1961, 1965.
『국회회의록』, 1948~1968.
『박정희대통령 정치교서 요람』, 시대공론사, 1970.
USIS, *A Catalog of Programs for the USIS Video Library*, 1985.

2) 개인저작

김기석,『현대정신사』, 교우사, 1956.
박정희,『국가와 혁명과 나』, 1963.
박정희,『우리 민족의 나아갈 길 : 사회재건의 길』, 동아출판사, 1962.
박정희,『한국 국민에게 고함』, 동서문화사, 2006.
박종홍,『20세기의 과제』, 박우사, 1963.
송요찬,『산업혁명과 한국경제』, 동아출판사, 1962.
송인상,『한국경제의 제문제』, 서울대학교 행정대학원, 1959.
신대순,『한국지역사회개발론－새마을운동의 이론과 실제』, 세영사, 1975.
신범식,『중단하는 자는 승리하지 못한다 : 박정희대통령 연설집』, 한림출판사,
        1968.
심이택 편,『자립에의 의지－박정희대통령어록』, 한림출판사, 1972.
안림,『동란후의 한국경제』, 백영사, 1954.
안림,『한국경제재론』, 법문사, 1961.
안호상,『일민주의의 본바탕』, 일민주의연구원, 1950.
안호상,『신세계사조론』, 일민주의보급회, 1952.
원용석,『한국재건론』, 삼협문화사, 1956.
유달영,『새역사를 위하여』, 1951.
유달영,『소중한 만남』, 1998.

유진오, 『헌법해의』, 일조각, 1953.

유진오, 『헌법기초회고록』, 일조각, 1980.

이공식, 『재건과 인물 : 대전편』, 신양사, 1962.

이명춘, 『새역사를 창조하는 사람들』, 정인사, 1962.

정종면, 『한국 농촌사회학 원리』, 부민문화사, 1964.

정진기, 『박정희대통령의 지도이념과 행동철학』, 매일경제신문사, 1977.

Leroy P. Jones, 『박정희대통령의 지도이념과 행동철학』, 한국학개발연구원, 1976.

3) 영화/방송 관련

국군홍보관리소, 『군영화 40년사』, 1994.

국립영상간행물제작소, 『문화영화목록(1950~2004)』, 2004.

국방부 국군홍보관리소, 『홍보자료목록 Ⅰ』, 1984.

국방부, 『군사관계 영화제작 지원규정』.

국제영화사, 『1970 영화연예연감』, 1970.

영화진흥공사, 『한국영화자료편람(초창기~1976년)』, 1977.

영화진흥조합, 『한국영화총서』, 1972.

한국방송사업협회, 『방송연감 1965』, 1965.

CBS, 『CBS 50년사』, 2004.

KBS, 『KBS 연감 1961』, 1962.

4) 신문/잡지

『경향신문』, 『대동신문』, 『대학신문』, 『동아일보』, 『서울신문』, 『매일경제』,
『신아일보』, 『신한민보』, 『예술통신』, 『자유신문』, 『조선일보』, 『조선중앙』,
『중앙신문』, 『중앙일보』, 『한국일보』,
『문예영화』, 『씨나리오문예』, 『신영화』, 『신흥영화』, 『영화』, 『영화순보』,
『영화보』, 『영화시대』, 『영화세계』, 『영화연극』, 『영화예술』, 『영화조선』,
『영화잡지』, 『영화 TV 예술』, 『코리아시네마』, 『현대영화』, 『Silver Screen』,
『문예』, 『문예공론』, 『문예춘추』, 『문학평론』, 『문화세계』, 『신문예』, 『신문학』,
『예술부락』, 『인문평론』, 『조선문예』, 『현대문학예술』,
『개벽』, 『경제월보』, 『교육』, 『교육문화』, 『구국』, 『국가재건최고회의보』,
『국회보』, 『大潮』, 『문교월보』, 『문교공보』, 『民聲』, 『博文』, 『백광』, 『白民』, 『백제』,

『별건곤』, 『사상』, 『사상계』, 『삼천리』, 『새교육』, 『새벽』, 『새한민보』, 『星鄕』,
    『세대』, 『수도평론』, 『시대공론』, 『신경향』, 『신생공론』, 『신세계』, 『신세대』,
    『신천지』, 『신청년』, 『신태양』, 『여성계』, 『인민』, 『재건』, 『재건통신』, 『재건생활』,
    『전시과학』, 『朝光』, 『조선교육』, 『주간희망』, 『춘추』, 『폐허』, 『학술계』, 『현대공론』,
    『협동』, 『화랑의 혈맥』.
『モダン日本-朝鮮版』, 文藝春秋, 1939(윤소영 외 역, 『일본잡지 모던일본과 조선
        1939』, 어문학사).

5) 색인/연감/사전

강만길 편, 『한국사회주의운동인명사전』, 창작과 비평사, 1996.
국회도서관, 『국내간행물 기사 색인 1945~57』, 1969.
국회도서관, 『제4대, 5대 국회회의록색인』.
국회도서관, 『제헌~제3대 국회회의록 발언자별 색인(1회~28회)』.
국회도서관, 『제헌~제3대 국회회의록 주제명 색인, 안건명 색인(1회~28회)』.
한국학연구소, 『한국잡지개관 및 호별 목차집(해방15년)』, 1975.
『통계연감』, 『방송연감』, 『경제연감』.
『여성영화인사전』, 소도, 2001.
『한국인명사전』, 합동통신사, 1964.
『한국영화촬영기사 극영화촬영작품 총목록』, 1986.
『한국영화감독사전』, 국학자료원, 2004.

6) 회고록

강원용, 『역사의 언덕에서 3』, 한길사, 2003.
김수용, 『나의 사랑 씨네마』, 씨네21, 2005.
김정렴, 『아, 박정희』, 중앙M&B, 1997.
신상옥, 『난, 영화였다』, 랜덤하우스, 2007.
오재경, 『竹圃七十而自述』, 1989.
최은희, 『최은희의 고백』, 랜덤하우스, 2007.

7) 자료집

정종화, 『자료로 본 한국영화사 1 : 1905~1954』, 열화당, 1997.

386

정종화, 『자료로 본 한국영화사 2 : 1955~1997』, 열화당, 1997.
한국영상자료원, 『신문기사로 본 한국영화 1945~1957』, 공간과 사람들, 2004.
한국영상자료원, 『신문기사로 본 한국영화 1958~1961』, 2005.
한국영상자료원, 『신문기사로 본 한국영화 1962~1964』, 2006.
한국영상자료원, 『신문기사로 본 한국영화 1965』, 2008.
한국영상자료원, 『신문기사로 본 한국영화 1966』, 2008.
한국영상자료원, 『한국영화를 말한다 - 1950년대 한국영화』, 이채, 2004.
한국영상자료원, 『한국영화를 말한다 - 한국영화의 르네상스 1』, 이채, 2005.
한국영상자료원, 『한국영화를 말한다 - 한국영화의 르네상스 2』, 이채, 2006.
한국영상자료원, 『한국영화를 말한다 - 한국영화의 르네상스 3』, 2007.
한국영상자료원, 『이만희감독 전작전 - 영화천재 이만희』, 2006.

8) 일문자료

ボールルータ, 『文化映畵論』, 第一藝文社, 1938.
久保田辰雄, 『文化映畵の方法論』, 第一藝文社, 1940.
今村太平, 『記錄映畵論』, 第一藝文社, 1940.
飯島 正, 『教育と映畵』, 小學館, 1942.
山田永吉, 『映畵國策の進展』, 厚生閣, 1940.
新野敏一, 『文化政策と文化運動』, 扶桑閣, 1942.

9) 인터뷰

2008년 1월 23일 : 이성철(1922년생) - 공보국 영화과장, 국립영화제작소 초대
　　　　　소장, 공보부 공보국장.
2008년 1월 30일 : 배석인(1929년생) - <팔도강산>(1967) 등 감독.
2008년 1월 30일 : 양종해(1929년생) - <속 팔도강산 : 세계를 간다>(1968) 등
　　　　　감독.
2008년 1월 30일 : 이형표(1922년생) - <서울의 지붕밑>(1961) 등 감독.
2008년 1월 31일 : 김기호(1928년생) - 1950년대 문교부 검열관.
2008년 7월 12일 : 김경태(1930년생) - 재건국민운동 중앙교육원장.
2008년 7월 12일 : 이승우(1935년생) - 재건국민운동 기관지 주간 『국민신문』 편집
　　　　　장.

2008년 9월 10일 : 정일성(1929년생)－<구름이 흩어질 때>(1962, 이봉래) 등
　　촬영감독.

2. 연구서

1) 단행본

강성률,『친일영화』, 로크미디어, 2006.

강현두 외,『현대 대중문화의 형성 : 1920~30년대 미국의 대중문화형성과 사회적
　　효과』, 서울대학교 출판부, 1998.

경남대 북한대학원,『북한현대사 1』, 한울, 2004.

고려대 아세아문제연구소 편,『한국문화에 미친 미국문화의 영향』, 현암사, 1984.

공제욱,『1950년대 한국의 자본가연구』, 백산서당, 1993.

공제욱, 최종대, 오유석,『서울의 자본가』, 서울시립대 서울학연구소, 1998.

공제욱, 조석곤 외,『1950~60년대 한국형 발전모델의 원형과 그 변용과정 : 내부동
　　원형 성장모델의 후퇴와 외부의존형 성장모델의 형성』, 한울, 2005.

권태준, 김광웅,『한국의 지역사회개발』, 1981.

권혁범,『국민으로부터의 탈퇴－국민국가, 진보, 개인』, 삼인, 2004.

기획창작협회 편,『한국영화기획 70년사(1919~1964) 1』, 1998.

김기봉 외,『포스트모더니즘과 역사학』, 푸른역사, 2002.

김도형,『대한제국기의 정치사상연구』, 지식산업사, 1994.

김동춘,『분단과 한국사회』, 역사비평사, 1997.

김동춘,『전쟁과 사회 : 우리에게 한국전쟁은 무엇이었니?』, 돌베게, 2000.

김동춘,『근대의 그늘 : 한국의 근대성과 민족주의』, 당대, 2000.

김동호 외,『한국영화정책사』, 나남, 2005.

김려실,『일본영화와 내셔널리즘』, 책세상, 2005.

김려실,『투사하는 제국 투영하는 식민지 : 1901~1945년의 한국영화사를 되짚
　　다』, 삼인, 2006.

김만수, 최동현,『일제강점기 유성기 음반 속의 극, 영화』, 태학사, 1998.

김미현 편,『한국영화사－開化期에서 開花期까지』, 커뮤니케이션북스, 2006.

김성보,『남북한 경제구조의 기원과 전개－북한 농업체제의 형성을 중심으로』,
　　역사비평사, 2000.

김성환 외,『1960년대』, 거름, 1984.

김소연 외,『매혹과 혼돈의 시대 : 50년대의 한국영화』, 소도, 2003.

김소영, 『시네마, 테크노 문화의 푸른 꽃』, 열화당, 1996.

김소영, 『근대성의 유령들』, 씨앗을 뿌리는 사람, 2000.

김수자, 『이승만 집권초기 권력기반 연구』, 경인문화사, 2005.

김영호, 『한국 언론의 사회사 上·下』, 지식산업사, 2004.

김용섭, 『증보판 한국근현대농업사연구-한말·일제하의 지주제와 농촌문제』, 지식산업사, 2000.

김용섭, 『新訂 증보판 한국근대농업사연구 2-농업개혁론·농업정책(2)』, 지식산업사, 2004.

김용섭, 『남북 학술원과 과학원의 발달』, 지식산업사, 2005.

김종욱 편, 『실록 한국영화총서 上』, 국학자료원, 2002.

김종원, 정중헌, 『우리영화 100년』, 현암사, 2001.

김종원, 『영상시대의 우화』, 제3기획, 1985.

김종원, 『한국영화사와 비평의 접점 I, II』, 현대미학사, 2007.

김한상, 『조국근대화를 유람하기』, 한국영상자료원, 2008.

김형식, 『포스트모던 시대의 역사란 무엇인가?』, 휴머니스트, 2006.

김화, 『이야기 한국영화사』, 하서출판사, 2001.

김화, 『새로 쓴 한국영화전사』, 다인미디어, 2003.

리우쑨따, 『박정희대통령의 통치철학』, 크라운출판사, 2002.

문정인, 김세중 편, 『1950년대 한국사의 재조명』, 선인, 2004.

민병록, 『세계영화영상기술 발달사』, 문지사, 2001.

박명림, 『한국 1950, 전쟁과 평화』, 나남, 2002.

박용숙, 『한국현대미술사이야기』, 예경, 2003.

박태순, 김동춘, 『1960년대의 사회운동』, 까치, 1991.

방기중, 『한국 근현대사상사 연구』, 역사비평사, 1995.

방기중, 『배민수의 농촌운동과 기독교사상』, 연세대학교출판부, 1999.

백문임, 『월하의 여곡성 : 여귀로 읽는 한국 공포영화사』, 책세상, 2008.

변인식, 『영화를 향하여 미래를 향하여』, 공간미디어, 1995.

변인식, 『영화미의 반란』, 태극출판사, 1972.

상허학회 편, 『1960년대 소설의 근대성과 주체』, 2004.

서동만, 『북조선 사회주의체제 성립사 1945~1961』, 선인, 2005.

서동수, 『전쟁과 죽음 의식의 미학적 탐구 : 1950년대 한국소설을 중심으로』, 새문사, 2005.

서연호, 『한국연극사-근대편』, 연극과 인간, 2003.

서울학연구소,『종로 : 시간, 장소, 사람, 20세기 서울변천사연구Ⅱ』, 서울시립대
　　　서울학연구소, 2002.
서중석,『조봉암과 1950년대 상·하』, 역사비평사, 1999, 2000.
서중석,『이승만의 정치이데올로기』, 역사비평사, 2005.
서중석,『이승만과 제1공화국-해방에서 4월 혁명까지』, 역사비평사, 2007.
성공회대 동아시아연구소 편,『냉전 아시아의 문화풍경 1 : 1940~50년대』, 현실문
　　　화, 2008.
성공회대 동아시아연구소 편,『냉전 아시아의 문화풍경 2 : 1960~70년대』, 현실문
　　　화, 2009.
성신여자사범대학 인문과학연구소,『서구과학기술도입의 사적고찰』, 과학기술
　　　처, 1969.
신일철,『북한정치의 시네마폴리티카』, 이지북, 2002.
안종화,『한국영화측면비사』, 춘추각, 1962(안종화,『한국영화측면비사』, 현대미
　　　학사, 1998).
역사문제연구소 편,『1950년대 남북한의 선택과 굴절』, 역사비평사, 1988.
역사문제연구소 편,『한국의 '근대'와 '근대성' 비판』, 역사비평사, 1996.
연세대 미디어아트연구소 편,『한국영화의 미학과 역사적 상상력』, 소도, 2006.
열암기념사업회,『박종홍 철학의 재조명』, 2003.
영화진흥공사,『사진으로 본 한국영화 60년』, 1980.
영화진흥위원회,『한국영화기술사연구』, 2002.
영화진흥위원회,『한국영화배급사연구』, 2003.
오영숙,『1950년대, 한국영화와 문화담론』, 소명출판, 2008.
유민영,『한국근대연극사』, 단국대학교 출판부, 1996.
유병용 외,『근대화전략과 새마을운동』, 백산서당, 2001.
유지나 외,『멜로드라마란 무엇인가』, 민음사, 1999.
유철규 편,『한국자본주의 발전모델의 역사와 위기』, 함께읽는책, 2003.
유현목,『한국영화발달사』, 책누리, 1997.
이길성,『김승호 : 아버지의 얼굴, 한국영화의 초상』, 2007.
이대근,『한국전쟁과 1950년대 자본축적』, 까치, 1987.
이대근,『해방후 1950년대의 경제 : 공업화의 사적배경 연구』, 삼성경제연구소,
　　　2002.
이명자,『북한영화사』, 커뮤니케이션북스, 2007.
이병담,『한국 근대 아동의 탄생』, 제이앤씨, 2007.

이병천, 『개발독재와 박정희 시대』, 창작과 비평사, 2003.

이상우, 『제2공화국 2 : 박정희시대를 움직인 사람들』, 중원문화, 1993.

이성욱, 『한국 근대문학과 도시문화』, 문화과학사, 2004.

이순진·이승희 외, 『한국영화와 민주주의』, 선인, 2011.

이승렬, 『제국과 상인』, 역사비평사, 2007.

이연호, 『전설의 낙인-영화감독 김기영』, 2007.

이영미, 『한국대중가요사』, 민속원, 2006.

이영일, 『한국영화전사』, 삼애사, 1969(이영일, 『증보판 한국영화전사』, 소도,
　　　　2004).

이영일, 『영화개론』, 집문당, 1970.

이영일, 『한국영화인열전』, 영화진흥공사, 1982.

이영일, 『한국영화주조사』, 영화진흥공사, 1988.

이영일, 『이영일의 한국영화사 강의록』, 소도, 2002.

이영재, 『제국 일본의 조선영화』, 현실문화, 2008.

이완범, 『박정희와 한강의 기적』, 선인, 2006.

이정식, 『대한민국의 기원』, 일조각, 2006.

이종구, 『1960~70년대 한국의 산업화와 노동자 정체성』, 한울, 2004.

이지원, 『한국 근대 문화사상사 연구』, 혜안, 2007.

이태섭, 『김일성 리더쉽연구』, 들녘, 2001.

이화진, 『조선영화-소리의 도입에서 친일영화까지』, 책세상, 2005.

이효인, 『한국영화역사강의 1』, 이론과 실천, 1992.

이효인 외, 『한국영화사 공부 : 1960~1979』, 이채, 2003.

이효인, 『영화로 읽는 한국 사회문화사』, 개마고원, 2003.

장문석, 이상록 편, 『근대의 경계에서 독재를 읽다 ; 대중독재와 박정희체제』,
　　　　그린비, 2006.

장유정, 『오빠는 풍각쟁이야-대중가요로 본 근대의 풍경』, 황금가지, 2006.

전재호, 『반동적 근대주의자 박정희』, 책세상, 2000.

정용욱 외, 『1960년대 한국의 근대화와 지식인』, 선인, 2004.

정재형, 『한국초창기의 영화이론』, 집문당, 1997.

정종화, 『한국의 영화포스터 I : 1932~1969』, 범우사, 1993.

정종화, 『한국영화사』, 한국영상자료원, 2008.

정태수 외, 『남북한영화사 비교 연구』, 국학자료원, 2007.

조준형, 『영화제국 신필름-한국영화 기업화를 위한 꿈과 좌절』, 한국영상자료원,

2009.

조지형, 『포스트모던 시대의 새로운 문화사』, 이화여자대학교 출판부, 2006.

조희연, 『박정희와 개발독재시대 : 5·16에서 10·26까지』, 역사비평사, 2007.

주경철, 『역사의 기억, 역사의 상상』, 문학과 지성사, 1999.

주유신 외, 『한국영화와 근대성 : <자유부인>에서 <안개>까지』, 소도, 2005.

진덕규, 김학준 외, 『1950년대의 인식』, 한길사, 1981.

차순하 외, 『소품으로 본 한국영화사 – 근대의 풍경』, 소도, 2001.

최예열, 『1950년대 전후소설의 응전의식』, 역락, 2005.

최인진, 『한국사진사 1631~1945』, 눈빛, 1999.

최장집, 『한국현대정치의 구조와 변화』, 까치, 1989.

한국사회학회, 『한국전쟁과 한국사회변동』, 풀빛, 1992.

한국역사연구회 편, 『20세기 역사학, 21세기 역사학』, 역사비평사, 2000.

한국영상자료원 편, 『이만희감독 전작전 : 영화천재 이만희』, 2006.

한국영상자료원, 『한국영화의 풍경 1945~1959』, 문학사상사, 2003.

한국정신문화연구원 편, 『1960년대의 사회변화연구 : 1963~1970』, 백산서당, 1999.

한국정신문화연구원 편, 『1960년대의 정치사회변동』, 백산서당, 1999.

한국정신문화연구원 편, 『한국 제1,2,3 공화국의 경제정책』, 백산서당, 1999.

한국정신문화연구원 편, 『박정희시대 연구』, 백산서당, 2002.

허은, 『미국의 헤게모니와 한국 민족주의 : 냉전시대(1945~1965) 문화적 경계의 구축과 균열의 동반』, 고려대학교 민족문화연구원, 2008.

홍성찬, 『한국근대농촌사회의 변동과 지주층』, 지식산업사, 1992.

2) 논문

강성률, 「1930년대 로칼 칼라 담론 연구」, 『영화연구』 33, 2007.

강성률, 『친일영화의 내적 논리 연구』, 동국대학교 연극영화학과 박사학위논문, 2007.

강수택, 「박정희 정권시기의 지식인론 연구」, 『사회와 역사』 59, 2001.

강영심, 「문화를 통해 역사를 보는 신문화사의 연구경향을 둘러보며」, 『한국문화연구』 4, 2003 여름.

공제욱, 「1950년대 한국사회의 계급구성」, 『경제와 사회』 3, 1989.

공제욱, 「1950년대 자본축적과 국가 – 사적자본가의 형성을 중심으로」, 『국사관논총』 58, 1994.

곽차섭, 「미시사-줌렌즈로 당겨본 역사」, 『역사비평』, 1999 봄.

권명아, 「국사시대의 민족이야기」, 『실천문학』, 2002 겨울.

권명아, 「문예영화와 공유기억 만들기」, 『한국학연구』 2003.

권명아, 「여성·수난사 이야기의 역사적 층위」, 『상허학보』 10, 2003.

권명아, 「기념/공유기억 연구방법론과 탈민족주의 연구경향에 대한 비판적 고찰」, 『상허학보』 16, 2006.

김경욱, 「역사에 대한 '문학적 상상력'으로서의 기억」, 『영화연구』 26, 2005.

김경일, 「근대적 일상과 전통의 변용 : 1950년대의 경우」, 『한국의 근대성과 전통의 변용』, 한국정신문화연구원, 1999.

김광수, 「1950년대 『오발탄』-방황과 일탈」, 『역사비평』, 1995 여름.

김귀녀, 「한국현대영화에서의 성적욕망(sexuality) 담론의 구성과 실천에 관한 연구 -혼외관계를 다룬 멜로영화를 중심으로」, 성균관대학교 신문방송학과 박사학위논문, 1999.

김동춘, 「한국의 분단국가 형성과 시민권 - 한국전쟁, 초기 안보국가 하에서 '국민됨'과 시민권」, 『경제와 사회』, 2006 여름.

김미정, 「1950,60년대 한국전쟁 기념물 - 전쟁의 기억과 전후 한국 국가체제 이념의 형성」, 『한국근대미술사학』 10, 2002.

김미현, 「영화사 서술방법론에 대한 고찰」, 중앙대학교 연극영화학과 석사학위논문, 1997.

김보영, 『1960년대 군사정전위원회와 '정전체제'」, 『역사와 현실』 50, 한국역사연구회, 2003.

김상호, 심용석, 「근대성과 기술의 풍경」, 『사회과학연구』 12, 2004.

김석근, 「근대성과 내셔널리즘, 그리고 국민국가」, 『한국근대성 연구의 길을 묻다』, 돌베개, 2006.

김성보, 「입법과 실행과정을 통해 본 남한 농지개혁의 성격」, 『농지개혁연구』, 연세대학교 출판부, 2001.

김성보, 「남북국가 수립기 인민과 국민 개념의 착종과 분화」, 『대한민국의 건국이 념과 국민형성』, 대한민국수립 60주년 기념 대토론회 자료집, 2008.

김성보, 「탈중심의 세계사 인식과 한국근현대사 성찰」, 『역사비평』, 2007 가을.

김성조, 「1950년대 기간산업공장의 건설과 자본가의 성장」, 연세대학교 사학과 석사학위눈문, 2002.

김성훈, 「애니어그램으로 본 영화속 캐릭터 분석 연구」, 『영화연구』 25, 2005.

김수남, 「미국 영화문화가 한국영화인과 관객의 의식변혁에 미친 영향 고찰」, 『청예논총』 13, 1997.

김수남, 「한국영화사 기술에 대한 새로운 시대」, 『청예논총』 17, 2000.

김수남, 「한형모의 작품세계」, 『영화연구』 16, 2001.

김연철, 「남북한 근대화전략 비교 : 박정희 모델의 북한 적용 가능성」, 『역사문제연구』 11, 2003.

김원, 「'한국적인 것'의 전유를 둘러싼 경쟁－민족중흥, 내재적 발전, 그리고 대중문화의 흔적」, 『사회와 역사』 93, 한국사회사학회, 2012.

김윤아, 「60년대초의 한국 가족 희극영화 연구」, 동국대학교 연극영화학과 석사학위논문, 1995.

김은경, 「한국전쟁후 재건윤리로서의 '전통론'과 여성」, 『아시아여성연구』 45, 2006.

김은영, 「한국 현대시와 영화의 영향관계연구－1950년대 후반기 동인의 시를 중심으로」, 『배달말』 32, 2003.

김의수, 「한국분단영화에 관한 연구」, 서강대학교 신문방송학과 석사학위논문, 1999.

김점숙, 「대한민국 정부수립 초기 경제부흥계획의 성격」, 『사학연구』 73, 2004.

김정주, 「1970년대 경제적 동원기제의 형성과 기원」, 『역사비평』, 2007 겨울.

김종수, 「소설 『단종애사』와 영화 <단종애사> 비교 연구」, 『현대문학이론연구』 31, 2007.

김주현, 「1960년대 '한국적인 것'의 담론 지형과 신세대 의식」, 『상허학보』 16, 2006.

김지혜, 「영화로 역사서술은 가능한가」, 『역사비평』, 1997 겨울.

김철수, 「제헌헌법의 경제조항의 해석－미국 변호사의 견해」, 『법과 경제 : 典岡 이종원박사 고희기념논문집』 下, 일신사, 1996.

김학재, 「1950년대 국가권력과 행정말단기구－국민반을 통한 감시와 동원」, 『역사연구』 14, 2004.

김한상, 「냉전체제와 내셔널 시네마의 혼종적 원천－<죽엄의 상자> 등 김기영의 미공보원(USIS) 문화영화를 중심으로」, 『영화연구』 47, 2011.

김한상, 「주한미국공보원(USIS) 영화선전의 표상과 담론 : 1950년대, 국가 재건과 자립 한국인의 주체성」, 『사회와 역사』 95, 2012.

김혜진, 「박정희 정권기 반공이데올로기의 정치경제적 기능」, 『역사비평』, 1992 봄.

도면회, 「북한의 한국사 시대구분론」, 『북한의 역사만들기』, 한국역사연구회, 2003.

문원립, 「해방직후 한국의 미국영화의 시장규모에 관한 소고」, 『영화연구』 18, 2002.

문지욱, 「농촌지역사회개발사업의 실제적 연구」, 중앙대 석사학위논문, 1975.

민경국, 「제헌헌법과 경제질서」, 『한국 제1·2공화국의 경제정책』, 한국정신문화연구원, 1999.

박명진, 「미국영화와 한국영화문화」, 『서울대 국제문제연구소 논문집』 12, 1988.

박아나, 「1952년에서 1975년까지의 신상옥의 영화제작과 장르(멜로드라마, 사극) 연구」, 중앙대학교 석사학위논문, 2002.

박유희, 「<자유부인>에 나타난 1950년대 멜로드라마의 변화」, 『문학과 영상』, 2005 가을·겨울.

박유희, 「1960년대 문예영화에 나타난 매체 전환의 구조와 의미 - <오발탄>과 <사랑방손님과 어머니>를 중심으로」, 『현대소설연구』 32, 2006.

박종철, 「한국의 산업화정책과 국가의 역할, 1948~1972 : 제1공화국과 제3공화국의 비교연구」, 고려대학교 정치외교학과 박사학위논문, 1987.

박지연, 「1960년대 한국영화 정책과 산업의 명암 : 김수용감독의 영화 경력을 중심으로」, 『영상예술연구』 6, 2005.

박찬승, 「20세기 한국 국가주의의 기원」, 『한국사연구』 117, 2002.

박태균, 『1956~1964년 한국경제개발계획의 성립과정」, 서울대학교 국사학과 박사학위논문, 2000.

박태균, 「1950년대 미국의 정전협정 일부조항 무효선언과 그 의미」, 『역사비평』 63, 2003.

박태순, 「민주·민족이념을 추구하다 쓰러진 『사상계』」, 『역사비평』, 1997 여름.

방기중, 「해방정국기 중간파 노선의 경제사상 - 강진국의 산업재건론과 농업개혁론을 중심으로」, 『경제이론과 한국경제』, 최호진박사 강단50주년기념논문집간행회, 1993.

방기중, 「일제말기 대동사업체의 경제자립운동과 이념」, 『한국사연구』 95, 1996.

방기중, 「농지개혁의 사상 전통과 농정이념」, 『농지개혁연구』, 연세대학교 출판부, 2001.

배경식, 「중간파 지식인의 전쟁체험에 대한 비판적 인식」, 『역사문제연구』 8, 2002.

배석만, 「해방후 지식인층의 신국가 경제건설론」, 『지역과 역사』 7, 2000.

배수경, 「한국 영화검열제도의 변천에 관한 연구-정권별 특징과 심의기구의 변화를 중심으로」, 중앙대학교 첨단영상대학원 석사학위논문, 2005.

배인철, 「1950년대 원조와 한국자본주의의 전개과정에 관한 일연구」, 고려대학교 경제학과 석사학위논문, 1988.

변인식, 「한국현대영화사」, 『한국현대문화사대계Ⅰ』, 1975.

변재란, 「한국영화사에서 여성관객의 영화관람경험 연구」, 중앙대학교 첨단영상대학원 박사학위논문, 2000.

변재란, 「1960년대 영화」, 『한국현대예술사대계Ⅲ』, 시공사, 2001.

변재란, 「1950,60년대 한국영화를 통해 본 근대 경험-영화안의 서울 읽기를 중심으로」, 『영화연구』 23, 2004.

변재란, 「대한뉴스, 문화영화, 근대적 기획으로서의 '가족계획'」, 『영화연구』 52, 2012.

복환모, 1920년대 초 조선총독부 '활동사진반'의 역할에 관한 연구, 『영화연구』 24, 2004.

복환모, 「한국영화사 초기에 있어서 이토 히로부미의 영화이용에 관한 연구」, 『영화연구』 28, 2006.

서일호, 「2차 세계대전 전후 이탈리아 영화와 해방전후 한국영화 연구」, 『서강커뮤니케이션즈』 1, 2000.

선안나, 「1950년대 아동문학과 반공주의」, 『한국어문학연구』 46, 2006.

신용옥, 「대한민국 헌법상 경제질서의 기원과 전개(1948~54년)-헌법 제정과정과 국가자본 운영을 중심으로」, 고려대학교 사학과 박사학위논문, 2006.

안미영, 「1950년대 戰前 세대의 소설에 나타난 戰後 인식」, 『한국언어문학』 54, 2005.

안재석, 「청년영화운동으로서의 '영상시대'에 대한 연구」, 중앙대학교 첨단영상대학원 석사학위논문, 2001.

연정은, 「안호상의 일민주의와 정치 교육활동」, 『역사연구』 12, 2003.

염찬희, 「1950년대 영화의 작동방식과 냉전문화의 형성과의 관계에 대한 연구」, 『영화연구』 29, 2006.

염찬희, 「1960년대 한국영화와 '근대적 국민' 형성과정-발전과 반공 논리의 접합 양상」, 『영화연구』 33, 2007.

오성철, 「박정희의 국가주의 교육론과 경제성장」, 『역사문제연구』 11, 2003.

오영숙, 「한국영화의 근대성에 관한 소고」, 『영화연구』 19, 2002.

오영숙, 「1960년대 스릴러 영화의 양상과 현실인식」, 『영화연구』 33, 2007.

396

오재환, 「한국의 '근대화' 의례 연구-박정희 시대를 중심으로」, 부산대학교 사회학
　　과 석사학위논문, 2001.

오현봉, 「1950년대 한국전쟁문학」, 『어문연구』 65·66, 1990.

유광호, 「1950년대 '경제개발3개년계획'의 주요 내용과 특징」, 『한국 제1·2공화국
　　의 경제정책』, 한국정신문화연구원, 1999.

유선영, 「한국 대중문화의 근대적 구성과정에 대한 연구」, 고려대학교 신문방송학
　　과 박사학위논문, 1992.

유선영, 「극장구경과 활동사진 보기 : 충격의 근대 그리고 즐거움의 훈육」, 『역사비
　　평』, 2003 가을.

유시춘, 「1960년대 『서울, 1964년 겨울』-시동컨 산업화, 그 음울한 뒷골목」,
　　『역사비평』, 1995 여름.

유지나, 「1960년대 한국 코미디 : 핵심코드와 사회적 의미작용」, 『영화연구』 15,
　　2000.

윤석진, 「1960년대 라디오 단막극 연구」, 『한국극예술연구』 10, 1999.

윤진화, 「1950년대 후반기 한국영화산업 형성의 생성매커니즘 연구」, 동국대학교
　　연극영화학과 석사학위논문, 2002.

이강훈, 「신국가건설기 '새교육운동'과 '생활교육'론」, 『역사교육』 88, 2003.

이길성, 「1950년대 후반기 신문소설의 각색과 멜로드라마의 분화」, 『영화연구』
　　30, 2006.

이명희, 「신국가건설기 교육과정의 성격-사회생활과를 중심으로」, 『역사교육』
　　88, 2003.

이병량, 「한국영화검열제도 형성의 정치과정」, 고려대학교 행정학과 박사학위논
　　문, 2001.

이시은, 「전후 국가재건 윤리와 자유의 문제-정비석의『자유부인』을 중심으로」,
　　『현대문학의 연구』 26, 2005.

이신복, 「한국영화 검열제도에 관한 연구」, 『신문방송학보』 5, 1987.

이영록, 「유진오 헌법사상의 형성과 전개」, 서울대학교 법학과 박사학위논문,
　　2000.

이영미, 「1950년대 방송극-연속극의 본격적 시작」, 『대중서사연구』 17, 2007.

이용정, 「1960년대 비판적 지식인 잡지 연구」, 『한국학논집』 37, 2003.

이은희, 김현옥, 「'대한 뉴우스'에 나타난 이승만 정권기의 국가동원 양식에 관한
　　연구」, 『한국문화연구』 4, 2003 여름.

이준식, 「일제 파시즘기 영화 정책과 영화계의 동향」, 『한국민족운동사연구』

37, 2003.

이준식, 「일제 파시즘기 선전영화와 전쟁동원 이데올로기」, 『동방학지』 124, 2004.

이준식, 「일본제국주의와 동아시아 영화네트워크 : 만주영화협회를 중심으로」, 『동북아역사논총』 18, 2007.

이철순, 「이승만정권기 미국의 대한정책연구(1948~1960)」, 서울대학교 정치학과 박사학위논문, 2002.

이충직, 「한국의 문화영화에 관한 연구」, 중앙대학교 연극영화과 석사학위논문, 1985.

이평진, 「'일민주의' 파시즘과 정치적 서사성 연구-1950년대 문학을 중심으로」, 『한국문학연구』 28, 2005.

이하나, 「1010~32년 일제의 조선농촌 재편과 '모범부락'」, 연세대학교 사학과 석사학위논문, 1994.

이하나, 「정부수립기~1950년대 문화영화와 국가 정체성」, 『역사와 현실』 74, 2009.

이하나, 「1960년대 문화영화의 선전전략」, 『한국근현대사연구』 52, 2010.

이하나, 「1950~60년대 재건 담론의 의미와 지향」, 『동방학지』 151, 2010.

이하나, 「1950년대 민족문화 담론과 '우수영화'」, 『역사비평』 92, 2011.

이하나, 「1950~60년대 반공주의 담론과 감성정치」, 『사회와 역사』 95, 2012.

이하나, 「반공주의 감성 기획, '반공영화'의 딜레마-1950~60년대 '반공영화' 논쟁을 중심으로」, 『동방학지』 159, 2012.

이하나, 「유신체제기 '민족문화' 담론의 변화와 갈등」, 『역사문제연구』 28, 2012.

이현진, 『제1공학국기 미국의 대한경제원조정책 연구』, 이화여대 사학과 박사학위논문, 2005.

이호룡, 「미군정 경제정책의 기본 성격」, 『한국민족운동사연구』 39, 2004.

이효인, 「1950년대 영화」, 『한국현대예술사대계Ⅱ』, 시공사, 2001.

임대식, 「1960년대 초반 지식인들의 현실인식」, 『역사비평』, 2003 겨울.

임대식, 「1950~60년대 비판적 지성의 성격」, 『국사관논총』 105, 2004.

임종명, 「여순 '반란' 재현을 통한 대한민국의 형상화」, 『역사비평』, 2003 가을.

임종명, 「여순사건의 재현과 폭력」, 『한국근현대사연구』 32, 2005.

임종명, 「설립 초기 대한민국의 북한 실지화와 조선민주주의인민공화국 타자화(1948.8~1950.6)」, 『사학연구』 88, 2007.

임지현, 이상록, 「'대중독재'와 '포스트 파시즘'」, 『역사비평』, 2004 가을.

임호준, 「한국에서의 군부통치와 그 변화 : 1961~1963」, 연세대학교 석사학위논문, 1987.

장세진, 「전후 아메리카와의 조우와 '전통'의 전유-1950년대『사상계』의 '전통'의 전유-50년대『사상계』의 '전통' 담론을 중심으로」, 『현대문학의 연구』 26, 2005.

장우진, 「1960년대 남북한 정권의 정통성과 영화」, 『영화연구』 30, 2006.

장우진, 「1960년대 한국영화에 나타나는 직접서술의 양상」, 『영화연구』 33, 2007.

장우진, 「<5인의 해병(1961)>의 플래시백과 내면의 목소리 : 내러티브 전략과 스타일」, 『영화연구』 34, 2007.

장하진, 「1950년대 한국사회구조에 관한 계급론적 연구」, 이화여대 사회학과 박사학위논문, 1985.

전평국, 「영화의 역사화 범주 가능성에 관한 연구」, 『영화연구』 35, 2008.

정병욱, 「해방후 조선식산은행의 재편과 산업금융의 부진 1945~1953」, 『한국민족 운동사연구』 39, 2004.

정병욱, 「식민지 경험의 재구성과 삶의 단위」, 『역사비평』, 2007 가을.

정수완, 「1950~60년대 한일 청춘영화 비교연구-청춘영화에 나타난 근대/국가를 중심으로」, 『영화연구』 26, 2005.

정영권, 「1960년대 한국 전쟁멜로드라마의 욕망과 좌절-<이 생명 다하도록>과 <귀로>를 중심으로」, 『영화연구』 33, 2007.

정용욱, 「홍보, 선전, 독재자의 이미지 관리-1950년대의 이승만 전기」, 『세계정치 8』, 2007 가을·겨울.

정종화, 「한국영화 성장기의 토대에 대한 연구-동란기 한국영화 제작을 중심으로」, 중앙대학교 첨단영상대학원 석사학위논문, 2002.

정종화, 「1950~60년대 한국영화 스타시스템에 대한 고찰」, 『영화연구』 34, 2007.

정진아, 「제1공화국 초기(1948~50)의 경제정책 연구」, 『한국사연구』 106, 1999.

정진아, 「제1공화국기(1948~1960) 이승만정권의 경제정책론 연구」, 연세대학교 사학과 박사학위논문, 2007.

정진아, 「이승만정권의 경제부흥계획」, 『동방학지』 142, 2008.

정태수, 「1970년대 남북한 영화 비교연구」, 『영화연구』 23, 2004.

정태헌, 「해방전후 경제계획론의 수렴과 전쟁후 남북에서의 적대적 분화」, 『한국사 학보』 17, 2004.

조준형, 「반공영화 소사」, 『영상문화정보』, 2001 겨울.

조항제, 「1960년대 한국 방송의 자율성의 성격-코포라티즘과 복합대기업화」, 『한국방송학보』 10, 1998.

조혜정, 「미군정기 영화정책에 관한 연구」, 중앙대학교 연극영화학과 박사학위논
　　　문, 1997.

조혜정, 「미군정기 조선영화동맹 연구」, 『영화연구』 13, 1997.

조혜정, 「미군정기 극장산업 현황 연구」, 『영화연구』 14, 1998.

조희문, 「영화사적 측면에서 본 광복기 영화연구 : 항일영화를 중심으로」, 중앙대
　　　학교 연극영화학과 석사학위논문, 1983.

조희문, 「초창기 한국영화사 연구 : 영화의 전래와 수용(1896~1923)」, 중앙대학교
　　　연극영화학과 박사학위논문, 1992.

조희문, 「'신필림'-한국영화 기업화의 가능과 한계」, 『영화연구』 14, 1998.

조희문, 「담배, 전차 또는 영화」, 『영상문화정보』, 2000 가을.

조희연, 「반공규율사회와 '국가주의적 발전동원체제'의 형성, 균열, 위기 및 재편의
　　　과정」, 『성공회대학논총』 13, 1999.

조희연, 「박정희 시대의 강압과 동의-지배, 전통, 강압과 동의의 관계를 다시
　　　생각한다」, 『역사비평』, 2004 여름.

조희연, 「박정희체제의 복합성과 모순성」, 『역사비평』, 2005 봄.

진영복, 「네이션(Nation)의 서사학과 낭만성-이태준의 『왕자호동』을 중심으로」,
　　　『대중서사연구』 15, 2006.

차철욱, 「이승만정권기 무역정책과 대일 민간무역구조」, 부산대학교 사학과 박사
　　　학위논문, 2002.

채우공, 「재건국민운동의 사회교육활동에 대한 재조명」, 중앙대학교 교육학과
　　　석사학위논문, 2004.

최상오, 「한국의 경제개발과 미국, 1948~65 : 경제계획과 공업화정책을 중심으로」,
　　　『미국학논집』 37-3, 2005.

최영철, 「전후 일본영화에 있어서 사회성과 정치성에 대한 연구」, 『영화교육연구』
　　　6, 2004.

하유식, 「안호상의 일민주의 연구」, 『한국민족운동사연구』 34, 2003.

한모니카, 「1960년대 북한의 경제-국방병진노선의 채택과 대남 정책」, 『역사와
　　　현실』 50, 2003.

한수영, 「월남작가의 작품세계에 나타난 반공 이데올로기와 950년대 현실인식」,
　　　『역사비평』, 1993 여름.

한홍구, 「박정희 정권의 베트남 파병과 병영국가화」, 『역사비평』, 2003 봄.

허은, 「1950년대 '주한 미공보원(USIS)의 역할과 문화전파 지향」, 『한국사학보』
　　　15, 2003.

400

허은, 「5·16 군정기 재건국민운동의 성격-분단국가 국민운동 노선의 결합과 분화」, 『역사문제연구』 11, 2003.

허은, 「1950년대 후반 지역사회개발사업과 미국의 한국 농촌사회 재편 구상」, 『한국사학보』 17, 2004.

허훈, 「영화의 역사적 방법론에 대한 고찰」, 『영화연구』 23, 2004.

홍성유, 「한국경제의 자본축적과정」, 고려대학교 아세아문제연구소, 1965.

홍성찬, 「일제하 이순탁의 농업론과 해방직후 입법의원의 토지개혁법안」, 『경제이론과 한국경제』, 최호진박사 강단50주년기념논문집간행회, 1993.

홍성찬, 「한국 근현대 이순탁의 정치경제사상연구」, 『역사문제연구』 창간호, 역사비평사, 1996.

홍용표, 「현실주의 시각에서 본 이승만의 반공노선」, 『세계정치 8』, 2007 가을·겨울.

홍정완, 「전후 재건과 지식인층의 '道義' 담론」, 『역사문제연구』 19, 2008.

후지이 다케시, 「'이승만'이라는 표상」, 『역사문제연구』 19, 2008.

후지이 다케시, 「제1공화국의 지배 이데올로기-반공주의와 그 변용들」, 『역사비평』, 2008 여름.

3) 외국저서/번역본

宮地正人, 『日露戰後政治史の硏究』, 東京大出版部, 1973.

西川長夫, 『國民國家論の射程』, 柏書房, 1998(니시카와 나가오, 윤대석 역, 『국민이라는 괴물』, 소명출판, 2002).

小森陽一, 『ナショナル ヒストリ-を超えて』, 東京大學出版會, 東京, 1998(코모리 유우이치 편, 이규수 역, 『내셔널 히스토리를 넘어서』, 삼인, 2004).

柳田國男, 『明治大正史 : 世相篇』, 東京 : 平凡社, 1967(야나기타 구니오, 김정례, 김용의 역, 『일본 명치대정시대의 생활문화사』, 소명출판, 2006).

Allen, Robert C. & Gomery, Douglas, *Film history ; Theory and Practice*, Mcgraw Hill Book, Singapore, 1997(로버트 C. 엘런 & 더글라스 고메리, 유지나 외 역, 『영화의 역사 : 이론과 실제』, 까치, 1998).

Althusser, Louis, *Lenin and philosophy and other essays*, Monthly Review Press, New York, 1971(루이 알뛰세, 이진수 역, 『레닌과 철학』, 백의, 1991).

Anderson, Benedict, *Imagined communities : reflections on the origin and spread of nationalism*, Verso, London, 1991(베네딕트 엔더슨, 윤형숙 역, 『상상의

공동체 : 민족주의의 기원과 전파에 대한 성찰』, 나남출판, 2003).

Barker, Chris, *Cultural Studies : Theory and Practice*, SAGE, London, 2004.

Befu, Harumi, ed. *Cultural Nationalism in East Asia : Representation and Identity*, Institute of East Asian Studies, University of California, Berkeley, 1993.

Benjamin, Walter, *Das Kunstwerk im Zeitalter seiner technischen Reproduzierbarkeit : Kleine Geschichte der Photographie*(발터 벤야민, 최성만 역, 『기술복제시대의 예술작품 : 사진의 작은 역사 외』, 길, 2008).

Bhadha, Homi K., *The location of culture*, Routledge, London, 1994(호미 바바, 나병철 역, 『문화의 위치-탈식민주의 문화이론』, 소명출판, 2002).

Bordwell, David & Thompson, Kristin, *Film art : an introduction*, McGraw-Hill, New York, 1993(데이비드 보드웰 크리스틴 톰슨, 주진숙, 이용관 역, 『영화예술』, 이론과 실천, 1993).

Bordwell, David, *Narration in the fiction film*, University of Wisconsin Press, Madison, 1985(데이비드 보드웰, 오영숙 역, 『영화의 내레이션 I·II』, 시각과 언어, 2007·2008).

Brandenberger, David, *National Bolshevism : Stalinist Mass Culture and the Formation of Modern Russian National Identity*, Harvard University Press, Cambridge, Messachusetts, 2002.

Burke, Peter, *Eyewitnessing : the uses of images as historical evidence*, Cornell University Press, Ithaca, N.Y., 2001(피터 버크, 박광식 역, 『이미지의 문화사 : 역사는 미술과 어떻게 만나는가?』, 심산, 2005).

Burke, Peter, *What is Cultral History?*, Polity Press, Cambridge, U.K., 2004(피터 버크, 조한욱 역, 『문화사란 무엇인가?』, 길, 2005).

Bywater, Tim & Sobchack, Thomas, *An introduction to film criticism : major critical approaches to narrative film*, Longman, New York, 1989(팀 비워터, 토마스 소벅, 이용관 외 역, 『영화비평의 이해』, 예건사, 1994).

Chow, Rey, *Primitive passions : visually, sexuality, ethnography, and contemporary Chinese cinema*, Columbia University Press, New York, 1995(레이초우, 정재서 역, 『원시적 열정』, 이산, 2004).

Durham & Kellner, *Media and Cultural Studies : Keywords*, Blackwell Publishers Ltd. Oxford, 2001.

Eagleton, Terry, *Marxism and literary criticism*, Methuen, London, 1976(테리 이글튼, 이경덕 역, 『문학비평 : 반영이론과 생산이론』, 까치, 1989).

Ferro, Marc, *Cinema et Historia*, Gallimard, Paris, 1993(마르크 페로, 주경철 역, 『역사와 영화』, 까치, 1999).

Forgacs, David & Gundle, Stephen, *Mass Culture and Italian Society from Fascism to the Cold War*, Indiana University Press, Indianapolis, 2007.

Gramsci, Antonio, *La letteratura popolare*, Riuniti, Roma, 1993(안토니오 그람시, 박상진 역, 『대중문학론』, 책세상, 2003).

Habermas, Jurgen, *Der Philosophische Diskurs der Moderne : zwolf Vorlesungen*, Suhrkamp, Frankfurt, 1989(위르겐 하버마스, 이진우 역, 『현대성의 철학적 담론』, 문예출판사, 1994).

Hall, Stuart, *Stuart Hall : critical dialogues in cultural studies*, Routledge, London, New York, 1996(임영호 편역, 『스튜어트 홀의 문화이론』, 한나래, 1996).

Harootunian, Harry, *History's disquiet : modernity, cultural practice, and the question of everyday life*, Columbia University Press, New York, 2000(해리 해르투니언, 윤영실, 서정은 역, 『역사의 요동-근대성, 문화, 그리고 일상생활』, 휴머니스트, 2006).

Harrison, Lawrence E. & Huntington, Samuel P., *Culture Matters : How values shape Human Progress*, Basic Books, NewYork, 2000.

Hobsbawm, Eric, *On history*, New Press, New York, 1997(에릭 홉스봄, 강성호 역, 『역사론』, 민음사, 2002).

Hobsbawm, Eric, *The Invention of tradition*, Cambridge University Press, Cambridge, 1983(에릭 홉스봄 외, 박지향 역, 『만들어진 전통』, 휴머니스트, 2004).

Hollows, Joanne & Jancovich, Mark ed., *Approaches to popular film*, Manchester University Press, Manchester, New York, 1995(조안 홀로우즈, 마크 얀코비치 편, 문재철 역, 『왜 대중영화인가?』, 한울, 1999).

Hunt, Lynn ed., *The new cultural history : essays*, University of California Press, Berkeley, 1989(린 헌트, 조한욱, 역, 『문화로 본 새로운 역사』, 소나무, 1996).

Im, Chong Myong, *The Making of the Republic of Korea as a Modern Nation-State, August 1948~May 1950*, The University of Chicago Press, Chicago, Illinois, 2004.

Johnston, Alastair Iain, *Cultural Realism : Strategic Culture and Grand Strategy in Chinese History*, Princeton University Press, Princeton, New Jersey, 1995.

Lapsley, Robert & Westlake, Michael, *Film Theory : An Introduction*, Manchester University Press, Manchester, U.K., 1988.

Milner, Andrew, *Re-imagining Cultural Studies : The Promise of Cultural Materialism*, SAGE, London, 2002.

Morris-Suzuki, Tessa, *Re-inventing Japan : time, space, nation*, M. E. Sharpe, New York, 1998.

Morris-Suzuki, Tessa, *The past within us : media, memory, history*, Verso, London, New York, 2005(테사 모리스-스즈키, 김경원 역, 『우리 안의 과거 - 과거는 미디어를 통해 어떻게 기억되고 역사화되는가?』, 휴머니스트, 2006).

Mosse, George L., *The nationalization of the masses : political symbolism and mass movements in Germany from the Napoleonic wars through the Third Reich*, Howard Fertig, New York, 1975(조지 L. 모스, 임지현, 김지혜 역, 『대중의 국민화』, 소나무, 2008).

Nowell-Smith, Geoffrey, ed., *The Oxford history of world cinema*, Oxford University Press, Oxford, New York, 1996(제프리 노웰-스미스, 이순호 외 역, 『옥스퍼드 세계영화사』, 열린책들, 2006).

Procter, James, *Stuart Hall*, Routledge, New York, 2004(제임스 프록터, 손유경 역, 『지금 스튜어트 홀』, 앨피, 2006).

Rosenstone, Robert A. ed., *Revisioning history : film and the construction of a new past*, Prinston University Press, Princeton, 1995(로버트 A. 로젠스톤 편, 김지혜 역, 『영화, 역사 - 영화와 새로운 과거의 만남』, 소나무, 2002).

Rosenthal, Alan & Corner, John ed., *New Challenges For Documentary*, Manchester University Press, New York, 2005.

Said, Edward W., *Culture and imperialism*, Random House, New York, 1993(에느워느 사이드, 김성곤 외 역, 『문화와 제국주의』, 창, 1995).

Schatz, Thomas, *Hollywood genres : formulas, filmmaking, and the studio system*, McGraw-Hill, Boston, 1981(토마스 샤츠, 한창호 외 역, 『할리우드 장르의 구조』, 한나래, 1995).

Schmid, Andre, *Korea between empires, 1895-1919*, Columbia University Press, New York, 2002(앙드레 슈미드, 정여울 역, 『제국, 그 사이의 한국』, 휴머니스트, 2007).

Shin, Gi-Wook & Robinson, Michael ed., *Colonial modernity in Korea*, Harvard University Press, Cambridge, Mass. 1999(신기욱, 마이클 로빈슨, 도면회 역, 『한국의 식민지 근대성 - 내재적 발전론과 식민지 근대화론을 넘어서』, 삼인, 2006).

404

Shin, Gi-Wook, *Ethnic Nationalism in Korea : genealogy, politics, and legacy*, Stanford University Press, 2006.

Stam, Robert & Burgoyne, Robert & Flitterman-Lewis, Sandy, *New Vocabularies in the Film Semiotics*, Routledge, London, 1992.

Storey, John, *Cultural theory and popular culture : an introduction*, University of Georgia Press, Athens, 2006(존 스토리, 박만준 역, 『대중문화와 문화연구』, 경문사, 2004).

Tessier, Max, *Le Cinema Japonais*, Nathan, Paris, 1997(막스 테시에, 최은미 역, 『일본영화사』, 동문선, 1997).

Thompson, Kristin & Bordwell, David, *Film history : an introduction*, McGraw-Hill, New York, 1993(크리스틴 톰슨 & 데이비드 보드웰, 주진숙, 이용관 외 역, 『세계영화사 : 음향의 도입에서 새로운 물결들까지, 1926~1960s』, 시각과 언어, 2000).

Welch, David, *The Third Reich : politics and propaganda*, Routledge, London, 1993(데이비드 웰시, 최용찬 역, 『독일 제3제국의 선전정책』, 혜안, 2001).

Williams, Raymond, *Marxism and literature*, Oxford University Press, Oxford, 1977(레이몬드 윌리엄스, 박만준 역, 『문학과 문화이론』, 경문사, 2003).

찾아보기

408

410

414

| 지은이 | **이 하 나**

연세대학교 사학과를 졸업하고 동대학원에서 「1910~32년 일제의 조선농촌 재편과 '모범부락'」으로
석사학위(1995)를, 「1950~60년대 '대한민국'의 문화재건과 영화 서사」로 박사학위(2009)를 받았다.
주요 논문으로는 「1950~60년대 반공주의 담론과 감성정치」, 「반공주의 감성 기획, '반공영화'의
딜레마-1950~60년대 '반공영화' 논쟁을 중심으로」, 「유신체제기 '민족문화' 담론의 변화와 갈등」
등이 있다. 현재 서사와 이미지, 담론을 중심으로 한 한국 문화사에 관심을 갖고 연구하고 있다.

국가와 영화 1950~60년대 '대한민국'의 문화재건과 영화

이 하 나 지음

2013년 5월 30일 초판 1쇄 발행

펴낸이 | 오일주
펴낸곳 | 도서출판 혜안

등록번호 | 제22-471호
등록일자 | 1993년 7월 30일

주소 | ⓤ 121-836 서울시 마포구 서교동 326-26번지 102호
전화 | 3141-3711~2 / **팩시밀리 |** 3141-3710
E-Mail hyeanpub@hanmail.net

ISBN 978-89-8494-468-8   93680

값 30,000 원